Peter Cloos · Werner Thole (Hrsg.)

Ethnografische Zugänge

Peter Cloos · Werner Thole (Hrsg.)

Ethnografische Zugänge

Professions- und
adressatInnenbezogene
Forschung im Kontext
von Pädagogik

VS VERLAG FÜR SOZIALWISSENSCHAFTEN

Bibliografische Information Der Deutschen Nationalbibliothek
Die Deutsche Nationalbibliothek verzeichnet diese Publikation in der
Deutschen Nationalbibliografie; detaillierte bibliografische Daten sind im Internet über
<http://dnb.d-nb.de> abrufbar.

1. Auflage Dezember 2006

Alle Rechte vorbehalten
© VS Verlag für Sozialwissenschaften | GWV Fachverlage GmbH, Wiesbaden 2006

Lektorat: Stefanie Laux

Der VS Verlag für Sozialwissenschaften ist ein Unternehmen von Springer Science+Business Media.
www.vs-verlag.de

Umschlaggestaltung: KünkelLopka Medienentwicklung, Heidelberg
Druck und buchbinderische Verarbeitung: Krips b.v., Meppel
Gedruckt auf säurefreiem und chlorfrei gebleichtem Papier

ISBN 978-3-531-15013-0

Inhaltsverzeichnis

Einleitung

Studien zu Profession und Organisation

AdressatInnen im Blick der Forschung

Forschungspraktische und methodische Fragen

Einleitung

Peter Cloos | Werner Thole

Pädagogische Forschung im Kontext von Ethnografie und Biografie

Ethnografische Forschungsstrategien haben im Kontext der Erziehungswissenschaft und besonders in Bezug auf Fragestellungen der Sozialen Arbeit in den letzten anderthalb Jahrzehnten an Bedeutung gewonnen (vgl. Lindner 2000; Thole/Cloos/Küster 2004; Schweppe/Thole 2005). Der »cultural turn« innerhalb der Sozialwissenschaften zeigt seine Spuren und die Ethnografie wird inzwischen als eine der prädestiniertesten Forschungsstrategien zur Untersuchung von kulturellen und sozialen Praktiken, Handlungsmodalitäten und deren institutionell strukturellen Rahmungen angesehen (vgl. Reckwitz 2000; Hirschauer/Amann 1997). Die Ethnografie hat ihren mystisch-verklärten Habitus verloren und gehört zum methodischen Repertoire der sozial- und erziehungswissenschaftlichen Forschung. Gleichwohl wäre es »übertrieben zu behaupten, ethnographische Feldforschung stünde im Zentrum methodischer Entwicklung und methodologischer Diskurse in der deutschen Erziehungswissenschaft des 20. Jahrhunderts, und sei es auch nur innerhalb der qualitativen Methodologie« (Zinnecker 2000, S. 382). Der aktuell zu beobachtende Bedeutungszuwachs der Ethnografie kann mit den Anfängen des vor gut zwei Jahrzehnten begonnenen und inzwischen als »biographieanalytische Zentrierung« diagnostizierten Interesses (vgl. Marotzki 1998, S. 44) an der Biografieforschung verglichen werden.

Die Ethnografie im Kontext der Erziehungswissenschaft hat sicherlich noch nicht die Relevanz wie andere methodische Zugänge im Kanon der qualitativ-rekonstruktiven Forschungsmethodologie. Dass die Renaissance der qualitativ-rekonstruktiven Methodologie wesentlich durch die Biografieforschung und andere, im Kern relativ eindeutig ausgewiesene Methoden wie Gruppendiskussions- oder themenzentrierte Interviewverfahren und nicht durch die Ethnografie ausgelöst wurde, verantwortet sicherlich wesentlich auch die forschungsmethodische Offenheit ethnografischer Strategien mit. Die sich hieraus ergebenden Unsicherheiten begründen auch ge-

genwärtig immer noch eine gewisse Scheu vor der direkten Teilnahme im
Feld (vgl. Thole/Cloos/Küster 2004). Diese Zurückhaltung irritiert, kann
doch gerade die Einnahme einer ethnografischen Perspektive dazu beitragen, die spezifischen Modalitäten zwischen institutionell-organisatorischen,
adressatInnenbezogenen und professionellen Perspektiven sowie interakti-
onsbezogenen und gesellschaftlichen Strukturierungen und Vernetzungen in
Handlungsfeldern der Pädagogik im Allgemeinen und der Sozialen Arbeit
im Besonderen zu entschlüsseln. Umso erfreulicher ist der sich anzeigende
vermehrte und methodisch ausgewiesenere Rückgriff auf ethnografische
Verfahren in der Erziehungswissenschaft.

Den aufgezeigten Trend spiegeln auch die in diesem Band versammel-
ten Aufsätze. Alle Beiträge wurzeln in unterschiedlichen Forschungsbemü-
hungen an der Universität Kassel, insbesondere in den Fachbereichen »So-
zialwesen« und »Erziehungswissenschaft, Humanwissenschaften«. Als zu
Beginn der 1980er Jahre Fritz Schütze und seine MitarbeiterInnen in der
Tradition der »Konversationsanalyse«, der Erfahrungen der »Arbeitsgruppe
Bielefelder Soziologen« und anknüpfend an die »Grounded Theory« am
Fachbereich Sozialwesen der damaligen Gesamthochschule Kassel eine
Forschungswerkstatt einrichteten und mit starkem Interesse an narrativ-bio-
grafischen Forschungserfahrungen die Entwicklung einer ethnografischen
Forschungshaltung forcierten (vgl. Schütze 1993), war noch nicht abzuse-
hen, dass ungefähr 25 Jahre später an dieser Hochschule ethnografische Zu-
gänge in der akademischen Lehre und Forschung eine nicht unwesentliche
Rolle spielen und Studierende und Forschende gemeinsam in mehreren
Forschungswerkstätten und im Rahmen von diversen Forschungsprojekten
ethnografische Forschungsstrategien erproben.

Von einer »randständigen Positionierung pädagogischer Ethnografie«
(Zinnecker 2000, S. 384) lässt sich mit Blick auf diese Kasseler For-
schungslandschaft kaum mehr sprechen. Während F. Schütze Ethnografie
nicht als Forschungsmethode, sondern weitgehend als Strategie im »Sinne
einer (grundlegenden) frageoffenen, szenisch-interaktiven, primärmaterial-
bezogenen, symbolisierungs-interpretativen, empathisch fremdverstehenden
Erkenntnishaltung« (Schütze 1994, S. 201) verstand, haben sich die methodischen und methodologischen Vergewisserungen und die damit verbundenen Forschungsstrategien inzwischen deutlich ausgeweitet und profiliert.
Neben der Konzeptionalisierung der Ethnografie als eine Forschungshaltung, wird diese entweder eher als »flexible, methodenplurale kontextbezo-
gene Strategie« (Lüders 2000, S. 389) oder aber als Gleichzeitigkeit der
»Integration von Fremden in eine Lokalität« durch Teilnahme und als »viel-
schichtige Schreibpraxis« gefasst (vgl. Amann/Hirschauer 1997, S. 17 ff.).
Daneben platzieren sich Überlegungen, die nach Ansätzen einer Verknüpfung von Biografieforschung und Ethnografie suchen (vgl. Dausien/Kelle
2005; Marotzki 1998), über die Herausbildung einer ethnografischen Kom-

petenz von PraktikerInnen in der Kinder- und Jugendarbeit nachdenken (vgl. Lindner 2000) oder eine lebensweltorientierte und humanistische Position vertreten. Hier wird einer Professionalisierung ihrer Strategien zur Absicherung als anerkanntes »ExpertInnen-Verfahren« entgegengetreten und Ethnografie als Ko-Produktion von ForscherInnen und FeldteilnehmerInnen mit partizipativen und dialogischen Elementen konzeptionalisiert (vgl. Zinnecker 2000, S. 395). Die Beispiele illustrieren, dass es zunehmend unsicher zu sein scheint, was unter Ethnografie zu verstehen ist, wenn nicht aus pragmatischen Gründen lediglich die mehr oder weniger lange forschungsorientierte Anwesenheit in einem Untersuchungsfeld als das Kernstück von Ethnografie betrachtet werden soll.

Die in diesem Band versammelten Beiträge dokumentieren die Unterschiedlichkeit ethnografischer Forschungsstrategien. Einige Beiträge weisen explizit einen biografischen Forschungszugang aus, stellen aber gleichzeitig Verknüpfungen zwischen Biografieforschung und Ethnografie her. Der Titel des Bandes »Ethnografische Zugänge« bündelt diese Heterogenität, ohne zu versuchen, die Grenzen dessen, was Ethnografie umfasst oder darunter zu verstehen ist, neu zu bestimmen. Vielmehr wird hier versucht, die Vielfältigkeit von Forschungszugängen und Forschungsgegenständen abzubilden, durch die – jenseits des in der Erziehungswissenschaft vorzufindenden »klassischen« qualitativ-rekonstruktiven Methodenrepertoires – zum Teil recht innovative, unkonventionelle methodische Zugänge in der Forschungspraxis operationalisiert werden. Dies geschieht in der Tradition von Forschungswerkstätten, die sich dadurch auszeichnen, dass sie Studierende und Lehrende bzw. ForscherInnen zusammen führen. In dem Band sind sowohl Studien- als auch Forschungsarbeiten zu finden, die eines jedoch strukturell verbindet, nämlich an der Universität Kassel entstanden zu sein und größtenteils ihren Ertrag auch den Diskussionen in den diversen Forschungswerkstätten zu verdanken.

Der Band stellt die Ergebnisse von Studien mit mehr oder weniger deutlich ethnografischem Zugang zu pädagogischen Handlungsfeldern und hier insbesondere zur Sozialen Arbeit vor. Gesteuert durch das Forschungsinteresse der AutorInnen wird dabei ein Schwerpunkt auf professions- und adressatInnenbezogene Studien gelegt – mit jeweils unterschiedlichen Forschungsintentionen und unter Verwendung unterschiedlicher Verknüpfungen von Erhebungsmethoden. Dabei lassen sich sieben unterschiedliche Zugangsweisen unterscheiden, die mehr oder weniger dezidiert ethnografisch oder eher biografietheoretisch angelegt sind:

- *Feldforschung als Möglichkeit, Zugang zum Feld zu finden*: Der Feldaufenthalt wird dazu genutzt, um erstens Zusatzinformation und zweitens eine Arbeitsbeziehung zu AdressatInnen aufzubauen, die anschließend mittels qualitativer ExpertInneninterviews befragt werden. Der Beitrag von

Sarina Nicole Fuest ist dieser Forschungsstrategie zuzuordnen. Sie nutzte den Feldaufenthalt in einer therapeutischen Einrichtung, um Adipositas im Leben traumatisierter Frauen zu untersuchen.

- *Methodenplurale Zugänge*: Eine dezidiert methodenplurale Anlage des ethnografischen Forschungsdesigns findet sich in den Beiträgen von Peter Cloos, Stefan Köngeter, Holger Schoneville und Davina Höblich. *Peter Cloos* beschreibt, wie der berufliche Habitus von MitarbeiterInnen in der Kinder- und Jugendhilfe über Perspektivenwechsel im Rahmen ethnografischen Forschens ermittelt und der professionsbezogene Forschungsblick erweitert werden kann. In ähnlicher Weise argumentiert *Davina Höblich* in ihrem Beitrag zu pädagogischen Deutungsmustern in der Lehrer-Schüler-Beziehung: Durch die Triangulation der unterschiedlichen Textsorten und Ebenen des Gegenstandes können hier die Verschränkungen von professionellen Deutungsmustern und Präskripten einer Lehrerin in ihren Auswirkungen auf die Unterrichtsinteraktion verstehend nachvollzogen werden. Dies wird zusätzlich durch die Kontrastierung der Analyseergebnisse durch Aussagen zur biografischen Selbstentfaltung der Schülerin möglich. Im Gegensatz hierzu legt der Beitrag von *Holger Schoneville* den Fokus auf eine einzige Forschungsmethode. Über ethnografische Interviews mit Jugendlichen hat er die Perspektive von AdressatInnen der Kinder- und Jugendarbeit erhoben und aufgezeigt, wie Interviews in die ethnografische Forschungsstrategie eingebunden werden können. Im Kontext des gleichen Forschungsprojektes zur Performanz sozialpädagogischen Handelns in der Kinder- und Jugendarbeit ist der Beitrag von *Stefan Köngeter* und *Peter Cloos* angesiedelt. Sie untersuchen die Performativität von Eintritten ins Jugendhaus und stützen sich bei der Erkenntnisgewinnung auf die Analyse von Protokollen Teilnehmender Beobachtung – jedoch im Kontext des methodenplural angelegten Forschungsprojektes.

- *Dezidiert ethnografische Zugänge*: *Jutta Wiesemann* zeigt auf, wie das ethnografische Verfahren der teilnehmenden Beobachtung Einblicke in den Alltag schulischen Lernens von Kindern gewährt. Sie bezieht sich dabei ebenfalls auf die Perspektive des Performativen, hier als Hervorbringung von »Lernkulturen«. Im Rahmen ihrer ethnografischen Lernforschung entwickelt sie – entgegen individualzentrierten Ansätzen – ein situationistisches Verständnis von Lernen als situierte soziale Praxis.

- *Ethnografie und LehrerInnenbildung*: Zunehmend werden Fragen diskutiert, inwieweit ethnografische Forschungsstrategien und hierüber erzielte Ergebnisse in die sozialpädagogische Qualifizierung und die LehrerInnenbildung einbezogen werden können. Dieser Frage widmet sich der Beitrag von *Friederike Heinzel*, die darstellt, wie unter Einbeziehung von Protokollen aus dem schulischen Alltag Unterricht zum kommunizierbaren Geschehen in der LehrerInnenbildung wird. Eine Besonderheit des

Beitrages besteht darin, dass nicht nur hochschuldidaktische Überlegungen angestellt werden, sondern insbesondere der videografierte Umgang einer Studierendengruppe mit dem ihnen zur Verfügung gestellten Material einer Analyse unterzogen wird und damit der Erfolg dieses Verfahrens aufgezeigt werden kann.

- *Biografie, Ethnografie und Gesprächsanalyse*: Während die Schnittmengen zwischen ethnomethodologischen und rekonstruktiven Forschungsstrategien und ethnografischen Perspektiven forschungspolitisch eher als gering erachtet werden, können bei gesprächsanalytischen Untersuchungen, die sich nicht allein auf die formale Analyse von Sprechakten beschränken, prinzipiell Ähnlichkeiten zu ethnografischen Strategien ausgewiesen werden. So findet sich in diesem Band der Beitrag von *Martina Goblirsch*, die die kommunikative Herstellung von Identität und Moral im Gespräch untersucht. Die methodische Innovation besteht hier darin, die Positionierungsanalyse mit der strukturalen Analyse biografischer Texte zu verbinden. Die Autorin zeigt dabei auf, dass neben der aktualsprachlichen Identitätsherstellung durch Positionierungsakte im Gespräch biografische Strukturierungen Form und Inhalt von Erzählungen prägen.

- *»Ethnografische« Perspektivenerweiterung biografischer Forschung*: Daneben finden sich auch Beiträge mit dezidiert biografieanalytischen Zugang, bei denen sich ein methodenpluraler Zugang dadurch ergibt, dass hier biografischen Präsentationen eine Interdependenz zwischen Erzählungen und Erlebnissen zugrunde gelegt wird. Mit der Annahme, dass Biografien nicht losgelöst von historischen Kontext betrachtet werden können, hat *Ulrike Loch* in ihrer Forschung zu sexualisierter Gewalt in Kriegs- und Nachkriegsgenerationen die Biografieanalyse durch die Erhebung der jeweiligen Familiengeschichte über (inter)nationale Archivanfragen erweitert. Denselben forschungsmethodischen Hintergrund weist der Beitrag von *Heidrun Schulze* auf. Sie widmet sich im Kontext ihrer biografietheoretischen Erforschung der lebensgeschichtlichen und gesellschaftsgeschichtlichen Einbettung von Krankheitsverläufen türkischer MigrantInnen der Frage: Wie kann ich Unverständliches verstehen? Ein ethnografischer Zugang wird entwickelt, indem sie für die biografieanalytische Untersuchung der dynamischen Konstellation von Vergangenheits- Gegenwarts- und von der im Interview statt findenden Interaktionserfahrung eine ethnografische Fremdheitshaltung reklamiert.

- *Biografieanalytische Zugangsweisen*: Aus biografietheoretischer Perspektive untersucht *Melanie Fabel-Lamla* den Zusammenhang von biografischen und professions- bzw. berufsbezogenen Sinnstrukturen und die biografischen Konstitutionsbedingungen pädagogischer Professionalität von LehrerInnen. Dabei kann ihrer Studie weniger dezidiert eine ethnografisch Perspektive, sondern vielmehr – in der Tradition von F. Schütze – eine ethnografische Erkenntnishaltung zugrunde gelegt werden: Hier

geht darum, auf Basis von biografischen Interviews Rückschlüsse auf die
konkrete Handlungspraxis herauszuarbeiten. Dabei wird von der Autorin
betont, dass pädagogisch-professionelles Handeln »gerade auch aufgrund
der organisatorischen und institutionellen Einbettung und der hoheitsstaatlichen Rahmenbedingungen immer wieder das reflexive Erschließen
und umsichtige Ausbalancieren von Kernproblemen, widersprüchlichen
Anforderungen und nichtaufhebbaren Antinomien professionell-
pädagogischen Handelns« erfordert. Zivilgesellschaftlich Engagierte sind
zwar in zahlreichen sozialpädagogischen Arbeitsfeldern zu finden, sie
gehören jedoch weder zu den AdressatInnen noch zu den Professionellen:
Das zivilgesellschaftliche Engagement der so genannten »Neuen Alten«
untersucht *Kirsten Aner* aus biografisch-handlungslogischer Perspektive.
Im Rahmen lebenslaufbezogener Forschung geht es ihr darum, übersituative Handlungslogiken herauszuarbeiten und darüber de Frage der biografischen Entstehung oder Verhinderung zivilgesellschaftlichen Engagements näher zu kommen. Die Lebenswelten minderjähriger Mütter er-
kunden *Irene Fiechtner-Stotz* und *Maren Bracker* und fragen nach dem
konkreten Umgang der jungen Frauen mit ihrer Situation, nun Mutter zu
sein. Datengrundlage sind Problemzentrierte Interviews mit den Müttern,
in die biografische Elemente eingebettet wurden. So gelingt es den beiden Autorinnen mit Hilfe ihres Forschungsansatzes, das lebensweltliche
Umfeld und seine Bedeutung für die Lebenssituation der jungen Mütter
dicht zu beschreiben – eine Methode, die durchaus Elemente ethnografischer Zugangsweisen enthält.

Der vorliegende Band referiert und diskutiert nicht allein Forschungsergebnisse, sondern reflektiert vor dem Hintergrund und entlang der gewonnenen
Erkenntnisse insbesondere auch forschungsmethodische und methodologische Fragestellungen. In den Beiträgen wird die methodologische Debatte
um das Profil einer sich mit Problemen und Fragestellungen der Pädagogik
und insbesondere der Sozialen Arbeit beschäftigenden Forschung aufgegriffen, insbesondere auch deshalb, weil bisher entsprechende forschungsrefle-
xive Vergewisserungen nur vereinzelt stattfinden und wenn dann weitgehend entkoppelt von der sozialwissenschaftlichen Methodendiskussion.
Neben den bereits erwähnten Studien von Heidrun Schulze und Ulrike Loch
sowie von Jutta Wiesemann und Peter Cloos findet sich dieses Anliegen in
dem Gespräch zwischen *Holger Schoneville, Stefan Köngeter, Diana Gruber* und *Peter Cloos* publiziert. Das Gespräch schließt an die methodischen
Reflektionen einer Forschungswerkstatt an. Erörtert wird insbesondere die
Frage nach den spannungsreichen Momenten der Einsozialisation in sozial-
pädagogische Einrichtungen auf Basis eigener Feldforschungserfahrungen.
    Die Entstehung dieses Bandes wäre ohne die konstruktive Zusammen-
arbeit mit den einzelnen AutorInnen nicht möglich gewesen. Ihnen sei für

ihre Mitarbeit an dieser Stelle ebenso gedankt wie den Mitgliedern der sozialpädagogischen Forschungswerkstatt, deren Anregungen und Diskussionsimpulse sich in vielen Beiträgen ohne ausdrückliche Erwähnung berücksichtigt finden. Zu Wiederholungs»tätern« avancieren wir mit unseren besonderen Dank, den wir an Nina Geis adressieren – ohne ihre routinierte und gewissenhafte Unterstützung, die nicht nur mit präzisem Blick alle formalen Aspekte der Beiträge prüfte und korrigierte, sondern auch stets die Texte mit wachem Auge inhaltlich kommentierte, wäre der Band nicht in dieser Form entstanden.

Literatur

Amann, K./Hirschauer, St. (1997): Die Befremdung der eigenen Kultur. Ein Programm. In: Hirschauer, St./Amann, K. (Hrsg.) (1997): Die Befremdung der eigenen Kultur. Zur ethnographischen Herausforderung soziologischer Empirie. Frankfurt a. Main, S. 7-52.

Dausien, B./Kelle, H. (2005): Biographie und kulturelle Praxis. Methodologische Überlegungen zur Verknüpfung von Ethnographie und Biographierforschung. In: Völter, B. u. a. (Hrsg.) (2005): Biographieforschung im Diskurs. Wiesbaden, S. 189-212.

Hirschauer, St./Amann, K. (Hrsg.) (1997): Die Befremdung der eigenen Kultur. Zur ethnographischen Herausforderung soziologischer Empirie. Frankfurt a. Main.

Lindner, W. (2000): »Ich sehe was, was du nicht siehst«. Ethnographische Kompetenz in der Jugendarbeit. In: Lindner, W. (Hrsg.) (2000): Ethnographische Methoden in der Jugendarbeit. Zugänge, Anregungen und Praxisbeispiele. Opladen, S. 67-89.

Lüders, Ch. (2000): Beobachten im Feld und Ethnographie. In: Flick, U./von Kardorff, E./Steinke, I. (Hrsg.) (2000): Qualitative Forschung. Ein Handbuch, Reinbek b. Hamburg, S. 384-401.

Marotzki, W. (1998): Ethnographische Verfahren in der erziehungswissenschaftlichen Biographieforschung. In: Jüttemann, G./Thomae, H. (Hrsg.) (1998): Biographische Methoden in den Humanwissenschaften. Weinheim, S. 44-59.

Reckwitz, A. (2000): Die Transformation der Kulturtheorien. Zur Entwicklung eines Theorieprogramms. Weilerswist.

Schütze, F. (1993): Die Fallanalyse. Zur wissenschaftlichen Fundierung einer klassischen Methoden in der sozialen Arbeit. Weinheim/München, S. 191-221.

Schütze, F. (1994): Ethnographie und sozialwissenschaftliche Methoden der Feldforschung. In: Groddeck, N./Schumann, M. (Hrsg.) (1994): Modernisierung Sozialer Arbeit durch Methodenentwicklung und -reflexion. Freiburg i. Breisgau, S. 189-297.

Schweppe, C./Thole, W. (Hrsg.) (2005): Sozialpädagogik als forschende Disziplin. Theorie, Methode, Empirie. Weinheim und München.

Thole, W./Cloos, P./Küster, E.-U. (2004): Forschung »in eigener Sache«. Anmerkungen zu den Ambivalenzen ethnografischen Forschens im Kontext sozialpädagogischen Handelns. In: Hörster, R./Wolff, St./Küster, E.-U. (Hrsg.) (2004): Orte der Verständigung. Beiträge zum sozialpädagogischen Argumentieren. Freiburg i. Breisgau, S. 66-88.

Zinnecker, J. (2000): Pädagogische Ethnographie. In: Zeitschrift für Erziehungswissenschaft, 3. Jg. (2000), Heft 3, S. 381-400.

Studien zu Profession und Organisation

Davina Höblich

Pädagogische Deutungsmuster in der Lehrer-Schüler-Beziehung – ein konstruktives Misstrauensvotum?

Schule ist zunächst einmal Ort der Wissensvermittlung unter den Bedingungen der Selektion und somit Ort der Aushandlung von unterschiedlichen Deutungen der Wirklichkeit und der Verselbstständigungen der SchülerInnen über die eigensinnige Auseinandersetzung mit jenen Deutungen. Den LehrerInnen kommt in diesem Zusammenhang jedoch nicht nur die Rolle der UnterstützerInnen in Lehr-Lern-Prozessen zu. Um die schulischen Aufgaben der Selektion und Allokation zu erfüllen, aber auch aufgrund der Notwendigkeit einer entwicklungsadäquaten Diagnose und deren Rückmeldung an die SchülerInnen sind sie aufgefordert, Aushandlungsprozesse nicht zuletzt entlang von Bewertungskriterien zu qualifizieren. Dabei ist im Sinne einer subjektsensiblen und zukunftsoffenen, aber dennoch situativ-adäquaten pädagogischen Leistungs- und Entwicklungsdiagnose die Vorläufigkeit dieser Bewertungen der SchülerInnen mit ihren Fähigkeiten und Fertigkeiten stets im Blick zu behalten.

Im Mittelpunkt dieses Beitrages stehen daher die schulischen, genauer: die unterrichtlichen Aushandlungsprozesse in Bezug auf Sinn und Bedeutung in LehrerInnen-SchülerInnen-Interaktionen und deren Verarbeitung und Deutung durch die schulischen AkteurInnen. Der Beitrag stellt sich der Frage nach der Entstehung und Aufrechterhaltung pädagogischer Arbeitsbündnisse zwischen LehrerInnen und SchülerInnen (vgl. Oevermann 1996). Diese können als prinzipielle gegenseitige Verpflichtung interpretiert werden. SchülerInnen verpflichten sich zur Lernbereitschaft und Entfaltung lebenspraktischer Autonomie auf der Basis von Neugierde, während LehrerInnen umfassende Unterstützung und Förderung der SchülerInnen bei der Entfaltung ihrer Fähigkeiten zusagen. Hierfür ist das gegenseitige Vertrauen, welches in der pädagogischen Beziehung selbst erzeugt werden muss, vielfach jedoch nicht hergestellt werden kann, konstitutiv (vgl. Schweer

2000). Die Herstellung dieses pädagogischen Arbeitsbündnisses ist als Prozess zu verstehen, der angesichts der Entwicklungs- und Lernfortschritte, aber auch -probleme, immer wieder Aushandlungen und Veränderungen erforderlich macht. Götz Krummheuer (vgl. 1992) hat für diese situativen schulischen Aushandlungen und Einigungen den Begriff des »Arbeitsinterims« geprägt. Dabei lassen sich sowohl adressatenbezogene als auch professionsbezogene Perspektiven einnehmen:

- Auf Seiten der *LehrerInnen* finden sich Vermittlungsstrukturen und didaktische Arrangements – kurz: die handlungswirksam werdenden Wahrnehmungs-, Handlungs- und Deutungsschemata. Dabei muss im Anschluss an die Professionalisierungsdebatte (vgl. Combe/Helsper 1996; Kraul/Marotzki/Schweppe 2002; Otto u. a. 2002) von einer Grundstruktur professionellen Handelns ausgegangen werden, deren Kern aus dem Ausbalancieren widersprüchlicher Anforderungen besteht (vgl. Helsper 1996; Schütze 1996a; Oevermann 1996). Darüber hinaus sind in der handlungspraktischen Umsetzung der pädagogischen Deutungsmuster und Konzepte oftmals strukturelle Brechungen zu konstatieren (vgl. Thies/Röhner 2000; Weber 2003). Interessant ist nun, wie die Aushandlungen im Arbeitsbündnis von Bildern, Deutungsmustern und pädagogischen Leitbildern, die die LehrerInnen im Laufe ihrer universitären, vorwiegend auf theoretischem Wissen basierenden, und berufspraktischen Professionalisierung entwickelt und biografisch verarbeitet haben, beeinflusst werden.

- Auf Seiten der *SchülerInnen* stellt sich die Frage nach den konstruktiven Aneignungsprozessen und den ihnen gebotenen, von ihnen wahrgenommenen und ausgehandelten Partizipationsspielräumen (vgl. Böhme/Kramer 2001). Im Anschluss an Forschungsarbeiten im Kontext des Labeling-approach-Ansatzes[1] und schulischen Stigmatisierungsprozessen lässt sich nach den Auswirkungen von Beurteilungen der SchülerInnen durch die LehrerInnen auf die Interaktionen mit jenen fragen (zur devianzbezogenen Variante dieses Ansatze vgl. Goffman 1967; in Bezug auf die Schule vgl. Arbeitsgruppe Schulforschung 1980; Hargreaves/Hester/Mellor 1981; Holtappels 2000; Kramer 2002; Weber 2003; Idel 2004). Zugleich geraten hierbei die Wahrnehmungs- und Verarbeitungsprozesse dieser Zuschreibungen und Deutungen in den Interaktionen durch die SchülerInnen und deren Effekte auf die LehrerInnen-SchülerInnen-Beziehungen in den Blick.

---

1   Der Ansatz des Labling-approach beschreibt und versteht Konstellationen von Desintegration als Ausgangspunkt und zugleich als Folge von sozialer Etikettierung (vgl. Cicourel/Kitsuse 1974).

Diese Perspektiven werden im Folgenden anhand von Protokollen schulischer Wirklichkeit empirisch in Form einer ethnografischen[2] Feldforschung aufgespürt. In der Triangulation von Interaktionsszene und Deutungen der AkteurInnen können die Brechungen in den subjektiven Verarbeitungs- und Deutungsweisen aufgezeigt und in ihren Konsequenzen für die LehrerInnen-SchülerInnen-Beziehung reflektiert werden. So wird hier zum einen ein exemplarischer Einblick in ein aktuelles Forschungsprojekt gegeben. Zum anderen lassen sich über die Methode der Triangulation methodologisch Wege aufzeigen, wie die subjektive Verarbeitung der lehrerseitigen Deutungsmuster auf Seiten der SchülerInnen rekonstruiert werden kann. In der Analyse der Unterrichtsinteraktion und ihrer systematischen Vermittlung zu den Deutungen der Handelnden hinsichtlich ihrer bisherigen gemeinsamen Interaktionsgeschichte, können die pädagogischen Prozesse in ihren Implikationen über die aktuelle Interaktionssituation hinaus betrachtet werden. Umgekehrt lässt sich die Interaktion ihrerseits vor dem Hintergrund der wechselseitigen Selbst- und Fremddeutungen der AkteurInnen verstehen. So kann die Dynamik der situativen Aushandlung von Sinn nachgezeichnet werden. Ferner kann sie vor dem Hintergrund der bisherigen gemeinsamen Interaktionsgeschichte ihrer Verarbeitung und ausgeformten Anerkennungsstrukturen und sie begleitender Vor- und Einstellungen über das Gegenüber die Beziehung zueinander nachvollzogen werden. So ist es beispielsweise möglich, auch das Enaktierungspotential[3] professioneller Deutungen durch die Lehrkräfte empirisch zu rekonstruieren. Die Triangulation von Erhebungs- und Auswertungsmethoden sowie theoretischer Konzepte erfolgt in Abgrenzung zu Norman Denzin (1978) nicht in der Absicht einer

---

2   Ethnografische Forschung wird hier, in Abgrenzung zu einem engen Begriffsverständnis welches lediglich die teilnehmende Beobachtung meint, als qualitativ-rekonstruktives Forschungsprogramm verstanden. Jene Ethnografie als allgemeines Forschungsprogramm zielt auf das verstehende Begreifen von Sinnzusammenhängen der sozialen Wirklichkeit ab. Ethnografische Forschung in diesem Sinne bemüht sich um die Erforschung durch und über die Alltagswelt der TeilnehmerInnen (vgl. Hitzler 2003). Das Vorgehen dient »zur Rekonstruktion der Arten und Weisen, wie Menschen im Zusammenleben mit anderen *ihre* jeweilige Welt konstruieren« (Hitzler 2003, S. 51; Hervorhebung im Original).

3   Unter Enaktierungen versteht Ralf Bohnsack (vgl. 2003a, S. 136) Prozesse der Umsetzung des inkorporierten bzw. handlungsleitenden Wissens der AkteurInnen im Alltagshandeln. Zwar unterscheidet sich die Dokumentarische Analyse mit ihrer Rekonstruktion des impliziten Handlungswissen deutlich von der Analyse von Tiefenstrukturen, wie sie die hier zu Anwendung kommende objektive Hermeneutik anvisiert (vgl. Bohnsack 1997, 2003b; Bohnsack/Nentwig-Gesemann/Nohl 2001). Allerdings macht R. Bohnsack (vgl. 2003a) mit dem Konzept der Enaktierung auf die wichtige Unterscheidung zwischen handlungsentlasteten Deutungsmustern über die Praxis und das Ausmaß und die Art und Weise der tatsächlichen Orientierung an ihnen im faktische Agieren in der (interaktiven) Handlungspraxis aufmerksam. Mit diesem Konzept können rahmenspezifische Brechungen und Transformationen der Handlungsstrukturen gefasst werden.

Validierung und Korrektur der Materialien untereinander. Vielmehr geschah die Vermittlung und Kontrastierung der einzelnen Analyseergebnisse in der Absicht eines multiperspektivischen Zugriffes auf den Forschungsgegenstand (vgl. Glaser/Strauss 1979; Köckeis-Stangl 1980; Fielding/Fielding 1986; Flick 1990, 1992, 2003). Demgemäß wurden, in der Absicht, die Interaktionstrukturen mit den Verarbeitungen der AkteurInnen vor dem Hintergrund ihrer sich biografisch ausgeformten Struktur- und Selbstproblematiken zu betrachten, die einzelnen Materialien zunächst getrennt voneinander ausgewertet und ihre Ergebnisse erst anschließend aufeinander bezogen. Dieses Vorgehen spiegelt sich in der folgenden Darstellungsweise der Daten und Ergebnisse wider. So werden, bevor schließlich die Schülerin selbst zu Wort kommt, zunächst eine Unterrichtszene und deren objektiv-hermeneutische[4] Rekonstruktion vorgestellt und anschließend die Analyse der Deutungen der Klassenlehrerin über die Schülerin angeschlossen.[5]

1. Interaktive (Miss)Verstehensprozesse im Unterricht – eine Szene zwischen Anna[6] und ihrer Klassenlehrerin

In den ethnografischen Aufzeichnungen und registrierenden Daten des Unterrichts[7] tauchte Anna wiederholt als diejenige auf, die stark auf der schulischen, unterrichtlichen Hinterbühne aktiv ist und nur selten in der offiziellen Unterrichtskommunikation Wortbeiträge liefert. In den Lehrer-Schüler-Interaktionen fiel Anna dadurch auf, dass sie die Lehrerin wiederholt kritisierte und hinterfragte oder Vorstöße machte, die Aufgabenstellung zur

---

4   Die Auswertung folgt den Überlegungen Ulrich Oevermanns (vgl. 2000; Wernet 2000) zur objektiven Hermeneutik. Die methodische Forderung der künstlichen Naivität an die Interpretationsgruppe wird hier nicht zuletzt aus Platzgründen zugunsten einer ergebnisorientierten Darstellung zurückgestellt.

5   Die Materialien wurden im Rahmen des DFG-Projektes »Lehrer-Schüler-Beziehungen an Waldorfschulen« unter der Leitung von Prof. Dr. Werner Helsper, HD Dr. Bernhard Stelmaszyk und Prof. Dr. Heiner Ullrich, in dem ich 2003-2005 gemeinsam mit Dipl.-Päd. Gunther Graßhoff und Dipl.-Päd. Dana Jung als wissenschaftliche Mitarbeiterin tätig war, erhoben. Da in der vorliegenden Interpretation das Augenmerk weniger auf der Waldorfspezifik, sondern vielmehr auf der schulimmanenten Logik der Herstellung von Arbeitsbündnissen und der Verständigung über Deutungen liegt, wird auf eine grundlegende Rahmung und Darstellung des Konzepts der Waldorfpädagogik verzichtet. Zugespitzt könnte sich die folgende Szene ebenso an einer Haupt-, Real-, Gesamtschule oder an einem Gymnasium ereignen.

6   Aus Gründen des Datenschutzes wurden sämtliche Angaben, die Rückschlüsse auf die Personen ermöglichen, anonymisiert und durch Pseudonyme ersetzt.

7   Zu dem erhobenen Material sowie den Erhebungs- und Auswertungsmethoden des zuvor erwähnten DFG-Projektes, dem der vorliegende Fall entstammt vgl. Helsper u. a. (2003).

Diskussion zu stellen. Die Beziehung zwischen der Klassenlehrerin und Anna zeichnet sich an der folgenden Szene, die zunächst eher im Kontrast zu den ersten Eindrücken der Feldphase[8] zu stehen scheint, sehr deutlich ab. Im Folgenden stelle ich die Ergebnisse der Rekonstruktion einer Unterrichtsszene zwischen Anna und ihrer Klassenlehrerin vor. Diese Szene kann als Ankerszene verstanden werden, da in ihr das scheiternde gegenseitige Verständnis der Anderen in der Auseinandersetzung um den Unterrichtsgegenstand exemplarisch zum Ausdruck kommt. Es handelt sich um eine Biologiestunde, in der die menschliche Fortpflanzung Gegenstand ist. Dem Ausschnitt gingen ein längerer Vortrag und eine Einführung des neuen Stoffes der Lehrerin voran.

Fr: frau weber wie heißt des ding nochmal (?)[9]
FW: zygote
S 1: *xx zusammenbleibn* (s. v. durch allgemeines Stimmengewirr)
An: das die zelle angebxx

Eine Schülerin, Frauke, meldet sich mit einer Rückfrage zu dem Vortrag der Lehrerin zu Wort. Die auch als Provokation verstehbare erste Wortmeldung von Frauke, in der der Gegenstand des Unterrichts eher abschätzig bezeichnet (»des ding«) und mangelnde Aufmerksamkeit, Gedächtnisleistung oder Interesse an der Thematik (»noch mal«) demonstriert wird, entschärft sich durch Frau Webers simple Beantwortung auf der Sachebene. Zwei weitere Redebeiträge von einer Schülerin und von Anna gehen anschließend in der steigenden Geräuschkulisse unter. Inhaltlich demonstrieren die Beiträge jedoch, dass der Vermittlungsprozess zwar ins Stocken gerät, die SchülerInnen jedoch bei der Sache sind und sich inhaltlich mit dem Unterrichtsgegenstand der menschlichen Befruchtung auf Zellebene und die anschließende Zellteilung auseinandersetzen.[10] Anna distanziert sich im Gegensatz zu Frauke nicht in einer latenten Abwertung von dem »Ding«, sondern ist in der Lage, für den Gegenstand Zygote die korrekte Bezeichnung »zelle« zu benutzen. Sie versucht trotz der Unruhe in der Sache weiter fortzufahren und gegen das Stimmengewirr anzureden, was ihr jedoch nicht gelingt. Dies lässt auf eine Sympathie für den Gegenstand und/oder für die Lehrerin schließen, da Anna innerhalb der Unruhe versucht, die Sache weiter voran zu bringen und sich Gehör zu verschaffen.

---

8 Eindrücke, Fragen und Hypothesen der Feldphase wurden in Forschungstagebüchern festgehalten. Diese erste Forschungsphase diente der Sondierung des Feldes und der Auswahl der SchülerInnen im Hinblick auf die interessierende Forschungsfrage nach der Ausgestaltung der LehrerInnen-SchülerInnen-Beziehung am Ende der KlassenlehrerInnenzeit in der achten Klasse.

9 Zu den hier verwendeten Transkriptionsregeln vgl. Graßhoff/Höblich (2005, S. 120). Namenskürzel: Fr = Frauke; FW = Frau Weber; S 1 = Schülerin 1; An = Anna; Pa = Paula.

10 Wortbeitrag von Schülerin 1 kann auf die Thematik der Zellteilung bezogen werden.

Falls es sich um eine lehrpersonzentrierte Diskussion im Klassenplenum (und keine Gruppenarbeitsphase) handelt, muss die Interaktionskrise behoben werden, um das gewöhnliche Unterrichtsformat und die Möglichkeit einer sprachlichen Bezugnahme aufeinander erneut herzustellen. Anna kann in der Situation, in der es darum geht, den Unterricht inhaltlich voranzubringen, als Hilfe für Frau Weber fungieren. Entgegen der impliziten Distanzierung vom Unterrichtsgegenstand kann mit Anna auf eine Schülerin hingewiesen werden, die sehr wohl verstanden hat, worum sich der Unterricht thematisch in den letzten Minuten gedreht hat. Anna liefert Frau Weber damit eine Argumentationsgrundlage, die es ihr ermöglicht, das Kollektiv zur Ordnung zu rufen und gleichzeitig mit dem Unterricht fortfahren zu können. Nutzt Frau Weber diese Chance, so wird Anna latent zur ihrer Assistentin und innerhalb des Klassenkollektivs hervorgehoben und zugleich von ihren MitschülerInnen abgesetzt. Für Anna wiederum ergibt sich die Chance zur Demonstration eigener Leistung. Gleichzeitig würde der informelle Austausch vieler SchülerInnen über die Sache zugunsten eines Rahmens für Annas Beitrag unterbunden. Anna gerät dann in einen Konflikt mit dem Mitteilungsbedürfnis der Anderen, indem sie sich dem geordneten lehrerzentrierten Nacheinander des Unterrichtsgespräches unterordnet.

> FW: jetzt nicht alles durcheinander, bitte (laut)
>   *1. Mal.*   *2. Mal* (Händeklatschen)
>   *jetzt geordnet* (laut). frauke nochmal e-zygote, (zweimaliges husten im raum) wir hattn gesagt wenn sich das hier ganz durchschnürt, sagte der thorsten richtig, es gibt zwillinge, der phillip sagte, nein siamesische zwillinge, *was würde denn was müßte denn sein bei den siamesischen* (?) jetzt war da die anna die sich gemeldet hat, und niemand spricht jetzt sonst,
> An: also wenn die nich *a* (abgehackt, unterbrochen)
>   (Unruhe in der Klasse)
> FW: *scht* (deutlich)

Der Unruhe begegnet Frau Weber als vermittelnde Moderatorin. Sie bündelt die Kommunikation unter Verweis auf ein Nacheinander der Redebeiträge (»jetzt geordnet«) und führt auf das eigentliche Thema zurück, indem der bisherige Stand auch unter Berücksichtigung der einzelnen individuellen Redebeiträge referiert wird. Die Meldungen zum Thema werden namentlich gewürdigt und geduldig in ihrem Beitrag zum gemeinsamen Lernprozess positioniert (»sagte der thorsten richtig,«).

In der Tat tritt Frau Weber als Anwältin Annas auf, die ihr Gehör verschaffen will. Sie markiert Annas Verhalten als regelkonform (»jetzt war da die anna die sich gemeldet hat,«) und legitimiert darüber die Zuteilung des Rederechts an Anna. Damit wird Anna zur Assistentin der Lehrerin, die sich scheinbar als einzige innerhalb einer angeregten Diskussion an die formalen Regeln des Meldens hält. Frau Weber schafft durch ein Gebot zur

Ruhe (»und niemand spricht jetzt sonst,«) den Raum für Annas Beitrag. Die Äußerung der Lehrerin stellt eine Drohung dar, in der die Konsequenzen einer Nichtbefolgung des Gebotes allerdings nicht ausgeführt werden. Anna setzt erneut an, wird jedoch ein weiteres Mal durch die anschwellende Unruhe im Klassenzimmer unterbrochen bzw. unterbricht sie sich selbst. Erneut ist es die Lehrerin, die Anna wiederholt die Bühne breitet und nun zum zweiten Mal das Klassenkollektiv zur Ruhe ruft, um Anna Gehör zu verschaffen.

An: wenn die nicht *ausnandergehn* (lautstärke abnehmend).
FW: wie nich aus, du meinst
       (Stimmengewirr)
FW: dann gibts ja n
       (Paula meldet sich)
       (zweimaliges lautes Husten),
FW: nicht ganz ganz, genauer, paula.
Pa: dann müsstn zwei eizellen so zusammn, äh zusammn
FW: … ah [TM auf] *nein* (gedehnt) nein .. jein kann man da sagen

Angesichts des Vorlaufes erstaunt es, dass die Klassenlehrerin sie so offensichtlich falsch versteht. Obwohl der Beitrag Annas inhaltlich und sachlich als korrekt bewertet werden könnte[11] und lediglich sprachlich ungenau formuliert wird, legt die Äußerung von Frau Weber nahe, dass sie der Auffassung ist, Anna habe den Sachverhalt falsch oder nicht präzise genug dargestellt. Bruchstückhaft werden drei verschiedene Elemente in Form eines lauten Denkens von Frau Weber geäußert. Zunächst erfolgt eine Rückfrage (»wie nich aus«). Daran schließt sich eine Verstehensfrage in Form einer Perspektivübernahme, einer Spiegelung (»du meinst«) an, bevor sie schließlich mit »dann gibt's ja« die Aussage Annas in ihren Implikationen weiterdenkt. Dabei wird deutlich, dass Frau Weber die Antwort Annas als eher falsch bewertet und es zu einem Missverständnis in der Kommunikation kommt. Alle drei Bruchstücke werden nicht ausformuliert. Dies erschwert der Schülerin eine Stellungnahme oder Richtigstellung innerhalb des Verständigungsprozesses über die Sache.

Unabhängig davon, ob Annas Beitrag von Frau Weber als tendenziell falsch oder nur ungenau markiert wird, erstaunt, dass Anna keine Möglichkeit zur Richtigstellung oder Korrektur ihres Beitrages erhält. Gerade im zweiten Fall einer fast richtigen Antwort wäre zu erwarten gewesen, dass Anna noch einmal die Gelegenheit erhält, ihre Antwort weiter zu präzisieren, da sie schon nah an der Lösung war. Stattdessen wird ihr jedoch das Rederecht entzogen und eine andere Schülerin dran genommen. Damit wird

---

11 Bei siamesischen Zwillingen läuft die Zellteilung der befruchteten Eizelle unvollständig ab. Die Antwort Annas, sie teilten sich nicht ganz durch, ist durchaus als korrekt zu bewerten.

Anna brüskiert, ihr Versuch einer richtigen Antwort als gescheitert markiert und ihr selbst eine Korrektur nicht zugetraut, sondern eine Klassenkameradin damit betraut. Deren falsche Antwort wird zunächst mit einem »ah« als interessanter Gedanke markiert und dann als falsch bewertet. Allerdings räumt Frau Weber mit »jein kann man sagen« einen möglichen Geltungsspielraum ein. Damit bewegt sie sich wieder in der Struktur ihres vorherigen Unterrichtshandelns, in der selbst falsche Beiträge noch einen potentiellen Gewinn für den kollektiven Lehr-Lern-Prozess darstellen können.

In der vorliegenden Szene hält Anna im Kontrast zu den ethnografischen Daten die Ordnungsstruktur des Unterrichts aufrecht. Anna fiel in den Unterrichtsbeobachtungen dadurch auf, dass sie häufig die Arbeitsaufträge der Lehrerin hinterfragte oder die Art und Weise der Stoffvermittlung generell kritisierte. In der Folge kam es häufig zu Konflikten zwischen ihr und der Klassenlehrerin. In der vorliegenden Szene agiert Anna jedoch als kompetente Schülerin die dem Unterricht aufmerksam folgt und ihn inhaltlich voranbringt. Sie wird von der Lehrerin ein Stück weit instrumentalisiert, um die Einhaltung der zuvor in die Krise geratenen Ordnung des Nacheinanders der Redebeiträge wieder herzustellen. Anna fügt sich dieser Instrumentalisierung und platziert einen als korrekte Antwort verstehbaren Beitrag gegen das Stimmengewirr der Anderen und verbürgt darüber die offizielle Ordnung des Meldens. Obwohl Anna also in dieser Szene die Autorität der Lehrerin in keiner Weise in Frage stellt und die Ordnung mit einem inhaltlich richtigen, sprachlich noch zu präzisierenden Beitrag verbürgt, erfährt sie keine Würdigung. Im Kontrast zu den ethnografischen Beobachtungen liegt hier keine beiderseitige Dynamik einer gegenseitigen Provokation vor.[12] Vielmehr ist es hier Frau Weber die Anna ihre Leistung abspricht ohne dass Anna dem in irgendeiner Weise durch ihr Verhalten dem Vorschub geleistet hat. Die Klassenlehrerin differenziert in dieser Szene zwischen Anna und den anderen SchülerInnen. Angesichts der mehrmaligen Versuche Annas sich verständlich zu machen und ihrer immer leiser werdenden Stimme, die auch als Unsicherheit interpretiert werden kann, gleicht die Reaktion Frau Webers einem Mangel an empathischer Perspektivübernahme gegenüber Anna. Das Missverstehen Annas und ihrer Brüskierung als scheiternde Schülerin ist aus der vorherigen und nachfolgenden Struktur des Unterrichts nicht zu erklären, in der selbst sachlich falsche Thesen (siehe Phillip) noch als Transferaufgabe für das Kollektiv dienen können. Es lassen sich hier zwei Lesarten generieren:

---

12 Anna fiel in den Unterrichtsbeobachtungen dadurch auf, dass sie häufig die Arbeitsaufträge der Lehrerin infrage stellte oder kritisierte. In der Folge kam es häufig zu Konflikten zwischen ihr und der Klassenlehrerin. In der vorliegenden Szene agiert Anna jedoch als kompetente Schülerin, die dem Unterricht aufmerksam folgt und ihn inhaltlich voranbringt.

So kann das offensichtliche Missverstehen Annas durch Frau Weber möglicherweise darin begründet sein, dass Frau Weber Anna als sehr gute Schülerin betrachtet, von der sie eine präzisere Aussage erwartet. Das Missverstehen kann indessen auch Ausdruck einer Vorstellung auf Seiten der Klassenlehrerin sein, nach der Anna eine Störerin ist.

Im ersten Fall wäre das Missverstehen Ausdruck einer Enttäuschung oder Sanktion angesichts der mangelhaften sprachlichen Genauigkeit mit der Anna den Sachverhalt beschreibt. Wäre allerdings Anna aus Sicht Frau Webers als exzellente Schülerin zu entwerfen, so könnte davon ausgegangen werden, dass Anna mit einer Hilfestellung eine eigene Korrektur zugetraut würde. Daher muss eher die zweite Variante bekräftigt werden, nach der das Missverständnis als Ausdruck stigmatisierender Zuschreibungen von Seiten Frau Webers – die sie den Beitrag vorschnell als falsch bewerten lassen, da von Anna ohnehin nicht viel erwartet werden kann – zu lesen ist. Welche der beiden Varianten zutreffend ist, sollte sich im Kommentar der Lehrerin aufzeigen lassen

2. Pädagogische Deutungsmuster der Lehrerin über die Leistungen ihrer Schülerin

In der Stellungnahme Frau Webers zu Anna im exmanenten Teil ihres berufbiografischen Interviews lässt sich in der Tat eine solche negative Beurteilung von Annas Leistungsfähigkeit auffinden: »anna. *äh fhh* (atmet lang aus), ja, anna hats im grunde in vieln fächern schwer, [m-hm] also sie is nich so. (atmet ein) schätzt sich aber oft, a besser ein als sie ist, [m-hm]« (Interview Weber, Zeile 3785-3790).

Zwischen Frau Weber und Anna kann von einer grundlegenden Anerkennungsproblematik gesprochen werden, innerhalb derer Leistungen Annas nicht in dem Maße von der Klassenlehrerin anerkannt werden, wie es aus der Perspektive der Lehrerin Anna offenbar für gerechtfertigt hält. Es kann von einem aktuellen Konfliktpotential und möglicher Krise der Beziehung für Frau Weber ausgegangen werden, die sich in den brüchigen Anschlüssen und unvollständigen Formulierungen auffinden lässt. Die Ursachen für die Störungen werden allein Anna zugeschoben, indem der eigene Bewertungsmaßstab absolut gesetzt wird (»als sie ist«).

In der sprachlich sehr diffusen Darstellung kann diese Beschreibung der Fallproblematik (»hat es schwer«) jedoch inhaltlich nicht gefüllt und konkretisiert werden. Vielmehr mündet sie in eine über den Bereich schulischer Fächer hinausgehende und damit auf Annas gesamte Person bezogene Wertung und typisierende Qualifizierung (»is nich so«[13]). Implizit werden damit mögliche Entwicklungspotentiale Annas mit dem Verweis auf deren angeblich grundsätzlich beschränkte Wesensmerkmale nivelliert. Frau Webers eigene Anteile an Annas Scheitern innerhalb des sprachlich vermittelten interaktiven Lehr-Lern-Prozesses werden nicht expliziert. Vielmehr werden diese in einer Abqualifizierung Annas, die keine Einsicht in ihre begrenzten Möglichkeiten hat, verschleiert und umgedeutet. Damit erfolgt zugleich eine Freisprache von eigener Verantwortlichkeit für das Scheitern. Das Problem der intersubjektiven Verständigung über die Leistungen und Kompetenzen Annas (und damit auch ihrer bereits erreichten handlungspraktischen Autonomie) wird hier umgedeutet in die Diagnose einer generell schlechten Schülerin, deren Möglichkeiten gute und sehr gute Leistungen zu erbringen, als eher gering eingeschätzt werden, die jedoch selbst diese Einschätzung ihrer Person nicht annimmt und als ungerecht zurück weist. Die Einschätzung der Lehrerin wird als objektiv richtige der »falschen« persönlichen Einschätzung Annas gegenübergestellt. Es wird eine stark asymmetrische Beziehung entworfen, in der Anna keine Berechtigung auf einen eigenen Standpunkt zugebilligt wird, die nicht dem eigenen entspricht. Letzterer wird diskursiv nicht zur Disposition gestellt oder als eine mögliche Perspektive neben anderen, sondern als objektiv und damit nicht hinterfragbar ausgegeben. Die Möglichkeiten Annas vermittels einer Kommunikation darüber oder einer Veränderung in ihren Handlungen werden damit maximal geschlossen, da Frau Weber ohnehin bereits das Wesen Annas im Grunde erkannt hat.

3. Die Schülerin Anna über die Klassenlehrerin

Der folgende Ausschnitt aus dem Interview mit Anna enthält eine immanente Nachfrage zur Dynamik der Lehrer-Schüler-Beziehung. Anna spricht zuvor Schwierigkeiten und Veränderungen in ihrer Beziehung zu Frau Weber an. Sie wird an dieser Stelle noch einmal von der Interviewerin zu einer Präzisierung aufgefordert und antwortet:

> »mja (*atmet schmunzelnd aus*), ich komm mit ihr eigentlich im moment überhaupt nicht mehr klar, wenn irgendwas is, sie scheißt mich <u>gleich</u> zusamm-m und [*h-m* (halblaut)]motzt nur noch rum« (Interview Anna, Zeile 251-256).

---

13 Es ist unklar *was* »nich so« ist und welche Qualität »so« hat. Sinnlogisch muss jedoch davon ausgegangen werden, dass das Subjekt immer noch Anna ist. Demnach bezieht sich die Aussage immer noch auf Anna. Es lässt sich paraphrasieren: Anna ist nicht so.

Anna formuliert eine Krise des gegenseitigen Verstehens und Vertrauens mit der Lehrerin aus ihrer Sicht als »nicht mehr klar kommen«. Umgang und Kommunikation miteinander funktionieren nicht mehr, ohne dass hierfür eindeutige (klare) Gründe von ihr benannt werden können. Anna verbleibt hierbei in der Ich-Perspektive im Kontrast zu anderen möglichen Formulierungen wie: »Sie kommt mit mir nicht mehr klar« oder »Wir kommen miteinander nicht mehr klar«. Auf der Suche nach einem Grund für das Nicht-mehr-Klar-kommen verweist Anna indirekt so auf sich selbst; ein mögliches Fehlverhalten der anderen Seite wird nicht angesprochen. Zugleich wird ein Anspruch oder eine Notwendigkeit miteinander klarzukommen zum Ausdruck gebracht. Die Bedeutsamkeit der Beziehung mit ihrer Klassenlehrerin wird nicht zurückgewiesen. Die Formulierung »überhaupt nicht mehr« verweist indirekt auf einen Vorlauf oder einen Prozess, der mit einem zunehmenden Verlust an Deutungskompetenzen der Handlungen des Gegenübers einhergeht und in eine Orientierungslosigkeit mündet, in der die Ursachen für das Scheitern nicht benannt werden können. Lediglich die eigenen gescheiterten Versuche des Beziehungsmanagements werden thematisiert. Damit kann die Aussage von Anna als eigene Schuldzuschreibung für die Beziehungsproblematik gelesen werden. Die Gründe des Scheiterns sind reflexiv noch nicht durchdrungen (»nicht mehr klar«).

Anna unternimmt den Versuch, das Verhältnis weiter zu spezifizieren und generalisiert in Form einer Gleichung: Wenn »irgendwas ist« dann »scheißt sie mich gleich zusammen und motzt nur noch rum«. Sie stellt eine generelle häufig vorkommende Reaktion Frau Webers dar. Anna nimmt sich subjektiv innerhalb des Verhältnisses zu Frau Weber als Sündenbock wahr, da sie unabhängig von eigenem Verschulden auf eine für sie nicht verständliche und ungerechtfertigte Weise sanktioniert wird. Aus ihrer Perspektive lässt die Reaktion Frau Webers Anna keine Möglichkeit selbsttätig einzugreifen. Das banale »irgendwas« verweist im Zusammenhang mit der Reaktion des »zusammenscheißens« auf eine affektive unkontrollierte Entladung von Frau Weber, die die Sprecherin für nicht erwartbar und überzogen (im Sinne von zeitlich zu schnell und/oder zu drastisch in ihrer Form) hält. Sinnlogisch müsste diese Verkennung und Sanktionierung der eigenen Person zu einem Prozess des Leidens führen. Dies wird jedoch durch das einleitende Schmunzeln mit dem sich Anna von der eigenen Betroffenheit und den Prozessen des Erleidens distanziert in Form einer Autonomiebehauptung gebrochen. Diese Distanzierung verweist allerdings wiederum auf die persönliche Betroffenheit und Aktualität, die diese Problematik für Anna besitzt. Einerseits begreift sich Anna als Opfer von Etikettierungen, weist indes gleichwohl die Bedeutsamkeit der Beziehung und die Notwendigkeit des Miteinander-Klarkommens nicht von sich und leidet folglich an der Entwicklung. Die Beziehung zu Frau Weber ist aus der Perspektive von Anna für sie selbst in hohem Maß krisenhaft geworden. Die Schilderung der Umstände lassen an die Schützesche Figur der Verlaufskurve denken, die einen Zustand beschreibt, innerhalb dessen sich die Subjekte als von einer negativen Entwicklung betroffen empfinden, ihnen jedoch gleichzeitig aufgrund eines Verlustes der eigenen Handlungskontrolle keine Spielräume zu autonomer Intervention und Änderung der Situation zur Verfügung stehen (vgl. Schütze 1996b).

4. Zwischen sensibler Beurteilung und Etikettierung – Resümee

Die Rekonstruktionen dokumentieren das Scheitern eines Arbeitsbündnisses zwischen Frau Weber und Anna. Das Scheitern wird von der Lehrerin auf mangelnde Fähigkeiten und Kompetenzen Annas attribuiert, die als Person insgesamt »nicht so ist«. Dies erfolgt über eine Etikettierung Annas als schlechte Schülerin, die sich selbst besser einschätzt, als sie ist. Damit erfährt Anna von Seiten der Lehrerin eine narzistische Kränkung, indem ihr immer wieder ihre Grenzen und Defizite in ihrer adoleszentären Entwicklung aufgezeigt und Autonomiebestrebungen begrenzt werden. Das eigene pädagogische Handeln gerät als Ursache für die Spannungen auf Seiten Frau Webers kaum in den Blick. Vielmehr werden die Ursachen für die gemeinsamen Probleme einseitig Anna zugesprochen. Dieser Befund deckt sich mit Untersuchungen zu schulischen Etikettierungsprozessen nach denen Lehrpersonen der Prozessverlauf in der Regel verborgen bleibt und sie lediglich die als Störenfriede etikettierten SchülerInnen mit der Zeit als immer auffälliger wahrnehmen (vgl. Brusten/Herringer 1980; Holtappels 1987). Der vorgestellte Fall lässt sich auf die Erkenntnisse einer neueren Untersuchung zu schulischen Etikettierungsprozessen, nach der die »Interaktionsformen zwischen Lehrkräften und Jugendlichen (…) aus deren subjektiver Sicht deutlich stärker von restriktiven Mustern geprägt [sind] als in der Normalpopulation« (Holtappels 2000, S. 249), beziehen. Dieser Befund kann hier dahingehend erweitert werden, dass sich die SchülerInnen nicht nur als benachteiligt in der Interaktion erleben, sondern es faktisch gegenüber ihren MitschülerInnen auch sind. Die Auswirkungen werden an der rekonstruierten Unterrichtsszene, in der Anna eher gegenteilig den Unterricht inhaltlich voranbringt, deutlich. Obwohl ihre Antwort richtig verstanden werden kann, wird sie von der Lehrerin als falsch interpretiert. Damit zeichnet sich eine Dynamik ab, innerhalb derer die lehrerseitige Zuschreibung als problematische Schülerin in Form pejorativer Unterstellungen und Etikettierungen im Unterricht aktualisiert wird und auf die Interaktionsebene ausstrahlt. Dieses Datum korrespondiert mit Befunden, nach denen

Lehrpersonen mit der Zeit eine selektiv Wahrnehmung entwickeln, die die zugeschriebene Typisierung bestätigt, während gegenteilige Informationen ignoriert oder uminterpretiert werden (vgl. Hargreaves 1979, S. 147 ff.). Anna selbst ist in der Lage, die Zuschreibungen als Etikettierung zu erkennen. Sie leidet unter den lehrerseitigen Beurteilungen und den Missverständnissen in der Kommunikation. Dies führt jedoch bei ihr nicht zu einer Abwertung oder grundlegenden Distanzierung von der Relevanz von Schule und der Lehrer-Schüler-Beziehung für ihre Person. Vielmehr übernimmt sie die Deutung, nach der es ihr obliegt, mit ihrer Lehrerin klar zu kommen und hält die Suche nach Erklärungen weiter aufrecht. Sowohl der Lehrerin als auch Anna scheint ein Eingehen auf das Gegenüber gegenwärtig oder prinzipiell nicht mehr möglich. Gerade an der vorgestellten Unterrichtsszene zeigt sich, dass es durchaus Versuche Annas gibt, sich dem Bild der schlechten Schülerin oder Störerin zu entziehen, indem sie sich den schulischen Regeln unterwirft und sich bemüht den Unterricht konstruktiv zu gestalten. Die Lehrerin ist jedoch nicht in der Lage, ressourcenorientiert und entwicklungsfördernd auf Anna einzugehen und deren Bemühungen differenziert zu begegnen.

Dieses Fallbeispiel zeigt deutlich die Notwendigkeit einer stets für Veränderungen offenen, situationsadäquaten und subjektsensiblen Beurteilung durch die Lehrperson und die negativen Dynamiken eines Etikettierungsprozesses für die LehrerInnen-SchülerInnen-Beziehung in der das Vertrauen auf das gegenseitige Wohlwollen nicht mehr hergestellt werden kann.

Durch die Triangulation der unterschiedlichen Textsorten und Ebenen des Gegenstandes (Interaktion und subjektive Deutungen im Rahmen biografischer Interviews) können die Verschränkungen von professionellen Deutungsmustern und Präskripten der Lehrerin in ihren Auswirkungen auf die Unterrichtsinteraktion verstehend nachvollzogen werden. So wird in dem vorliegenden Fall die Diagnose einer schlechten Schülerin in Form einer Etikettierung im Unterrichtsgeschehen aktualisiert und die Chance einer situations- und individuumsadäquaten Würdigung der Leistung Annas verschenkt. Erst in der Kontrastierung der Analyseergebnisse werden auch die Auswirkungen des Etikettierungsprozesses auf die biografische Selbstentfaltung der Schülerin, die die Schuld bei sich sucht, obwohl sie sich zugleich als Objekt schulischer Etikettierung begreift, sichtbar. Die Unterrichtsinteraktion kann aus Sicht Annas als scheiternder Versuch, sich dem Etikett der schlechten Schülerin zu entziehen und damit als handlungsschematischer Bearbeitungsversuch der Krise in der Beziehung zur Lehrerin, verstanden werden.

An Annas Fall zeigen sich deutlich die methodischen Erkenntnispotentiale und -erträge der Triangulation: Die Verschränkung der unterschiedlichen Materialien überwindet eine jeweilige Begrenzung der Daten und Perspektiven auf professionelle handlungsentlastete Deutungsmuster zur eigenen Praxis im Interview, die retrospektive Wahrnehmung und biografischen Verarbeitung der gemeinsamen Interaktionsgeschichte und die Beziehungsdynamik und schließlich Handlungsroutinen und -vollzüge in der Interaktion. Erst in der Kontrastierung und Vermittlung dieser Ebenen lassen sich die Etikettierungsprozesse und ihre intersubjektiven Verwicklungen verstehend nachvollziehen, werden Interaktionsprozesse vor dem Hintergrund der biografisch verarbeiteten Interaktionsgeschichte und deren Deutung durch die AkteurInnen deutlich und nachvollziehbar.

Literatur

Arbeitsgruppe Schulforschung (1980): Leistung und Versagen. Alltagstheorien von Schülern und Lehrern. München.

Böhme, J./Kramer, R.-T. (Hrsg.) (2001): Partizipation in der Schule. Theoretische Perspektiven und empirischer Analysen. Opladen.

Bohnsack, R. (1997): Dokumentarische Methode. In: Hitzler, R./Honer, A. (Hrsg.) (1997): Sozialwissenschaftliche Hermeneutik. Opladen, S. 191-212.

Bohnsack, R. (^{5}2003a): Rekonstruktive Sozialforschung. Eine Einführung in Methodologie und Praxis qualitativer Forschung. Opladen.

Bohnsack, R. (2003b): Dokumentarische Methode. In: Bohnsack, R../Marotzki, W./Meuser, M. (Hrsg.) (2003): Hauptbegriffe qualitativer Forschung. Opladen, S. 40-44.

Bohnsack, R./Nentwig-Gesemann, I./Nohl, A.-M. (Hrsg.) (2001): Die dokumentarische Methode und ihre Forschungspraxis. Grundlagen qualitativer Sozialforschung. Opladen.

Brusten, M./Herringer, N. (1980): Lehrerurteile und soziale Kontrolle. In: Ulich, K. (Hrsg.) (1980): Wenn Schüler stören. München, S. 112-136.

Cicourel, A. V./Kitsuse, J. I. (1974): Die soziale Organisation der Schule und abweichende Karrieren. In: Hurrelmann, K. (Hrsg.) (1974): Soziologie der Erziehung. Weinheim, S. 362-378.

Combe, A./Helsper, W. (Hrsg.) (1996): Pädagogische Professionalität. Frankfurt a. Main.

Denzin, N. (1978): The research act: A theoretical introduction to sociological methods. New York.

Glaser, B. G./Strauss, A. (1979): Die Entdeckung der gegenstandsbezogenen Theorie: Eine Grundstrategie qualitativer Forschung. In: Hopf, Ch./Weingarten, E. (Hrsg.) (1979): Qualitative Sozialforschung. Stuttgart, S. 91-111.

Goffman, E. (1967): Stigma. Über Techniken der Bewältigung beschädigter Identität. Frankfurt a. Main.

Graßhoff, G./Höblich, D. (2005): Lehrer-Schüler-Beziehungen an Waldorfschulen: Rekonstruktionen zum Verhältnis von Selbstverständnis der Lehrerschaft, Lehrer-Schüler-Interaktion im Unterricht und individueller Schulkultur. In: BIOS – Zeitschrift für Biographieforschung, Oral History und Lebenslaufanalysen, 18. Jg. (2005), Heft 1, S. 115-128.

Fielding, N. G./Fielding, J. L. (1986): Linking Data. Beverly Hills.

Flick, U. (1990): Fallanalysen: Geltungsbegründung durch Systematische Perspektiven-Triangulation. In: Jüttemann, G. (Hrsg.) (1990): Komparative Kasuistik. Heidelberg, S. 184-204.

Flick, U. (1992): Entzauberung der Institution. Systematische Perspektiven-Triangulation als Strategie der Geltungsüberprüfung qualitativer Daten und Interpretationen. In: Hoffmeyer-Zlotnik, J. (Hrsg.) (1992): Analyse verbaler Daten. Über den Umgang mit qualitativen Daten. Opladen, S. 11-56.

Flick, U. (2003): Triangulation in der qualitativen Forschung. In: Flick, U./Kardorff, E. v./Steinke, I. (Hrsg.) (^{2}2003): Qualitative Forschung. Ein Handbuch. Reinbek b. Hamburg, S. 309-318.

Idel, T.-S. (2004): Waldorfschulen als Sphären biographischer Entwicklung. Inauguraldissertation am Fachbereich Pädagogik der Universität Mainz.

Hargreaves, D. H. (1979): Reaktionen auf soziale Etikettierung. In: Asmus, H.-J./Peuckert, R. (Hrsg.) (1979): Abweichendes Schülerverhalten. Heidelberg, S. 141-154.

Hargreaves, D. H./Hester, St. K./Mellor, F. J. (1981): Abweichendes Verhalten im Unterricht. Weinheim.

Helsper, W. (1996): Antinomien des Lehrerhandelns in modernisierten pädagogischen Kulturen. In: Combe, A./Helsper, W. (Hrsg.) (1996): Pädagogische Professionalität. Frankfurt a. Main, S. 521-570.

Helsper, W. u. a. (2003): Lehrer-Schüler-Beziehungen an Waldorfschulen. (Antrag an die Deutsche Forschungsgemeinschaft). In: Werkstatthefte des ZSL (Zentrum für Schulforschung und Fragen der Lehrerbildung), 2003, Heft 23, S. 31-85.

Hitzler, R. (2003): Ethnografie. In: Bohnsack, R./Marotzki, W./Meuser, M. (Hrsg.) (2003): Hauptbegriffe qualitativer Forschung. Opladen, S. 48-51.

Holtappels, H. G. (1987): Schulprobleme und abweichendes Verhalten aus der Schülerperspektive. Empirische Studie zu Sozialisationseffekten im situationellen und interaktiven Handlungskontext der Schule. Bochum.

Holtappels, H. G. (2000): »Abweichendes Verhalten« und soziale Etikettierungsprozesse in der Schule. In: Schweer, M. K. W. (Hrsg.) (2000): Lehrer-Schüler-Interaktion. Pädagogische Aspekte des Lehrens und Lernens in der Schule. Opladen, S. 231-255.

Köckeis-Stangel, E. (1980): Methoden der Sozialisationsforschung. In: Hurrelmann, K./Ulich, D. (Hrsg.) (1980): Handbuch der Sozialisationsforschung. Weinheim, S. 321-370.

Kramer, R.-T. (2002): Das »schulbiographische Passungsverhältnis«. Hermeneutische Rekonstruktionen zum Verhältnis von Schülerbiografie und Schulkultur. Opladen.

Kraul, M./Marotzki, W./Schweppe, C. (Hrsg.) (2002): Biographie und Profession. Bad Heilbrunn.

Krummheuer, G. (1992): Lernen mit »Format«. Elemente einer interaktionistischen Lerntheorie. Weinheim.

Oevermann, U. (1996): Theoretische Skizze einer revidierten Theorie professionellen Handelns. In: Combe, A./Helsper, W. (Hrsg.) (1996): Pädagogische Professionalität. Frankfurt a. Main, S. 27-102.

Oevermann, U. (2000): Die Methode der Fallrekonstruktion in der Grundlagenforschung sowie der klinischen und pädagogischen Praxis. In: Kraimer, K. (Hrsg.) (2000): Die Fallrekonstruktion. Frankfurt a. Main, S. 58-156.

Otto, H.-U. u. a. (Hrsg.) (2002): Erziehungswissenschaft: Professionalität und Kompetenz. Opladen.

Schütze, F. (1996a): Organisationszwänge und hoheitsstaatliche Rahmenbedingungen im Sozialwesen: Ihre Auswirkung auf die Paradoxien des Professionellen Handelns. In: Combe, A./Helsper, W. (Hrsg.) (1996): Pädagogische Professionalität. Frankfurt a. Main, S. 183-276.

Schütze, F. (1996b): Verlaufskurven des Erleidens als Forschungsgegenstand der interpretativen Soziologie. In: Krüger, H.-H./Marotzki, W. (Hrsg.) (1996): Erziehungswissenschaftliche Biographieforschung. Opladen, S. 116-158.

Schweer, M. K. W. (2000): Vertrauen als basale Komponente der Lehrer-Schüler-Interaktion. In: Schweer, M. K. W. (Hrsg.) (2000): Lehrer-Schüler-Interaktion. Opladen, S. 129-139.

Thies, W./Röhner, C. (2000): Erziehungsziel Geschlechterdemokratie. Interaktionsstudie über Reformansätze im Unterricht. Weinheim und München.

Weber, M. (2003): Heterogenität im Schulalltag. Konstruktion ethnischer und geschlechtlicher Unterschiede. Opladen.

Wernet, A. (2000): Einführung in die Interpretationstechnik der objektiven Hermeneutik. Opladen.

Friederike Heinzel

Lernen am schulischen Fall – wenn Unterricht zum kommunizierbaren Geschehen wird

In dem nachfolgenden Beitrag wird Fallarbeit in der LehrerInnenbildung zum Fall gemacht. Zunächst wird kurz auf die Bedeutung von Fallarbeit in der LehrerInnenbildung eingegangen und das »Online-Fallarchiv Schulpädagogik« an der Universität Kassel vorgestellt. Dann wird die Arbeit einer Gruppe von Studentinnen bei der Fallrekonstruktion dokumentiert und reflektiert. Abschließend geht es um den Ertrag solcher Fallarbeit in der LehrerInnenbildung.

1. Fallarbeit in der LehrerInnenbildung und das Online-Fallarchiv Schulpädagogik

Seit der wieder intensiv geführten Diskussion um die LehrerInnenbildung werden Forschendes Lernen und Fallarbeit verstärkt als Möglichkeiten zum Erwerb oder zur Weiterentwicklung professioneller Haltungen und Qualifikationen diskutiert (vgl. Dirks/Hansmann 1999; Ohlhaver/Wernet 1999; Beck u. a. 2000; Heinzel 2003; Wernet 2006). Im anglo-amerikanischen Raum sind bereits Ansätze und Konzepte fallbasierten Lernens vorhanden und fallbasierte Curricula entwickelt worden (vgl. Barnes/Christensen/Hansen 1994; Shulman 1992).

Durch Fallarbeit in der LehrerInnenbildung sollen neue Wege in dem charakteristischen Spannungsverhältnis von Theorie und Praxis aufgezeigt werden. Der Umgang mit Fällen soll einen Einblick in den Alltag von Schule und Unterricht eröffnen und Unterricht zu einem kommunizierbaren Geschehen werden lassen. Es geht um eine praxisnahe, problem- und handlungsorientierte Reflexion von Unterricht, welche sowohl eigene Theorien prüft als auch an theoretisches Wissen und Forschungsergebnisse der Schul- und Unterrichtsforschung anknüpft. Die Bedeutung von Fallstudien liegt vor allem in einer Schulung des Verstehens, in der Vorbereitung einer reflexiven Haltung zum Unterricht, in der Begegnung mit Praxisszenen sowie ihrer Verknüpfung mit theoretischen Erkenntnissen. Dies erfordert die Irritation internalisierter Deutungs- und Handlungsmuster über Schule und Unterricht, die Reflexion dieser Muster und den Entwurf von Alternativen. Angestrebt wird zudem eine Sensibilisierung für die Komplexität schulischer Interaktionsprozesse und die Herausbildung eines tieferen Verständnisses von Problemen. Fallarbeit in der LehrerInnenbildung zielt damit auf eine professionsorientierte Berufsvorbereitung. Bei der Auseinandersetzung mit Praxisszenen wird kein Rezeptwissen zur Verfügung gestellt oder in bereits vorliegende praktische Handlungsmuster einsozialisiert. Vielmehr sollen Lösungsmöglichkeiten für reale Probleme erörtert und der Erwerb von anwendbarem Wissen ermöglicht werden.

Eine wesentliche Form von Fallarbeit in der LehrerInnenbildung besteht darin, dass Texte über den Alltag von Schule als Ausdruck der Praxis und Teil pädagogischer Diskurse zum Gegenstand von Reflexionsprozessen werden. In der LehrerInnenbildung ist es deshalb erforderlich, dokumentierte Situationen aus dem Schulalltag zur Verfügung zu stellen, die im Kontext der Themenstellung von Lehrveranstaltungen gewinnbringend erörtert werden können. Dies will das Fallarchiv »Schulpädagogik« an der Universität Kassel leisten. Das Archiv dokumentiert Interaktionsprotokolle, also in Schule und Unterricht tatsächlich Gesprochenes, Beschreibungen von beobachteten Szenen oder Ergebnisse schulischer Arbeit in Text oder Bildform. Zudem werden wissenschaftliche Interpretationen dieser Belege pädagogischer Praxis präsentiert. Auf der Internetseite des Fallarchivs[1] kann man diese pädagogischen Fallstudien suchen und finden. Sie sind thematisch auf das Handlungsfeld Schule bezogen. Es werden Fälle gesammelt, die in Veröffentlichungen eingegangen sind, die also in Monografien, Sammelbänden oder Zeitschriftenartikeln mehr oder weniger verstreut aufzufinden sind oder solche, die noch nicht veröffentlicht wurden. Alle Fälle werden mit sozialwissenschaftlichen Methoden interpretiert.

Die Fälle aus Unterricht und Schule liegen im Archiv als medial präsentierte Problemsituationen vor. Sie weisen einen hohen Grad an Komplexität und Authentizität auf. Sie sollen »Anker« setzen, Interesse wecken und die Aufmerksamkeit auf das Wahrnehmen und Verstehen von Problemen lenken. Schulische Praxis kann so in den universitären Lehramtsstudiengang, das Studienseminar oder die Fortbildung »eingespielt«, rekonstruiert und reflektiert werden. Der Umgang mit den Fällen sollte in der LehrerInnenbildung eingebettet werden in aktivierende Lernarrangements. Dies kann in

---

1   Siehe www.uni-kassel.de/schulpaedagogik/fallarchiv.

medialer Form geschehen oder z. B. in einer Interpretationswerkstatt. Ein wichtiger Schwerpunkt des Projektes »Online Fallarchiv« besteht deshalb auch darin, eine Lernumgebung zu gestalten und anzubinden. Um Lernszenarien mit dem Fallarchiv zu initiieren, wurden Aufgabentypen zum fallbasierten Lernen in der Schulpädagogik und zur Auseinandersetzung mit Praxis- und Beobachtungsszenen entwickelt, welche Fälle aus dem Archiv zur Grundlage haben.

2. Lernarrangement und Aufgabe

Im Rahmen eines Blockseminars zum Thema »Lernen am Fall – Interpretationswerkstatt zu Szenen aus Schule und Unterricht«, das zusammen mit Uta Marini angeboten wurde, erhielten Studierende des Lehramts die Möglichkeiten zur Bearbeitung von Fällen aus dem Online-Fallarchiv. Zu Beginn des Blockseminars äußerten sie vor allem drei Erwartungen: erstens für den eigenen Unterricht etwas lernen zu können, zweitens eine »gute Mischung« aus Theorie und Praxis zu erleben und drittens Situationen besser reflektieren und verstehen zu lernen.

Die Studierenden wurden im Verlauf des Seminars »Lernen am Fall« in Dreier-Gruppen eingeteilt. Mit »Gruppenarbeit« wird eine Methode bezeichnet, in der es darum geht, durch eine zeitlich befristete, organisierte und zielgerichtete Zusammenarbeit von mehreren Personen eine kommunikative und kooperative Lösung von Aufgaben oder Problemen zu erarbeiten. Gruppenarbeit verlangt die koordinierte, ko-konstruktive Aktivität der TeilnehmerInnen, um eine gemeinsame Problemlösung oder ein gemeinsam geteiltes Verständnis einer Situation zu entwickeln. Es existiert ein breites Spektrum gruppenpädagogischer Forschung und Praxis aus unterschiedlichen disziplinären Perspektiven, besonders der Soziologie, Sozialpsychologie und der Erziehungswissenschaft. Gruppenunterricht wird unter diversen Begriffen wie z. B. Kooperatives Lernen, Lernen in Gruppen, Gruppenarbeit oder Gruppenunterricht in der Fachliteratur diskutiert. Forschungsergebnisse weisen darauf hin, dass in Arbeitsgruppen erworbenes Wissen nachhaltiger haftet. Eine Überlegenheit kooperativer Bedingungen des Lernens gegenüber individualistischen Formen wird häufig nachgewiesen (vgl. Helmke/Weinert 1997; Slavin 1998; Gudjons 2003).

Den studentischen Arbeitsgruppen wurden verschiedene Fälle mit Aufgabenstellungen zugewiesen. Während an den Fällen gearbeitet wurde, beobachteten und videografierten studentische ForscherInnenteams diese Gruppenarbeit. Das Ziel dieser Aufnahmen bestand darin, die Tätigkeit in den Gruppen später im Seminar selbst zum Fall zu machen und die interak-

tive Bewältigung der Anforderungen zu untersuchen. Es ging dabei auch
darum, die entwickelten Aufgaben zum fallbasierten Lernen zu erproben.

Im Folgenden werde ich von der Arbeit der Studentinnen Carla, Paula
und Ruth berichten.[2] Sie arbeiten in einem eigenen Raum, nahe beim Semi-
narraum, und sitzen auf drei Stühlen um einen kleinen Tisch. Ich werde, vor
dem Hintergrund der Videoaufnahmen und deren Transkription, meine Beobachtungen darstellen und reflektieren. Das Ziel der rekonstruktiven Analyse besteht darin, die Tätigkeit der Studierenden bei der Arbeit am Fall zu
beschreiben und – im Hinblick auf die mit Fallarbeit verbundenen Erwartungen in der Lehrerbildung – zu analysieren. Es geht also um die Fallanalyse eines arrangierten Settings in der Lehrerbildung, nämlich der koopera-
tiven »Arbeit am Fall«.

Die Aufgabe für die Studentinnen lautete:»Entwickeln Sie verschiedene
Lesarten zu diesem Fall«. Ihnen lag der Fall von Heiner Hirblinger (vgl.
2000, S. 21-23) mit dem internen Titel»Perikles, der große Politiker« aus
dem Online-Archiv in Papierform vor.

Falldarstellung

»Perikles, der große athenische Politiker, war das Thema des Geschichtsun-
terrichts in einer 7. Klasse. Die Vorgeschichte war besprochen, analysiert
und erzählt worden. Und nun sollte der ,Fall Perikles' zur Diskussion gestellt werden. Das Interesse der 13-Jährigen für vorbildhafte, große Persönlichkeiten ist bekannt. Es hat viel zu tun mit der Suche nach einem neuen
Ich-Ideal, das jenseits der Familie Orientierung bieten kann.
Die guten und die schlechten Seiten des Politikers Perikles standen als ,Pro
und Contra' an der Tafel und nun sollte – in der Schlussphase der Stunde –
noch ein ,Scherbengericht' abgehalten werden. Ich zeigte den Schülern, um
die Szene etwas zu dramatisieren, ein Bild von einer solchen Tonscherbe.
Doch dann kam alles anders, als von mir erwartet. Ein Schüler meldete sich
und erklärte, in der attischen Demokratie hätten doch auch die Frauen, wie
in der letzten Stunde besprochen, kein Stimmrecht gehabt. Tumult entstand
in der Klasse, denn die Provokation war für die Mädchen in der Klasse
nicht zu überhören. Der Einwand des Schülers wurde nun von den Jungen
mit Ernst diskutiert. Einige Schülerinnen zeichneten bereits etwas belustigt
ein kleines Demonstrationsplakat. ,Für das Frauenstimmrecht'. Es gongte.
Die Stunde war zu Ende.
Einige Tage nach dieser Episode veränderte sich das Klima in der Klasse
signifikant. Auf Wunsch der Mädchen sollten nun alle in U-Form sitzen.
Die Mädchen richteten dabei die Bänke so aus, dass sie zu den Jungen
Blickkontakt hatten; die Jungen allerdings wehrten sich gegen dieses Ar-
rangement und blieben in ihrer früheren Sitzordnung, die frontal mit Blick
zum Lehrer ausgerichtet war. Da die Unruhe in der Klasse und der Streit um
die Sitzordnung zu Beginn des Unterrichts auch in folgenden Unterrichts-
stunden kein Ende nehmen wollte, reagierten mehrere Lehrer in der Klasse

---

2   Die Namen der Studentinnen wurden anonymisiert.

sehr ungehalten und ordneten kategorisch wieder die alte, dreigliedrige Sitzordnung frontal zum Lehrer an. Die Klasse war schockiert und bestürzt. Misstrauen breitete sich aus. Die Distanz zu Lehrern, auch zu mir, wuchs und mit ihr die Konzentrationsstörungen«.

3. Klärung und interaktive Bewältigung der Aufgabe

Die Studierenden Carla, Paula und Ruth lesen zunächst still die Falldarstellung durch. Carla, die schnell fertig ist, schaut verstohlen zur Kamera, während sie wartet bis alle vom Text aufblicken. Dann beginnt Ruth das Gespräch, indem sie eine Klärung der Aufgabe initiiert.

R: Entwickeln Sie verschiedene Lesarten, was ist da eigentlich gemeint mit Lesarten?

P: Ich denke verschiedene Sichten, denke verschiedene Sichtweisen, die du da drauf projizieren kannst. Wir haben doch gestern gesagt, dass du nicht nur aus der eigenen Perspektive da drauf guckst und dann nur, nur eine Interpretation hast, sondern dass du dann mehrere entwickeln kannst.

R: (dazwischen) Ach so, genau. Dass du dann aus der Sichtweise des Schülers, des Lehrers, der das behandelt und so was das betrachten kannst.

Ruth übernimmt sofort Verantwortung für die Gruppe und die produktive Bearbeitung der Aufgabe. Auf eine leichte Distanzierung von der Aufgabe weist die Verwendung des Wortes »eigentlich« hin (»was ist da eigentlich gemeint mit Lesarten?«). Der Klärungsversuch von Ruth und Paula trifft den Begriff »Lesarten« recht gut, denn dieser steht für Interpretationsvarianten eines Textes und die Vorstellung, dass dem Text erst durch den Leseprozess Bedeutung verliehen wird. Um den Begriff zu klären, greift Paula auf ihre Erinnerungen an den ersten Seminartag zurück. Ruth und Paula entwickeln schon eine Lösungsstrategie für die Aufgabenstellung; sie wollen zu verschiedenen Interpretationen des Falles kommen, indem sie verschiedene Perspektiven einnehmen.

Nach der Klärung des Begriffes »Lesarten« schlägt Paula vor, »erstmal zu überlegen, was passiert«. So fordert sie zum Beginn der Arbeit mit dem Text auf. Carla kommt schnell zu dem Ergebnis, dass der Begriff des »Scherbengerichts« zentral für das Verständnis sei. Allerdings weiß keine der drei Studentinnen, dass ein Scherbengericht (Ostrakismos) in der Athenischen Demokratie eine Form der Volksabstimmung mittels Tonscherben war, bei der über eine Verbannung entschieden wurde.

C: Was ist denn jetzt ein Scherbegericht, ist das ne Methode, irgendwas?
P: Das war irgendwie in der Antike wahrscheinlich. Ich weiß es aber
    auch nicht, weil ich in Geschichte gar keine Ahnung hab.
C: Nee, ich glaube, das ist irgend so eine Methode, mit dem etwas
    versachlicht werden soll. Könnt ich mir ganz gut vorstellen.

Dieses Verständnisproblem erschwert den Zugang zum Inhalt der Falldarstellung. Carla erkundigt sich deshalb bei der Kamerafrau, ob diese weiß,
was ein Scherbengericht ist, erhält aber keine Antwort. Keines der Grup-
penmitglieder verlässt jedoch das Zimmer, um eine der beiden Seminarlei-
terinnen um Aufklärung zu bitten oder in einem Lexikon nachzuschlagen.

Trotz dieses Problems erfolgt eine weitere Annäherung an die Bearbeitung der Aufgabe. Das Verhalten des Schülers erscheint den Studentinnen
zunächst rätselhaft. Die Gruppe fragt sich immer wieder, warum er plötzlich vorbringt, dass die Frauen in der attischen Demokratie kein Stimmrecht
hatten und warum diese Aussage zu Aufregung bei den Mädchen führt. Sie
vermuten, dass in den Stunden zuvor bereits Dinge geschehen sind, die dazu führten, dass die Mädchen die Aussage des Jungen als Provokation empfinden. Schließlich kommen die Studentinnen auch ohne Kenntnis der Bedeutung des Scherbengerichtes dem Problem näher.

P: Ja doch, also wenn du, wenn sich einer meldet und so ur…
C: Urplötzlich.
P: Urplötzlich sagt, naja in der Demokratie hatten doch auch die Frauen,
    wie in der letzten Stunde äh besprochen, kein Stimmrecht, da wollte
    er doch jetzt, dass die Mädels gar nichts sagen sollen in der Stunde.
R: Das wollt er damit ausdrücken.
P: Könnt ich mir jetzt so vorstellen. Denn es sagt ja nen Junge, es
    kommt ja nicht von nem Mädchen.
R: Ja, aber ich versteh halt überhaupt nicht, dass er das jetzt einbringt,
    also was hat das jetzt damit zu tun?
C: Vielleicht hat das ja doch was mit diesem Scherbengericht zu tun,
    weil
P: (unterbricht) Ja das denk ich nämlich.
C: Weil die wollen ja sowas zusammen tragen, so.
R: (unterbricht) Und der sagt dann, so nur die Jungs.
C: Und der sagt dann, ja die Mädels sollen da nichts sagen. Die hatten in
    der attischen Demokratie ja auch kein Stimmrecht.
R: Mhm, achso, ja das kann gut sein.
C: Das ist eigentlich schon sehr weit gedacht, was ist das eigentlich für
    ne Klasse. Ach, dreizehn sind die.
R: Ja, dreizehn sind die.
P: Siebte Klasse. Also grad der absolute Konflikt zwischen Mädchen
    und Jungen eigentlich. Das siehst du ja dann im weiteren Verlauf.

Die Passage zeigt, dass sich die drei Studentinnen intensiv um eine Rekonstruktion des Textes bemühen. Sie arbeiten heraus, dass hier ein Konflikt
zwischen Jungen und Mädchen inszeniert wird. Durch den Hinweis auf das

Alter werden entwicklungstheoretische Begründungen und damit sogleich auch Vorstellungen von Normen ins Spiel gebracht; diese werden jedoch nicht weiter ausgeführt.

Dann wenden sich Ruth, Paula und Carla den letzten beiden Abschnitten und damit der Beschreibung der Folgen dieser Unterrichtssituation zu, dem Streit der Mädchen und Jungen um die Sitzordnung, der Unruhe in der Klasse, der Reaktionen der Lehrer und der Bestürzung in der Klasse über dieselben.

Hierbei kommt es zunächst zu einer Identifikation der Studentinnengruppe (den Peers) mit den Mädchen. Paula meint, dass es den Mädchen wichtig gewesen sei, dass sie mit den Jungen wieder zusammenfinden. Ruth erinnert sich an eine Vorlesung, in der sie hörte, dass die U-Form etwas mit Demokratie zu tun habe. Allerdings dokumentiert sie dieses Wissen sehr vorsichtig, so als schäme sie sich, theoretisches Wissen in das Gespräch mit den Gleichaltrigen einzubringen. Sie erwähnt auch nicht, dass es sich – so vermute ich zumindest – um eine Vorlesung zum Thema »Kreisgespräche« gehandelt hat, in der auch Bilder vom Bundestag gezeigt wurden.

> R: Genau, das ist ja, in irgendeiner Vorlesung hatte ich das mal, dass in der Demokratie, also bei den Sitzungen von dem Bundeskanzler alles so, dass das so abgehalten wird in der U-Form. Irgendwie hatte ich das mal, dass das irgendwie mit Demokratie zum Ausdruck bringt, diese U-Form.
>
> P: Ja weil du jeden sehen kannst, weil dir keiner im Rücken sitzt.
>
> R: Ja ganz genau und die Mädchen wollen das ja gerade, weil Demokratie heißt ja dass alle wählen können auch, ist ja auch eingeführt worden.
>
> C: Und die Jungs wollen das ja nicht.
>
> R: Die Jungs sind da ein bisschen strenger, ja arroganter.
>
> P: Das können wir ja grad mal festhalten.
>
> C: Ja halten wir erstmal fest, erstmal ne gespannte Situation zwischen den Jungen und Mädchen, wahrscheinlich auch schon vorher, oder?

Carla und Ruth beginnen nun die Ergebnisse des Gesprächs schriftlich zu sichern, wobei Ruth sich gleichzeitig weiter in der Diskussion engagiert. Sie lässt der Gedanke nicht los, dass im Vorfeld schon Konflikte zwischen Jungen und Mädchen vorhanden waren. Sie begründet dies damit, dass die Jungen sich sonst nicht gegen die U-Form gewehrt hätten. Immer wieder betont sie, dass sie einfach nicht verstehen könne, warum die Situation zum Klassenstreit zwischen Jungen und Mädchen ausartet. Dann weist Carla auf die Demonstrationsplakate der Mädchen hin, was bei Ruth und Paula zu Irritationen führt. Beide geben zu, dass sie dies völlig überlesen haben. Paula meint, dass in der Antike die Frauen bestimmt kein Demonstrationsrecht hatten, was Ruth auf den Gedanken bringt, dass die Mädchen vielleicht gerade deshalb opponieren.

R: Na gut, aber gerade vielleicht handeln sie gerade dagegen, was
       besprochen wurde, extra so wir haben jetzt andere Rechte.
P: Genau ja. Interpretation. Also ich würde schon hinein interpretieren,
       dass schon vorher was stattgefunden, also dass schon vorher als das
       Thema ähm in der davor der Stunde aufkam, dass da auch schon
       Tumult in der Klasse war, also dass es da nicht ruhig und sittlich
       vonstatten ging alles.
C: Und sich auch so aufgeregt wurde.

An dieser Stelle einigt sich die Gruppe darauf, dass jetzt eine Interpretation
gefunden sei. Carla versucht den Kern dieser Deutung im Folgenden zu notieren. Dann macht sie darauf aufmerksam, dass im Text nicht stehe, wie
der Lehrer reagiert habe. Ruth vermutet mit leichtem Missfallen, dass er
nicht weiter wusste und es dann geklingelt habe. Paula nimmt an, dass es
sich um einen Studenten gehandelt habe, womit sie vermutlich auch ausdrückt, dass sie das Verhalten des Lehrers nicht ganz professionell findet.
Carla fragt nach dem Beleg im Text für diese Behauptung, was dazu führt,
dass Paula mehrere Textstellen prüft und dann doch zum Ergebnis kommt,
dass es sich um einen Lehrer gehandelt haben muss.

Ruth erklärt nun, dass sie es »krass« finde, dass die Lehrer gar nichts
machen und auch einfach die Sitzordnung von den Jungen übernehmen.
Paula stimmt zu und erklärt, dass die Lehrer die Mädchen damit unterdrücken. Carla wagt einen Verteidigungsversuch und nimmt Partei für die Lehrer, doch Paula und Ruth bestärken sich gegenseitig in ihrer Kritik an den
Lehrern, die einfach ihren Unterricht durchziehen wollten und nicht auf die
Situation eingehen würden.

Carla hält auch diesen Aspekt auf ihrem Block fest. Sie schlägt nun eine
Handlungsalternative vor: »Ich mein, die hätten ja auch abstimmen können
oder so. irgendwas machen können ne?« Ruth schließt sich an und findet,
die Lehrer hätten mal Demokratie erproben sollen. Carla sucht nach weiteren Handlungsalternativen. Sie argumentiert, dass man wenigstens mit den
Schülern hätte darüber reden müssen. Im Folgenden zeigt die Gruppe durch
diverse Äußerungen, Übereinstimmung in ihrer Kritik an den Lehrern.

Schließlich will Paula wissen, was von Ruth und Carla bereits für die
spätere Präsentation der Ergebnisse aufgeschrieben wurde. Ruth trägt vor,
was sie notiert hat und ärgert sich dabei gleich wieder über die Lehrer, die
an der alten Sitzordnung festhalten und so den Jungen nachgeben würden.
Die Lehrer seien nicht offen genug, auch mal ihren Stil zu ändern. Paula
vermutet, dass die Jungen »in dem Alter« anders diskutieren und deshalb
mehr Gehör bekommen.

Carla meint, dass die Lehrer den Jungen in der U-Form näher kommen
und man sich nicht hinter dem Vordermann verstecken könnte. Schon deshalb müssten die Lehrer eigentlich die U-Form vorschlagen. Sie belegt dies
im Text: »Weil hier steht ja gerade, diese Distanz zu den Lehrern wird grö-

ßer, aufgrund der Situation«. Dann überlegt die Gruppe, ob die Mädchen oder die Jungen in den hinteren Reihen der Klasse sitzen. Ruth und Paula nehmen an, dass die Mädchen die hinteren Plätze eingenommen haben. Carla hingegen denkt, dass die Mädchen vorne und die Jungs hinten sitzen. Dann weist Paula auf das Ende des Textes hin.

> P: Mir ist jetzt aber was ganz anderes aufgefallen, da steht im letzten
>   Satz, die Klasse da steht im letzten Satz die Klasse war schockiert und
>   bestürzt und das es geändert wurde und nicht die Mädchen waren
>   schockiert und bestürzt.
> C: (unterbricht) Die Klasse war schockiert und bestürzt.
> P: (unterbricht) Alle waren schockiert und bestürzt, dass sie wieder ihre
>   Sitzordnung von vorher eingenommen haben.

Diese Textstelle löst nun eine gewisse Irritation aus, weil die bisherigen Deutungen ja von einem Sieg der Jungen mit Unterstützung der Lehrer ausgingen. Ruth vermutet nunmehr, es hätte den Jungen nicht gefallen, dass ihre Vorschläge von den Lehrern einfach übernommen und durchgesetzt worden seien. Carla zeigt auf den Text, denn dort stehe, es habe sich Misstrauen in der gesamten Klasse ausgebreitet. Ruth ergänzt, dass sich dieses Misstrauen nicht etwa zwischen Mädchen und Jungen entfaltet habe, sondern den Lehrern galt. Paula freut sich: »Ja das wären ja die verschiedenen Lesearten«. Das Gespräch kreist dann um die Frage, warum auch die Jungen bestürzt sind, obgleich diese ihren Willen erhalten haben. Carla trägt als Idee vor, dass vielleicht mehr Mädchen in der Klasse waren und deshalb die Jungen das Verhalten der Lehrer undemokratisch fanden. Dann verweist Paula auf den Anfang des Textes, in dem gesagt wird, dass deshalb große Persönlichkeiten thematisiert werden, weil die Schüler und Schülerinnen in der Pubertät nach einem neuen Ich-Ideal suchen. Carla vermutet, dass die Lehrer sich in dem Konflikt der Klasse nicht als starke Persönlichkeiten erwiesen hätten, weil sie die U-Form nicht realisiert haben. Dann spitzt Ruth diese Deutungen noch einmal zu:

> R: Ich glaub, die sind gerade deshalb bestürzt, weil sie in der Suche nach
>   so Ich-Idealen sind, thematisieren das stundenlang, sehen, es kommt
>   meistens auch was Gutes bei raus, starke Ich-Ideale, weißte? Das
>   heißt ja, dass sie irgendwas durchsetzen können und jetzt ham die das,
>   haben die auch nen Konflikt innerhalb der Klasse und letztendlich
>   wird ja nichts durchgebracht. Es bleibt so wie es ist. Ich glaub die
>   Jungs hatten gar nicht zum Ziel, dass sie gewinnen sozusagen.
>   Sondern jetzt mal anhand dieser Situation zu sehen, wie ähm man
>   handeln kann. Also dass zum Beispiel die Lehrer mal zeigen, so, so
>   mal, handelt ihr, dass das ja auch so, wenn man demokratisch handelt
>   ist ja auch eine Erweiterung des Ich äh Ich-Ideals. Vielleicht ist das so
>   gemeint, dass die ganze Klasse schockiert war.
> C: Och jetzt haben wir ja ne ganz andere Interpretation. (Alle lachen)
> P: Ja, wir gehn in tausend Richtungen.

Carla hält die letzten Gedanken fest und schreibt auf: »Die Klasse braucht
ein starkes Ich-Ideal und ist enttäuscht vom Lehrer, dass er ihnen das nicht
bieten kann«. Ruth drückt wieder ihren Unmut über den Lehrer aus:

> R: Er predigt von irgendwelchen großen Persönlichkeiten, die ähm die
>   Welt verändert haben und sonst was, aber sie kommen jetzt auf nen
>   kleines Konfliktfeldchen hier und der Lehrer macht nichts, sondern
>   behält einfach nur die Sache bei, wie es ist.
> C: Mhm.
> R: Das ist die Enttäuschung und die Bestürzung, weil äh in gewisser
>   Weise, stellt zwar nen Lehrer kein Ideal dar, aber irgendwo ne
>   Autorität und äh, diese stellen sie zwar in Frage, aber wenn die dann
>   halt für sie enttäuschend handelt, ist es grad nicht so gut für einen.

Carla kommt zum Schluss noch auf die Idee, dass die Jungen vielleicht nur
deshalb provoziert haben könnten, weil sie den Unterricht und »die Sache
mit dem Scherbengericht« blöd fanden. Auch dies wird notiert.

4. Ertrag

Obgleich die Zuordnung zur Gruppe per Los und damit zufällig erfolgte,
haben wir es hier mit einer routinierten Arbeitsgruppe zu tun. Die Aufgabe
wird angenommen, selbsttätig und produktiv bearbeitet. Eine gute Kooperation stellt sich ein; alle drei Studentinnen beteiligen sich an der Lösung der
Aufgabe und sind in den ernsthaften und sachorientierten Arbeitsprozess
eingebunden. Ihnen ist zudem klar, dass sie im Anschluss an eine Gruppenarbeitsphase ein Ergebnis vorzuweisen haben. Deshalb werden Stichpunkte
gesammelt.
    Sowohl Carla als auch Ruth notieren sich die Ergebnisse der Gruppen-
arbeit. Paula hingegen schreibt nicht mit, erkundigt sich aber, was die beiden Kommilitoninnen schriftlich festgehalten haben. Es wird keine feste
Arbeitsteilung installiert und auch nicht geklärt, wer die Ergebnisse später
präsentiert. Im dem der Gruppenphase folgenden Plenum übernimmt dann
Ruth die Vorstellung, was durch Absprache auf dem Weg dorthin geklärt
wurde. Insgesamt wird in Bezug auf die Arbeitsform ein Modus der pflicht-
gemäßen und pragmatischen Bearbeitung der Aufgabe gefunden, die allerdings – anders als manchmal bei der Erledigung des Schülerjobs im Unterricht (vgl. Breidenstein 2006, S. 138 ff.) – mit einem inhaltlichen Interesse
an der Aufgabe verknüpft ist.
    Wie sieht es nun mit der Erfüllung der hochgesteckten Erwartungen an
Fallarbeit in der universitären Lehrerbildung aus? Der diskutierte Fall
stammt aus der Praxis, zeigt eine Problemsituation auf und fordert zur Erör-
terung von Handlungsalternativen auf. Die Studierenden sprechen intensiv

über eine konkrete Unterrichtsszene. Unterricht wird also tatsächlich zu einem kommunizierbaren Geschehen. Lösungsmöglichkeiten für reale Probleme werden erörtert. Ob der Erwerb von anwendbarem Wissen ermöglicht wird, kann durch die Beobachtung, Beschreibung und Rekonstruktion der Arbeitsgruppensituation nicht geklärt werden.

Eine Schulung des Verstehens findet statt, denn es gelingt den Studentinnen zwei verschiedene Lesarten des Falles zu erarbeiten und zu unterscheiden:

- *Lesart 1*: Es könnte sich um eine (vermutlich schon länger) gespannte Situation zwischen Mädchen und Jungen handeln. Die Lehrer verstärken den Konflikt, indem sie nicht auf die Vorschläge der Mädchen zur Sitzordnung eingehen, die alte Sitzordnung beibehalten und so Partei für die Jungen ergreifen.
- *Lesart 2*: Die Jungen hatten überhaupt nicht vor zu gewinnen. Der Konflikt zwischen Mädchen und Jungen ist eine Provokation. Es geht darum, die Lehrer herauszufordern und deren Bereitschaft zur Umsetzung von Demokratie in der Schule zu testen. Der Hintergrund hierfür ist die Suche der pubertierenden Jungen und Mädchen nach starken Persönlichkeiten und einem neuen Ich-Ideal. Die Klasse ist enttäuscht, weil die Lehrer sich nicht als starke Persönlichkeiten erweisen.

Bei der Erarbeitung der ersten Lesart wird eine Solidarisierung der Studentinnen mit den Mädchen in der Falldarstellung deutlich und bei der Rekonstruktion der zweiten Lesart entwickeln die Studierenden eine ablehnende Haltung gegen das Lehrerhandeln. Diese Reaktionen werden aber nicht reflektiert. Dabei ist eine Irritation internalisierter Deutungs- und Handlungsmuster über Schule und Unterricht durchaus feststellbar. Diese bezieht sich auf das Verhalten von Mädchen und Jungen im Unterricht. Es scheint so, als hätten die Studierenden die Bedeutung von Geschlecht im Klassenzimmer bislang unterschätzt. Ob tatsächlich eine reflexive Haltung zum Unterricht vorbereitet wird, kann durch die hier vorgelegte Beobachtung, Beschreibung und Rekonstruktion ebenfalls nicht geklärt werden.

In Bezug auf die Überprüfung eigener Theorien und das Anknüpfen an theoretisches Wissen und Forschungsergebnisse der Schul- und Unterrichtsforschung scheint die Scheu vorzuherrschen, aus der Gruppe durch den Verweis auf theoretische Bezüge herauszutreten wie auch ein Widerstand dagegen, eine theoretisch fundierte Haltung einzunehmen. Handlungsalternativen werden ansatzweise entworfen, denn Carla schlägt vor, dass die Lehrer über die Sitzordnung hätten abstimmen oder Gespräche mit den Schülern über die Probleme hätten führen sollen. Ruth meint eher allgemein, dass man die Demokratie hätte erproben müssen. Eine weitere spezifische Aufgabenstellung, die sich auf Handlungsalternativen richtet, hätte hier sicher bessere Ergebnisse erbracht.

Die Beobachtung der Gruppenarbeit zum Fall »Perikles« gibt zur Hoffnung Anlass, dass auf diesem Weg eine Sensibilisierung für die Komplexität schulischer Interaktionsprozesse gelingen und die Herausbildung eines tieferen Verständnisses von Problemen angebahnt werden kann. Dies müsste jedoch in komplexeren Forschungsdesigns geklärt werden. Eine professionelle Berufsvorbereitung und der Erwerb professioneller Haltungen und Qualifikationen werden wohl auf jeden Fall begünstigt. Nach Talcott Parsons (1981, S. 408 ff.) zeigt sich professionelles Handeln in einer Ausdifferenzierung von fragmentierten, rollenförmig organisierten Lebensbereichen. Durch die Reflexion der Handlungsgrundlagen erzeugen Professionen Strategien der Bewältigung von Problemen des sozialen Lebens. Neuere Diskussionen weisen korrigierend darauf hin, dass professionelles Handeln durch das Strukturelement der Ungewissheit geprägt ist. Es gehe daher im LehrerInnenberuf auch darum, Handlungsungewissheiten zu ertragen, Antinomien auszubalancieren, immer neu zu reflektieren und trotz Unsicherheit Verantwortung zu übernehmen (vgl. Combe/Helsper 1996).

Dass solche Ungewissheiten provoziert wurden, zeigte sich in der Seminarkritik, in der neben vielen positiven Rückmeldungen zum Praxisbezug und Klima der Veranstaltung folgende kritische Punkte wiederholt angeführt wurden:

- »Ich bin weiterhin unsicher, wie man Fälle interpretiert.«
- »Ich hatte damit gerechnet, mehr darüber zu erfahren, was wir in der Praxis vermeiden sollen.«
- »Ich hätte mir gewünscht, Lösungsmöglichkeiten für die Fälle und Hinweise für pädagogisches Handeln zu erhalten sowie diese Lösungen zu diskutieren.«
- »Es wäre sinnvoll gewesen, die Ergebnisse der Interpretationen genauer zusammenfassen und abzusichern. Mir ist nicht immer klar, was wir genau herausbekommen haben.«
- »Es bleibt die Angst, ob das alles in der Praxis zu schaffen ist.«

Literatur

Barnes, L./Christensen, R./Hansen, A. J. (1994): Teaching and the Case Method. Boston.

Beck, Ch. u. a. (2000): Fallarbeit in der universitären Lehrerausbildung. Leverkusen.

Biller, K. (1998): Pädagogische Kasuistik. Eine Einführung. Baltmannsweiler.

Binneberg, K. (Hrsg.) (1997): Pädagogische Fallstudien. Frankfurt a. Main u. a.

Breidenstein, G. (2006): Teilnahme am Unterricht. Ethnographische Studien zum Schülerjob. Wiesbaden.

Brügelmann, H. (1982): Fallstudien in der Pädagogik. In: Zeitschrift für Pädagogik, 28. Jg. (1982), Heft 4, S. 609-623.

Dirks, U./Hansmann, W. (1999): Reflexive Lehrerbildung. Fallstudien und Konzepte im Kontext berufsspezifischer Kernprobleme. Weinheim.

Fatke, R. (1997): Fallstudien in der Erziehungswissenschaft. In: Friebertshäuser, B./Prengel, A. (1997): Handbuch Qualitative Forschungsmethoden in der Erziehungswissenschaft. Weinheim und München, S. 56-68.

Fischer, D. (Hrsg.) (1983): Lernen am Fall. Zur Interpretation und Verwendung von Fallstudien in der Pädagogik. Konstanz.

Gudjons, H. (Hrsg.) (2003): Handbuch Gruppenunterricht. Weinheim und Basel.

Heinzel, F. (2003): Zur Funktion von Fallstudien für didaktische Initiativen im Unterricht. In: Brinkmann, E./Kruse, N./Osburg, C. (Hrsg.) (2003): Kinder schreiben und lesen. Beobachten – Verstehen – Lehren. DGLS-Jahrbuch 2003. Freiburg i. Breisgau.

Helmke, A./Weinert, F. E. (1997): Bedingungsfaktoren schulischer Leistungen. In: Weinert, F. E. (Hrsg.) (1997): Psychologie des Unterrichts und der Schule. Enzyklopädie der Psychologie, Themenbereich D, Serie I, Band 3. Göttingen.

Hirblinger, H. (2000): Es spiegelt sich … – Über Schule, Lehrer und adoleszente Identitätsbildung. In: Pädagogik, 2000, Heft 1, S. 21-23.

Kraimer, K. (2000): Die Fallrekonstruktion. Frankfurt a. Main.

Ohlhaver, F./Wernet, A. (Hrsg.) (1999): Schulforschung – Fallanalyse – Lehrerbildung. Diskussionen am Fall. Opladen.

Parsons, T (1981): Sozialstruktur und Persönlichkeit. Frankfurt a. Main.

Schratz, M./Thonhauser, J. (Hrsg.) (1996): Arbeit mit pädagogischen Fallgeschichten. Anregungen und Beispiele für Aus- und Fortbildung. Innsbruck und Wien.

Shulman, L. S. (1992): Toward a Pedagogy of Cases. In: Shulman, J. H. (Hrsg.) (1992): Case methods and Teacher Education. New York, S. 1-30.

Slavin, R. E. (1998): Research of cooperative learning and achievement: A quarter century research. In: Fachgruppe Pädagogische Psychologie (Hrsg.) (1998): Newsletter 1. Landau, S. 13-45.

Wernet, A. (2006): Hermeneutik – Kasuistik – Fallverstehen. Stuttgart.

Melanie Fabel-Lamla

Biografische Professionsforschung im Kontext der Schule

1. LehrerInnenbiografieforschung und Professionalisierungsdiskurs

In den letzten Jahren sind eine Reihe von Studien zu LehrerInnenbiografien erschienen, die sich vor allem in methodischer Hinsicht von der langen Tradition autobiografischer Selbstthematisierungen ehemaliger LehrerInnen und der bislang dominierenden Forschungslinie zu Berufsverläufen sowie zu Phasen innerhalb der Berufsbiografie absetzen. Sie rücken die beruflichen Verläufe in den lebensgeschichtlichen Gesamtzusammenhang ein, folgen einer qualitativen Logik der Rekonstruktion von Einzelfällen und kommen über Fallkontrastierungen zu begründeten Typenbildungen und Theoretisierungen.[1] Auffällig sind bei diesen qualitativ-rekonstruktiven Biografiestudien insbesondere zwei Aspekte: Zum einen untersuchen eine Reihe dieser Forschungsarbeiten LehrerInnenbiografien im Kontext der Transformation des ostdeutschen Schulsystems.[2] Dies hängt wohl damit zusammen, dass sich aufgrund der Dynamik der strukturellen und soziokulturellen Veränderungen in Ostdeutschland die für die Gegenwart spätmoderner Gesellschaften kennzeichnenden Risiken, Probleme, Herausforderungen und Erfahrungen hier besonders gut erforschen lassen. Zum anderen zeigt sich, dass viele dieser Studien an den Professionalisierungsdiskurs anknüpfen, bei dem seit Mitte der 1980er Jahre die theoretische Präzisierung und

---

1 Zum Stand der schulbezogenen Biografieforschung und zu Ansprüchen an eine qualitativ-rekonstruktive LehrerInnenbiografieforschung vgl. Reh/Schelle (1999); Stelmaszyk (1999); Helsper (2004); Kunze/Stelmaszyk (2004); Fabel-Lamla/Wiezorek (2006).

2 Hierzu zählen neben meiner Studie zu Professionalisierungspfaden ostdeutscher LehrerInnen (vgl. Fabel-Lamla 2004) die Arbeiten von Doris Köhler (2000) zu ostdeutschen LehrerInnen der Kriegsgeneration, Una Dirks (2000) zu ostdeutschen EnglischlehrerInnen, Sabine Reh (2003), die auf Grundlage der rhetorischen Analyse berufsbiografische Texte als »Bekenntnisse« rekonstruiert und Gudrun Meister (2005) zum unterrichtlichen Selbstverständnis von ostdeutschen LehrerInnen.

die empirische Fundierung der Logiken, Strukturprobleme und Paradoxien professionellen Handelns im Vordergrund stehen. Dabei gehen insbesondere von der Diskussion um pädagogische Professionalität (vgl. Combe/Helsper 1996; Schütze 1996; Oevermann 1996; Helsper/Krüger/Rabe-Kleberg 2000; Helsper 2002) wichtige Impulse für die Bestimmung von professionellem Handeln als prekäre Vermittlungsleistung aus, die nicht technologisierbar, standardisierbar oder wissenschaftlich ableitbar ist, sondern eine immer wieder neu auszugestaltende und zu begründende Praxisform darstellt. Pädagogisch-professionelles Handeln erfordert gerade auch aufgrund der organisatorischen und institutionellen Einbettung und der hoheitsstaatlichen Rahmenbedingungen immer wieder das reflexive Erschließen und umsichtige Ausbalancieren von Kernproblemen, widersprüchlichen Anforderungen und nichtaufhebbaren Antinomien professionell-pädagogischen Handelns, um der Verantwortung gegenüber der anvertrauten Schülerklientel gerecht werden und Fehlerpotentiale wirksam kontrollieren zu können. Biografische Studien mit professionstheoretischer Linienführung gehen davon aus, dass Professionalisierungsprozesse und die Herausbildung professioneller Orientierungs-, Deutungs- und Handlungsmuster nicht unabhängig von ihrer biografischen Genese verstanden und erklärt werden können.

Dieser Ansatz bildete einen Ausgangspunkt meiner Untersuchung zu biografischen Verläufen und Professionalisierungspfaden ostdeutscher LehrerInnen, deren methodisches Design und Ergebnisse ich im Folgenden vorstellen werde. Abschließend werde ich einige Überlegungen zu Perspektiven einer »Biografischen Professionsforschung« formuliere.

2. Professionalisierungspfade ostdeutscher LehrerInnen

In meiner Studie stand die Frage im Mittelpunkt, wie sich ostdeutsche LehrerInnen lebensgeschichtlich und beruflich zu den neuen gesellschaftlichen und schulischen Rahmenbedingungen im Transformationsprozess nach 1989/90 positionieren und welche Anknüpfungs- und Gestaltungspotentiale sie mit ihren in der DDR geprägten biografischen und beruflichen Erfahrungskontexten mitbringen, um mit neuartigen pädagogischen Herausforderungen an Schule und LehrerInnenhandeln professionell umzugehen. Dabei ging ich von der Annahme aus, dass ostdeutsche LehrerInnen nach 1989/90 nicht nur mit dem gesellschaftlichen und schulischen Institutionentransfer konfrontiert wurden, sondern verstärkt auch mit Anforderungen, Ambivalenzen und Risiken einer fortgeschrittenen »reflexiven Modernisierung« (vgl. Beck 1986), die zunehmend in die pädagogischen Institutionen und Beziehungen hineinragen und in der erziehungswissenschaftlichen und bildungspolitischen Debatte seit Mitte der 1990er Jahre vielfach als neue Herausforderungen an Schule und LehrerInnenhandeln deklariert werden (vgl. Buchen/Weise 1995; Braun/Krüger 1997). Hierzu zählen etwa der Strukturwandel des Aufwachsens, gesteigerte Legitimations- und Sinnstiftungsprobleme in der Schule, eine Relativierung der Schule als Instanz der Wissensvermittlung und die beschleunigte Entwertung von Wissensbeständen. Diese Überlagerung von gesellschaftlichen Veränderungsprozessen habe ich mit dem Begriff eines doppelten Modernisierungsprozesses gekennzeichnet (vgl. Fabel 2002). Ziel der Studie war es, unterschiedliche Professionalisierungspfade ostdeutscher LehrerInnen, die sich vor dem Hintergrund dieses doppelten Modernisierungsprozesses abzeichnen, zu rekonstruieren. Dabei ermöglicht das Konzept des Professionalisierungspfades[3] LehrerInnenbiografien professionstheoretisch zu betrachten, indem zum einen biografische Konstitutionsbedingungen professioneller Reflexions- und Handlungspotentiale sowie fallspezifische Bearbeitungsmuster der Kernprobleme und Antinomien des professionellen LehrerInnenhandelns rekonstruiert werden. Zum anderen werden biografische Verläufe und Professionalisierungsprozesse mit institutionellen und kulturellen Rahmungen sowie gesellschaftlichen Wandlungs- und Transformationsprozessen verknüpft, indem jene sozialen und kollektiv-historischen Bedingungskontexte identifiziert werden, die sich für die Ausformung von Professionalisierungspfaden ostdeutscher LehrerInnen als maßgeblich erweisen.

Als Erhebungsverfahren bot sich eine Kombination von autobiografisch-narrativen Interviews und Leitfadeninterviews an. Das autobiografisch-narrative Interview generierte Datentexte, welche über gegenwärtige Deutungen der Lebensgeschichte hinaus auch die biografischen Erfahrungen in jenen Relevanzen und in jener Aufschichtung aufzeigen, wie sie für die Identität der Befragten konstitutiv sind. Im leitfadengestützten Interviewteil wurden zum einen Argumentationen der Befragten zu beruflichen und schulischen Problemlagen erhoben, um professionelle Orientierungs-, Deutungs- und Begründungsmuster sowie berufsethische Werte und Reflexionskompetenzen in den Blick zu bekommen. Zum anderen wurden gezielt Fallerzählungen aus dem beruflichen Erfahrungskontext in Gang gesetzt, um auch die Handlungsebene und Lösungsstrategien fokussieren zu können. Neben den Interviews wurden die objektiven Daten der Familienangehörigen der Befragten mit einem Datenbogen erhoben und bei den befrag-

---

3 Der Begriff des Professionalisierungspfades wurde in Anlehnung an das in der Transformationsforschung diskutierte Pfadabhängigkeitskonzept gewählt, um zu verdeutlichen, dass mit dem Zusammenbruch der DDR und dem Systemwechsel keine völlig »offene Situation« gegeben war, sondern dass biografische und professionelle Prozesse maßgeblich durch biografische Vorerfahrungen und soziokulturelle »Hinterlassenschaften« bestimmt wurden, die aber nicht einseitig als Modernisierungshemmnisse, Transformationsblockaden und restringierende Kräfte zu sehen sind, sondern auch als biografische Ressourcen und innovative Gestaltungspotentiale.

ten SchulleiterInnen auch das Schulprogramm ihrer Schule als weiteres Datenmaterial hinzugezogen.[4]

Die Interviews wurden in einem mehrschrittigen Verfahren ausgewertet, das Analysestrategien der Objektiven Hermeneutik (vgl. Oevermann u. a. 1979) und fallrekonstruktiven Familienforschung (vgl. Hildenbrand 1999) mit dem narrationsstrukturellen Verfahren von Fritz Schütze (1983) verknüpft. Die Auswertungsergebnisse der lebensgeschichtlichen Erzählung wurden zu einer biografischen Fallstruktur verdichtet und mit den unabhängig davon rekonstruierten professionellen Orientierungs-, Deutungs- und Handlungsmustern in Beziehung gesetzt. Hierüber konnten der Zusammenhang von biografischen und professions- bzw. berufsbezogenen Sinnstrukturen analysiert und die biografischen Konstitutionsbedingungen pädagogischer Professionalität und damit Erklärungen fallspezifischer professioneller Orientierungs- und Handlungsmuster herausgearbeitet werden (zu dieser fallinternen Zusammenhangsanalyse vgl. Fabel 2003). Im Zuge eines systematischen kontrastierenden Fallvergleichs kristallisierten sich vier Eckfälle heraus, die zu einer Typologie von vier Prozessvarianten von Professionalisierungspfaden ostdeutscher LehrerInnen nach 1989/90 verdichtet wurden. Dabei wurde als Kontrastierungsdimension, an der die Typologie gewissermaßen »aufgezogen« wurde, das Bearbeitungsmuster des zweifachen Handlungsproblems zugrunde gelegt: Dieses bezieht sich zum einen auf Anforderungen, die aus dem Systemwechsel und der Umgestaltung des Schulsystems im Transformationsprozess resultieren, und zum anderen auf pädagogische Herausforderungen, die mit reflexiven Modernisierungsprozessen verbunden sind. Im Folgenden wird zunächst die Prozessvariante »Doppelt-balancierender Professionalisierungspfad« an ihrem Referenzfall »Annette Harms« exemplifiziert und im Anschluss daran werden die drei anderen Prozessvarianten anhand ihrer Referenzfälle skizziert. Da der Fall »Annette Harms« hier nicht in seiner gesamten biografischen Genese präsentiert werden kann (vgl. das Fallporträt in Fabel-Lamla 2004, S. 232-277), werden zunächst kurz ihre professionellen Gestaltungspotentiale aufgezeigt und diese dann an wichtige Ergebnisse der biografischen Fallstruktur rückgebunden.

---

4   Ein Teil der Interviews stammt aus der Pilotphase des Projekts »Politische Einstellungen, Gerechtigkeitsorientierungen und Wertmuster im Sinnkontext autonarrativer Lehrerbiographien. Zur Transformation politischer Kultur in den neuen Bundesländern« unter Leitung von Prof. Dr. H.-J. Giegel am Institut für Soziologie der Universität Jena.

3. Referenzfall der Prozessvariante »Doppelt-balancierender Professionalisierungspfad«: Annette Harms

Annette Harms (Jg. 1955), Mathematik- und Physiklehrerin an einer Polytechnischen Oberschule (POS), nutzt im Wende- und Transformationsprozess die neuen Bildungs- und Partizipationsmöglichkeiten und übernimmt leitende und gestalterische Aufgaben bei den schulischen Veränderungsprozessen. Sie engagiert sich in lokalen Initiativgruppen und arbeitet ab 1990 für ein Jahr im Schulamt, wo sie am Umbau des lokalen Schulwesens und an der Überprüfung der persönlichen und fachlichen Eignung der LehrerInnen beteiligt ist. Sie tritt zum Schuljahr 1991/1992 eine Stelle als Schulleiterin an einer Schule der Sekundarstufe I an. Dabei nimmt sie Einfluss auf die Zusammensetzung der LehrerInnenschaft an dieser Schule und versammelt reformorientierte und engagierte Lehrkräfte. Für die Rekonstruktion war folgende Forschungsfrage leitend: Welche Anknüpfungs- und Gestaltungspotentiale zeigen sich bei Frau Harms bei der Bearbeitung des zweifachen Handlungsproblems von Institutionentransfer und neuartigen pädagogischen Herausforderungen einer reflexiven Modernisierung?

Offen-gestalterische Umgang mit den neuen Rahmeninstitutionen als Annäherungsmodus an das neue Gesellschafts- und Schulsystem: Im Umgang mit Schulbehörden zeigt Annette Harms einen kritischen und zugleich offen-gestalterischen Zugang zu den neuen Institutionen und Rahmenbedingungen. Sie nutzt die in der Phase der Übergangsregelungen vorhandenen Spielräume, um mit ihren KollegInnen eigene Vorstellungen der Schulreform umzusetzen und einen Schulentwicklungsprozess auf den Weg zu bringen. Der erste Reformschritt ist die Bildung eines Jahrgangsteams für die fünften Klassen, wobei Formen der Binnendifferenzierung wie Wochenplan und Freiarbeit erfolgreich erprobt werden. Daher spricht sich das Kollegium gegen die gesetzlich vorgesehenen abschlussbezogenen Klassen bzw. Kurse ab Klasse sieben aus und Frau Harms interveniert erfolgreich beim Kultusministerium, um die Weiterführung des Konzeptes der Binnendifferenzierung im Klassenverband zu sichern:

> »ja wir ham dann zwar im Kultus angefragt, ob wir's dürfen, wie gesagt, aber als wir keine Antwort kriegten, ham wir's dann auch gemacht (I: mhm) und warn da also nich so ängstlich. Ich denke, also wir wussten, was wir wollten. (...) Als dann die Gesetze kamen, ham die uns an manchen Stellen wieder eingeengt. Und deswegen ham wir dann gleich äh (.) auch sagen müssen, also wir möchten das natürlich dann nich so machen. Und das is eigentlich die Konsequenz, daß wir jetzt Schulversuch sind, weil wir eben wirklich unsern Weg weitergegangen sind (I: mhm) ne. Und der is, läuft mit diesen Gesetzen nich unbedingt immer konform ((lacht kurz)).«

Hier zeigen sich ein produktiver Widerstand gegenüber der Schulbürokratie
und ein selbstbewusst vorgetragener Anspruch auf professionelle Zustän-
digkeit, der sich auf eigene pädagogische Rationalitätskriterien beruft. Frau
Harms versucht also, sich eigenverantwortliche Bereiche für die pädagogische Gestaltung zu sichern, indem sie über die gesetzlich vorgesehenen
Handlungsspielräume hinaus die Grenzen für eigene Wege und Entscheidungen austestet. Sie erlangt für ihre Schule den Versuchsschulstatus und
kann damit den von ihr initiierten, überregional beachteten und später auch
durch eine Stiftung ausgezeichneten Schulentwicklungsprozess institutiona-
lisieren, der im Rahmen einer Kooperationsbeziehung mit einer Universität
wissenschaftlich begleitet wird.

Professionelle Bearbeitung soziokultureller Modernisierungsfolgen
durch Zuständigkeitsklärung und Schulreform: Die professionellen Bearbei-
tungs- und Problemlösekapazitäten von Frau Harms, die sich in den detail-
lierten Praxisschilderungen widerspiegeln, zeigen sich in der sensiblen
Wahrnehmungseinstellung gegenüber gesellschaftlichen Veränderungsprozessen, in der Ausrichtung des pädagogischen Handelns an den Bedürfnis-
sen der eigenen Schülerklientel, in der Entwicklung darauf abgestimmter
pädagogischer Konzepte und in einer reflexiven Steuerungskompetenz des
Schulentwicklungsprozesses. So schreibt Annette Harms etwa Veränderungen der Schülerklientel nicht verkürzend dem Systemwechsel zu, sondern
führt diese in erster Linie auf gesellschaftsübergreifende soziokulturelle
Wandlungsprozesse zurück:

> »Und ich denke, dass is schon äh man merkt, dass die Schüler andern
> Einflüssen ausgesetzt sind, (I: mhm) das denke ich schon. Das das merkt
> man. Also, (.) ich denke (.), äh dass ja, wenn ich mir schon die
> Jugendzeitschriften angucke, wa- was für Themen diskutiert werden, ich
> denke, da da sind die heute anders als die das zu DDR-Zeiten gewesen sind.
> (.) Aber ich denke, das is auch n Generationsproblem. Ich meine, das is
> auch äh diese Dinge (.) äh, (.) die werden wird man auch in alten
> Bundesländern erleben, dass die Schüler heute anders sind als vor zehn
> Jahren. Also was jetzt so'n typisch, dass dass äh die Schüler im Osten,
> wenn jetzt der Osten geblieben wäre, heute großartig anders wäre als diese
> Schüler, das mö- möcht ich auch bezweifeln.«

Ziel ihrer pädagogischen Arbeit ist es, den SchülerInnen kompensatorische
und fördernde Unterstützungsleistungen sowie außerunterrichtliche Frei-
zeitaktivitäten und Lernmöglichkeiten jenseits der vorherrschenden Be-
schäftigungs- und medialen Aneignungsgewohnheiten anzubieten sowie
Schule als Aufenthaltsort und Lebensraum attraktiver zu gestalten und eine
offene Begegnungs-, Lern- und Unterrichtskultur an der Schule zu schaffen.
Zu diesem Zweck sucht die Schule auch Unterstützung bei anderen Professionellen, sozialen Institutionen und den Eltern. Bei der Entwicklung des
pädagogischen Konzepts ihrer Schule knüpft Annette Harms unter anderem

an den »Marchtaler Plan« an, der an katholischen Freien Schulen entwickelt wurde und eine Reihe reformpädagogischer Elemente aufgreift. Dabei misst Frau Harms der Stärkung der Selbstorganisation des Lernens, der individuellen Förderung, der Vermittlung von Medienkompetenz und einem reflexiven Umgang mit Wissen hohe Bedeutung zu: Sie entwickelt hierfür mit ihrem Kollegium ein entsprechendes adressatInnensensibles Handlungs- und Methodenrepertoire und plädiert für ein verändertes Verständnis der LehrerInnen als Lernhelfer, die sich selbst auch gegenüber fachfremden Inhalten und neuen Wissensbeständen öffnen müssen. Frau Harms zeigt eine besondere Sensibilität für die sequentielle Entfaltungslogik der Schulentwicklung, die sie als einen offenen und spiralförmigen Prozess versteht, der immer wieder neue Probleme und Herausforderungen hervorbringt, die kreativ bearbeitet werden müssen. Als Schulleiterin übernimmt sie hierbei die Funktion einer »Reflexions-Professionellen« (Helsper 2000, S. 53), die günstige Rahmenbedingungen für gemeinsame Lernprozesse schafft, die Gestaltung und Steuerung der Reformprozesse moderiert sowie verschiedene Räume institutionalisiert, die der Selbst sowie der Prozessreflexion der Schulentwicklung dienen. Allerdings zeigen sich bei der Steuerung des Schulreformprozesses auch Blindstellen und Fehlertendenzen. So läuft Frau Harms Gefahr, ihr Engagement, Innovationspotential und Tempo als Meßlatte anzulegen und die Bedürfnisse und Kapazitäten ihrer KollegInnen unter das Primat des Schulentwicklungsprozesses zu stellen. Ferner verweist die im Interview immer wieder auftauchende Wir-Perspektive und das vermittelte harmonisierende Bild des Reformprozesses auf eine »Anstaltsideologie«, die den Erwartungs-, Verpflichtungs- und Homogenisierungsdruck auf die KollegInnen erhöht und die zentrale Position der Schulleiterin als pädagogische Visionärin, die die Leitlinien und Richtung vorgibt, verschleiert (vgl. Fabel-Lamla/Wiezorek 2006).

Im nächsten Schritt gilt es nun aufzuzeigen, wie die aufgezeigten professionellen Reflexions- und Handlungspotentiale und Fehlertendenzen biografisch rückgebunden sind. Welche Erfahrungen und Konstellationen sind für die Herausbildung dieses fallspezifischen Professionalisierungspfades bedeutsam?

Ressourcen im Herkunftsmilieu: Annette Harms weist eine ausgeprägte Bindung an ihr katholisches Herkunftsmilieu auf, wo ihr ethisch-moralische und soziale Sinnressourcen sowie kommunikative und integrative Fähigkeiten vermittelt werden. Zugleich generiert der Minderheitstatus als Katholikin in der DDR eine sperrige Haltung gegenüber dem Regime, Resistenzpotentiale gegenüber Zumutungen des Staates und eine wache Sensibilität für gesellschaftliche und politische Konstellationen. Darauf aufbauend entwickelt Frau Harms eigene pädagogische und berufsethische Grundsätze jenseits parteipolitischer Vorgaben im Studium und Berufsleben. Auf diese,

für sie unveräußerliche Orientierungsgrundlage stützt sich ihr Anspruch auf
pädagogische Verantwortung für die ihr anvertrauten SchülerInnen.

Fallspezifische Bearbeitung einer biografischen Vereinbarungsproble-
matik in der DDR: Die aus der Gleichzeitigkeit von Distanz gegenüber dem
Regime und staatlichen Loyalitätsanforderungen an sie als Lehrerin resultierende Vereinbarungsproblematik verlangt von Annette Harms die ständige Bewährung im biografischen Grundkonflikt zwischen Verweigerung und
Anpassung. Ihre Haltung der »Selbst-Bewahrung« und der Anspruch, ihre
SchülerInnen vor erziehungsstaatlichen Übergriffen zu schützen, erfordern
ein ständiges Austarieren zwischen politisch-ideologischen Zumutungen
und ihren christlich geprägten pädagogischen Überzeugungen. Bei der Bearbeitung dieser hohen Balancierungs- und Reflexionsanforderungen kann
Annette Harms zum einen auf das Vorbild ihres Vaters zurückgreifen, der
ihr die Vereinbarungsproblematik von Christentum, beruflichen Ambitio-
nen und politischen Loyalitätsanforderungen im DDR-System vorgelebt
hat. Zum anderen wird Annette Harms während ihrer Absolventenphase in
einer abgelegenen katholisch-ländlich geprägten Region in Taktiken und
Strategien der Verweigerung und des Unterlaufens von politisch-ideologischen Anforderungen einsozialisiert und erfährt die Bedeutung inoffizieller
Absprachen, die dort von systemdistanzierten KollegInnen und Eltern prak-
tiziert werden. Als Lehrerin kann sie an diese Strategien anknüpfen: Sie
sucht nach gleich gesinnten KollegInnen und betreibt eine umsichtige Ver-
trauens- und Milieuarbeit. Ferner testet Frau Harms die Grenzen ihrer
Handlungsmöglichkeiten, wobei sie versucht, ihre pädagogischen Gestal-
tungsspielräume zu erweitern und sich auch bestimmten politisch-ideologischen Zumutungen zu verweigern.

Neukonstituierung eines (berufs-)biografischen Passungsverhältnisses
im Wende- und Transformationsprozess: Mit dem Zusammenbruch der
DDR und dem Systemwechsel erweist sich die Zugehörigkeit zur katholischen Kirche und die Distanz gegenüber dem System der DDR nun als Zeichen moralischer Integrität und sichert die Anschlussfähigkeit an die gesellschaftlichen Neuordnungsprozesse. Die sich wandelnden gesellschaftlichen
Bedingungen führen zu einer Neukonstituierung des Passungsverhältnisses
zwischen biografischen Voraussetzungen, beruflicher Anforderungsstruk-
tur, gesellschaftlichen Erwartungen und kollektiv-historischen Prozessen.
Dies eröffnet Frau Harms neue Handlungsmöglichkeiten und setzt aufge-
staute Kreativitäts- und Gestaltungspotenziale frei, die ihrer (Berufs-)Bio-
grafie nach der Wende eine neue Dynamik verleihen.

Der Professionalisierungspfad von Frau Harms nach 1989/90 ist durch
die Kontinuierung (berufs-)biografisch erworbener Balancierungskompetenzen und pädagogischer Autonomie gekennzeichnet und untrennbar mit
der Initiierung, Gestaltung und Steuerung des Schulentwicklungsprozesses
verbunden. Die ausgehend von diesem Referenzfall herausgearbeitete Pro-

zessvariante »Doppelt-balancierender Professionalisierungspfad« stellt ein »Gelingensmodell« dar, da das zweifache Handlungsproblem von Institutionentransfer und reflexiver Modernisierung erfolgreich bearbeitet und in einer integrierten und eigenständigen Praxisform ausgestaltet wird – im Referenzfall Annette Harms durch die Initiierung eines Schulentwicklungsprozesses. Diese AkteurInnen erweisen sich in ihrem professionellen Handeln als besonders innovativ, da sie weder auf althergebrachte Vorstellungen noch einfach auf westdeutsche Konzepte zurückgreifen, sondern angesichts neuer pädagogischer Herausforderungen nach eigenen Wegen suchen, die an den Problemlagen ihrer Schülerklientel und den ostspezifischen und lokalen Bedingungen anknüpfen. Unter Rückgriff auf vorhandene biografische Ressourcen sowie Reflexions- und Balancierungskompetenzen vermögen gerade sie disparate Elemente von Herkunfts- und Ankunftsgesellschaft miteinander zu verknüpfen und innovative Problemlösungskonzepte zu entwickeln.

4. Prozessvarianten von Professionalisierungspfaden ostdeutscher LehrerInnen nach der Wende

Neben dem oben vorgestellten Referenzfall wurden in der Studie drei weitere Eckfälle bestimmt, die im Zuge der Fallkontrastierung zu Prozessvarianten von Professionalisierungspfaden ostdeutscher LehrerInnen nach 1989/90 verdichtet wurden:

Referenzfall der Prozessvariante: Einseitig-schülerbezogener Professionalisierungspfad. Dem Referenzfall, der diese Prozessvariante repräsentiert, werden im bildungsbürgerlichen Herkunftsmilieu ebenfalls hohe Autonomiepotentiale und Sinnressourcen vermittelt, wobei aber die gleichzeitig idealistische Identifikation mit dem Sozialismus zu einem relativ harmonischen berufsbiografischen Passungsverhältnis in der DDR führt. Dieses Passungsverhältnis zerbricht mit dem Zusammenbruch der DDR. Die daraus erwachsende biografische Krisenkonstellation erfordert die »trotzige« Ablehnung des westdeutschen Gesellschaftssystems, was eine Integration von Normen und Erfordernissen der transferierten Institutionen in das professionelle Selbstverständnis behindert. Gleichzeitig sichert jedoch die habituell beanspruchte pädagogisch-professionelle Autonomie gegenüber übergeordneten Instanzen und die dominante Orientierung an den SchülerInnen eine für soziokulturelle Wandlungsprozesse und soziale Ungleichheiten sensible Wahrnehmungseinstellung und eine Hinwendung zu den Problem- und Individuallagen und Orientierungsnöten der SchülerInnen. Damit sind Anknüpfungspotentiale für eine Bearbeitung neuer professionellpädagogischer Herausforderungen an Schule und LehrerInnenhandeln vorhanden, die sich gerade nicht aus der Übernahme von transferierten westdeutschen Vorgaben und Normen ergeben. Allerdings fehlt dieser advokatorischen Handlungslogik der institutionelle Gegenhalt als Reflexions- und Kontrollhorizont bei der Bearbeitung jener Spannungsverhältnisse des LehrerInnenhandelns, welche sich aus der gleichzeitigen Verpflichtung gegenüber den einzelnen SchülerInnen und den Reproduktionserfordernissen der Gesellschaft ergeben.

Referenzfall der Prozessvariante: Einseitig-systemanpassungsbezogener Professionalisierungspfad. In maximalem Kontrast dazu kennzeichnet den Referenzfall für diese Prozessvariante eine affirmative Annäherung an das neue Gesellschafts- und Schulsystem und daraus resultierend eine dominante Orientierung an den gesellschaftlichen Reproduktionserfordernissen. Für diesen Referenzfall ist schon in der DDR die institutionelle Integration in das System des sozialistischen Staates biografisch bedeutsam. Da im Herkunftsmilieu kaum Sinnressourcen und Autonomiepotentiale vorliegen und vermittelt werden, werden Anleihen in staatlichen und parteipolitischen Zusammenhängen und Institutionen gemacht, die jedoch eher instrumentellen Charakter haben und der Umsetzung beruflicher und karrieristischer Ansprüche dienen. Die daraus resultierende institutionelle Anbindung an die Bildungseinrichtungen begrenzt freilich die Spielräume, die für eigenständiges Handeln bei diesem Integrationsmodus verbleiben. Es erfolgt eine rasche Annäherung an das neue Gesellschaftssystem und ein Zugang zu den normativen Grundlagen und Erwartungen, da die Eingebundenheit in das DDR-System nicht zu einer biografisch folgenreichen politisch-ideologischen Verstrickung geführt hat. Dieser Annäherungsmodus geht zwar mit Möglichkeiten einher, an das neue Institutionengefüge positiv und auch gestalterisch anzuschließen. Jedoch versperrt hier eine formal-bürokratische Rationalität und anpassungsbedingte Fixierung auf die Reproduktionserfordernisse der westdeutschen gesellschaftlichen Kerninstitutionen den Blick auf die neuen pädagogischen Herausforderungen an das Bildungssystem durch reflexive Modernisierungsprozesse. Somit können kaum innovative Konzepte für einen professionell-pädagogischen Umgang mit der veränderten Schülerklientel und neuen Herausforderungen an das LehrerInnenhandeln entwickelt werden. Eine Folge des »reibungslosen« Übergangs und der Kontinuierung der institutionellen Integrationslogik ist, dass unreflektiert an Elementen des in der DDR aufgebauten Erziehungs- und Bildungsverständnisses festgehalten wird.

Referenzfall der Prozessvariante: Blockierter Professionalisierungspfad. Beim Referenzfall für diese Prozessvariante liegt eine hohe emotionale Identifikation mit dem DDR-Sozialismus vor, die auf einem paternalistischen Integrationsmodus beruht. Das Fehlen von Differenzerfahrungen sowie anderen Sinnquellen und Relevanzsystemen führt zu einer bruchlosen

Vereinbarkeit von individuellen Interessen, dem beruflichen Rollenverständnis und den staatlichen Konformitätserwartungen in der DDR. Dabei wird das hohe berufliche und gesellschaftliche Engagement im Rahmen des staatlich gesteuerten Aktionismus zwar als eigenständig und selbstbestimmt erfahren, doch zeigt sich gleichzeitig eine Orientierung an begründungsentlastenden Vorgaben und umfassenden und übergriffshaften Erziehungsvorstellungen. Dieses berufsbiografische Passungsverhältnis wird mit dem Systemwechsel, der als Entwertung der beruflichen und biografischen Lebensleistungen wahrgenommen wird, nachhaltig irritiert. Auch hier zeigt sich eine ablehnende und abwehrende Haltung gegenüber dem neuen Schul und Gesellschaftssystem, die einen Zugang zu den normativen Legitimationsgrundlagen und Institutionen des neuen gesellschaftlichen Gefüges und damit auch eine Reformulierung der Berufsauffassung blockiert. Im Gegensatz zum »Einseitig-schülerbezogenen Professionalisierungspfad« liegen hier jedoch mit dem Wegbrechen der in der DDR konstitutiven Bezüge des LehrerInnenhandelns[5] kaum Anknüpfungspotentiale vor, die die Hinwendung zu den Problem- und Individuallagen der SchülerInnen und die Bearbeitung der neuen pädagogischen Herausforderungen stützen könnten.

Aus biografieanalytischer Perspektive stellen sich Professionalisierungspfade ostdeutscher LehrerInnen als Zusammenspiel von biografischen Ausgangskonstellationen, milieuspezifischen Einbindungen, berufsbiografischen Erfahrungen und professionellen Aneignungsprozessen vor dem Hintergrund kollektiv-historischer Prozesse dar. Dabei lassen sich signifikante Sequenzstellen – also biografische, soziale und kollektiv-historische Bedingungskontexte – aufzeigen, an denen sich, abhängig von den jeweiligen biografischen Ressourcen, berufsbiografischen Erfahrungsmustern und Möglichkeitsstrukturen der AkteurInnen, ein bestimmtes Spektrum von Anschlussmöglichkeiten an den bisherigen Professionalisierungspfad entfaltet. Die jeweilige fallspezifische Bearbeitung dieser Bedingungskonstellationen bestimmt wiederum den weiteren Verlauf des eingeschlagenen Pfades. In der Studie kristallisierten sich die folgenden Sequenzstellen heraus, die für die Ausformung der Prozessgestalten von Professionalisierungspfaden ostdeutscher LehrerInnen relevant sind:

- Herkunftsmilieu;
- Berufsbiografisches Passungsverhältnis in der DDR;
- Wendeerfahrung und (berufs-)biografische Verarbeitungsmuster;
- Neukonstituierung der berufsbiografischen Passung mit dem Systemwechsel und berufliche Lernprozesse;

---

5 Hierzu zählen die Abwertung des gesellschaftlichen Status als LehrerIn, der Funktionsverlust der Schule als Mittelpunkt des sozialen Nahraums sowie Erfahrungen mangelnder Disziplin und Lern- und Leistungsmotivation von SchülerInnen.

• neue professionelle Herausforderungen im Kontext soziokultureller Wandlungsprozesse.

Die in dieser biografisch-fallrekonstruktiven Studie vorgenommene Verknüpfung von Biografie und Professionalisierungspfad zeigt, dass erst mit der Einbindung von beruflichen Verläufen in den Gesamtzusammenhang der Biografie Zusammenhänge zwischen Berufsverlauf, Professionalisierung und biografisch vorher ausgebildeten Strukturen im Kontext von Familie und Schule angemessen in den Blick genommen werden können. Hierüber kann die Frage beantwortet werden, welche biografischen Erfahrungen, institutionellen und kulturellen Rahmungen sowie sozialen und kollektiv-historischen Bedingungskontexte für die Herausbildung fallspezifischer Professionalisierungspfade bedeutsam sein können.

5. Biografische Professionsforschung – Ein Ausblick

Ein Blick auf empirische Forschungsarbeiten zu Professionen und Professionalität zeigt, dass biografische Ansätze in der Professionsforschung einen wichtigen Platz einnehmen. Dies hängt sicherlich auch mit einem veränderten Verständnis von Professionalisierung zusammen. Denn wenn Professionalisierung auf individueller Ebene als ein prinzipiell unabgeschlossener lebenslanger Bildungs-, Entwicklungs-, Qualifizierungs- und Lernprozess verstanden wird und in verschiedenen professionstheoretischen Ansätzen die Reflexions-, Vermittlungs- und Balancierungsleistungen professionellen Handelns betont werden, dann rücken die Biografien der Professionellen in den Mittelpunkt und liegen biografische Ansätze nahe. Doch wie lassen sich die oftmals in Publikationen nebeneinander stehenden Begriffe »Biografie und Profession« (vgl. Helsper/Krüger/Rabe-Kleberg 2000; Nölke 2000; Kraul/Marotzki/Schweppe 2002) verknüpfen? Was kann eine biografische Professionsforschung leisten?

Biografieanalytische Zugänge bieten Erkenntnismöglichkeiten vor allem in den folgenden Feldern:[6] Biografische Professionsforschung lenkt den Blick auf biografische Erfahrungen, Bindungen und Sinnzusammenhänge in Familie und Herkunftsmilieu, denen für die sozialisatorische Ausbildung eines professionellen Habitus eine entscheidende Rolle zukommt (siehe auch Peter Cloos in diesem Band). Damit wird ein Zugang zu biografischen Ressourcen und identitäts- und orientierungsstiftenden Sinnbezügen für

---

6   Zur näheren Begründung, Biografie als eine Schlüsselkategorie qualitativer Professionsforschung zu sehen, und zu weiteren Aspekten und Forschungsperspektiven, die im Schnittfeld von Professions- und Biografieforschung liegen vgl. Fabel/Tiefel (2004).

professionelles Handeln ermöglicht, aber auch zu biografischen (Verletzungs-)Dispositionen der Professionellen und damit verbundenen »Blindstellen«, die zu Fehlern bei der Arbeit, zu berufsbiografischen Verstrickungen bis hin zu Burnout-Symptomen und unentrinnbaren Berufsfallen führen können (vgl. Schütze 2000, S. 67 ff., 2002).

Biografische Professionsforschung zeigt, wie Professionelle die widersprüchlichen Anforderungen, Antinomien, Paradoxien und Kernprobleme professionellen Handelns wahrnehmen, wie sie mit den damit verbundenen hohen Balancierungs- und Reflexionsanforderungen jeweils fallspezifisch umgehen und welche (reflexiven) Vermittlungsleistungen sie vollbringen.

Gerade in der Fähigkeit der (Selbst-)Reflexion und der Initiierung von selbstreflexiven Bildungsprozessen ist ein wesentlicher Bestandteil von Professionalität zu sehen. Denn nur eine selbstreflexive Haltung gegenüber den eigenen biografischen Anteilen im professionellen Handeln und deren bewusste Bearbeitung vermag Fehler(potentiale) im Umgang mit Kernproblemen und unaufhebbaren Paradoxien im professionellen Handlungsfeld zu kontrollieren (vgl. Schütze 1996, S. 187 f.; Helsper 2002, S. 92 ff.). Biografische Professionsforschung ermöglicht einen Zugang zu diesen Biografisierungs- und professionellen Selbstbildungsprozessen, da biografische Ansätze über biografische Erzählungen von Professionellen zu subjektiven Erlebens- und Verarbeitungsmustern und Sinnstrukturen sowie zur Phase der beruflichen Einsozialisation und zu berufsbiografischen Entwicklungen vorzudringen vermögen.

Literatur

Beck, U. (1986): Risikogesellschaft. Auf dem Weg in eine andere Moderne. Frankfurt a. Main.

Braun, K.-H./Krüger, H.-H. (1997): Erziehungswissenschaft und pädagogisches Handeln vor den Herausforderungen der reflexiven Moderne. In: Braun, K.-H./Krüger, H.-H. (Hrsg.) (1997): Pädagogische Zukunftsentwürfe. Festschrift zum siebzigsten Geburtstag von Wolfgang Klafki. Opladen, S. 7-14.

Buchen, S./Weise, E. (Hrsg.) (1995): Schule und Unterricht vor neuen Herausforderungen. Studien zur Schul- und Bildungsforschung, Band 1. Weinheim.

Combe, A./Helsper, W. (Hrsg.) (1996): Pädagogische Professionalität. Untersuchungen zum Typus pädagogischen Handelns. Frankfurt a. Main.

Dirks, U. (2000): Wie werden EnglischlehrerInnen professionell? Eine berufsbiographische Untersuchung in den neuen Bundesländern. Münster.

Fabel, M. (2002): Transformation als »doppelter Modernisierungsprozess«. Eine erweiterte Perspektive für die erziehungswissenschaftliche Transformationsforschung. In: Döbert, H./Fuchs, H.-W./Weishaupt, H. (Hrsg.) (2002): Transformation der ostdeutschen Bildungslandschaft. Eine Forschungsbi-

lanz. Schriften der Deutschen Gesellschaft für Erziehungswissenschaft –
DGfE. Opladen, S. 99-116.

Fabel, M. (2003): Rekonstruktion biographischer und professioneller Sinnstrukturen – methodische Schritte einer fallinternen Zusammenhangsanalyse. In:
Zeitschrift für qualitative Bildungs-, Beratungs- und Sozialforschung, 4. Jg.
(2003), Heft 1, S. 145-151.

Fabel-Lamla, M. (2004): Professionalisierungspfade ostdeutscher Lehrer. Biographische Verläufe und Professionalisierung im doppelten Modernisierungsprozess. Biographie und Profession. Studien zur Qualitativen Bildungs-,
Beratungs- und Sozialforschung. ZBBS-Buchreihe, Band 2. Wiesbaden.

Fabel, M./Tiefel, S. (2004): Biographie als Schlüsselkategorie qualitativer Professionsforschung – eine Einleitung. In: Fabel, M./Tiefel, S. (Hrsg.) (2004):
Biographische Risiken und neue professionelle Herausforderungen. Biographie und Profession. Studien zur Qualitativen Bildungs-, Beratungs- und Sozialforschung. ZBBS-Buchreihe, Band 1. Wiesbaden, S. 1140.

Fabel-Lamla, M./Wiezorek, C. (2006): Qualitativ-rekonstruktive Schüler- und
Lehrerbiographieforschung und Perspektiven ihrer Verschränkung. In:
Rahm, S./Mammes, I./Schratz, M. (Hrsg.) (2006): Schulpädagogische For-
schung. Organisations- und Bildungsprozessforschung. Perspektiven innova-
tiver Ansätze. Schulpädagogische Forschung, Band 2. Innsbruck, Wien und
Bozen, S. 69-81.

Helsper, W. (2000): Wandel der Schulkultur. In: Zeitschrift für Erziehungswissenschaft, 3. Jg. (2000), Heft 1, S. 35-60.

Helsper, W. (2002): Lehrerprofessionalität als antinomische Handlungsstruktur.
In: Kraul, M./Marotzki, W./Schweppe, C. (Hrsg.) (2002): Biographie und
Profession. Bad Heilbrunn, S. 64-102.

Helsper, W. (2004): Lehrerbiographien im Transformationsprozess – Kommentar zum Beitrag von Melanie Fabel. In: Fabel, M./Tiefel, S. (Hrsg.) (2004):
Biographische Risiken und neue professionelle Herausforderungen. Wiesbaden, S. 63-74.

Helsper, W./Krüger, H.-H./Rabe-Kleberg, U. (2000): Professionstheorie, Pro-
fessions- und Biographieforschung – Einführung in den Themenschwer-
punkt. In: Zeitschrift für qualitative Bildungs-, Beratungs- und Sozialforschung, 1. Jg. (2000), Heft 1, S. 5-19.

Hildenbrand, B. (1999): Fallrekonstruktive Familienforschung. Anleitungen für
die Praxis. Opladen.

Köhler, D. (2000): Professionelle Pädagogen? Zur Rekonstruktion beruflicher
Orientierungs- und Handlungsmuster von ostdeutschen Lehrern der Kriegsgeneration. Münster, Hamburg und London.

Kraul, M./Marotzki, W./Schweppe, C. (Hrsg.) (2002): Biographie und Profession. Bad Heilbrunn.

Kunze, K./Stelmaszyk, B. (2004): Biographien und Berufskarrieren von Lehrerinnen und Lehrern. In: Helsper, W./Böhme, J. (Hrsg.) (2004): Handbuch der
Schulforschung. Wiesbaden, S. 795-812.

Meister, G. (2005): Das unterrichtliche Selbstverständnis von LehrerInnen.
Empirische Muster im Kontext von Unterricht und Biographie. Wiesbaden.

Nölke, E. (2000): Biographie und Profession in sozialarbeiterischen, rechtspfle-
gerischen und künstlerischen Arbeitsfeldern. In: Zeitschrift für qualitative
Bildungs-, Beratungs- und Sozialforschung, 1. Jg. (2000), Heft 1, S. 21-48.

Oevermann, U. u. a. (1979): Die Methodologie einer objektiven Hermeneutik und ihre allgemeine forschungslogische Bedeutung in den Sozialwissenschaften. In: Soeffner, H.-G. (Hrsg.) (1979): Interpretative Verfahren in den Sozial- und Textwissenschaften. Stuttgart, S. 352-433.

Oevermann, U. (1996): Theoretische Skizze einer revidierten Theorie professionalisierten Handelns. In: Combe, A./Helsper, W. (Hrsg.) (1996): Pädagogische Professionalität. Untersuchungen zum Typus pädagogischen Handelns. Frankfurt a. Main, S. 70-182.

Reh, S. (2003): Berufsbiographische Texte ostdeutscher Lehrer und Lehrerinnen als »Bekenntnisse«: Interpretationen und methodologische Überlegungen zur erziehungswissenschaftlichen Biographieforschung. Bad Heilbrunn.

Reh, S./Schelle, C. (1999): Biographieforschung in der Schulpädagogik. Aspekte biographisch orientierter Lehrerforschung. In: Krüger, H.-H./Marotzki, W. (Hrsg.) (1999): Handbuch erziehungswissenschaftlicher Biographieforschung. Opladen, S. 373-390.

Schütze, F. (1983): Biographieforschung und narratives Interview. In: Neue Praxis, 1983, Heft 3, S. 283-293.

Schütze, F. (1996): Organisationszwänge und hoheitsstaatliche Rahmenbedingungen im Sozialwesen. Ihre Auswirkungen auf die Paradoxien des professionellen Handelns. In: Combe, A./Helsper, W. (Hrsg.) (1996): Pädagogische Professionalität. Untersuchungen zum Typus pädagogischen Handelns. Frankfurt a. Main, S. 183-275.

Schütze, F. (2000): Schwierigkeiten bei der Arbeit und Paradoxien des professionellen Handelns. Ein grundlagentheoretischer Aufriß. In: Zeitschrift für qualitative Bildungs-, Beratungs- und Sozialforschung, 1. Jg. (2000), Heft 1, S. 49-96.

Stelmaszyk, B. (1999): Schulische Biographieforschung – eine kritische Sichtung von Studien zu LehrerInnenbiographien. In: Combe, A./Helsper, W./Stelmaszyk, B. (Hrsg.) (1999): Forum Qualitative Schulforschung 1. Schulentwicklung – Partizipation – Biographie. Weinheim, S. 61-87.

Peter Cloos | Stefan Köngeter

Eintritte ins Jugendhaus

Zur performativen Herstellung von Zugehörigkeit

1. Einleitung

Forschung im Kontext von Sozialpädagogik hat sich zwar intensiv mit den gesellschaftlichen Rahmenbedingungen sozialpädagogischen Handelns auseinandergesetzt und vielfältige Entwürfe zur Konzeptionalisierung dieses Handelns entwickelt, empirisch hat sie sich jedoch selten mit den konkreten pädagogischen Prozessen und den jeweils beteiligten AkteurInnen beschäftigt. Im Besonderen gilt dies auch für das Handlungsfeld der Kinder- und Jugendarbeit, das in diesem Beitrag im Mittelpunkt stehen soll.

Sowohl in der neueren Jugendforschung – vor allem seit den 1970er Jahren – als auch in der Literatur zur Kinder- und Jugendarbeit sind empirisch orientierte Beiträge zum Alltag von Kindern und Jugendlichen in außerschulischen Freizeit- und Bildungskontexten zu finden, allerdings bleiben sie – selbst wenn sie Hinweise auf die professionellen Handlungsmuster und die pädagogischen Arbeitsbeziehungen geben – meist ohne hinreichende Systematik und notwendige Tiefenschärfe. Die erwähnten Studien lassen sich nach ihrer Anlage und Intention grob vier Gruppen zuordnen: Erstens liegen Studien vor, in denen unter anderem jugendarbeiterisch betreute soziale Räume neben anderen als (Teil-)Lebenswelten von Jugendcliquen zum Gegenstand Teilnehmender Beobachtungen wurden (vgl. u. a. Tippelt/Krauss/Baron 1986; Thole 1991; Tertilt 1996; Dannenbeck/Eßer/ Lösch 1999). Diese können als »dichte Beschreibungen« (Geertz 1983) des Feldes beschrieben werden, die Clifford Geertz (1983, S. 37) allgemein methodologisch dahingehend typisiert, dass »keine Generalisierungen angestrebt [werden], die sich auf verschiedene Fälle beziehen, sondern nur Generalisierungen im Rahmen eines Einzelfalls«. Es sind exemplarische Zustandsbeschreibungen des Feldes aus unterschiedlichen methodischen Perspektiven. Zweitens gibt es in der Kinder- und Jugendarbeitsliteratur eine Tradition von Praxisbeschreibungen, die tendenziell auf der Ebene exemplarischer Einzelfallbeschreibungen bleiben sowie ihre Erkundungen über-

wiegend mit wenig methodischer Kontrolle durchführten (z. B. Kraußlach/
Düwer/Fellberg 1976; Aly 1977; Knoll-Krist 1985) und damit den Aufbau
des pädagogischen Feldes mit Jugendlichen, den Orientierungsprozess der
anfangenden PädagogInnen, die Einigungsprozesse von Jugendlichen und
PädagogInnen und die Ängste der JugendarbeiterInnen im »Einlassen« auf
die Situation thematisieren. Darüber hinaus sind drittens Studien zu beachten, die insbesondere aus biografischer Perspektive und vor allen Dingen
die Seite der Professionellen und deren Deutungen zum beruflichen Alltag
empirisch in den Blick nehmen (vgl. u. a. Thole/Küster-Schapfl 1997;
Cloos 2006) sowie viertens erste Ansätze einer ethnografischen Empirie der
Kinder- und Jugendarbeit (vgl. u. a. Bimschas/Schröder 2003; Küster 2003;
Müller/Schmidt/Schulz 2005; Schröder 1991; Thole 1991). Resümierend ist
herauszustellen, dass – trotz der insgesamt beeindruckenden quantitativen
Entwicklung der außerschulischen Kinder- und Jugendarbeit (vgl. Thole/
Pothmann 2006) – sich ihre systematische empirische Beobachtung insge-
samt noch in einem Anfangsstadium befindet.

2. Zur performativen Herstellung von Kinder- und Jugendarbeit

Diese Erkenntnis nahm das ethnografisch angelegte Forschungsprojekt
»Konstitutionsbedingungen und Dynamik (Performanz) sozialpädagogischen Handelns«[1] zum Anlass, sich teilnehmend beobachtend auf »unsiche-
res Terrain« zu begeben und die performative Herstellung der Kinder- und
Jugendarbeit und ihre konstitutiven Regeln festzuhalten sowie die selbstverständlichen Aufführungen und Praktiken, die auf ein implizites Wissen
und Können der AkteurInnen im Handlungsfeld der Kinder- und Jugendarbeit verweisen, zu rekonstruieren. Dabei erwies es sich als sinnvoll, auch so
genannte Übergangsphänomene in den Fokus der Rekonstruktionen zu rücken. Zu nennen sind hier beispielsweise die Eintritte von (jugendlichen)
BesucherInnen (die in diesem Beitrag im Zentrum stehen werden), die Be-
grüßungen von pädagogischen Fachkräften und Jugendlichen, die Transformation von alltäglichen Interaktionen in Beratungssituationen, Aufführ-
rungen, Spiele und Turniere. Die Beobachtung solcher Situationen im Kin-

---

1   Die hier vorgestellten Überlegungen entstanden im Rahmen des von der DFG geför-
    derten Projektes, das von Burkhard Müller (Universität Hildesheim) und Werner
    Thole (Universität Kassel) geleitet wird. Die hier vorgenommenen Rekonstruktionen
    wurden im Rahmen des Gesamtprojektes vorgenommen und hätten nicht ohne die
    gemeinsame Arbeit im Gesamtteam realisiert werden können (vgl. Müller u. a.
    2005). Neben den Antragstellern ist den TeilnehmerInnen der Kasseler Forschungs-
    werkstatt für ihre Rekonstruktionsarbeit zu danken.

der- und Jugendhaus wurde ergänzt um die Rekonstruktion von Übergangsphänomenen in narrativ strukturierten, leitfadengestützten Interviews mit PädagogInnen und Jugendlichen. Mit den Jugendlichen wurden unter anderem die konstitutiven Bedingungen der Wege in die Kinder- und Jugendarbeit erfasst und Typen des Zugangs unterschieden (siehe auch Holger Schoneville in diesem Band). Der Vorteil bei der Betrachtung dieser Übergangsphänomene besteht darin, dass die performative Herstellung von Kinder- und Jugendarbeit in seinen zahlreichen Facetten beobachtet werden kann und damit konstitutive Merkmale und professionelle Handlungsregeln empirisch rekonstruierbar werden.

Methodisch stellt dieser Fokus eine besondere Herausforderung dar. Mit der Schwerpunktsetzung auf die ethnografischen Beobachtungen wird dem Umstand Rechnung getragen, dass die »schweigende Dimension des Sozialen« (Hirschauer 2002, S. 40) am besten durch die Anwesenheit von Teilnehmenden BeobachterInnen eingefangen werden kann. Diese Forschungsperspektive erweist sich für die Kinder- und Jugendarbeit insbesondere als fruchtbar, weil hier stärker als in anderen pädagogischen Settings das »Vorsprachliche« Bedeutung erlangt, also das inkorporierte Wissen der TeilnehmerInnen in Form von habitualisierten Handlungs- und Kommunikationsmustern oder das »Stumme«, das sich nicht mitteilen kann, also z. B. der Raum, die Kleidung, die Sitzordnung.[2] Der ethnografische Zugriff ermöglicht es also, nicht – wie in dem überwiegenden Teil der empirischen Untersuchungen im Feld Sozialer Arbeit (vgl. hierzu Cloos/Thole 2005) – nur die Einschätzungen und die Deutungen zum Handeln, sondern auch das Handeln (bzw. das Erhandelte, also beispielsweise »das Stumme«) selbst in den Blick zu nehmen. Der hier grundgelegte ethnografische Ansatz führt die Protokolle Teilnehmender Beobachtung, Aufzeichnungen ethnografischer Gespräche und leitfadengestützter Interviews mit PädagogInnen, Kindern und Jugendlichen, die Aufzeichnung von Besprechungen der pädagogischen Teams und schließlich weitere Tonbandaufzeichnungen von Interaktionen zwischen PädagogInnen und Jugendlichen nach einer getrennter Auswertung triangulierend zusammen.

Die Rekonstruktionen innerhalb des Gesamtprojektes zeigen auf, dass die jeweilige Art der Herstellung von Zugänglichkeit und Zugehörigkeit zu den Jugendeinrichtungen unterschiedliche Figurationen hervorbringt. Trotz ihrer Unterschiedlichkeit weisen alle Einrichtungen der Kinder- und Jugendarbeit strukturelle Ähnlichkeiten auf, die im Begriff der sozialpädagogischen Arena verdichtet werden können. Mit diesem Begriff soll

---

2 Monika Wagner-Willi (2005, S. 94; Hervorhebung im Original) beschreibt dies für die Schule folgendermaßen:»Prozesse des *rituellen Sprechens und Schweigens* von Lehrerin und Schülern [sind] wesentlich an der Konstituierung und Aufrecherhaltung einer Unterrichtssozialität beteiligt. Dies umso mehr, als die Sprache zentraler Bestandteil des Unterrichts ist«.

ein Handlungsraum benannt werden, der einen Schwerpunkt auf die Inszenierung von Alltäglichkeit legt, der aber gleichwohl pädagogisch hergestellt
ist. Die Betonung der Alltäglichkeit ermöglicht es auch, die Grenzen zur
Umwelt zu verwischen und legt daher Analogien zu Marktplätzen, Fußgängerzonen, Shopping-Malls nahe, die ihren Zweck gerade dadurch erfüllen,
dass sie die angestrebten NutzerInnen nicht auf die erwünschten Funktionen
hin kontrollieren (können), zumindest vielfältige, andersartige Nutzungen
zulassen. Jenseits gängiger Bestimmungen der Kinder- und Jugendarbeit als
offener und diffuser Raum wird die »sozial-pädagogische Arena« als eine
Klammer verstanden, in der performativ festgelegt wird, nach welchen Regeln und in welcher Geordnetheit gehandelt wird. Die sozial-pädagogische
Arena erweist sich hier als Aufführungsort und Zuschauerraum, als Aushandlungs- und Wettkampfort eines differenzierten Gefüges an NutzerInnen-Gruppen.

3. Eintritte ins Jugendhaus als Übergangsphänomene

Kinder- und Jugendarbeit erweckt bei oberflächlicher Betrachtung manchmal den Eindruck, als sei sie gar kein von alltäglichen Freizeitbeschäftigungen von Kindern und Jugendlichen abgegrenzter Ort, sondern übergangslos darin eingebettet; wie auch die Tätigkeit von PädagogInnen solcher Betrachtung als schlichte Beteiligung an jenen Freizeitbeschäftigungen
und nicht als professionelles Handeln erscheinen mag. Dieser Eindruck
täuscht, entsteht aber nicht zufällig. Da Kinder- und Jugendarbeit für sich
behauptet, den Prinzipien von Freiwilligkeit und Offenheit für alle Kinder
und Jugendliche zu folgen, scheinen Eintritte in Einrichtungen der Kinder-
und Jugendarbeit nicht besonders auffällig zu sein, sich gleichsam natürlich
zu vollziehen. Allerdings ist bei genauerer Betrachtung doch bemerkenswert, dass die Einrichtungen der Kinder- und Jugendarbeit immer schon
durch Erwachsene besetzt sind und deren institutionelle Macht sich nicht
zuletzt durch ihre Schlüsselgewalt symbolisiert. Zwar wurde hierauf vielfach hingewiesen und teilweise auch in pädagogischen Arbeitsprogrammen
reflektiert (vgl. Projektgruppe Qualitätsentwicklung der Berliner Jugendarbeit 2004), jedoch ohne empirische Überprüfung und ohne Bezugnahme auf
die pädagogischen Implikationen.

Ziel dieses Beitrages ist es, anhand des Themas »Eintritt in ein Kinder-
und Jugendhaus« erstens die ethnografische Vorgehensweise des Forschungsprojektes darzulegen und zweitens einige konstitutive Merkmale
von Kinder- und Jugendarbeit empirisch zu benennen. Das Thema »Eintritte« bietet sich hierfür besonders an, weil bereits beim Eintreten erste Vorentscheidungen darüber getroffen werden, welche »stummen« Erwartungen

an BesucherInnen herangetragen werden und welche Erwartungen die Jugendlichen aufweisen. Jeder Eintritt in einen Raum ist – pointiert gesagt – eine krisenhafte Übergangssituation, in der Eintretende und Anwesende blitzschnell entscheiden müssen, welcher soziale Rahmen (vgl. Goffman 1977) vorliegt und ob und wie er hergestellt wird. In der Regel gerät diese Krise dank Routine und hilfreicher Rituale gar nicht ins Bewusstsein, da auf gesellschaftlich geteilte »Produktionserfahrungen« zurückgegriffen werden kann. Erst bei Störungen – z. B. wenn Fremde oder »Ortsunkundige« eintreten – wird den Beteiligten das Selbstverständliche bewusst und zum Thema gemacht.

Um dieses Themenfeld empirisch aufzuschließen, wird in diesem Beitrag vor allem auf Beobachtungsprotokolle zurückgegriffen und diese sequenzanalytisch rekonstruiert. Diese intensive Form der Auswertung ist gerade auch für Protokolle von Eintritten unabdingbar, da eine vorwiegend inhaltsanalytische Interpretation die Konstruktionsleistung der Protokollanten unterschlagen würde. Erst eine »Wort-für-Wort«- und »Zeile-für-Zeile«-Interpretation eröffnet die Möglichkeit, die alltäglichen Interpretationsleistungen der Beobachter (vgl. Mannheim 1964; Mohn 2002) nutzbar und überprüfbar zu machen. Mit anderen Worten: Bereits bei der Protokollierung werden erste Interpretationen vorgenommen. Um diese vorschnelle Konstruktionsleistung der BeobachterInnen der Rekonstruktion zuführen und kontrollieren zu können, geht es darum, diese Doppelbödigkeit der Protokolle sichtbar zu machen – sowohl die Konstruktionsleistung als auch das Konstruierte, das Zeichen wie auch das Bezeichnete.

Das hier verwendete Material wurde im Rahmen von Teilnehmenden Beobachtungen in zwei Jugendhäusern erhoben und rückt zunächst die ersten Zugänge der beiden Ethnografen in den Mittelpunkt (Kap. 3.1). Diese Vorgehensweise ist deshalb sinnvoll, weil ethnografische ForscherInnen gerade in der Situation, in der sie zum ersten Mal mit dem konkreten Feld in Berührung kommen, auf diese Routinen noch nicht zurückgreifen können. Ihre Fremdheit ermöglicht die Wahrnehmung der prinzipiellen Krisenhaftigkeit und der Grenzen, die beim Betreten einer Einrichtung überschritten werden müssen. Im Weiteren rücken dann die Formate von Zugänglichkeit und die Zugangsweisen von Jugendlichen in den Fokus (Kap. 3.2). Zentrale Frage ist dabei, wie Zugehörigkeit zur Kinder- und Jugendarbeit hergestellt wird und welche Typen der pädagogischen Gestaltung des Übergangs sich von draußen nach drinnen erschließen lassen.

3.1 Erste Zugänge

3.1.1 Zugang zum Jugendcafé Mittendrin in Langenfelden

>>Am Samstag bin ich dann mit dem Zug um zehn vor fünf in Langenfelden angekommen. Ich habe mir im Vorfeld die Wegbeschreibung, die ich auf der Homepage gefunden habe, ausgedruckt, so dass mir klar war, dass das Jugendcafe nicht weit weg sein kann vom Bahnhof. Ich gehe also vom Bahnhof in Richtung Innenstadt, biege dann in die Fußgängerzone ein und bin nach wenigen Minuten am Jugendcafe. (…) Die Straße nahe der Fußgängerzone ist eine von den kleinen Langenfelder Altstadtstraßen und wenig befahren.<<[3]

Der Protokollausschnitt schildert den Zugang zum Jugendcafé in Langenfelden beim ersten Besuch im Anschluss an einen ersten telefonischen Kontakt. Die Strategie des Beobachters, sich zuvor eine Wegbeschreibung über die Homepage zu besorgen, ist voraussetzungsvoll: Die Einrichtung muss über eine solche Homepage verfügen, in der sie ihre Aktivitäten darstellt. Andere Einrichtungen unseres Samples nutzen das Internet ebenfalls, allerdings vorwiegend um die geplanten Angebote, das Programm und das Team vorzustellen. Die Anfahrtsskizze kann darüber hinaus als Hinweis gewertet werden, dass das Jugendcafé in Langenfelden auch damit rechnet, von Personen besucht zu werden, die sich in Langenfelden nicht oder nicht gut auskennen.[4] Die Einrichtung scheint aus Sicht des Ethnografen in einer privilegierten Lage angesiedelt zu sein, da er im Protokoll die zentrale Lage und die gute Erreichbarkeit besonders hervorhebt – dies im Gegensatz zu den im Sample des Forschungsprojektes vorfindbaren überwiegend stadtteilorientierten Einrichtungen.

>>Von außen ist das Jugendcafé kaum als solches zu erkennen. Es ist in einem Eckhaus untergebracht und hat nach Außen sehr große, tief nach unten gezogene Fensterfronten, so wie in Edward Hoppers Bild ‚Nighthawks'. Der Blick nach innen ist allerdings durch große einfarbige Stoffbahnen etwas eingeschränkt. Diese Stoffe sind aber beinahe transparent und immer wieder unterbrochen. Das Ganze wirkt auch durch das Interieur eher wie ein amerikanisches Cafe.<<

Die Beschreibung der Einrichtung beginnt mit dem Satz: >>Von außen ist das Jugendcafé kaum als solches zu erkennen<<. Nachdem also schon die Lage überrascht hat, werden auch die Erwartungen zur Erkennbarkeit und zur äußeren Darstellung nicht erfüllt. In der nachfolgenden Beschreibung zeigt sich, wieso der Beobachter zu dem Eindruck der >>Nicht-Erkennbar-

---

3   Die Beobachtungen und die Protokolle im Café Mittendrin entstanden in Kooperation mit Ruth Schmidt und Katharina Mangold, die wesentlichen Anteil am Gelingen dieser Projektphase hatten.

4   Im weiteren Verlauf der Beobachtungen stellt sich dann auch heraus, dass viele Jugendliche auch aus benachbarten Städten ins Jugendcafé gehen.

keit« kommt: Besondere Erwähnung finden die großen Glasfronten mit Bezug auf ein Gemälde von Edward Hopper, die damit einhergehende »Einsehbarkeit« des Jugendcafés, die transparenten, einfarbigen Stoffbahnen, die den Beobachter veranlassen, einen Vergleich mit einem amerikanischen Café anzustellen. Das Jugendcafé macht nach außen damit eher den Eindruck einer kommerziellen Lokalität, weshalb es sich nicht von anderen innerstädtischen Orten unterscheidet, in denen eingekauft, gegessen, getrunken und angeschaut wird. Diese Adaption der Kommerzialität innerstädtischer Räume geht einher mit einem vom Beobachter als auffällig markierten (innen-)architektonischen Stil. Mit der Analogie zu Edward Hopper und einem amerikanischen Café wird der Kontrast zu anderen Einrichtungen der Kinder- und Jugendarbeit implizit angedeutet.

> »Ich gehe also zum Eingang (…). Das sind zwei große Flügeltüren, außen Metall, innen ganz aus Glas. Es sind, glaube ich, in dezenten Buchstaben die Öffnungszeiten des Cafés angebracht. Innen drin fällt zunächst auf der rechten Seite ein Kicker auf, der aber von ca. zwei Meter hohen schmalen Säulen abgegrenzt ist. Die Säulen sind beschriftet, offensichtlich von den Jugendlichen. Dann kommt man auf eine Säule zu, an der es ganz viele Aushänge gibt. Ich gehe daran vorbei und steuere eigentlich gleich auf die Theke zu. Dort sitzen zwei, drei Jugendliche und hinter der Theke stehen zwei Frauen. Ich (…) stelle mich vor. Eine der beiden fragt, ob wir miteinander telefoniert haben und ich meine ja.«

Der erste Eindruck wird verstärkt: Die Flügeltür ist ganz aus Glas. Die Transparenz wird weiter als zentrales Kennzeichen hervorgehoben. Der Hinweis auf die Kombination mit dem Metall lässt Modernität assoziieren. Die dezenten Buchstaben auf der Eingangstür verstärken zum einen den Eindruck von Stilbewusstsein und erscheinen als weiterer Beleg für die stilistische Nähe zu innerstädtischen Geschäften und Cafés. Ferner fallen die beschrifteten Säulen auf. Die Beschriftung der Säulen scheint markant zu sein und möglicherweise auch ein Stilbruch, denn sie werden vom Beobachter sogleich den Jugendlichen zugeordnet. Der ebenfalls sofort wahrgenommene Kicker – als beinahe unausweichliches Accessoire von Jugendarbeit – scheint dem Beobachter in einem für ihn neuen Raum Halt zu geben. Nach der Säule mit vielen Aushängen – die das Café als Ort des Informationsaustausches markieren – steuert der Beobachter ohne weitere Beschreibung des Raumes auf die Theke zu, die offensichtlich bereits beim ersten Betreten als ein zentraler Anlaufpunkt im Jugendcafé erkennbar ist.

3.1.2 Zugang zum Jugendzentrum Grüntal

Das Jugendzentrum Grüntal ist am Rande des Kerns einer hessischen Kleinstadt gelegen. Die Wegbeschreibung des Routenplaners führt den Beobachter in die Nähe des Jugendzentrums, doch hat er zunächst Schwierig-

keiten das Jugendzentrum und seinen Eingang zu finden. Die Nachfrage bei
einem älteren Ehepaar schlägt fehl – sie kämen nicht aus Grüntal.

> »Das da vorne könnte ein Jugendzentrum sein. Ich sehe eine große umzäun-
> te Rasenfläche. Inmitten dieser Fläche steht ein zweistöckiges Haus aus den
> 1960er Jahren. Hier ist nichts los. Ich sehe keine Menschen an oder in die-
> sem Haus. Kein Krach, alles ruhig.«

Die Entdeckung des Hauses beginnt zunächst mit der Vermutung, dies
»könnte ein Jugendzentrum sein«. Entweder ist das Haus nicht klar durch
ein Schild als Jugendzentrum gekennzeichnet oder ein solches Schild ist aus
der Perspektive des Beobachters nicht erkennbar. Das Haus weist jedoch
bestimmte Merkmale auf, die den Ethnografen vermuten lassen, das ge-
suchte Objekt gefunden zu haben. Die »große umzäunte Rasenfläche« kann
als ein solcher Hinweis aufgefasst werden. Das Ensemble erinnert dabei an
einen deutlich zur Außenwelt abgegrenzten Bereich, zu dem nicht jede Person Zugang erhalten soll: Ein ungeregelter Zugang zu bestimmten Tages-
zeiten ist möglicherweise nicht erwünscht. Die Größe der Rasenfläche und
des Hauses (»zweistöckig«) sind ein Hinweis auf ein reichhaltiges Platzangebot, das jedoch durch den Ethnografen mit dem Hinweis kontrastiert
wird, dort sei »nichts los«. Diese Vermutung wird weiter verifiziert: »Ich
sehe keine Menschen an oder in diesem Haus. Kein Krach, alles ruhig«. Im
Protokoll wird somit anhand weniger Sätze eine Perspektive auf das Haus
entwickelt, welche beinhaltet: Das Jugendhaus ist deutlich zur Außenwelt
abgegrenzt, der Zugang wird architektonisch und durch Hinweise kaum gelenkt und das großzügige Platzangebot scheint nicht genutzt zu werden.
Auch macht das Jugendhaus – wie in anderen Zugängen beschrieben –
nicht über seine umzäunten Grenzen hinweg im angrenzenden Gelände
z. B. durch laute Musik und Kindergeschrei auf sich aufmerksam. Der Eindruck einer brach liegenden Fläche wird erzeugt.

> »Ich laufe ein Stück um den Zaun herum, ca. 60 m. Dann ist das Grund-
> stück zu ende und ich habe keinen Eingang gefunden. Ich drehe wieder um
> und gehe zurück. (…) Ich entdecke einen Weg, der an dem Haus aus den
> 1960er Jahren, von dem ich vermute, dass es das Jugendzentrum ist, vorbei-
> führt. Der Weg stößt auf einen weiteren Weg durch eine Rasenfläche, hoch
> zum Eingang des Jugendzentrums. Das Haus ist zweistöckig. Am Eingang
> hängt ein Schild: 1967. Dementsprechend sieht der Bau auch aus. Wenige
> Graffitis an den, glaube ich, weißgetünchten Ziegelsteinen. Eine riesige Ra-
> senfläche außen herum, die ich auch von hinten gesehen hatte. Nun gehe ich
> einen Weg hoch zu dem Jugendzentrum, an Büschen vorbei. Einen jungen
> Mann sehe ich, der mir an den Mülltonnen zunickt. Später stellt sich heraus,
> das ist der Zivi.«

Im nächsten Abschnitt schildert der Ethnograf nun seine weitere Suche
nach dem richtigen Weg zum Jugendzentrum. Auch hier wird mit dem
Hinweis des »entdeckten Weges« die Fährte gelegt, dass es nicht so einfach

ist, zum Jugendzentrum zu gelangen. Die Beschreibung des Hauses beginnt zunächst mit Hinweisen zur baulichen Gestaltung und dem Baujahr. Es stellt sich die Frage, warum der Hinweis auf das Jahr 1967 besonders hervorgehoben wird und den Protokollanten zu einem bewertenden Kommentar veranlasst: »Dementsprechend sieht der Bau auch aus«. Die Wortwahl »Bau« lässt nicht nur ein größeres, sondern auch ein wenig einladendes Gebäude vermuten und verweist auf eine eher negative Einstellung gegenüber »Bauten« dieser Epoche. Eine weitere Hypothese lässt sich anschließen: Der Ethnograf findet nicht nur schwer Zugang zum Gelände, sondern fühlt sich vermutlich auch durch das vorgefundene Ensemble nicht besonders eingeladen. Das Schild mit dem Hinweis auf das Baujahr könnte jedoch auch auf eine lange Tradition der Einrichtung hinweisen. Die hier vermutete Botschaft des Schildes kehrt sich mit der vom Beobachter vorgenommenen Interpretation in ihr Gegenteil um: Statt »langer Tradition« klingt an: »Das Haus hat seine besten Jahre hinter sich«. Die wenigen jugendkulturellen Zeichen in Form von Graffitis deuten zumindest an, dass Jugendliche das Haus nutzen, wenn auch als Maluntergrund. Die Begegnung mit einem jungen Mann bleibt dann aber trotz der Ungewissheit, ob das Ziel gefunden wurde, folgenlos. Das gegenseitige Zunicken verweist darauf, dass zumindest der Zivildienstleistende, als den ihn der Ethnograf später identifizierte, keinen Anlass sieht, auf den Besucher zuzugehen. Möglicherweise kommen häufiger unbekannte BesucherInnen in das Haus. Zumindest sieht der Zivildienstleistende keinen Anlass für ein Begrüßungsritual oder dafür, den Zugang des Fremden zu lenken.

> »Dann stehe ich erst vor dem Offenen Bereich, da sehe ich durch die Scheibe hindurch und sehe auch einen Kicker und so etwas. Kein Jugendlicher zu sehen, keine Kinder. Da denke ich, ist bestimmt nicht der Eingang, in den ich reingehen muss, gucke aber trotzdem noch mal rein und drück die Türklinke runter – die Tür ist aber nicht auf. Dann sehe ich noch eine andere Tür, von der ich denke, dass sie verschlossen ist. (…) Rechts daneben sind zwei Klingeln. Die Beschriftung der einen Klingel kann ich überhaupt nicht erkennen, ist eine ziemlich vergilbte Schrift. Auf der anderen steht: ‚Büro Jugendzentrum'. An der Klingel sind Spinnweben. Habe sofort den Eindruck, das ist eine Klingel, die nicht häufig benutzt wird. Ich klingel, warte, nichts passiert. (…) Ich mache mir schon Gedanken: ‚Bin ich hier falsch oder haben die es vergessen?' Ich werde ein bisschen sauer. Irgendwann drücke ich gegen die Tür und die Tür geht auf.«

Im weiteren Verlauf werden die Versuche des Ethnografen beschrieben, einen Weg ins Haus zu finden. Die Bezeichnung »Offener Bereich« – ein feststehender Terminus innerhalb der Kinder- und Jugendarbeit – weist den Beobachter entweder als Kenner der Szene oder als jemanden aus, der die

»Native Codes« des Feldes bereits anwendet.[5] Erklärungsbedürftig erscheint, ob das Vorhandensein eines offenen Bereichs auch einen nichtoffenen, teil-offenen oder geschlossenen Bereich voraussetzt. Das Fehlen der Kinder und Jugendlichen wertet der Ethnograf als Zeichen: Möglicherweise hat das Jugendhaus noch nicht geöffnet, der direkte Eingang ist verschlossen und eine Eintrittsmöglichkeit außerhalb der Öffnungszeiten noch nicht gefunden. Dann findet der Beobachter eine weitere Tür, von der er vermutet, dass diese auch geschlossen ist. Folglich orientiert er sich an einer Klingel, die nun eindeutig anzeigt: Das Jugendzentrum ist gefunden. Die Beschreibung der äußerlichen Merkmale der Klingel fügt erzählstrukturell eine weitere Irritation ein, denn es zeigt sich, diese scheint kaum benutzt zu werden. Das Bild des nicht genutzten Hauses wird erhärtet. Diese Vorstellung verbindet sich im Protokoll nun mit dem Gefühl des »Vergessen-worden-Seins« und einer gewissen Sorglosigkeit gegenüber ihm als Gast: Dem Klingeln wird nicht begegnet. Der Fremde reagiert stark irritiert, zumal ein Termin vereinbart ist. Die umständliche Suche, der erschwerte Zugang zum Jugendzentrum sowie das für ihn wenig einladende Jugendhausensemble und das Warten vor der Tür münden in der Aussage: »Ich werde ein bisschen sauer«. Erst danach bemerkt der Ethnograf, dass die Tür offen ist und begibt sich hinein. Die damit verbundene Irritation wird im Protokoll nicht erläutert: Warum ist eine mit einer Klingel versehene Tür geöffnet, wenn das Jugendhaus anscheinend noch nicht offiziell geöffnet hat? Wird hier auf das Klingeln nicht reagiert, weil die BesucherInnen in der Regel durch die offene Tür eintreten, ohne die Klingel zu benutzen?

> »Ich komme in ein 1970er Jahre Treppenhaus: Steinboden, ziemlich karg, etwas dreckige Wände. Gegenüber von der Tür hängen zwei Schilder: auf dem einen steht ‚AVM' – was auch immer das ist –, auf dem anderen ‚Büro Jugendzentrum', mit einem Pfeil nach oben. Ich gehe die Treppe hoch und oben ist ein kleiner Flur mit drei Türen. (…) An keiner dieser Türen steht Büro Jugendzentrum. Ich klopfe an alle drei Türen. Alle drei Türen sind zu. Dann gehe ich wieder herunter und noch einmal hoch. Als ich oben bin, höre ich Schritte im Treppenhaus und ein Mann kommt mir entgegen und sagt: ‚Peter Cloose?' Wir geben uns die Hand. Das war Jörg Stöhr.«

Der Ethnograf ist nun endlich ins Jugendhaus gelangt. Seine Beschreibungen des Interieurs korrespondieren mit seinem vorher vermittelten Bild des Hauses und der Klingel: Der Flur ist wenig gestaltet, das Design mindestens 30 Jahre alt, deutliche Spuren des Gebrauchs aufzeigend. Jedoch führt nun ein Hinweisschild den Fremden durch das Haus. Ein Anhaltspunkt ist gefunden, auch wenn der Hinweis auf das »AVM« für Außenstehende unverständlich ist. Zumindest der Hinweis auf das Büro des Jugendzentrums gibt neue Hoffnung für die weitere Suche. Doch diese wird zugleich enttäuscht:

---

5   Tatsächlich handelt es sich hier um einen »Native Code« der Einrichtung.

Keine der Türen im oberen Stock ist beschriftet, alle sind geschlossen. Der Fremde wird quasi ins Leere geführt. Die weitere Suche endet in der Begegnung des Beobachters mit einem Mann, der seinen Namen nur ungefähr in Erinnerung hat.

Werden die Überlegungen zum Jugendzentrumszugang bis hierhin zusammengefasst, erscheint das gesamte Ensemble nicht in der Weise angelegt, dass Nicht-Eingeweihten bzw. Fremden klar ist, was von Ihnen verlangt wird, um Einlass zu bekommen? Das Fehlen von Hinweisen erzeugt eine Verunsicherung, die auch daran deutlich wird, dass weder die Betätigung der Klingel noch das Eintreten und auch nicht die Versuche, Türen zu öffnen, Erfolg haben. Für nicht ortskundige BesucherInnen ist es nur schwer möglich, den »richtigen« Weg zu finden. Wer sich nicht auskennt, muss den Mut aufbringen, verschiedene Eingänge auszuprobieren. Darüber hinaus bringt der Ethnograf ein deutliches Missfallen an der Gestaltung des Hauses zum Ausdruck und evoziert das Bild eines Hauses mit verschwenderischer und gleichzeitig ungenutzter Größe.

3.1.3 Esoterik und Exoterik

Trotz aller offensichtlichen Differenzen dieser beiden Zugänge – die auch auf die Heterogenität und die Bandbreite der sehr unterschiedlichen »Performanz« von Jugendeinrichtungen des untersuchten Handlungsfeldes hinweisen – ist zunächst ein gemeinsames Merkmal hervorzuheben: die nicht direkte Erkennbarkeit der Einrichtung als Jugendzentrum. In beiden Fällen fehlen eindeutige und sichtbare Zeichen, die es beispielsweise PassantInnen ermöglichen würden zu erkennen: »What the hell is going on here?« Es werden keine Schilder erwähnt, die den Namen und die Funktion der jeweiligen Einrichtung öffentlich wirksam anzeigen. Erst der Kicker, der bei näherer Betrachtung den beiden Ethnografen ins Auge fällt, vermittelt die Sicherheit zu wissen: Hier bin ich richtig. Bei genauerem Hinsehen sind weitere Hinweise sichtbar: Ein Klingelschild in Grüntal und die Öffnungszeiten an der Tür in Langenfelden. Damit enden aber auch die Gemeinsamkeiten des Zugangs. Das moderne Ambiente mit seinem offensichtlichen Gestaltungswillen und seiner Assimilation an das moderne, innenstädtische Milieu kontrastiert stark gegenüber dem Bau aus den 1960er Jahren mit seinem spröden Charme und des in die Jahre gekommenen Äußeren. Während in Langenfelden auf bekannte Stilformen kommerzieller Cafés Bezug genommen wird und damit einerseits Normalität und andererseits (trügerische) Bekanntheit performativ hergestellt wird, lassen in Grüntal nur wenige Zeichen einen Kenner der Szene (ein solcher ist der Ethnograf) darauf schließen, dass es sich hierbei um ein »Jugendzentrum« handelt.

Die herausgearbeiteten Unterschiede ermöglichen jeweils differente Zugänge. Auch wenn die beiden Ethnografen nicht mit Jugendzentrumsbesu-

cherInnen gleich zu setzen sind, so lassen ihre Erfahrungen gedankenexpe-
rimentell leicht Rückschlüsse auf andere BesucherInnen zu. Im ersten Fall
ist es gut denkbar, dass sich hierhin sehr unterschiedliche Personen und
Gäste »verirren«. Die Verwischung der Grenze Jugendhaus und Café erleichtert die Zugänglichkeit, weil der Stil ein Format und einen Rahmen
vorgibt, auf welche Weise hier eingetreten wird: Die Glastür steht für Offenheit (zumindest während der Öffnungszeiten) und die Theke ist der »natürliche« Anlaufpunkt um Kontakt aufzunehmen – zu wem auch immer.
Die Diffusität und Ungestaltetheit des Zu- bzw. Eingangs in Grüntal erzeugt hingegen für Fremde eine Unsicherheit, was hier üblich ist und was
man hier darf. Es steht ihnen kein bekanntes Format zur Verfügung. Das
richtige Format wird erst über das »Bekannt- und Vertraut-Sein« mit dem
Haus und seinen BewohnerInnen erfahrbar.

Die Gestaltung der Jugendhäuser und das darüber deutlich werdende
Format des Zugangs könnten somit kaum unterschiedlicher sein. Die Rekonstruktionen verdeutlichen, dass beide Einrichtungen über die Formate
des Ein- bzw. Zugangs Zugänglichkeit performativ auf unterschiedliche
Weise herstellen. Das Café Mittendrin gestaltet seine Offenheit und Zugänglichkeit über das Vorhalten allgemein bzw. gesellschaftlich bekannter
Formate. Im Jugendzentrum in Grüntal gelingt der Zugang nur über Ausprobieren und »Sich-Bekannt-Machen« mit den internen Regeln, so dass
nur Insider und Eingeweihte problemlos Einlass finden. Einerseits liegt hier
eine ungewohnte Offenheit und Zugänglichkeit einer Einrichtung vor. Die
offene Tür und die Selbstverständlichkeit, mit der BesucherInnen hier betrachtet werden (vgl. die Reaktion des Zivildienstleistenden), führt andererseits – paradoxerweise – nicht zu einer Erleichterung des Zugangs, sondern
im Gegenteil zu Irritationen, weil Fremden keine Anhaltspunkte für das
richtige Handeln gegeben werden. Hier wird Offenheit mit der Voraussetzung des »Eingeweiht Seins« – also einer gewissen Esoterik[6] der Einrichtung – in einem paradoxalen Wechselspiel verbunden. Die Einrichtung in
Langenfelden setzt hingegen auf Öffentlichkeit in zweifacher Hinsicht:
Zum einen benutzt sie allgemein bekannte, im öffentlichen Raum gängige
und nicht allein auf Jugendlichen bezogene Formate. Zum anderen öffnet
sie sich auch gegenüber Einblicken von außen. Exoterik wird demnach bereits durch die Gestaltung des Zugangs doppelt hergestellt. Gleichzeitig
kann das Jugendcafé in Langenfelden sich dem Doppelspiel aus Öffnung
und Schließung nicht entziehen. Durch ihr modernes, transparentes Format
macht sie eine Art Angebot, das für potenzielle BesucherInnen auch ein Se-

---

6   Mit den Begriffen Exoterik und Esoterik wird in Anlehnung an ein religionswissen-
    schaftliches Begriffspaar auf zwei Seiten des Wissens angespielt: das in öffentlichen
    Schriften zugängliche (exoterisch) und das nur gegenüber Eingeweihten und durch
    mündliche Überlieferung tradierte Wissen (esoterisch).

lektionskriterium darstellt: Es gefällt oder gefällt nicht. Je enger das Format, umso stärker auch die Selektionsmöglichkeiten. Aber auch in Grüntal wird – wie an der Reaktion des Ethnografen deutlich wird – mit dem Nicht-Format Gefallen oder Nicht-Gefallen erzeugt.

3.2 Zum performativen Umgang mit Zugangsmöglichkeiten

Über die Rekonstruktion der ersten Feldzugänge lassen sich Hypothesen zu der Struktur der jeweiligen Einrichtung anstellen, da die EthnografInnen jeweils eine spezifische Sichtweise auf den vorgefundenen Raum entwickeln. Die somit durch die EthnografInnen vorgenommen Raumkonstruktionen werden auf doppelte Weise zugänglich: zum einen durch das Erstellen eines ausführlichen Protokolls, das einen Zugangsprozess beschreibt, der im Alltag selten wahrgenommen, geschweige denn notiert wird und zum anderen durch die Rekonstruktion des Protokolls, die den Prozess des Zugangs einer zweiten, methodisch kontrollierten Beobachtung unterzieht. Die auf diese Weise erzielten Hypothesen sollen im Folgenden durch die verdichtete Wiedergabe von Rekonstruktionen weiterer Protokolle Teilnehmender Beobachtungen weiterentwickelt werden. Die hier verwendeten Protokolle fokussieren insbesondere die räumliche Gestaltung der Jugendeinrichtungen und den situativen Umgang mit dem vorfindbaren Raum. Gefragt wird in erster Linie nach dem performativen Umgang mit dem Verhältnis von »Drinnen und Draußen«, von interner und externer Öffentlichkeit. Hierüber sollen zum einen Typen von Zugangsmöglichkeiten und zum anderen weitere Hypothesen zur jeweiligen Performativität der beiden Jugendhäuser erschlossen werden.

Die räumlich hergestellte Öffentlichkeit und die damit einhergehenden Konsequenzen erfordern von den JugendarbeiterInnen vielfältige Strategien, die sich nicht allein auf eine externe, sondern auch – wie im weiteren Verlauf zu sehen sein wird – auf eine interne Öffentlichkeit richten.

3.2.1 Langenfelden: Der Hinterein- und Hinterausgang

»Von diesem Raum (i. e. der Besprechungsraum und Raum, in dem die Aids-Hilfe auch kleinere Veranstaltungen macht) aus gehen wir dann in eine Art Hinterausgangs-Vorraum. Sarah Sebald berichtet: Dieser Hinterausgang sei auch extra so konzipiert, dass Jugendliche unerkannt ins Jugendcafe kommen können. Wenn es bspw. mal Stress gibt und sie mit den MitarbeiterInnen reden möchten, könnten sie einfach das Café verlassen und hintenrum wieder reinkommen. Das würden dann die Jugendlichen im Café gar nicht bemerken.«

Die Leiterin des Jugendcafes Sarah Sebald führt den Ethnografen am ersten Tag bei der »grand tour« (Spradley 1980, S. 77) durch die Einrichtung auch in die »hinteren« Bereiche, in denen verschiedene Funktionsräume unterge-

bracht sind. In diesem Zusammenhang erläutert sie auch den Sinn eines
Hintereingangs für Jugendliche. Die Voraussetzungen für das Bestehen einer solch unkonventionellen Öffnung sind bemerkenswert: Zunächst muss
es eine enge Abstimmung zwischen Bauleitung bzw. ArchitektInnen und
den pädagogischen Fachkräften gegeben haben, so dass die pädagogische
Reflexion überhaupt räumlich manifest werden konnte. Darüber hinaus be-
durfte es erfahrener JugendarbeiterInnen, die solche Situationen erlebt haben und dies bei der Gestaltung der Räumlichkeiten auch antizipieren können. Ihre Antizipation und Reflexion problematisiert die Konsequenzen einer Einrichtung, die in der oben beschriebenen Weise Öffentlichkeit im Jugendcafé herstellt. Offensichtlich werden Transparenz und Öffentlichkeit
zwar einerseits als Qualitätsmerkmale betrachtet, andererseits aber auch deren kontraproduktiven Effekte reflektiert, wenn es darum geht, in einem intimen und vertrauten Rahmen ein Gespräch zu führen. Im Gespräch mit
dem Ethnografen spricht die Leiterin Sarah Sebald beispielhaft eine spezifische Situation an: Konflikte (»Stress«) mit anderen Jugendlichen können
dazu führen, dass die Zugänglichkeit und Offenheit der Einrichtung eingeschränkt werden. Der Hintereingang ermöglicht dann einen heimlichen Eintritt und eröffnet dabei die Möglichkeit, in Kontakt mit den MitarbeiterInnen zu treten, ohne dass es von den anderen Jugendlichen bemerkt wird.
Somit kann eine, möglicherweise mit Scham verbundene Intervention oder
Beratung ohne Wissen der anderen BesucherInnen erfolgen. Der Hinterausgang kontrastiert damit mit dem offiziellen Eingang und der Fensterfront,
die Öffentlichkeit herstellen. Der Hinterausgang soll potentiell negative
Nebeneffekte der Öffentlichkeit ausgleichen, indem ein geschützter, intimer
Zugang und Raum hergestellt wird.

Das Jugendzentrum in Grüntal verfügt ebenfalls über informelle Eingänge, die bestimmten BesucherInnen Zugang gewähren. Allerdings kontrastieren diese Eingänge gegenüber dem Hintereingang in Langenfelden.
Die jugendlichen BesucherInnen in Grüntal kennen neben dem Hauptein-
gang auch noch andere Möglichkeiten, ins Jugendzentrum zu gelangen. Am
offiziellen Eingang vorbei oder auch von einer anderen Nebenstraße gelangt man zu der Rückseite des Hauses und damit zum Fenster der Küche,
in der die MitarbeiterInnen häufig sitzen.

3.2.2 Grüntal: Fensterklettern

»Dann sind wir wieder in die Küche gegangen. (…) Jörg Stöhr sagte auch
schon, nach drei Uhr wäre auf, offiziell, teilweise würden sie schon vorher
aufmachen. Sie würden zwar nicht die Tür aufmachen, aber wenn vorher
welche da wären, die kämen eben rein. Diesmal kamen die eben durch das
Fenster rein. Er sagte dann immer [zu den Jugendlichen, die durch das
Fenster schauten]: ,Ja, Fenster ist offen, komm rein!' Dann kletterten sie
durch das Fenster.«

Die Szene stammt aus dem Protokoll des ersten Feldaufenthaltes im Jugendzentrum Grüntal. Obwohl das Jugendzentrum noch nicht geöffnet hat, es also noch nicht drei Uhr ist, kommen die ersten StammbesucherInnen und rechnen offensichtlich mit Einlass bzw. versuchen ihr Glück. Der Jugendzentrumsleiter Jörg Stöhr hat gegenüber dem Ethnografen bereits die Differenz zwischen offizieller und inoffizieller Öffnung thematisiert. Das Fenster moderiert in diesem Zusammenhang schließlich das Paradox aus »Offen-Sein« und »Noch-nicht-geöffnet-Haben«. Zugänglichkeit wird denjenigen Personen außerhalb der Öffnungszeiten gewährleistet, die auch über alternative Zugangsmöglichkeiten Kenntnis haben. Voraussetzung für die Zugänglichkeit außerhalb der regulären Öffnungszeit ist dabei zum einen durch erlangte Zugehörigkeit Bescheid zu wissen, andererseits der »good will« des Pädagogen. Somit zeigt sich, dass durch die Erlaubnis, das Jugendhaus durch das Fenster zu betreten, die Beziehung zwischen dem Pädagogen und den Jugendlichen bearbeitet wird: Er räumt den Jugendlichen auf Grund ihrer erworbenen Zugehörigkeit Rechte ein, die anderen nicht zugestanden werden. Er zeigt den Jugendlichen, dass er das mit den Öffnungszeiten nicht so ernst nimmt und nivelliert damit die Differenz zwischen ihm als Pädagoge und den Jugendlichen. Gleichzeitig wird die Asymmetrie dadurch erhöht, dass die Jugendlichen gezwungen werden, den unbequemen Weg über das Fenster nehmen zu müssen, während er mit Hilfe des Schlüssels auch den bequemen Eintritt ermöglichen könnte. Warum er den Schlüssel nicht einsetzt, um den Jugendlichen auch offiziell Einlass zu gewähren, wird erst im Verlauf der weiteren Beobachtungen deutlich. Das Öffnen des Haupteinganges würde zum Ausdruck bringen: Das Haus ist nun für alle geöffnet. Indem er die Jugendlichen jedoch durch das Fenster klettern lässt, schlägt Jörg Stöhr drei Fliegen mit einer Klappe: Erstens behält er die Kontrolle darüber, welche Gruppen an BesucherInnen eingelassen werden,[7] zweitens zeichnet er die StammbesucherInnen als Privilegierte bzw. als Eingeweihte aus und drittens demonstriert er damit seine ablehnende Haltung gegenüber einer formalen Hierarchie und seiner eigenen, durch die Schlüsselgewalt hervorgehobenen Stellung. Der jeweilige Status derjenigen Person, die Einlass begehrt, und der Wille des Jugendarbeiters entscheiden nun darüber, ob jemand informell Einlass erhält: Die inoffizielle Öffnung dient also als Selektionsinstrument und der offiziell verschlossene, vordere Eingang signalisiert weiterhin: Ihr dürft noch nicht rein. Mit anderen Worten: Die bisher über die Position des Einrichtungsleiters institutionalisierte, rationale (im Sinne Max Webers 1964) Zugangsregelung wird gegenüber eingeweihten Jugendlichen charismatisch aufgeladen.

---

7 Für dieses Jugendhaus ist kennzeichnend, dass die BesucherInnen sich in unterschiedliche Statusgruppen unterteilen, denen auch unterschiedliche Zugangsrechte zugesprochen werden.

Die oben bereits herausgearbeiteten Merkmale von Esoterik und Diffusität finden sich hier in dieser Szene wieder. Im Gegensatz zur Einrichtung in Langenfelden, in der beim offiziellen Haupt- und dem versteckten Hintereingang ein dezidierter, reflexiv abgesicherter und erfahrungsgesättigter Gestaltungswillen zu beobachten ist, werden in Grüntal die Eingeweihten in den intimen Bereich der Küche eingelassen – entlang von Prinzipien, die eher dem Bereich diffuser Sozialbeziehungen als spezifischer Rollenförmigkeit (vgl. Oevermann 1996) zuzuordnen sind. Dabei wird der Zugang nicht wie beim Hintereingang in Langenfelden über spezifische pädagogische Erfordernisse geregelt, sondern über Statuszugehörigkeit – hier der Status des Stammbesuchers. Die Macht der Institutionen, die sich über offizielle Eingänge manifestiert, sowie die Differenz zwischen Professionellem und Jugendlichen werden damit in Grüntal scheinbar symbolisch aufgeweicht. Dies hat vier Konsequenzen: (1) Der Jugendarbeiter erweckt gegenüber den BesucherInnen den Eindruck, dass sie eine Beziehung haben, die auf Egalität und Nähe aufbaut. (2) Tatsächlich wird aber durch die willkürliche Entscheidung der institutionalisierte Statusunterschied in eine persönliche Abhängigkeit überführt. (3) Diese persönliche Abhängigkeit ist aber gegenüber allen anderen BesucherInnen eine Form der Auszeichnung. Die Jugendlichen, die früher hinein dürfen, werden zu etablierten BesucherInnen. (4) Alle anderen Jugendlichen werden dadurch jedoch gegenüber diesen Etablierten zurückgesetzt.

4. Zur Performativität von Eintritten ins Jugendhaus

Die Thematisierung von Eintritten und Zugangsmöglichkeiten könnte auf den ersten Blick als Marginalie oder gar als überflüssig betrachtet werden. Geht es nicht vielmehr darum, was im Jugendzentrum passiert? Die Rekonstruktionen sollten deutlich gemacht haben, dass die EthnografInnen insbesondere bei der Protokollierung ihrer ersten Zugänge tatsächlich konstruktiv-interpretative Leistungen vollbracht haben. Die sequenz-analytische Rekonstruktion machte diese überprüfbar und eröffnete die Möglichkeit, diese ersten »interpretativen Eindrücke« nutzbar zu machen. So konnte der sicht- und lesbare Ärger des Ethnografen in Grüntal rekonstruktiv aufgeschlossen und als Irritation über eine unausgesprochene Esoterik der Einrichtung verstehbar gemacht werden. Gegenüber der ersten Nachfrage verweisen die weiteren Beobachtungen darauf, dass der Zugang – gerade auch die alternativen Zugänge durch das Fenster oder über den Hintereingang – Hinweise über die Stellung der BesucherInnen innerhalb der Einrichtung gibt und die performative Produktion bzw. Reproduktion dieser Stellung aufzeigt.

Die Rekonstruktion von Eintritten und Zugangsmöglichkeiten zu den beiden Jugendhäusern in Langenfelden und in Grüntal ermöglicht Aussagen über drei Teilbereiche der Kinder- und Jugendarbeit: die unterschiedliche Gestaltung des Verhältnisses von Jugendhaus und seiner sozialen Umwelt – dazu gehört auch seine Materialität, seine Lokalisierung, sein Angebot an gesellschaftlich zugänglichen Formaten (1). Darüber hinaus konnten erste Strukturhypothese zu dem in beiden Einrichtungen zugrunde liegenden Handlungstypus, wie jeweils Zugänglichkeit und Zugehörigkeit zur Kinder- und Jugendarbeit performativ hergestellt wird, entwickelt werden (2). Schließlich zeigte sich, dass damit Strukturen und Bedingungen innerhalb der Einrichtungen der Kinder- und Jugendarbeit geschaffen werden, die zum Teil Folgeprobleme schaffen und dementsprechend bearbeitet werden müssen (3).

(1) Zunächst gilt für beide Jugendeinrichtungen, dass sie weder durch das bauliche Setting und noch durch eindeutige schriftliche Hinweise ihre Funktion als Jugendzentrum bzw. Jugendcafé zu erkennen geben. Die Ethnografen erfassten auf der einen Seite ein modernes Ambiente mit seiner Assimilation an das moderne, innenstädtische Milieu und auf der anderen Seite einen Bau aus den 1960er Jahren mit seinem spröden Charme des in die Jahre gekommenen Äußeren. Zugänglichkeit wird im ersten Fall durch über bekannte Stilformen kommerzieller Cafés hergestellt. Die Kategorie Exoterik verweist in diesem Zusammenhang auf eine Bezugnahme hinsichtlich gesellschaftlich bekannter Formate, die darüber hinaus Öffentlichkeit durch transparente Zugänge und Einblicke gewährt. Dahingegen stehen Zugänglichkeit und Esoterik – im Sinne von nur über Erfahrung und Einweihung nachvollziehbaren Zugangsregeln – in Grüntal in einem paradoxen Wechselspiel. Esoterik und Exoterik verweisen auf zwei Pole der Herstellung von Zugänglichkeit in der Kinder- und Jugendarbeit.

(2) Die weiteren Beobachtungen haben gezeigt, dass die Gestaltung des Übergangs von Draußen nach Drinnen in Zusammenhang mit den verschiedenen Handlungstypen stehen, in denen die Zugehörigkeit der jugendlichen BesucherInnen zur jeweiligen Einrichtung produziert wird. Die pädagogisch in Szene gesetzte Verwischung der Grenze zwischen Jugendhaus und Café inszeniert in Langenfelden Transparenz und Öffentlichkeit, indem das Jugendhaus Einblicke von außen bewusst zulässt und esoterische Abgrenzung ablehnt. Dabei stellt sich heraus, dass der materielle Raum und die dort vorfindbaren Zugangsmöglichkeiten nicht einfach als Kontext vorgegeben, sondern reflexiv und geplant in Szene gesetzt sind und auf die spezifischen Anforderungen von Kinder- und Jugendarbeit reagieren. Der zugrunde liegende Handlungstyp kann als reflexive Gestaltung von Öffentlichkeit aufgefasst werden.

Demgegenüber steht die Diffusität der Einrichtung in Grüntal. Diese erzeugt eine Unsicherheit darüber, was hier üblich und erlaubt ist. Die Zu-

gangsweisen der unterschiedlichen Gruppen von Jugendlichen zum Jugendhaus machen deutlich, dass die Einrichtung in Grüntal sich hierar-
chisch über die Zuweisung von Status gliedert. Zugehörigkeit differenziert
sich in unterschiedliche Statusgruppen, das BesucherInnengefüge ist segre-
giert hergestellt. Das Jugendzentrum Grüntal kennzeichnet der Handlungstyp »Esoterische Diffusität«. Dieser setzt bei der Frage der Zugänglichkeit
und Zugehörigkeit auf »Eingeweiht-Sein« und Vertrautheit. Somit reproduzieren BesucherInnen und PädagogInnen beim Zugang eine bestimmte Figuration (vgl. Elias/Scotson 1993) von Etablierten, segregierten und institutionell abgesicherten Personengruppen (LeiterInnen bzw. Pädagogische
Fachkräfte). Diese Figuration ist in starkem Maße von dem eher willkürlich
als pädagogisch geplanten Handeln des Einrichtungsleiter Jörg Stöhr abhängig. Sie wird bestimmt durch ein Handeln, das diffuse Sozialbeziehungen präferiert und rollenförmig-spezifisches Handeln außer Kraft setzt bzw.
kritisiert (vgl. Fensterklettern). Unter Berücksichtigung der oben eingeführten Kategorie sozial-pädagogische Arena ist in den hier angeführten Mate-
rialausschnitten die Bedeutung eines differenzierten Gefüges unterschiedlicher Gruppen mit je verschiedenem Status besonders auffällig. Auch in
stärker auf interne Öffentlichkeit und spezifischen Sozialbeziehungen set-
zenden Jugendeinrichtungen – wie dem Café Mittendrin in Langenfelden –,
sind solche Differenzierungen vorzufinden, die auch die Bedingung der
Möglichkeit dafür sind, dass die sozial-pädagogische Arena als Aufführungsort und Zuschauerraum und als Aushandlungs- und Wettkampfort benutzt wird, wobei die Nutzung des Angebotes unter den prekären Bedingungen der Diskontinuität vollzogen wird.[8]

(3) Die Figuration »sozial-pädagogische Arena« und deren je spezifische Herstellungs- bzw. Produktionsweise erzeugt Folgeprobleme. Durch
die Betonung von Öffentlichkeit in Langenfelden durch ein modernes,
transparentes Format macht das Café sein Angebot einerseits transparent.
Andererseits stellt dies für potenzielle BesucherInnen ein Selektionskriteri-
um dar, weil somit schnell entschieden werden kann, ob es gefällt oder
nicht. Je enger das Format hier gewählt ist, umso stärker sind auch die Selektionsmöglichkeiten. Als grundlegend vorteilhaft erweist sich die Einseh-

---

8 In dieser Weise unterscheidet sich die Kinder- und Jugendarbeit grundlegend von
   anderen pädagogischen Handlungsfeldern. Somit verzichtet unser empirischer
   Zugriff auf die Kinder- und Jugendarbeit auf die etwa im schulpädagogischen For-
   schungsbereich selbstverständliche Prämisse einer klaren Unterscheidung zwischen
   dem Unterricht auf der einen Seite und dem Verfügbar-Sein und Ausstatten von
   Räumen sowie der Sicherung der physischen Präsenz von SchülerInnen als Herstellung von Rahmenbedingungen auf der anderen Seite. Die schulpädagogische und
   forschungsbezogene Schwerpunktsetzung auf die performative Bildung von Gemein-
   schaften unter den SchülerInnen lässt bislang die Chancen für die Rekonstruktion eines entsprechenden »liminalen« Handlungstypus auf Seiten der LehrerInnen unge-
   nützt (vgl. jedoch Wiesemann 2000).

barkeit für die Jugendlichen dann, wenn sie im Rahmen von interner Öffentlichkeit schnell einsehen wollen, was heute im Jugendcafé »los« ist. Die Einsehbarkeit bietet in spezifischen Situationen jedoch wenig Intimität und Schutz. Partiell reagieren die MitarbeiterInnen darauf, indem sie einen Hinterein- und Ausgang als separierte Möglichkeit des Ausschlusses von Öffentlichkeit benutzen.

In Grüntal wird über den Handlungstyp der »esoterischen Diffusität« ein relativ starker Ausschluss externer Öffentlichkeit erzeugt. Das, was im Jugendzentrum geschieht, ist kaum einsehbar. Ein Fremder, der Zugang erhalten will, muss erst die diffusen Formate und internen Regeln entschlüsseln. Hier trifft er auf eine starke Segregation der BesucherInnen. Dennoch bleibt eine interne Öffentlichkeit bestehen, deren Folgeprobleme (bzw. Chancen) von den pädagogischen Fachkräften kaum reflexiv eingefangen oder bearbeitet werden.

Es kann also resümiert werden, dass mit dem Eintritt in das Jugendhaus eine Grenze überschritten wird, die eine Differenz sowohl zur von Erwachsenen bestimmten Umwelt als auch zu anderen jugendkulturellen Orten markiert. Diese vordergründig räumlich-materielle Grenze erweist sich bei näherer Analyse als eine soziale Differenz, auf die der Begriff der sozialpädagogischen Arena verweist. Das liegt an der Art und Weise, in der diese Grenze/Differenz markiert ist. Grenzen, Grenzziehungen und Grenzüberschreitungen stellen also, in noch markanterer Weise als in der Schule (vgl. Wagner-Willi 2001, S. 228), wesentliche Aspekte in der pädagogischen Arbeit in der Kinder- und Jugendarbeit dar.[9] Mehr noch: Kinder- und Jugendarbeit wird vielmehr wesentlich dadurch geprägt, dass sie die Phänomene des Übergangs zwischen verschiedenen Sphären (vgl. Turner 1989) begleitet und bearbeitet. Insbesondere in der so genannten »offenen« Kinder- und Jugendarbeit kommt dem Übergang eine besondere Bedeutung zu, da das Angebot einer Freizeitstätte (Jugendtreffs, -häuser und -zentren) häufig bereits architektonisch-territorial auf die konzeptionellen Überlegungen hinweist, einen sozialen Ort[10] zu konstituieren, der pädagogisch relevante Differenzerfahrungen zur sonstigen Umwelt ermöglichen soll.

Die Struktur des Übergangs unterscheidet sich dabei erheblich von anderen pädagogischen Kontexten. Zwar kann man auch in der Schule beim Übergang von der Pause zum Unterricht bei mikroanalytischer Betrachtung eine »Unstrukturiertheit« bemerken, »in der die bestehenden Strukturen der Peergroup-Beziehungen nicht mehr vollständig aufrechterhalten werden können und das Regelwerk des Unterrichts noch keine primäre Geltung

---

9 Mit »Grenzen« ist hier das Ensemble von sozialen, zeitlichen und räumlichen Klammerungen bezeichnet, die darauf verweisen, dass innerhalb dieser Klammer andere konstitutive Regeln vorherrschen als außerhalb.
10 Für die Bedeutung des sozialen Ortes im Kontext der Sozialpädagogik vgl. Bernfeld (1973); Müller (1992); Winkler (1988).

hat« (Wagner-Willi 2001, S. 245). In der Kinder- und Jugendarbeit sind diese liminalen Phänomene des Übergangs keineswegs nur Epiphänomene, die von einem »eigentlichen« Kerngeschäft zu unterscheiden wären – wie es z. B. in der Schule für die Pause im Verhältnis zum Unterricht gilt. Vielmehr stellen sie markante Hinweise auf die konkrete Ausgestaltung der sozial-pädagogischen Arena Jugendhaus dar.

Literatur

Aly, G. (1977): »Wofür wirst Du eigentlich bezahlt?« Möglichkeiten praktischer Erzieherarbeit zwischen Ausflippen und Anpassung. Berlin.

Bernfeld, S. (1973): Sisyphos oder die Grenzen der Erziehung. Frankfurt a. Main.

Bimschas, B./Schröder, A. (2003): Beziehungen in der Jugendarbeit: Untersuchung zum reflektierten Handeln in Profession und Ehrenamt. Opladen.

Cloos, P. (2006): »ich fühl mich auch gar nicht so als Pädagoge«. Empirisch gestützte Überlegungen zur Qualifikation für die Kinder- und Jugendarbeit. In: Lindner, W. (Hrsg.) (2006): 1964-2004. Vierzig Jahre Kinder- und Jugendarbeit in Deutschland. Aufbruch, Aufstieg und neue Ungewissheit. Wiesbaden, S. 145-161.

Cloos, P./Thole, W. (2005): Qualitativ-rekonstruktive Forschung im Kontext der Sozialpädagogik. Anmerkungen zu einigen Fragen und Problemen der sozialpädagogischen Forschungskultur. In: Schweppe, C./Thole, W. (Hrsg.) (2005): Sozialpädagogik als forschende Disziplin. Theorie, Methode, Empirie. Wiesbaden, S. 71-95.

Dannenbeck, C./Eßer, F./Lösch, H. (1999): Herkunft erzählt. München.

Elias, N./Scotson, J. L. (1993): Etablierte und Außenseiter. Frankfurt a. Main.

Geertz, C. (1983): Dichte Beschreibung. Beiträge zum Verstehen kultureller Systeme. Frankfurt a. Main.

Goffman, E. (1977): Rahmen-Analyse. Ein Versuch über die Organisation von Alltagserfahrung. Frankfurt a. Main.

Hirschauer, S. (2002): Grundzüge der Ethnographie und die Grenzen verbaler Daten. In: Schaeffer, D./Müller-Mundt, G. (Hrsg.) (2002): Qualitative Gesundheits- und Pflegeforschung. Bern, S. 35-46.

Knoll-Krist, D. H. (1985): Profis im Jugendhaus. Identitätsprobleme zwischen Alltagsrealität und Utopie. Stuttgart.

Kraußlach, J./Düwer, F. W./Fellberg, G. (1977): Aggressive Jugendliche. Jugendarbeit zwischen Kneipe und Knast. München.

Küster, E.-U. (2003): Fremdheit und Anerkennung. Ethnographie eines Jugendhauses. Weinheim, Basel und Berlin.

Mannheim, K. (1964): Wissenssoziologie. Neuwied.

Mohn, E. (2002): Filming Culture. Spielarten des Dokumentierens nach der Repräsentationskrise. Stuttgart.

Müller, B. (1992): Sisyphos oder Tantalus – Bernfelds Konzept des »Sozialen Ortes« und seine Bedeutung für die Sozialpädagogik. In: Hörster, R./Müller,

B. (Hrsg.) (1992): Jugend, Erziehung und Psychoanalyse: Zur Sozialpädagogik Siegfried Bernfelds. Neuwied, S. 59-74.

Müller, B./Schmidt, S./Schulz, M. (2005): Wahrnehmen können. Jugendarbeit und informelle Bildung. Freiburg i. Breisgau.

Müller, B. u. a. (2005): Konstitutionsbedingungen und Dynamik (Performanz) sozialpädagogischen Handelns in der Kinder- und Jugendarbeit. Unveröffentlichter Zwischen- und Arbeitsbericht zum DFG-Forschungsprojekt. Kassel und Hildesheim, http://www.uni-kassel.de/fb4/issl/mitg/thol/projekte/kiju ab.htm.

Oevermann, U. (1996): Theoretische Skizze einer revidierten Theorie professionalisierten Handelns. In: Combe, A./Helsper, W. (Hrsg.) (1996): Pädagogische Professionalität. Frankfurt a. Main, S. 70-182.

Projektgruppe Qualitätsentwicklung der Berliner Jugendarbeit (2004): Handbuch Qualitätsmanagement der Berliner Jugendfreizeitstätten. Berlin.

Schröder, A. (1991): Jugendgruppe und Kulturwandel. Frankfurt a. Main.

Spradley, J. P. (1980): Participant observation. New York.

Tertilt, H. (1996): Turkish Power Boys. Ethnographie einer Jugendbande. Frankfurt a. Main.

Thole, W. (1991): Familie – Szene – Jugendhaus: Alltag und Subjektivität einer Jugendclique. Opladen.

Thole, W./Küster-Schapfl, E.-U. (1997): Sozialpädagogische Profis. Opladen.

Thole, W./Pothmann, J. (2006): Realität des Mythos von der Krise der Kinder- und Jugendarbeit. Beobachtungen und Analysen zur Lage eines ‚Bildungsakteurs. In: Lindner, W. (Hrsg.) (2006): 1964-2004: Vierzig Jahre Kinder- und Jugendarbeit in Deutschland. Aufbruch, Aufstieg und neue Ungewissheit. Wiesbaden, S. 123-144.

Tippelt, R./Krauss, J./Baron, S. M. (1986): Jugend und Umwelt. Soziale Orientierungen und soziale Basisprozesse im regionalen Vergleich. Weinheim.

Turner, V. (1989): Das Ritual: Struktur und Anti-Struktur. Frankfurt a. Main.

Wagner-Willi, M. (2001): Liminalität und soziales Drama. Die Ritualtheorie von Victor Turner. In: Wulf, C./Göhlich, M./Zirfas, J. (Hrsg.) (2001): Grundlagen des Performativen: eine Einführung in die Zusammenhänge von Sprache, Macht und Handeln. Weinheim, S. 227-253.

Wagner-Willi, M.(2005): Kinder-Rituale zwischen Vorder- und Hinterbühne. Der Übergang von der Pause zum Unterricht. Wiesbaden.

Weber, M. (1964): Wirtschaft und Gesellschaft. Grundriß der verstehenden Soziologie. Studienausgabe. Herausgegeben von Johannes Winkelmann. Köln und Berlin.

Wiesemann, J. (2000): Lernen als Alltagspraxis. Lernformen von Kindern an einer freien Schule. Bad Heilbrunn.

Winkler, M. (1988): Eine Theorie der Sozialpädagogik. Stuttgart.

Kirsten Aner

Zivilgesellschaftliches Engagement aus biografisch-handlungslogischer Perspektive

Unkonventionelle Operationalisierung einer Forschungsintention

Zivilgesellschaftliches Engagement gilt zu Recht als wertvolle Ergänzung professioneller Sozialer Arbeit. Altbekannt und viel beforscht ist das Spannungsverhältnis zwischen Professionellen und Ehrenamtlichen. Gleichwohl stehen einige Erklärungen in diesem Zusammenhang immer noch aus – und zwar insbesondere solche, die jenseits organisationssoziologischer Begründungen zu finden sind.

Empiriedefizite ergeben sich zum einen daraus, dass die Engagierten zwar in zahlreiche Felder sozialpädagogischen Handelns einbezogen sind, jedoch weder zu den AdressatInnen noch zu den Professionellen gehören und deshalb selten in den Fokus handlungsfeld- und akteursbezogener disziplinärer Forschung gelangen. Wollen die Professionellen wissen, mit wem sie es hier eigentlich zu tun haben, wie man diese Unterstützung gewinnen, mit ihrer Widerständigkeit umgehen kann, sind sie weitgehend auf die Befunde der Engagementforschung angewiesen. Nun sind diese an Umfänglichkeit kaum zu übertreffen und seit dem Erscheinen des Abschlussberichts der Enquete-Kommission »Bürgerschaftliches Engagement« (2002) für Deutschland auch gut sortiert, gleichwohl helfen die fast ausschließlich soziologischen Befunde nur bedingt weiter.[1] Das liegt nicht zuletzt daran, dass der Terminus »zivilgesellschaftliches Engagement« zwar sowohl auf einen gesellschaftlichen Sektor als auch auf Tätigkeiten verweist, in der Forschung jedoch der bereichslogische Zugang gegenüber einem handlungslogischen weit überwiegt. In der Konsequenz ist unser Wissen über individuelles zivilgesellschaftliches Handeln noch immer vergleichsweise begrenzt. Immerhin wird das Thema »Zivilgesellschaft« in den letzten Jahren zunehmend mit Diskursen über die Entstehung, Entwicklung und Wir-

---

kung Sozialen Kapitals verknüpft (vgl. z. B. Klein u. a. 2004). Jedoch stehen auch hierbei zivilgesellschaftliche Assoziationen und nicht individuelle Handlungen im Vordergrund der Betrachtungen. Am wenigsten wissen wir über die individuellen Gründe zivilgesellschaftlicher Passivität oder des Abbruchs solcher Tätigkeiten. In der fachöffentlichen Auseinandersetzung mit diesen Phänomenen dominieren Fragen nach den Motiven und den zu schaffenden Gelegenheitsstrukturen, werden Antworten darauf fast ausschließlich mit Hilfe quantitativer Forschungsmethoden gesucht. Wenn in der Engagementforschung überhaupt die Perspektive derjenigen, die sich für das Soziale einsetzen könn(t)en, eingenommen wurde, dann blieb dieser Zugang auf diejenigen beschränkt, die sich bereits engagieren (vgl. Backes 1987; Kohli u. a. 1993; Jacob 1993; Schumacher 2003; Nadai u. a. 2005; Vogt 2005). In dieser Forschungslücke ist die nachfolgend vorgestellte empirische Untersuchung angesiedelt. Ziel des Beitrags ist zu zeigen, wie sich mit Hilfe eines methodisch eher unkonventionellen interpretativen Zugriffs individuelle Hintergründe zivilgesellschaftlichen Handelns bzw. zivilgesellschaftlicher Passivität erklären lassen.[2]

1. Forschungsskizze

Die forschungsleitende Frage war, wie unter Bedingungen befriedigender Lebenslagen zivilgesellschaftliches Engagement entsteht – oder auch nicht? Dieser Frage ging die Untersuchung exemplarisch durch die Analyse des nachberuflichen Handelns der so genannten »Neuen Alten« nach, die geradezu prädestiniert erscheinen, sich zivilgesellschaftlich zu engagieren.

1.1 Methodologische Vorüberlegungen

Ausgangspunkt für die Anlage der Studie war das bereits vorhandene empirische Wissen über diejenigen, die sich engagieren. Die Befunde legen das Lebenslagenkonzept als Theoriegrundlage nahe. Denn zum einen korrelieren die Lebenslagedimensionen Einkommen und Bildung sowie beruflicher Status eng mit dem Engagement im mittleren Erwachsenenalter und in der nachberuflichen Lebensphase. Zum anderen unterscheidet das Konzept zwischen objektivierbaren Handlungsspielräumen und ihrer subjektiven Wahrnehmung und ist deshalb ein geeigneter Analyserahmen für die Frage, warum bei gleichen individuellen und infrastrukturellen Voraussetzungen für zivilgesellschaftliches Handeln im Ruhestand manche Menschen in dieser Form tätig werden, während andere passiv bleiben.

---

2   Für eine detaillierte Darstellung dieser Untersuchung siehe Aner (2005).

Um Modi der Vermittlung auf der Mikroebene aufzuspüren, bedarf der Ansatz allerdings der Integration weiterer Konzepte. Mit diesem Ziel wäre durchaus ein ethnografischer Zugang denkbar gewesen, forschungspraktisch war er jedoch nicht zu realisieren. Auch der grundsätzlich ertragreiche biografische Zugang stößt bei dieser Fragestellung an seine Grenzen. Denn wo und wie spüre ich diejenigen auf, für die Engagement für eine Gemeinschaft eben kein biografisches Thema ist? Wie erkläre ich, dass es für andere möglicherweise zwar durchaus ein biografisches Thema ist, sie sich aber dennoch, trotz ihrer Kompetenzen, vorhandener Zeit und Gelegenheiten allenfalls »projektorientiert« engagieren (wollen) und sich mithin wiederholt auch gegen solche Tätigkeiten entscheiden. Anders formuliert: Was vermittelt zwischen objektivierbaren Lebenslagen und ihrer subjektiv handelnden Wahrnehmung im Interesse der Zivilgesellschaft?

Geht man davon aus, dass biografische Themen mit individuellen Werthaltungen in Verbindung stehen, kann man annehmen,»dass auch die Frage nach Mitwirkungschancen und -bereitschaften ihre Antwort in Eigenschaften von und Zugehörigkeiten zu sozialen Milieus und Lebensstilen findet« (Hradil 1996, S. 289). Insofern wundert es nicht, dass Milieu- und Lebensstilansätze als Theoriegrundlage zahlreicher einschlägiger Untersuchungen fungieren. Allerdings beschreibt der Milieuansatz eher die Werte der Menschen, als deren Zustandekommen im Einzelnen zu erklären. Milieuforschung ist zudem nur »latent handlungsorientiert« (Hradil 1992, S. 11). Stärker bestimmt von der aktuellen Lebenssituation und der persönlichen Entscheidung der Einzelnen sind Lebensstile (vgl. Hradil 2001, S. 438). Versucht man allerdings die Unschärfe dieses soziokulturellen Ansatzes (vgl. Bertram 1992; Tokarski 1993) durch einen stärkeren Kontextbezug zu minimieren, besteht die Gefahr, forschungsmethodische Artefakte zu erzeugen, weil Aktivität und Engagement schon als Teile von Lebensstilen definiert werden.[3] Handlungsorientiert und zugleich auf objektivierbare Lebenslagedimensionen bezogen ist das Konzept des Habitus (vgl. Bourdieu 1982). Der empirische Blick auf habituelle Denk- und Bewertungsmuster erlaubt es grundsätzlich, zivilgesellschaftliche Orientierungen und Handlungen zu erklären. Warum sich jedoch Menschen mit gleichen Zugangschancen zu ökonomischem, kulturellem und sozialem Kapital in konkreten Situationen für oder gegen zivilgesellschaftliches Engagement entscheiden, bedarf einer Klärung über den Habitus hinaus, die in Anlehnung an Rational-Choice-Theorien versucht werden kann. Zur Erklärung sozialer Phänomene taugt deren theoretischer Kern wiederum nur, wenn ihm weitere Annahmen und nicht zuletzt weitere empirische Informationen zur Seite ge-

---

3   So unterscheiden beispielsweise Schneider/Spellerberg (1999) – neben anderen Lebensstilen – »Hochkulturell sozial Engagierte« und »Arbeits- und erlebnisorientierte, vielseitig Aktive«.

stellt werden (vgl. Esser 1989, S. 69). Diese »Brückenannahmen« gilt es systematisch begründet zu erlangen (vgl. Kelle/Lüdemann 1995).

1.2 Methode

Für die hier vorgestellte Studie wurde zu diesem Zweck auf das forschungsmethodische Konstrukt der »übersituativen Handlungslogiken« (Witzel/Kühn 2000) zur Auswertung problemzentrierter Interviews zurückgegriffen. Interviewpartner, die stellvertretend für die so genannten »Neuen Alten« stehen konnten, waren Volkswagen-Mitarbeiter, die im Alter von 59 Jahren nach einem langen kontinuierlichen Arbeitsleben finanziell gut abgesichert in den vorzeitigen Ruhestand gingen. In das Sample wurden sowohl Engagierte als auch Nichtengagierte einbezogen. Eine zweite Besonderheit der qualitativen Engagementstudie besteht darin, dass alle Befragten dem Geburtsjahrgang 1942 angehören. Somit wies ihre Lebenslage im ersten Lebensabschnitt eine Ähnlichkeit auf: Kindheit und schulische Bildung wurden von der Nachkriegszeit geprägt. Die berufliche Karriere begann mit einer Berufsausbildung und gestaltete sich erst ab dem Zeitpunkt der Aufnahme ihrer langjährigen Tätigkeit bei VW sehr differenziert. Ausgehend von der Annahme, dass Prozesse der beruflichen Sozialisation sich in der Gestaltung der nachberuflichen Lebensphase niederschlagen, wurden im Sample alle Hierarchieebenen – vom Bandarbeiter bis zur Führungskraft, also ganz unterschiedliche Berufskarrieren – berücksichtigt. Als dritte Besonderheit wurde die Studie als qualitatives Panel konzipiert, bei dem die Untersuchungsteilnehmer am Übergang in den Ruhestand über einen Zeitraum von cirka dreieinhalb Jahren je drei Mal interviewt wurden.[4]

Mit dem Ziel der Annäherung an die kontextabhängige individuelle Deutung von Lebenslagen wurden die Interviews in Anlehnung an das von

---

4   Im Rahmen einer Vorstudie wurden 60 VW-Altersteilzeitler telefonisch anhand eines halboffenen Fragebogens interviewt. Diese Form der Telefonbefragung ermöglichte eine über eine deskriptive Statistik hinausgehende »Rekonstruktion des Handlungsfelds« (Fischer/Kohli 1987). Aus dieser Stichprobe wurden zunächst zwölf Interviewpartner ausgewählt. Mit acht Interviewpartnern konnten alle drei Interviewzeitpunkte – ausgerichtet am so genannten Blockmodell des VW-Altersteilzeitvertrags – realisiert werden: Ein Zeitpunkt vor dem Ausscheiden aus dem täglichen Arbeitsprozess, einer, zu dem die Beschäftigten zwar ausgeschieden, allerdings noch Werksangehörige sind, und ein weiterer cirka ein Jahr nach der Verrentung. Sie bildeten das endgültige Sample. Alle Interviewten sind männlichen Geschlechts. Dass es sich bei den Interviewten um eine Gruppe handelt, welche in einigen Merkmalen homogen ist, die durchaus als relevant für die Herausbildung zivilgesellschaftlicher Orientierungen gelten müssen (Geschlechtszugehörigkeit, Kohorte, Alter, Familienstand, Wohnen), reduzierte den Erkenntnisgewinn, ermöglichte andererseits aber die Konzentration auf ausgewählte Zusammenhänge (vgl. Hopf 1996). Zugleich konnte die so bestimmte Gruppe als Referenzfolie für andere dienen, indem ein erweiterter Begriff von Repräsentativität zugrunde gelegt wurde (vgl. Roose 2000, S. 53).

Andreas Witzel und Thomas Kühn (vgl. 2000) vorgeschlagene Vorgehen mit Hilfe eines axialen Kodierschemas interpretiert. Um den Sinn jeder einzelnen Handlung aus der Perspektive der Handelnden zu erfassen, wurden bei der Interviewauswertung zunächst alle erzählten Handlungen als Realisierungen erfasst und im Anschluss daran jeder Handlung die auf sie gerichteten Erwartungen und die aus ihr abgeleiteten Bilanzierungen zugeordnet. Dabei wurden Aspirationen und Bilanzierungen im Kontext der parallel dazu rekonstruierten zentralen biografischen Themen der Interviewten bestimmt. Die Schemata von Aspiration, Realisierung und Bilanzierung wurden als Situationslogiken bezeichnet. Jeder Fall wurde daraufhin geprüft, ob sich Situationslogiken wiederholten. War dies der Fall, wurden diese als intraindividuelle übersituative Handlungslogiken bezeichnet. Dabei wurden vorberufliche Lebensphase, Erwerbsleben sowie außer- und nachberufliches Leben der Untersuchungsteilnehmer als Handlungskontexte definiert und zunächst getrennt analysiert. Auf diese Weise konnte herausgearbeitet werden, wie Handlungsmuster im Lebensverlauf kontextabhängig etabliert und (re)aktiviert werden. Für jeden Fall wurde zudem ein Zeitvergleich vorgenommen, um gegebenenfalls Veränderungen in den Handlungsmustern am Übergang in den Ruhestand zu erfassen. Aus der Rekonstruktion der übersituativen Handlungslogiken, der Auslegung der zahlreichen Handlungssituationen unter Berücksichtigung der wesentlichen unbewussten Relevanzsetzungen der Erzähler entstanden im Verlauf der vierjährigen Forschung sukzessive Fallstudien, die für die Rekonstruktion von Wechselbeziehungen zwischen objektivierbaren Lebenslagen und subjektiver Wahrnehmung derselben zu nutzen waren. Im abschließenden Fallvergleich wurde nach interindividuellen übersituativen Handlungslogiken gesucht. Hier ging es darum herauszufinden, ob sich ähnliche Umgangsweisen mit Kontexterfahrungen zu übersituativen Logiken gruppieren ließen. Indem solche kollektiven Handlungslogiken beschrieben wurden, war es möglich, die individuelle Ebene zu verlassen und die Relevanz dieser Handlungsmuster für zivilgesellschaftliches Handeln zu diskutieren.

1.3 Ertrag

Die Auswertung der problemzentrierten Interviews zu drei Zeitpunkten des Übergangs in den Ruhestand ergab sechs interpersonelle übersituative Handlungslogiken, die – um den Rahmen des Beitrags nicht zu sprengen und in der Hoffnung, dass die Bezeichnungen für sich sprechen – hier nicht näher erläutert werden:

- Resignation unter Abgabe der Verantwortung;
- Individueller Ausweg und positive Deutung;
- Fremd initiierte Verwirklichung eigener Ansprüche;

- Aktive Verwirklichung eigener Ansprüche;
- Aktiver Einsatz für eigene und gemeinschaftliche Interessen;
- Rückzug aus Enttäuschung.

Die divergierenden zeitlichen Verläufe der Etablierung und Aktivierung übersituativer Handlungslogiken bei den Untersuchungsteilnehmern machen deutlich, dass dies nicht ausschließlich als Prozess der Persönlichkeitsentwicklung zu erklären ist. Vielmehr dienen die etablierten Handlungsmuster den Akteuren kontextübergreifend als eine Art Werkzeug-Set zur situativen Bearbeitung subjektiv wahrgenommener Lebenslagen, also auch von Gelegenheitsstrukturen zivilgesellschaftlichen Engagements. Gezeigt werden konnte, dass sich Entstehung oder Verhinderung zivilgesellschaftlichen Handelns nicht durch eine einzelne Handlungslogik – etwa die des »aktiven Einsatzes für eigene und gemeinschaftliche Interessen« – erklären lässt. Ein komplexes Zusammenspiel zwischen Kontextbedingungen, zentralen biografischen Themen, etablierten und möglichen Handlungsmustern entscheidet letztlich darüber, ob eine Person sich überhaupt, wann und wie im Interesse einer Gemeinschaft engagiert. Die Auseinandersetzung mit anderen als zivilgesellschaftlichen Lebensbereichen hat einen großen Einfluss auf die Etablierung förderlicher und/oder hinderlicher Handlungsmuster, wobei besonders die Handlungsrationalitäten im Erwerbskontext das Handeln im Interesse einer Gemeinschaft begrenzen. Dadurch kommt der vorberuflichen Etablierung gemeinschaftsbezogener Orientierungen eine nicht zu unterschätzende Bedeutung zu. Alle Interviews zeigen, dass stabiles und nachhaltiges zivilgesellschaftliches Handeln abhängig von den zur Verfügung stehenden Handlungsmustern, also nicht kurzfristig und allein in der Sphäre der Zivilgesellschaft herstellbar ist.

Mit Hilfe der lebensgeschichtlich entstandenen Handlungsmuster, die zwischen materiellen Dimensionen der Lebenslage und zivilgesellschaftlichem Handeln vermitteln, lassen sich statistisch hergestellte Zusammenhänge erklären. Bisherige Annahmen der Engagementforschung – zur Sinnsuche in der nachberuflichen Lebensphase, zu Motiven und Barrieren für zivilgesellschaftliches Handeln, zu Formen der Anerkennung solcher Tätigkeiten und vor allem zum Engagementpotenzial und dessen Entwicklung in der Zukunft – erscheinen zum Teil in einem neuen Licht. Dies gilt auch für manches prominente Argument des aktuellen sozialpolitischen Diskurses über erfolgversprechende Strategien der Engagementförderung. An dieser Stelle muss auf diese Diskussion verzichtet werden – zugunsten der Frage nach den Vor- und Nachteilen der speziellen Erweiterung des »klassischen« qualitativen Methodenrepertoires im Rahmen der skizzierten Studie.

1.4 Methodenreflexion

Als Referenzpunkte einer Reflexion des empirischen Vorgehens sollen die oben angestellten Vorüberlegungen dienen. Mithin ist zu diskutieren, ob Modi der Vermittlung zwischen objektivierbaren Lebenslagen und individuellem zivilgesellschaftlichem Handeln aufgespürt werden konnten – und dies tatsächlich aus der Perspektive der so genannten »Neuen Alten«.[5]

Die derzeitigen Ruheständler bilden eine spezifische soziale Einheit, deren vorherrschende Deutungsmuster bisher ebenso wenig hinreichend untersucht sein können und sind wie deren langfristige Auswirkungen auf die Gestaltung des Ruhestands, denn sie gehören zu den ersten, bei denen eine bereits länger andauernde biografische Orientierung auf einen gesunden und finanziell gut abgesicherten jahrelangen Ruhestand möglich war.[6] War ein hypothesengenerierendes Vorgehen schon deshalb geboten, kommt hinzu, dass der Engagementdiskurs nicht unwesentlich von normativen Vorgaben geprägt ist – etwa im Sinne,»dass (…) leistungsfähige Alte ihr Erfahrungswissen weitergeben und nützlich sein müssen« (Karl 1993, S. 269).[7] Lebenslaufbezogene qualitative Forschung ist weit weniger als an Variablen orientierte Forschung gefährdet, solche Normierungen zu bedienen. Dem diente auch die Quotenauswahl der Fälle, bei der gezielt nach solchen Personen gesucht wurde, die die positive Korrelation von Bildungstand und Engagement nicht bestätigen. Dieses Vorgehen ermöglichte einerseits eine »optimale Platzierung« (Kelle/Erzberger 1999, S. 518) zur facettenreichen Darstellung des Feldes. Zum anderen trugen diese »Nichtfälle« dazu bei, die Ursachen dafür zu analysieren, »dass bestimmte Handlungsoptionen, die zumindest denkbar und aus der Sicht bestimmter theoretischer Überlegungen auch erwartbar gewesen wären, nicht in das Handlungskalkül einbezogen wurden« (Roose 2000, S. 62). Auf diese Weise ließ sich auch unterlassenes oder beendetes zivilgesellschaftliches Handeln erklären.

Die »interpretative Leistung des Individuums zur Konstruktion von Biografie« (Voges 1983, S. 31) konnte angemessen berücksichtigt und die

---

5 Dass die qualitativen Daten valide und ihre Interpretationen plausibel sind, wurde in der Gegenüberstellung mit psychologischen (vgl. Thomae 1968; Moschner 1994) und sozialisationstheoretisch (vgl. Brock 1990; Hoff/Lempert 1990; Corsten 1998) angelegten Studien geprüft. Die Reichweite der Daten konnte anhand der quantitativen Vorstudie (vgl. Fußnote 4) und des Vergleichs dieser Daten mit ausgewählten regionalen und nationalen Daten konkretisiert werden.

6 Bisherige Studien dazu sind überwiegend psychogerontologisch fundiert und erhoben das subjektive Wohlbefinden bei der Bewältigung der Statuspassage in den Ruhestand durch Indikatoren.

7 Zugleich galt es, einer »Ideologieanfälligkeit der lebensgeschichtlichen Perspektive bei der Vernachlässigung sozialstruktureller Dimensionen in den theoretischen Ansätzen« (Voges 1983, S. 10) vorzubeugen. Indem in die Konstruktion übersituativer Handlungslogiken objektivierbare Handlungsbedingungen und sichtbare Resultate einbezogen wurden, konnte auch diese Gefahr minimiert werden.

individuell zustande gekommene konkrete Lebenslage in ihrer Handlungs-
wirksamkeit erklärt werden, weil das Kodierschema zur Interviewauswertung über die Aspirationen und Bilanzierungen die Wirkungen vergangener
Erfahrungen auf aktuelle Situationsdeutungen und Handlungen ebenso wie
die Erwartungen und Lebensperspektiven der Menschen erfasste. Durch die
analytische Trennung der Lebensphasen und -kontexte ließ sich zudem die
Bedeutung der vorberuflichen Lebensphase für die Etablierung übersituativer Handlungslogiken herausarbeiten und es wurde deutlich, wie sowohl
die Auseinandersetzung mit Bildung und Beruf als auch mit den Institutionen der Zivilgesellschaft zur Etablierung und Aktivierung verschiedener
Handlungsmuster beitragen. Ein zusätzlicher Ertrag dieser analytischen
Trennung in Lebensphasen und -kontexte besteht in der Darstellung der le-
bensphasenübergreifenden Wirksamkeit von individuellen übersituativen
Handlungsmustern.

Wenngleich die übersituativen intra- und interindividuellen Handlungslogiken als »beobachterabhängige Konstruktionen« (Zinn 2001, Abs. 46)
bezeichnet werden müssen, boten sie neben einer forschungsmethodisch
sinnvollen Annäherung an die Muster menschlichen Handelns den Vorteil
einer Sichtweise, welche die Untersuchungsteilnehmer als Handelnde im
Wortsinn wahrnimmt: Den Untersuchungsteilnehmern wird die Definiti-
onsmacht über den Sinn ihrer Handlungen zugestanden, der als untrennbar
vom Handlungsresultat angesehen wird. Ihre persönlichen Aspirationen und
Bilanzierungen zählen, nicht nur das Handlungsresultat. Nicht zuletzt trug
die Anlage der Studie als qualitatives Panel zur systematischen Gewinnung
von Brückenannahmen bei, weil bei der Interviewauswertung die Konsis-
tenz der Erinnerungen geprüft und durch Ausschluss inkonsistenter Kognitionen die Validität der retrospektiven Daten erhöht wurden. Wegen der
langen Lebensspannen der Untersuchungsteilnehmer konnte dabei auf eine
Vielzahl von Handlungszeitpunkten zurückgegriffen werden. Der notwendige Anschluss an die Strukturphänomene auf der Makroebene schließlich
konnte mit dem analytischen Rückgriff auf Handlungen – und nicht nur auf
Identitäten, Wünsche, Orientierungsmuster oder Lebensentwürfe – und damit auf beobachtbare Resultate (vgl. Zinn 2001, Abs. 46) sowie durch die
Kombination der qualitativen Daten mit den quantitativ erfassten formalen
Handlungsbedingungen (vgl. Fußnote 5) gewährleistet werden.

Die empirische Vorgehensweise brachte gleichwohl Einschränkungen
des möglichen Erkenntnisgewinns mit sich. So kann mit dem Konstrukt der
übersituativen Handlungslogiken die Unterlassung einer auch situativ nicht
geforderten Handlung nur lückenhaft erfasst werden. Zudem wäre ein längerer Untersuchungszeitraum wünschenswert gewesen, um gegebenenfalls
langfristige Veränderungen von Handlungsmustern am Übergang in den
Ruhestand zu erfassen. Andererseits werden gerade an Statuspassagen Erfahrungen reflektiert und Entscheidungen für die weitere Biografiegestal-

tung getroffen. Wenn in der vorliegenden Studie angesichts der »experimentellen Variation spezifischer Lebensereignisse zwischen den Interviewzeitpunkten« (Künemund 1990, S. 279), wie sie der letzte Arbeitstag und der erste Rentenbezug zweifelsfrei darstellen, dennoch keine Veränderungen erkennbar waren, können sie allerdings zumindest als sehr unwahrscheinlich gelten. Eine sinnvolle Ergänzung wären teilnehmende Beobachtungen und/oder Interviews mit Interaktionspartnern der Interviewten sowohl im beruflichen als auch im zivilgesellschaftlichen Kontext gewesen. Aus den Fallstudien und dem Fallvergleich ergaben sich zudem eine Reihe angrenzender Fragen, die im Rahmen dieses Forschungsprojekts offen bleiben mussten. Von großem Interesse wären ein Geschlechtervergleich, mehrgenerationale Tradierungen zivilgesellschaftlichen Handelns und auch die Bedeutung von Partnerschaft und Familie für das Engagement im Lebenslauf, die nicht systematisch in den Blick kam. Angesichts zahlreicher Erzählungen der Interviewten über sich wandelnde Arbeitsbedingungen stünde ein Kohortenvergleich an, um die Wechselwirkungen dieses Wandels mit interindividuellen Handlungsmustern zu klären. Nicht zuletzt wären internationale Vergleiche der Wechselbeziehung zwischen beruflicher Sozialisation und zivilgesellschaftlichen Ressourcen sinnvoll.

2. Fazit

Das eher unkonventionelle empirische Herangehen an die Forschungsfrage nach der biografischen Entstehung oder Verhinderung zivilgesellschaftlichen Engagements erwies sich gleichwohl als ebenso gegenstandsangemessen wie ertragreich im Sinne einer sozialpädagogischen Forschung, die »möglicherweise auch von anderen Disziplinen zu beobachtende Fragestellungen (…) um einen der Sozialpädagogik eigenen, typischen ‚sozialpädagogischen Blick' anreichert« (Thole 2003, S. 49). Die Befunde legen die Argumentation nahe, dass die Vision einer breiteren Einbeziehung der Bürger in die Herstellung des Sozialen auch im Kontext professioneller Sozialer Arbeit einer kritischen Überprüfung ihrer Voraussetzungen bedarf – und dies gerade aus Sicht der potenziell Engagierten. Ist dabei ohnehin zu berücksichtigen, welche Bedingungen anderer Lebensbereiche, insbesondere des Erwerbslebens mit der biografischen Entstehung zivilgesellschaftlicher Deutungs- und Handlungsmuster interferieren, so müssen sich Professionelle im Zusammenwirken mit Ehrenamtlichen darauf einstellen, dass diese insbesondere aus ihrem Erwerbsleben nicht nur Kompetenzen, sondern auch zivilgesellschaftlich dysfunktionale Handlungsmuster »mitbringen«. Zugleich ist auch und gerade bei denjenigen, die sich im Lauf ihres Lebens die notwendigen materiellen wie immateriellen Handlungsspielräume an-

eignen können, mit dem Eigensinn individuellen Engagements zu rechnen.
Gerade diese Widerständigkeit, die sehr deutlich macht, welche professionellen Ressourcen die Gewinnung und Begleitung von Engagierten benö-
tigt, konnte durch die biografisch-handlungslogische Perspektive herausgearbeitet werden.[8]

Literatur

Aner, K. (2005): »Ich will, dass etwas geschieht«. Wie zivilgesellschaftliches
    Engagement entsteht – oder auch nicht. Berlin.
Aner, K. (2006): Wunsch und Wirklichkeit. Zivilgesellschaftliches Engagement
    zwischen sozialpolitischen Erwartungen und individuellem Handeln. In:
    Neue Praxis, 2006, Heft 1, S. 53-68.
Backes, G. (1987): Frauen und Soziales Ehrenamt. Zur Vergesellschaftung
    weiblicher Selbsthilfe. Augsburg.
Bertram, H. (1992): Regionale Disparitäten, soziale Lage und Lebensführung.
    In: Hradil, St. (Hrsg.) (1992): Zwischen Sein und Bewusstsein. Opladen,
    S. 123-150.
Bourdieu, P. (1982): Die feinen Unterschiede. Frankfurt a. Main.
Brock, D. (1990): Wie verknüpfen Männer Arbeitsorientierungen mit privaten
    Lebensinteressen? In: Hoff, E.-H. (Hrsg.) (1990): Die doppelte Sozialisation
    Erwachsener. München, S. 97-124.
Corsten, M. (1998): Die Kultivierung beruflicher Handlungsstile. Einbettung,
    Nutzung und Gestaltung von Berufskompetenzen. Frankfurt a. Main.
Enquete-Kommission »Zukunft des bürgerschaftlichen Engagements« (2002):
    Bericht. Bürgerschaftliches Engagement: auf dem Weg in eine zukunftsfähi-
    ge Bürgergesellschaft. Bundestagsdrucksache 14/8900. Opladen.
Esser, H. (1989): Verfällt die soziologische Methode? In: Soziale Welt, 1989,
    Heft 1/2, S. 57-75.
Fischer, W./Kohli, M. (1987): Biografieforschung. In: Voges, W. (Hrsg.) (1987):
    Methoden der Biografie- und Lebenslaufforschung. Opladen, S. 25-50.
Hoff, E.-H./Lempert, W. (1990): Kontroll- und Moralbewusstsein im berufli-
    chen und privaten Lebensstrang von Facharbeitern. In: Hoff, E.-H. (Hrsg.)
    (1990): Die doppelte Sozialisation Erwachsener. München, S. 125-154.
Hopf, Ch. (1996): Hypothesenprüfung und qualitative Sozialforschung. In:
    Strobl, R./Böttger, A. (Hrsg.) (1996): Wahre Geschichten? Zur Theorie und
    Praxis qualitativer Interviews. Baden-Baden, S. 9-22.
Hradil, St. (1992): Alte Begriffe und neue Strukturen. Die Milieu- und Lebens-
    stilforschung der 80er-Jahre. In: Hradil, St. (Hrsg.) (1992): Zwischen Sein
    und Bewusstsein. Opladen, S. 15-56.
Hradil, St. (1996): Eine Gesellschaft der Egoisten? Gesellschaftliche Zukunfts-
    probleme, moderne Lebensweisen und soziales Mitwirken. In: Gegenwarts-
    kunde, 1996, Heft 2, S. 267-296.
Hradil, St. (2001): Soziale Ungleichheiten in Deutschland. Opladen.

---

8   Zu den Schlussfolgerungen für die Soziale Arbeit vgl. Aner (2006).

Jacob, G. (1993): Zwischen Dienst und Selbstbezug. Opladen.

Karl, F. (1993): Strukturwandel des Alters und Handlungspotentiale. In: Naegele, G./Tews, H.-P. (Hrsg.) (1993): Lebenslagen im Strukturwandel des Alters. Opladen, S. 259-272.

Kelle, U./Erzberger, Ch. (1999): Integration qualitativer und quantitativer Methoden. Methodologische Modelle und ihre Bedeutung für die Forschungspraxis. In: Kölner Zeitschrift für Soziologie und Sozialpsychologie, 51. Jg. (1999), Heft 3, S. 509-531.

Kelle, U./Lüdemann, Ch. (1995): Rational Choice und das Problem der Brückenannahmen. In: Kölner Zeitschrift für Soziologie und Sozialpsychologie, 47. Jg. (1995), Heft 2, S. 249-267.

Klein, A. u. a. (Hrsg.) (2004): Zivilgesellschaft und Sozialkapital. Herausforderungen politischer und sozialer Integration. Wiesbaden.

Kohli, M. u. a. (1993): Engagement im Ruhestand. Rentner zwischen Erwerb, Ehrenamt und Hobby. Opladen.

Künemund, H. (1990):»Wie war das doch gleich ...« Zur Problematik retrospektiver Befragungen. Unveröffentlichte Diplomarbeit an der Freien Universität Berlin. Berlin.

Moschner, B. (1994): Engagement und Engagementbereitschaft. Differenzialpsychologische Korrelate ehrenamtlichen Engagements. Regensburg.

Nadai, E. u. a. (2005): Fürsorgliche Verstrickung. Soziale Arbeit zwischen Profession und Freiwilligenarbeit. Wiesbaden.

Roose, J. (2000): Fälle, die nicht der Fall sind – ein Plädoyer für Fallstudien zu ausgebliebenen Ereignissen. In: Clemens, W./Strübing, J. (Hrsg.) (2000): Empirische Sozialforschung und gesellschaftliche Praxis. Opladen, S. 47-66.

Schneider, N./Spellerberg, A. (1999): Lebensstile, Wohnbedürfnisse und räumliche Mobilität. Opladen.

Schumacher, U. (2003): Lohn und Sinn. Individuelle Kombinationen von Erwerbsarbeit und freiwilligem Engagement. Opladen.

Thole, W. (2003): Wir lassen uns unsere Weltsicht nicht verwirren. In: Schweppe, C. (Hrsg.) (2003): Qualitative Forschung in der Sozialpädagogik. Opladen, S. 43-65.

Thomae, H. (1968): Das Individuum und seine Welt. Eine Persönlichkeitstheorie. Göttingen.

Tokarski, W. (1993): Lebensstile: Ein brauchbarer Ansatz für die Analyse des Altersstrukturwandels? In: Naegele, G./Tews, H.-P. (Hrsg.) (1993): Lebenslagen im Strukturwandel des Alters. Opladen, S. 116-134.

Voges, W. (1983): Alter und Lebenslauf. Ein systematisierender Überblick über Grundpositionen und Perspektiven. In: Voges, W. (Hrsg.) (1983): Alter und Lebenslauf, München, S. 7-33.

Witzel, A./Kühn, Th. (2000): Orientierungs- und Handlungsmuster beim Übergang in das Erwerbsleben. In: Zeitschrift für Soziologie der Erziehung und Sozialisation, 2000, 3. Beiheft, S. 9-29.

Vogt, L. (2005): Das Kapital der Bürge. Theorie und Praxiszivilgesellschaftlichen Engagements. Frankfurt a. Main.

Zinn, J. ([November] 2001): Konzeptionelle Überlegungen und eine empirische Strategie zur Erforschung von Individualisierungsprozessen. In: Forum Qualitative Sozialforschung (Online Journal), 3(1), (156 Absätze), http://www. qualtative-research. net/fqs.htm, Zugriff am 10.04.2002.

AdressatInnen im Blick

der Forschung

Holger Schoneville

»Ins Café kann halt jeder kommen der Lust hat«

Kinder- und Jugendarbeit aus der Sicht ihrer AdressatInnen[1]

In den vorliegenden Publikationen, die in die Kinder- und Jugendarbeit einführen und sich der Aufgabe stellen, diese theoretisch zu vermessen, wird Kindheit wie Jugend ausführlich bedacht (vgl. beispielhaft Deinet/Sturzenhecker 2005; Thole 2000). Dabei nehmen die AutorInnen Erkenntnisse der großen, gängigen Jugendstudien ebenso zur Kenntnis wie kleinere Forschungsarbeiten im Bereich der Jugendkultur- bzw. Jugendszenenforschung und buchstabieren deren Bedeutung für die Kinder- und Jugendarbeit aus. Implizit wird dabei davon ausgegangen, dass das Wissen, welches über das Studium dieser Erkenntnisse erworben wird, Wissen über die AdressatInnen der Kinder- und Jugendarbeit darstellt.

Auffällig ist jedoch, dass kaum Forschungsergebnisse vorliegen, die Kindheit und Jugend in Institutionen der außerschulischen Bildung in den Blick nehmen. So formuliert Werner Thole (2004, S. 262) mit Blick auf die zur Kinder- und Jugendarbeit vorliegenden Forschungsergebnisse pointiert:

> »Ein ausgefeiltes Nicht-Wissen über die Realität der Kinder- und Jugendarbeit unterhöhlt in der Regel das hierzu vermeintlich vorliegende Wissen und evoziert fast täglich die Frage aufs neue, auf welche empirischen Befunde können wir uns überhaupt stützen, wenn dieses sozialpädagogische Handlungsfeld in fachlichen und öffentlichen Diskursen zum Thema wird«.

---

1 Dieser Beitrag beruht auf einer empirischen Studie, die als Diplomarbeit am Fachbereich Sozialwesen der Universität Kassel eingereicht wurde. Sie erfolgte in enger Verknüpfung mit dem an der Universität Kassel und der Universität Hildesheim angesiedelten und unter der Leitung von Prof. Dr. Burkhard Müller und Prof. Dr. Werner Thole durchgeführten Forschungsprojekt »Konstitutionsbedingungen und Dynamiken (Performanz) sozialpädagogischen Handelns in der Kinder- und Jugendarbeit«. Für Ratschläge und der Erweiterung mancher These möchte ich Peter Cloos sowie Nicole Burkhardt, die immer für kritische Hinweise zur Verfügung stand, herzlich danken.

In Bezug auf die Erkenntnisse, welche die Kindheits- und Jugendforschung
darlegt, formulieren Burkhard Müller und Werner Thole (2004) hierzu er-
gänzend:

> »Nur selten gibt beispielsweise die Kindheits- und Jugendforschung Aus-
> kunft, welchen Stellenwert die Einrichtungen und Mitarbeiter/innen der
> Kinder- und Jugendarbeit für Kinder und Jugendliche tatsächlich haben.
> Zwar ermittelte beispielsweise die vorletzte Shell-Studie, wie viele Jugend-
> liche angeben, freiwillige Mitglieder einer Organisation zu sein – über
> 40 %, vor allem in Sportvereinen – und sie nennt dabei unter anderen auch
> Organisationen, die herkömmlich dem Spektrum der ‚Freien Träger' der
> Kinder- und Jugendhilfe zugeordnet werden – ‚kirchliche Jugendgruppen',
> ‚freiwillige Hilfsorganisationen' oder ‚Jugendverband (z. B. Pfadfinder)'.
> Aber über die Nutzung von Einrichtungen und Inanspruchnahme von Mit-
> arbeiter/innen der Kinder- und Jugendarbeit durch die Heranwachsenden er-
> fährt man hier, wie auch in den meisten qualitativen Kindheits- und Jugend-
> studien, kaum etwas« (Müller/Thole 2004, S. 369).

Allgemein ist zu konstatieren, dass Forschungsansätze, die Kinder- und Jugendliche im Kontext der sozialpädagogischen Forschung innerhalb einer
Fragestellung in den Blick nehmen, die nicht genuin auf dieses Feld zuge-
schnitten ist, nur wenig Aufschluss über die außerschulische Bildungsinsti-
tution geben. Dazu gehören vor allem Ansätze, die sich aus einer anderen
disziplinären Perspektive speisen – beispielsweise der Psychologie, der Soziologie oder der Medizin. Davon zu unterscheiden sind Forschungsansätze,
die explizit die Kinder- und Jugendarbeit in den Blick nehmen und als Ju-
gendarbeitsforschung bezeichnet werden können. Diese Forschungsansätze
sind bislang jedoch nicht hinreichend entwickelt (vgl. Thole 2004).

Die wenigen, häufig älteren Arbeiten, die detaillierte Erkenntnisse über
die tatsächlichen AdressatInnen der Kinder- und Jugendarbeit bereithalten,
weisen jedoch Ergebnisse vor, die für eine empirische Absicherung der theoretischen Bemühungen um die Kinder- und Jugendarbeit nicht nur viel
versprechend, sondern auch dringend erforderlich sind. Zu diesen Arbeiten
gehört beispielsweise die von Gerhold Strack (vgl. 1987) vorgelegte Studie,
in der – mit dem Focus auf die Lebenswelten von Arbeiterjugendlichen im
Ruhrgebiet der 1980er Jahre – »das Jugendhaus im Leben seiner Besucher«
dargestellt wird. Das zentrale Interesse der Arbeit ist es aufzuzeigen, welchen Platz die Institution Jugendhaus im Alltag der Jugendlichen hat und
welche Bedeutung sie in der biografischen Werdung einnimmt.

Über diese Studie hinaus gibt auch die in ethnopsychoanalytischer Tradition stehende Arbeit von Achim Schröder (vgl. 1991) Aufschluss über
Kinder und Jugendliche innerhalb der Angebote der Kinder- und Jugendarbeit. Er betrachtet unter dem Titel »Jugendgruppe und Kulturwandel«
14 Jugendgruppen in unterschiedlichen Kontexten der Kinder- und Jugendarbeit. Sein vornehmliches Interesse ist dabei insbesondere, Erkenntnisse

für die Gruppenarbeit von Jugendlichen zu erlangen. In den fünf ausgewählten Portraits der Jugendgruppen erhält man jedoch auch Aufschluss
darüber, welche Bedeutung die pädagogisch initiierten, angeleiteten und/
oder betreuten Jugendgruppen für die Jugendlichen haben und wie sich für
die Jugendlichen der Alltag innerhalb der Jugendgruppen und damit innerhalb der Institution Jugendarbeit darstellt.

Im Bereich der Kindheits- und Jugendforschung ist die unter dem Titel
»Familie – Szene – Jugendhaus« (vgl. Thole 1991) veröffentlichte Studie
zu verorten, in der eine männliche Jugendclique eines sozialen Brennpunk-
tes in den Blick genommen und dabei ein differenziertes Bild der Alltagspraxen dieser Jugendlichen gezeichnet wird.

Eine besonders umfangreiche Studie legte Peter Spengler (vgl. 1994) vor.
unter dem Titel »Jugendfreizeit zwischen Kommerz und Pädagogik« vor.
Neben einer ausführlichen historischen Analyse der Freizeitmöglichkeiten
in einer Kleinstadt nimmt er auch eine Gegenwartsbetrachtung vor und will
damit »das Verhältnis kommerzieller und pädagogisch initiierter Freizeit-
angebote sowohl in ihrer historischen Entwicklung vergleichend beschreiben als auch ihren aktuellen Stellenwert im Gesamtspektrum jugendlicher
Freizeitoptionen aufzeigen« (Spengler 1994, S. 172 f.). Für das hier ange-
sprochene Themenfeld ist insbesondere die angefertigte Gegenwartsanalyse
von besonderem Interesse. P. Sprengler verbindet diese mit dem Ziel

> »eine vollständige Bestandsaufnahme der öffentlich zugänglichen kleinstäd-
> tischen Freizeitgegenwart unter Berücksichtigung des jugendlichen Nut-
> zungsverhaltens« vorzunehmen und auf dieser Grundlage die Frage danach
> zu stellen, »wie von der Kleinstadtjugend kommerzielle und pädagogische
> Angebote im direkten Vergleich angenommen und bewertet werden«
> (Spengler 1994, S. 175).

Ein wenig anders gelagert als die hier genannten Studien ist die Dortmunder Jugendarbeitsstudie (vgl. Rauschenbach u. a. 2000). Im Kontext der
Studie wurde für die Stadt Dortmund eine quantitative Vermessung der
Kinder- und Jugendarbeit vorgenommen und in diesem Rahmen explizit
»der Blick auf die Teilnahme und die Einschätzung der Kinder- und Jugendarbeit durch die potentiellen und tatsächlichen AdressatInnen im Kontext ihres Freizeitverhaltens, ihrer Themen und Interessen« gerichtet (Züchner 2003, S. 39). Ein wesentlicher Befund dieser Studie überrascht: Fast alle der 1.700 befragten Kinder und Jugendlichen gaben an, an den Angeboten der Kinder- und Jugendarbeit teilzunehmen oder teilgenommen zu haben (88 Prozent). Zu den aktiven und kontinuierlichen NutzerInnen gehören
jedoch weitaus weniger (14 Prozent), so dass die Autoren folgern, dass der
Besuch von Angeboten der Kinder- und Jugendarbeit zumeist gelegentlich
erfolgt und eine »kontinuierliche/regelmäßige Teilnahme (…) nur bei einer
kleineren Gruppe« (Züchner 2003, S. 51) der Fall ist. Die Studie kommt in

Bezug auf die Zugänge zur Kinder- und Jugendarbeit außerdem zu dem Ergebnis, dass dieser sich vor allem über Freunde und Bekannte realisiert.
Diese bleiben auch für den Verbleib in der Einrichtung wichtig: »Gerade
wenn sich Freunde bzw. die Clique nicht an Angeboten beteiligen, ist dies
auch ein Grund, selbst andere Optionen in der Freizeitgestaltung zu wäh-
len« (Züchner 2003, S. 60). Dabei erwarten sie weniger eine »inhaltlich-
thematische Auseinandersetzung, sondern eher Spaß, Unterhaltung und
‚spannende Aktivitäten' sowie vor allem Treffmöglichkeiten. Einen deutli-
chen Unterstützungsbedarf sehen Jugendliche für die Suche nach Beruf und
Ausbildung« (Züchner 2003, S. 61). Insbesondere für ältere Jugendliche
gelte dabei, dass die »Gelegenheitsstruktur« der Jugendzentren interessant
ist. In Bezug auf die Angebotsnutzung arbeiten die Autoren heraus, dass
das »Unmittelbare« wichtig sei:

> »Neben der Gewöhnung an die institutionelle Rahmung überzeugen Ange-
> bote, die unmittelbar Spaß machen, in denen man direkt etwas erleben kann,
> uns insgesamt eher weniger die traditionelle Bindung an eine Idee oder ei-
> nen Verband/Einrichtung« (Züchner 2003, S. 61).

Die genannten Forschungsansätze geben insgesamt erste Aufschlüsse über
den hier angesprochenen Themenkomplex. Auch wenn von einer systematischen Bearbeitung dieses Feldes bislang keine Rede sein kann, wird deutlich, dass das daraus gewonnene Wissen für die Arbeit in den Einrichtungen
der Kinder- und Jugendarbeit »vor Ort« unabdingbar ist und sich darüber
hinaus eine theoretische Gegenstandsbestimmung der Kinder- und Jugendarbeit erst vor dem Hintergrund eines empirisch gesicherten Wissensfundus
vornehmen lässt. Hinsichtlich der AdressatInnen der Kinder- und Jugendarbeit ist nach den Lebenswelten der Kinder- und Jugendlichen zu fragen und
der Blick auf die Bedeutung der sozialpädagogischen Angebote innerhalb
der Lebenswelten der NutzerInnen zu richten.

Dieser Beitrag möchte einen Baustein für die Ausformulierung eines
solchen Wissensfundus präsentieren. Im Hinblick auf die NutzerInnen von
Angeboten der Kinder- und Jugendarbeit ist es nachfolgend das zentrale Interesse, »ihre Sicht auf die Dinge« in den Mittelpunkt der empirischen Betrachtung zu rücken. Dabei werden die Perspektiven der AdressatInnen auf
eine Einrichtung der Kinder- und Jugendarbeit, auf die dort tätigen Professionellen und auf die anderen Kinder und Jugendlichen rekonstruiert. Das
empirische Material, welches dabei zugrunde gelegt wird, besteht aus leitfadengestützten narrativen Interviews mit drei jugendlichen AdressatInnen
und wurde im Rahmen des an den Universitäten Kassel und Hildesheim angesiedelten DFG-Forschungsprojekts »Konstitutionsbedingungen und Dynamiken (Performanz) sozialpädagogischen Handelns in der Kinder- und
Jugendarbeit« erhoben. Innerhalb des Projektes wird die performative Herstellung der Kinder- und Jugendarbeit ethnografisch beleuchtet und nach

den Bedingungen gefragt, unter denen sich die Kinder- und Jugendarbeit als sozialpädagogischer Ort konstituiert (vgl. Müller/Thole 2003; Müller u. a. 2005; siehe auch den Beitrag von Peter Cloos und Stefan Köngeter in diesem Band). Die in diesem Beitrag in den Fokus gerückten Perspektiven werden als ein Teil des Vorhabens begriffen, welches in einer kaleidoskopischen Triangulation (vgl. Flick 2004) das Handlungsfeld mit Hilfe unterschiedlicher Erhebungsmethoden wie unter anderem Teilnehmenden Beobachtungen und ethnografischen Interviews fokussiert. Im Gegensatz zu den Teilnehmenden Beobachtungen, die vor allen Dingen das situative Geschehen in den Blick bekommen, wurde durch Interviews die Rekonstruktion langfristiger Prozesse, wie z. B. die Zugänge der Jugendlichen zur Kinder- und Jugendarbeit, möglich.

1. Empirische Betrachtungen[2]

Bei der beobachteten Einrichtung, dem Café Kult, handelt sich um eine Jugendfreizeiteinrichtung der Gemeinde Olzberg. Die Gemeinde zählt etwa 8.000 EinwohnerInnen und liegt in einer ländlichen Region im südlichen Westen von Niedersachsen. Sie verfügt über das Jugendzentrum hinaus nur über eine sehr geringe Zahl von kommerziellen Freizeitangeboten für Kinder und Jugendliche. Das Café Kult wurde vor cirka 15 Jahren von zwei Sozialpädagogen initiiert und aufgebaut. Gegenwärtig ist dort Thorsten Runge als hauptamtlicher Mitarbeiter zusammen mit wechselnden Zivildienstleistenden und PraktikantInnen tätig. Die Einrichtung bietet neben dem offenen Bereich noch einige regelmäßig stattfindende Angebote an, die teilweise auch mit der Unterstützung von Ehrenamtlichen durchgeführt werden. Der offene Bereich wird hauptsächlich von Jugendlichen der Gemeinde sowie wenigen BesucherInnen aus den umliegenden Orten genutzt.

Während der Teilnehmenden Beobachtungen im Jugendzentrum Café Kult wurden mehrere Interviews mit den jugendlichen BesucherInnen geführt. Diese Interviews wurden im Anschluss transkribiert und sequenzanalytisch rekonstruiert (vgl. Schoneville 2005). Drei dieser interviewten Jugendlichen werden nachfolgend in pointiert zusammengefassten Fallportraits im Hinblick auf die zugrunde liegende Fragestellung vorgestellt. Dazu wurden insbesondere die Teile der Interviews herangezogen, die nach der Geschichte der Jugendlichen mit dem Jugendcafé fragen. Den Beitrag ab-

---

2 In den nachfolgenden Portraits wird aus den jeweiligen Transkriptionen der Interviews zitiert, dabei werden die folgenden Transkriptionszeichen verwendet: »,« = kurze Pause, ».« 1 Sekunde Pause, »=« = gebunden, »(uv)« = unverständlich, ».h« = einatmen, »(:)« Lachen, <!Wort> = Betonung, <<Anmerkung>Wort> = Eingeklammerte Anmerkung bezieht sich auf das nachfolgende Wort, u:und = gedehnt.

schließend werden im Anschluss die zentralen Ergebnisse der Rekonstruktionen dargestellt (für eine ausführlichere Darstellung vgl. Schoneville 2005; Cloos/Schoneville 2006).

1.1 Andreas Köllmer und der entdeckte Ort zum Treffen

Andreas Köllmer ist 15 Jahre alt und besucht das Café Kult nach eigenen Angaben seit drei bis vier Jahren. Zum Zeitpunkt des Interviews absolviert Andreas Köllmer die zehnte Klasse einer Berufsfachschule, möchte den Realschulabschluss nachmachen und die Qualifikation für den Besuch einer Fachoberschule erwerben. In Bezug auf seinen Berufswunsch sagt er, dass er Bürokaufmann werden möchte.

Der Weg von Andreas Köllmer ins Jugendzentrum stellt sich nicht als ein bewusst geplanter Weg dar, an dessen Ende das Jugendzentrum als Ziel stand. Im Interview schildert er auf die Frage, wie er ins Jugendzentrum gekommen sei, eine Situation, die für seine Geschichte mit dem Jugendzentrum zentral scheint und von der die gesamten weiteren Ausführungen ausgehen: »ja also ons war ma langweilig mir und meinen Freunden da haben wa das entdeckt und sind dann dahingegangen«.

Diese Ausgangssituation ist dadurch geprägt, dass er und die Gruppe der »Freunde«, in der er sich über weite Teile der Darstellung verortet, nicht wussten, was sie in ihrer Freizeit machen sollten. Zugleich artikuliert er, dass keine interessanten Angebote zur Verfügung standen und thematisiert das Bedürfnis, diesem Zustand Abhilfe zu verschaffen. Das Jugendcafé wird in seiner Darstellung zu einer »Entdeckung«, die gleichermaßen Resultat und Lösung(sversuch) für die Langeweile der Gruppe ist. Das Bild der »Entdeckung« verdeutlicht dabei jedoch, dass es keine gezielte Suche nach Abhilfe gab, im Zuge derer das Jugendcafé in die Perspektive der Jugendlichen gerückt wäre. Vielmehr stellt es die Folge einer ungeplanten verlaufsförmigen Entwicklung dar, die sich durch nur geringe bewusste Steuerung und durch die nur geringfügige reflexive Durchdrungenheit auszeichnet. Dadurch deutet sich ein institutionelles Ablaufmuster an, welches die Geschichte von Andreas Köllmer und dem Jugendzentrum prägt. Andreas Köllmer stellt den Zugang zum Café Kult dabei als eine logische Folge der Entdeckung des Jugendcafés dar. In einer folgenden Sequenz expliziert er diesen ersten Zugang und gewährt dabei auch einen Einblick in das erinnerte Erleben dieser Situation: »also das erste Mal das war schon son bisschen aufregend so weil du kanntest da es ja noch nich kanntest den Jugendleiter nich un so halt und waren viele Leute die gar nich kanntest«.

In generalisierender Form stellt Andreas Köllmer »das erste Mal« eines Besuches in einem Jugendhaus als das Einlassen auf eine Situation mit vielen Unbekannten dar, die insofern aufregend ist, weil sie möglicherweise ein gewisses Maß an Verunsicherung durch (noch) fehlende Orientierung beinhaltet. Exemplarisch für diese Verunsicherung benennt er den dort beschäftigten Mitarbeiter, während die weiteren AkteurInnen – z. B. die dortigen BesucherInnen – und die im Jugendhaus vorfindbaren Regeln, Gewohnheiten etc. von ihm mit »un so halt« zusammengefasst werden. Durch die herausgehobene Nennung des Sozialpädagogen wird dabei bereits seine Bedeutung im institutionellen Gefüge und durch die Bezeichnung als Jugendleiter ein spezifisches Rollenverständnis angedeutet.

Der hier gezeigte Weg endet in den Ausführungen von Andreas Köllmer nicht an der Haustür des Jugendzentrums, sondern wird im Verlauf seiner Geschichte mit dem Jugendzentrum weitergezeichnet:

> »und es gab ma ne Zeit da sind wa wieder nich hingegangen aber jetz
> gehen wir wieder hin weils einfach Spaß macht mit den Freunden mit den
> Freunden da zu treffen und ist halt warm da drinne im Winter und so und
> es gibt ma ab und zu gute Partys und so«.

Der weitere Zugang dokumentiert sich zum einen darin, dass Andreas Köllmer Etappen thematisiert, in denen er dem Jugendzentrum fernbleibt, die er ganz selbstverständlich in seine Geschichte mit dem Jugendzentrum einbettet und somit ein Bild des Jugendzentrums zeichnet, in dem diese Form der diskontinuierlichen Besuche grundsätzlich möglich sind. Die Motivation, das Jugendzentrum aufzusuchen, ist, sich mit Freunden an einem geeigneten Ort (»ist halt warm da drinne im Winter«) zu treffen. Zugleich betont er, dass mit gelegentlichen Partys seinen Interessen ebenfalls entsprochen wird. Neben diesen Motivationen, die über die Zeit hinweg als grundlegend bezeichnet werden können, ist mit der Geschichte seines Zugangs eine Veränderung seiner Interessen verbunden:

> »also jetzt sin wir ja so heute sind wir ja so mehr auf Kicker Tischtennis und
> Billard spezialisiert früher halt da haben wir so Brettspiele gespielt und
> so=n komisches Ding da wo man auf die Glocke hauen musste wenn man
> zwei doppelte Früchte hatte ja un so haben wir dann immer gespielt un
> Karten«.

Die Interessenslagen von Andreas Köllmer und der Gruppe beziehen sich damit besonders auf die Vorhalteleistungen des Jugendcafés, wobei sich der Umgang von einem eher spielerischen hin zu einem eher ernsteren sportlichen Zugang verändert. Die »Spezialisierung« auf bestimmte Spielformen zeigt dabei, dass die Aktivitäten nun einem höheren Ernsthaftigkeitscharakter unterliegen, was auch in einem gesteigerten Interesse an Wettkämpfen dokumentiert wird. Das Jugendzentrum zeichnet sich aus Andreas Köllmers Perspektive demnach über eine weite Bandbreite an potenziellen Aktivitätsmöglichkeiten aus, über die er seinen jugendlichen, potenziell veränderbaren Interessen nachgehen kann. Dass er mit dem Jugendzentrum sehr zufrieden ist, dokumentiert sich auch darin, dass er als Verbesserungsmöglichkeit lediglich die Ausbesserung des Billardtisches benennt.

1.2 Hannah Südwiese und das Jugendzentrum als erster und letzter Ort für Jugendliche

Die 15-jährige Hannah Südwiese gehört zu den regelmäßigen Besucherinnen des Jugendzentrums, welches ansonsten mehrheitlich von männlichen Jugendlichen aufgesucht wird. Sie besucht zur Zeit des Interviews die Klasse neun im gymnasialen Zweig der Gesamtschule in Starkenberg, einer kleinen Stadt in der näheren Umgebung. Sie wohnt mit ihrer Familie in Olzberg und hat einen älteren Bruder, der ebenfalls zu den Besuchern des Jugendzentrums gehört. Eine besondere Situation ergibt sich dadurch, dass der Vater von Hannah Südwiese in der Gemeinde als Lehrer tätig und mit Thorsten Runge befreundet ist: »es war halt so dass wi:ir so 2002 halt immer eigentlich draußen immer waren an verschiedenen Orten an der Grundschule hier .h nur da wurden wir halt immer weggeschickt«.

Die Geschichte von Hannah Südwiese und dem Jugendzentrum beginnt in der Darstellung der Jugendlichen mit einem Ausgangsszenario, dessen erster Teil davon geprägt ist, dass sich die Gruppe (»wir«), in der sich Hannah Südwiese in ihrer gesamten Darstellung verortet, an bestimmten öffentlichen Orten der Gemeinde trifft. Bei diesen Treffen steht vornehmlich das gemeinsame Zusammensein der Jugendlichen im Mittelpunkt. Der zweite Teil des Szenarios wird dadurch bestimmt, dass an diesen Orten Probleme mit Dritten bestehen. Diese Probleme münden schließlich in einer Eskalation mit den Hausmeistern der örtlichen Grundschule. Hannah Südwiese beschreibt dies als einen »Zwischenfall« in dem der »Schulmeister« sie und ihre Freunde mit einer Pistole bedroht hat. Über das Gesamtszenario blickend, resümiert Hannah Südwiese in ihrer Darstellung: »und irgendwann durften wir uns überhaupt nich nirgendswo mehr aufhalten«.

Diese Feststellung kann als Fazit des Ausgangsszenarios verstanden werden, von dem sich die weitere Geschichte mit dem Jugendzentrum entwickelt. Dabei kennzeichnet Hannah Südwiese in einer überhöhten und verabsolutierenden Form den Widerspruch zwischen ihrem eigenen Selbstverständnis hinsichtlich der gesellschaftlichen Praxen von Jugendlichen und den Interessen von Dritten.

Während der Versuch der Jugendlichen, den Vorfall öffentlich zu thematisieren, scheitert, nimmt der Vater von Hannah Südwiese, der Pädagoge in der Gemeinde ist, dies zum Anlass, den Jugendlichen vorzuschlagen, das örtliche Jugendzentrum aufzusuchen. Mit diesem Vorschlag, der zugleich als Aufforderung verstanden werden kann, unterbreitet der Vater (scheinbar) eine Lösung für das oben dargestellte Problemszenario. Er schlägt das Jugendzentrum als einen Ort für die Jugendlichen vor, an dem sie sich, im Gegensatz zu den anderen Orten, aufhalten dürfen und können und klassifiziert es damit als den ersten und eigentlichen Ort für Jugendliche der Gemeinde. Aus der Perspektive der Jugendlichen jedoch stellt sich das Jugendzentrum anders dar: »eigentlich waren da immer nur so Ältere so siebzehn achtzehn Jährige die wir eigentlich auch nich so wirklich kannten«.

Dadurch, dass das Jugendcafé von älteren Jugendlichen besucht wird, erscheint dieser Ort für die Gruppe von Hannah Südwiese bereits als besetzt und stellt aus diesem Grunde bis dahin keine Option dar. Erst nachdem die Gruppe an verschiedenen Orten weggeschickt wurde und sich, an keinem Ort des Dorfes mehr aufhalten darf, rückt das Jugendzentrum, in Verbindung mit der Aufforderung ihres Vaters, für sie ins Blickfeld. Die Einrichtung lässt sich aus dieser Perspektive als der letzte und einzige Ort für Jugendliche der Gemeinde verstehen.

Durch den Vorschlag des Vaters kommt die Einrichtung zwar für die Jugendlichen in Betracht, die Hindernisse, das Jugendcafé zu besuchen, erscheinen aber zunächst als zu groß. Im Interview schildert Hannah Südwiese darauf, dass sie Zugang zu einer kleinen Hütte in der Nähe des Bauhofs bekommen haben. Wie es dazu kommt, dass die Gruppe den Zugang zur Baubude erhält, welches ein selbstständig von den Jugendlichen verwaltetes Projekt des Jugendzentrums darstellt, schildert sie nicht. Vielmehr findet sich Hannah Südwiese in ihrer Darstellung plötzlich in der Baubude wieder, in der sich für die Gruppe zunächst die Möglichkeit zu gemeinsamen Treffen materialisiert. Schlussendlich kann die Baubude ihren Maßstäben jedoch nicht gerecht werden, da die infrastrukturellen Bedingungen dort wenig geeignet zu sein scheinen und in dem kleinen Raum die Zugangsregeln nicht so informell gehandhabt werden können wie an den öffentlichen Orten zuvor. Im Interview rückt bei der Darlegung dieser Gründe, warum die Baubude als wenig geeigneter Ort für die Jugendgruppe erscheint, das Café Kult wieder in den Fokus des Berichtes. Dieses stellt sie dabei im Kontrast zur Baubude dar: »ins Café kann halt jeder kommen der Lust hat«.

Ohne dass dies explizit thematisiert wird, versteckt sich hinter dieser Aussage ein wesentlicher Prozess. Diametral entgegen Hannah Südwieses bisherigen Ausführungen zeichnet sich das Café Kult – nach dem Weg über die Baubude – durch seine offenen Strukturen aus. Die gewandelte Darstellungsform ist dabei als Resultat einer Entwicklung zu verstehen, an dessen Ende sich Hannah Südwiese als Besucherin des Jugendzentrums versteht. Interessant erscheint dabei, dass die Beziehung zum Jugendzentrum und das Aufsuchen der Angebote der örtlichen Kinder- und Jugendarbeit zunächst als diskontinuierlich zu bezeichnen sind, da sie von Phasen berichtet, in denen sie von der Einrichtung fernbleibt. Auch auf dieser Ebene zeigt sich, dass erst nach dem Weg über die Baubude ein gewisser Grad an Zugehörigkeit hergestellt wurde.

Neben dem Weg von Hannah Südwiese in die Einrichtung erscheinen ihre Ausführungen zu Thorsten Runge sehr interessant, da sie dabei den Sozialpädagogen als jemanden benennt, der das Jugendzentrum führt. Zum einen ist darin die Führung der Einrichtung im Sinne der Geschäfte des Ju-

gendzentrums zu verstehen, worin sich ein stark dienstleistungsorientiertes
Verständnis von der Rolle des Pädagogen innerhalb der Einrichtung wider-
spiegelt. Zum anderen bezieht sich Führung hier auf die Führung von anderen Personen: »der Thorsten is ja klar der muss ja auch nen bisschen gucken
.h un=n der Thorsten is eigentlich auch voll cool drauf und so der is nich irgendwie so <!streng> oder so=n der erlaubt uns eigentlich auch alles«.

Der Sozialpädagoge wird hier in der Rolle desjenigen verstanden, der
als einziger Erwachsener im Jugendzentrum die Aufsicht ausübt. Diese
Aufsichtpflicht wird von Hannah Südwiese als selbstverständlich bezeichnet. Dem Pädagogen wird dabei zugesprochen, dies in einer lockeren und
zugänglichen Form zu tun und den Jugendlichen dabei zu ermöglichen, im
Jugendzentrum – auch im Kontrast zu anderen Orten – ihren eigenen Interessen nachzugehen.

1.3 Maik Dassmann und die Institution als Begleiter über mehrere Lebensabschnitte

Der Älteste der drei hier betrachteten Jugendlichen und zugleich einer der
ältesten Besucher der Einrichtung ist Maik Dassmann. Er ist 22 Jahre alt
und bezeichnet sich selber als »nicht mehr ganz so jugendlich«. Zum Zeitpunkt des Interviews absolviert Maik Dassmann eine Ausbildung zum Me-
chatroniker im Bereich Nutzfahrzeuge. Neben der Ausbildung im Betrieb
besucht er dazu die Berufsschule. Hinsichtlich seiner beruflichen Zukunft
sagt er jedoch, dass er sich nicht ganz sicher ist, ob er auch in diesem Bereich arbeiten möchte und formuliert, dass es sein Traum wäre, Berufs-
schullehrer zu werden.

Maik Dassmanns Geschichte mit dem Jugendzentrum beginnt schon
recht früh. Im Interview rahmt er sie damit, dass er die Einrichtung schon
seit seinem neunten Lebensjahr besucht:

> »von der Schule aus halt von der Grundschule aus da immer gewesen bei
> den Ferienspielen auch dann halt irgendwie später dann mit acht neun
> Jahren so mehr (uv) Kicker und Billard spielen und dann auch ne ganze
> Weile gar nich«

Maik Dassmann schildert hier im Gegensatz zu Hannah Südwiese keine besonders markierte Zugangsgeschichte zur Einrichtung, sondern stellt sich
als ein selbstverständlicher Nutzer eines »Regelangebotes« dar. Während
sich der Kontakt zunächst über die Schule auf ein jährlich statt findendes
besonderes Angebot der Einrichtung beschränkt, weitet sich dieser anschließend auf die Spielangebote des Jugendcafés aus. Auch Maik Dassmann verortet sich, ähnlich wie Andreas Köllmer und Hannah Südwiese,
als Teil einer Gruppe von Jugendlichen. Darüber hinaus bettet auch er das
Fernbleiben von der Einrichtung selbstverständlich in seine Geschichte mit

dem Jugendzentrum ein. Dieses wird hier erneut als ein Ort dargestellt, der die diskontinuierliche Form des Besuches potenziell ermöglicht: »also die Älteren halt , waren auch schon dann da immer , die kannt ich auch von meiner Schwester u:und , ja , so ging das dann halt wieder los das wir halt hergekommen sind«.

Der erneute Besuch des Jugendcafés geschieht erst ein paar Jahre später. In der Darstellung dessen wird das Jugendzentrum zu dem Ort, an dem sich die Jugendlichen des Dorfes, zumindest diejenigen, die für ihn hier relevant sind, treffen. Er und seine Gruppe stehen dabei in Nachfolge zu einer Gruppe von älteren Jugendlichen. Als entscheidend für seine Beziehung zum Jugendzentrum stellt er nachfolgend die Gründung einer Musikgruppe heraus. Mit dem Bedürfnis, den musikalischen Interessen in den Räumlichkeiten des Jugendzentrums auch unabhängig von Dritten nachzugehen, ergibt sich eine neue Form der Beziehung zum Jugendzentrum:

> »na ja , das hat halt damit angefangen irgendwann <!hart> gekämpft n Schlüssel zu kriegen fürs Jugendcafé weil wir halt auch unabhängig rein wollten und net immer warten müssen bis uns wer aufschließt , äh:h haben wir zwei Jahre drauf gewartet die andern haben se jetzt gleich bekommen <<lachend>ich finds blöd> (:) wir mussten kämpfen«.

Der »Kampf« der Band um den Schlüssel für das Jugendzentrum als Möglichkeit, unabhängig von Anderen die Einrichtung zu betreten, ist als ein »Kampf um Autonomie und Anerkennung« zu interpretieren. Interessant erscheint, dass die Jugendlichen die Anerkennung, in Form des autonomen Zutritts zum Jugendzentrum, innerhalb des institutionellen Settings suchen. Dieses scheint den Jugendlichen dafür offensichtlich geeignet oder zumindest geeigneter als andere Orte, auch wenn dies hier als äußerst schwierig heraus gehoben wird. Der »Kampf um Autonomie und Anerkennung« wird dabei in seiner Quantifizierung (»zwei Jahre«) inhaltlich qualifiziert, da durch die Dauer der Bemühungen auch die Bemühungen selber bewertet werden. Die besondere Bedeutung zeigt auch der von Maik Dassmann angefügte Exkurs zu einer jüngeren Musikgruppe, welche den Zugang zum Jugendzentrum direkt erhalten hat. In der Enttäuschung darüber dokumentiert sich, dass der Jugendliche dies als Abwertung der Leistung, den lang andauernden »Kampf um Autonomie und Anerkennung« mit Erfolg durchgestanden zu haben, betrachtet. Die Anerkennung der individuellen Leistung der Jugendlichen, die über den unabhängigen Zutritt zum Jugendzentrum eine soziale Wertschätzung erfährt, droht hier eine Revision zu erfahren, die die Form und das Ausmaß der Anerkennung in Frage stellt. Dies unterstreicht die Bedeutung der Anerkennung durch den unabhängigen Zugang, der durch den Schlüssel symbolisiert wird. Die (Schlüssel-)Situation selber ist im weiteren Verlauf des Interviews als ein Kristallisationspunkt für die Beziehung von Maik Dassmann zum Café Kult zu rekonstruieren. In dieser Hinsicht enthält die nachträgliche Bedrohung der Anerkennung für ihn eine besondere Brisanz.

Eine neue Form der Beziehung ergibt sich durch das ehrenamtliche Engagement von Maik Dassmann: »dann haben wir ne Veranstaltung mit aufgebaut ich und n Kumpel zusammen und halt kümmern uns n bisschen um die Anlage wenn halt was is und nja , da halt dadurch halt immer noch im Jugendraum gewesen«.

Maik Dassmann beschreibt sich hier als jemanden, der innerhalb des Jugendcafés aktiv gestaltet und Verantwortung übernimmt. Damit grenzt er sich sowohl von seinem bisherigen Status im Jugendzentrum aber besonders auch von den anderen Jugendlichen ab, die aus seiner Perspektive nur das Angebot des Jugendzentrums konsumieren. Die Anwesenheit des schon älteren Jugendlichen wird dabei durch eine funktionale Bestimmung legitimiert. Er sucht das Jugendzentrum nicht mehr auf, um spielerischen Aktivitäten nachzugehen, sondern auch weil er im Jugendzentrum Verantwortung übernimmt. Obwohl die Band mittlerweile nicht mehr im Jugendzentrum probt, geht er diesen ehrenamtlichen Tätigkeiten auch heute noch gelegentlich nach. Darüber hinaus nutzen er und seine Freunde das Jugendzentrum neben der ehrenamtlichen Mitarbeit als gemeinsamen Ort für gelegentliche Treffen. Dabei deutet er jedoch an, dass die Anforderungen der Arbeitswelt in zeitlicher Konkurrenz zu den gelegentlichen Treffen stehen und diese daher nur noch selten realisiert werden.

Die gesamte Geschichte mit dem Jugendzentrum stellt sich bei Maik Dassmann als eine Geschichte in Etappen dar. Während dieser Etappen verändert sich die Beziehung zum und der Status im Jugendhaus kontinuierlich und wird dabei durch die unterschiedlichen Interessenlagen des Jugendlichen in seiner eigenen Entwicklung geprägt. Das Jugendzentrum stellt sich für den Jugendlichen als ein institutioneller Begleiter des Erwachsen- und Älterwerdens dar.

Ein wesentliches Thema dieser Etappen ist für den Interviewten die Verortung in und die Abgrenzung von Gruppen. So verortet sich Maik Dassmann während der gesamten Darstellung innerhalb einer »wir«-Gruppe, die er als die »Kumpels« benennt. Er macht dabei verständlich, dass seine Geschichte mit dem Jugendzentrum eine Geschichte innerhalb einer Gruppe von Jugendlichen ist und nur als eine solche verstanden werden kann. Zugleich grenzt er sich von den »älteren« Jugendlichen, die er durch seine Schwester bereits kannte, sowie von den »heutigen Jugendlichen« ab. So benennt er zahlreiche Aktivitätsmöglichkeiten im Jugendzentrum bevor er mit Bezug auf die »heutigen Jugendlichen« zum nachfolgenden Resümee kommt: »is alles da nur es wird halt zu wenig genutzt also die Jugendlichen halt finde ich im Moment , tun halt gar nichts dafür«.

Auf Grundlage der Altersdifferenz erfolgt eine Distinktion, über die er eine generationale Ordnung der BesucherInnen im Jugendzentrum herstellt.

Darüber hinaus positioniert er sich zu den unterschiedlichen Gruppen, während er den »Älteren« nachfolgt und diese sehr wohlwollend beschreibt, ist die Perspektive auf die »heutigen Jugendlichen«, wie im genannten Beispiel, eher durch eine kritische Haltung geprägt.

2. Zusammenfassung und Kontrastierung der zentralen Ergebnisse

Abschließend sollen die zentralen Ergebnisse der empirischen Betrachtung kontrastierend zusammengefasst und hinsichtlich vier zentraler Themen dargestellt werden:

(1) Die Wege von Kindern und Jugendlichen in die Einrichtungen der Kinder- und Jugendarbeit stellen sich ganz unterschiedlich dar. Der erste Zugang realisiert sich mit und durch andere Institutionen, durch den Hinweis und die Unterstützung von Dritten und auch eingebettet in Gruppen von Jugendlichen. Die Motive der Jugendlichen sind dabei durchaus different. Während manche Jugendliche einen Ort zum Spielen suchen, herrscht bei anderen die Hoffnung vor, dort eine Abwechslung vom sonst eher langweilig erlebten Alltag zu erfahren. Für wieder andere erscheint das Jugendzentrum als der letzte Ort, an dem sie sich überhaupt als Jugendliche treffen können. Dass die Einrichtung als ein Ort für Jugendliche aufgefasst wird, zeigt sich in den drei rekonstruierten Interviews sehr deutlich. Dies bedeutet jedoch nicht, dass das Jugendzentrum immer auch der erste Anlaufpunkt für die Jugendlichen ist. Es existieren Hindernisse beim Zugang zur Einrichtung, die sowohl als kleinere Schwellen erlebt werden, die den ersten Kontakt zu unsicheren Situationen für die Jugendlichen werden lassen. Es bestehen auch größere Hürden, die sich dadurch ergeben, dass das Jugendzentrum als von anderen Jugendlichen besetzt empfunden wird. Bei der Suche nach einem Ort, an dem sich die Jugendlichen in einer Gruppe von Gleichaltrigen und Gleichgesinnten treffen können, werden teilweise schon geringere Altersunterschiede zwischen ihnen und den anderen dort anwesenden Jugendlichen zu nicht überbrückbaren Unterschieden für die Jugendlichen. Die Suche nach einem Ort ist dabei weniger ein geplantes oder gar reflexives Vorgehen. Das Gegenteil ist der Fall: Die Wege der Jugendlichen stellen sich über weite Strecken als institutionalisierte Ablaufmuster dar. In diesem Sinne wird der Weg in die Kinder- und Jugendarbeit als natürlich und unhinterfragt dargestellt: So geschieht die Entdeckung des Jugendzentrums eher beiläufig und ohne vorausgegangene Suche.

(2) Die individuellen Geschichten der einzelnen Jugendlichen sind auch Geschichten von Gruppen, in denen sich die Jugendlichen verorten. Die Ju-

gendlichen weisen in ihren Ausführungen durch direkte und indirekte
sprachliche Verortungen konsequent darauf hin, dass sie sich selber als Teil
einer Gruppe von Jugendlichen verstehen. Über diese scheinbar natürliche
Verortung in Gruppen hinaus zeigt sich, dass zwischen verschiedenen
Gruppen von Jugendlichen, die das Jugendzentrum aufsuchen, unterschieden wird. Als wesentliches Kriterium zur Unterteilung der Gruppen im Jugendzentrum dient dabei die Altersdifferenz. Die Markierung der Altersdifferenz ist in den Deutungen der Jugendlichen jedoch zugleich die Hervorhebung der Differenz in Bezug auf Interessenlagen und Aktivitätsformen,
auf deren Grundlage sich die Gruppen zueinander positionieren. Die Verortung in und Unterscheidung von Gruppen stellt dabei eine Selbstverständlichkeit dar. Hinsichtlich der eigenen Lebenspraxis der drei Jugendlichen
wird es als natürlich darstellt, Teil einer Gruppe zu sein. Dies ist eingebettet
in einem allgemeinen Verständnis von Jugend bzw. Jugendlichsein, welches davon ausgeht, dass Jugendliche sich in ihrer Freizeit in Gruppen von
Jugendlichen bewegen.

(3) Die Geschichten der Jugendlichen mit dem Jugendzentrum sind dabei auch individuelle Entwicklungsgeschichten. Die Interessenlagen und
Aktivitätsformen, die eigene Einstellung zum Jugendzentrum wie auch die
Rolle innerhalb der Jugendeinrichtung verändert sich im Laufe ihrer Geschichte mit dem Jugendzentrum. Die Einrichtungen können dabei als partielle institutionelle Begleiter verstanden werden. Dabei wandelt sich das
Interesse an der Einrichtung und deren Angeboten: Während das Jugendzentrum in einem Fall zunächst zum Spielen aufgesucht wird, dient es
schließlich dem ernsteren Wettkampf. Im anderen Fall wandelt sich das Interesse vom Billardspiel hin zum Bandprojekt, vom Kampf um Autonomie
und Anerkennung bis hin zur Übernahme von Verantwortung durch ehrenamtliche Arbeit. Dabei schließt der Besuch des Jugendhauses nicht aus,
dass sich wie selbstverständlich an Phasen der Anwesenheit auch Zeiten der
Abwesenheit anschließen. Auch der institutionelle Rahmen scheint dies ohne besondere Hindernisse zu ermöglichen. In den betrachteten Fällen gibt
es jedoch auch Situationen oder Etappen, bei denen davon gesprochen werden kann, dass Zugehörigkeit zur Einrichtung hergestellt wird. Die Orte der
Kinder- und Jugendarbeit sind in diesem Sinne Orte der Entwicklung in
zweifacher Hinsicht: Zum einen verändert sich das Verhältnis zur Einrichtung und zum anderen sind die Einrichtungen Orte, an denen sich Jugendliche selber entwickeln.

(4) In den Eingangserzählungen und den hierauf basierenden Fallportraits fanden sich nur wenige Hinweise zu dem Sozialpädagogen des Jugendzentrums. Für die Geschichten der Jugendlichen mit der Einrichtung,
so kann auf der einen Seite geschlussfolgert werden, hat der Sozialpädagoge keine so zentrale Bedeutung, als dass die Jugendlichen ihn ausführlich
thematisieren würden. Auf der anderen Seite deuten die wenigen Hinweise

jedoch darauf hin, dass dem Sozialpädagogen eine spezifische Rolle im Jugendzentrum zugewiesen wird. Er ist der einzige Erwachsene in der Einrichtung, und ihm wird innerhalb der Institution die Funktion zugewiesen, die Aufsicht zu führen. Diese Rolle wird, gemäß den Deutungen der Jugendlichen, von dem Sozialpädagogen jedoch behutsam ausgeführt, so dass die Jugendlichen die Jugendeinrichtung als ihren Ort wahrnehmen können. Es wird darüber hinaus eher indirekt deutlich, dass die Rolle des Sozialpädagogen beinhaltet, mit ihm innerhalb der sozialpädagogischen Arena um Autonomie und Anerkennung zu kämpfen. Die Interviewabschnitte, in denen die Jugendlichen von ihren Zugang zum Jugendhaus berichten, enthalten jedoch nur wenige Hinweise zum Sozialpädagogen, so dass hier vorerst eine Leerstelle bleibt, die im Sinne des Eingangs dargestellten Forschungsprogramms weiter zu füllen ist

Das eingangs bereits dargestellte Anliegen dieses Beitrags ist es, dass Wissen über Kinder- und Jugendarbeit und insbesondere über die AdressatInnen der Kinder- und Jugendarbeit mit empirischen Erkenntnissen abzustützen. Die vorgelegten ersten Befunde sollen damit zuvorderst der theoretischen Gegenstandsbestimmung der Kinder- und Jugendarbeit dienen. In diesem Sinne geben sie Aufschluss über die NutzerInnen von Angeboten der Kinder- und Jugendarbeit und die Relevanz der Angebote für Kinder und Jugendliche.

Darüber hinaus lassen sich die Ergebnisse auf zwei weiteren Ebenen nutzbar machen: Zum einen geben die Ergebnisse im größeren Kontext betrachtet Aufschluss über die AdressatInnen der Sozialen Arbeit und können davon ausgehend erste Hinweise für eine noch ausstehende theoretische Inblicknahme der AdressatInnen einer modernen Sozialen Arbeit leisten. Zum anderen geben sie Auskunft über die Lebenswelten von Kindern und Jugendlichen im Rahmen von außerschulischen, non-formalen Institutionen. Sie leisten somit einen Beitrag, die Leerstelle der Kindheits- und Jugendforschung bezogen auf die Frage zu füllen, wie sich Kindheit und Jugend auch in Einrichtungen der außerschulischen Bildung gestaltet.

Literatur

Cloos, P./Schoneville, H. (2006): Zugänge zur Kinder- und Jugendarbeit. Kassel (MS).

Deinet, U./Sturzenhecker, B. (Hrsg.) (^{3}2005): Handbuch Offene Kinder- und Jugendarbeit. Wiesbaden.

Flick, U. (2004): Triangulation. Eine Einführung. Wiesbaden.

Müller, B./Thole, W. (2004): Zur Balance zwischen Lebenswelt und Pädagogik. In: Hering, S./Urban, U. (Hrsg.) (2004): »Liebe allein genügt nicht«.

Historische und systematische Dimensionen der Sozialpädagogik. Opladen, S. 365-377.

Müller, B. u. a. (2005): Konstitutionsbedingungen und Dynamik (Performanz) sozialpädagogischen Handelns in der Kinder- und Jugendarbeit. Unveröffentlichter Zwischen- und Arbeitsbericht zum DFG-Forschungsprojekt. Kassel und Hildesheim, http://www.uni-kassel.de/fb4/issl/mitg/thol/projekte/kiju ab.htm.

Rauschenbach, Th. u. a. (2000): Dortmunder Jugendarbeitsstudie 2000. Grundlagen und Befunde, http://www.akj-stat.fb12.uni-dortmund.de/Downloads/D oJuStu01.pdf.

Schoneville, H. (2005): Kinder- und Jugendarbeit aus der Sicht ihrer AdressatInnen. Unveröffentlichte Diplomarbeit am Fachbereich Sozialwesen der Universität Kassel.

Schröder, A. (1991): Jugendgruppe und Kulturwandel. Die Bedeutung von Gruppenarbeit in der Adoleszenz. Frankfurt a. Main.

Spengler, P. (1994): Jugendfreizeit zwischen Kommerz und Pädagogik. Empirische Studien in einer Kleinstadt (1945-1990). Weinheim.

Strack, G. (1987): Das Jugendhaus im Leben seiner Besucher. Eine Analyse der Lebenswelt von Arbeiterjugendlichen. München.

Thole, W. (1991): Familie – Szene – Jugendhaus. Alltag und Subjektivität einer Jugendclique. Opladen.

Thole, W. (2000): Kinder und Jugendarbeit. Eine Einführung. Weinheim und München.

Thole, W. (2004): Kinder- und Jugendarbeit beobachten. Ein sozialpädagogisches Handlungsfeld im Visier der Forschung – Ein Report. In: Helsper, W. u. a. (Hrsg.) (2004): Schule und Jugendforschung zum 20. Jahrhundert. Festschrift für Wilfried Breyvogel. Wiesbaden, S. 263-281.

Züchner, I. (2003): Brauchen Heranwachsende Kinder- und Jugendarbeit? Angebote und Inhalte aus Sicht tatsächlicher und potentieller TeilnehmerInnen. In: Ministerium für Schule, Jugend und Kinder des Landes Nordrhein-Westfalen in Zusammenarbeit mit der Universität Dortmund – Institut für Sozialpädagogik (Hrsg.) (2003): Kinder und Jugendliche als Adressatinnen und Adressaten der Jugendarbeit. Dortmund, S. 39-65.

Irene Fiechtner-Stotz | Maren Bracker

Lebenswelten minderjähriger Mütter

1. Einleitung

Die Auseinandersetzung mit der Problematik minderjähriger Mütter findet bisher in der Fachwelt nicht in ausreichendem Maße statt. Minderjährige Mütter besitzen keine Lobbygruppe, weshalb eine Untersuchung dieser Zielgruppe von besonderer Bedeutung ist. Empirische Erkenntnisse können dazu beitragen, ihre Anliegen ins Blickfeld zu rücken sowie sozial- und bildungspolitische Maßnahmen voranzutreiben. Die Anzahl der Schwangerschaftsabbrüche bei jugendlichen Müttern ist gestiegen: Bezogen auf je 10.000 Frauen der Altersgruppe der 15- bis unter 20-Jährigen wurde 1996 bei 51 und im Jahr 2003 bei 70 jungen Frauen ein Schwangerschaftsabbruch vorgenommen (vgl. Statistisches Bundesamt Deutschland 2004). Während der Jahre 1998 bis 2000 ist auch innerhalb der Gruppe der Jugendlichen die Anzahl minderjähriger Mütter in Deutschland entgegen geläufiger Annahmen weiter gestiegen: Mehr als 7.000 Minderjährige brachten im Jahr 2000 ein Kind zur Welt, weitere 17.000 waren zwischen dem 18. und 20. Lebensjahr (vgl. Laue/Heilmann 2001, S. 3).

Der Schwerpunkt dieser Untersuchung liegt nicht auf den Möglichkeiten der Vermeidung von Schwangerschaften minderjähriger Mädchen, sondern beleuchtet den konkreten Umgang der jungen Frauen mit ihrer Situation, nun Mutter zu sein. Er geht folgenden Fragestellungen nach: Welchen sozialen Schichten gehören die jungen Mütter an? Gibt es schichtspezifische Unterschiede im Umgang mit der Schwangerschaft? Welche Rolle spielt der Kindsvater bei der Entscheidung für oder gegen das Kind? Wie reagieren der Kindsvater und dessen Familie, die Eltern der Mädchen, die Freundinnen und Freunde sowie das sonstige soziale Umfeld auf die Schwangerschaft der jungen Mutter? Und wie sieht die Entwicklung ihrer Berufs- und Lebensperspektiven aus?

2. Stand der Forschung

Insgesamt liegen nur wenige Forschungsergebnisse zu minderjährigen Müttern in Deutschland vor. Die wichtigsten Studien werden im Folgenden kurz vorgestellt. Diese beziehen sich allerdings meist auf die Situation in Mutter-Kind-Einrichtungen und lassen als institutionenbezogene[1] und zielgruppenorientierte Forschung unterscheiden.

Die Studie von Gerhild Eisenhauer-Hartung aus dem Jahre 1972 untersuchte persönliche Probleme und Konflikte unverheirateter Minderjähriger, ihre Beziehungen zum unehelichen Vater und zu ihrem Kind sowie materielle Schwierigkeiten. Besondere familiäre und schichtspezifische Belastungen wie Alkoholismus des unehelichen Vaters, finanzielle Not usw. begünstigten offenbar die außereheliche Schwangerschaft. Hinzu kamen ungenügende Erziehungs- und Bildungsvoraussetzungen, wodurch sich auch die materiellen Lebenschancen der Mädchen und jungen Frauen als ungünstig erwiesen.

Claudia Bier-Fleiter (1985) erforschte das Schwangerschaftserleben jugendlicher Mütter in einem Mutter-Kind-Heim. Sie kam zu dem Ergebnis, dass die Schwangerschaft in der Anfangsphase von den jungen Mädchen verdrängt wurde. In der Phase der Gewissheit standen die Mädchen unter massivem sozialem Druck. Danach traten Unsicherheit, Hilflosigkeit und Selbstzweifel auf. In ihrer zweiten Untersuchung (1986-1987) beschrieb C. Bier-Fleiter den weiteren Lebensweg der von ihr befragten Mütter nach Verlassen des Mutter-Kind-Heimes und konstatierte: »In ihrer überwiegenden Mehrzahl sind die Befragten sechs Jahre später Sozialhilfeempfängerinnen, haben ein geringes Selbstwertgefühl und fühlen sich den Anforderungen des alltäglichen Lebens nur wenig gewachsen. Nur sehr wenigen Frauen ist es gelungen, ihre Aufgaben als Mutter zu erfüllen – die meisten Frauen waren den damit verbundenen Belastungen nicht gewachsen und trennten sich von ihrem Kind« (Bier-Fleiter/Grossmann 1989, S. 57). Der Aufenthalt in einer Mutter-Kind-Einrichtung stellte zwar in der akuten Notsituation oft eine Hilfe dar, erzielte langfristig aber häufig nicht die gewünschte dauerhafte Stabilisierung der Lebensverhältnisse der Frauen und Kinder. Derzeit setzt C. Bier-Fleiter (2003, S. 129) ihre Langzeitstudie fort, um die »Lebensschicksale der Frauen, die mit ihren Kindern zusammenleben und der Frauen, die ihr Kind zur Adoption freigaben oder einer dauerhaften Fremdbetreuung überließen« zu erforschen. Dabei werden auch die inzwischen volljährigen Kinder befragt, um festzustellen, ob sich Wiederholungen oder Differenzen in der nächsten Generation einstellten.

Im Forschungsprojekt »Möglichkeiten und Grenzen der Lebenshilfe für besonders sozial gefährdete Mädchen und Frauen« konnte Renate Klees-

---

1   Auf deren Darstellung muss aus Platzgründen hier verzichtet werden.

Möller (1993) nachweisen, dass die Mutter-Kind-Einrichtungen historisch an Bedeutung verloren hatten, insbesondere vor dem Hintergrund nachlassender Diskriminierung lediger Mütter und eines gewachsenen Selbstbewusstseins von Frauen, was sich seit den 1970er Jahren in der Schließung vieler Einrichtungen bemerkbar gemacht hatte.

Zusammenfassend kann festgestellt werden, dass keine der Studien sich mit der Lebenssituation minderjähriger Mütter außerhalb von Mutter-Kind-Einrichtungen befasst, sodass die hier vorgestellte Untersuchung im deutschsprachigen Raum Neuland betritt. Die bisher vorliegenden Studien tangieren lediglich in einigen wenigen Bereichen die Fragestellung der im Folgenden vorgestellten Studie, in der es um das Verständnis von Lebenswelten junger Mütter und die Verbesserungsmöglichkeiten ihrer Lebenssituationen geht. Dafür wurde ein lebensweltorientierter Forschungsansatz (vgl. Thiersch/Grunwald 2004) gewählt, da dieser das Verstehen der Zielgruppe erleichtert sowie unter heutigen, lebensweltlichen Bedingungen den Zugang zu sozial angemessenen Hilfen und Unterstützungen ermöglicht.

3. Fragestellung und Methodik der Untersuchung

Der Zugang zu den im Folgenden vorgestellten acht Interviewten, die im Alter zwischen 13 und 17 Jahren entbunden hatten, geschah durch Presse und Rundfunk, Aushänge in der Universität und Mundpropaganda im Freundes- und Bekanntenkreis. Dadurch war es nicht möglich, den Prinzipien des Theoretical Sampling der Grounded Theory (Glaser/Strauss 1998) zu entsprechen, denn die zu Auskünften bereiten Mädchen und jungen Frauen mussten möglichst umgehend befragt werden. Alle Interviews wurden mittels Tonband aufgezeichnet, drei davon vollständig transkribiert, die übrigen vergleichend herangezogen. Außerdem wurden die Aufzeichnungen des Prae- und Postskriptums bei der Auswertung berücksichtigt (vgl. Schmidt-Grunert 1999, S. 43).

Aufgrund des Mangels an Forschungserkenntnissen zum Thema minderjähriger Mütter, die in familiären Zusammenhängen leben, erschien es sinnvoll eine biografieorientierte qualitative Erhebungs- und Auswertungsmethode auszuwählen. Erhoben wurde das Material anhand des Problemzentrierten Interviews (vgl. Witzel 1982, 1985); obwohl die Interviewten aufgrund ihres Lebensalters und ihrer sozialen Herkunft teilweise nur eine geringe Erzählkompetenz besaßen, gelang es meistens, sie zu Narrationen zu animieren. Die biografischen Elemente wurden also eingebettet in die auf das Problem fokussierte Fragestellung. Die Verwendung eines Leitfadens garantierte die themenbezogene Vergleichbarkeit der subjektiven Aussagen, in denen gesellschaftliche Verhaltensmuster entdeckt werden sollten.

Es ging dabei »um individuelle und kollektive Handlungsstrukturen und Verarbeitungsmuster gesellschaftlicher Realität« (Witzel 1982, S. 67).[2]
Die Materialauswertung folgte zunächst entlang der von Barney G. Glaser und Anselm L. Strauss (1998) für die Grounded Theory beschriebenen Schritte (vgl. auch Strauss/Corbin 1996). Die Grounded Theory postuliert, nicht von theoretischen Vorannahmen auszugehen, sondern aus dem Material heraus neue theoretische Konzepte zu entwickeln, die sich an neuem Material bewähren müssen. Obwohl in diesem Falle kein kontrastierendes Theoretical Sampling erfolgen konnte, wurde am ersten Fall ein vorläufiges theoretisches Konzept entwickelt, am zweiten überprüft und verändert usw. (vgl. auch Strauss/Corbin 1996).

Wesentliche Analysebestandteile waren das Kodieren und das Erstellen theorieorientierter Memos, die Zusammenhänge festhielten und sukzessive ausgebaut wurden. Beim Kodieren wurden aus dem transkribierten Material heraus Kategorien gesucht, die wesentliche Inhalte des Textes umfassten. Dabei wurden zunächst die im Material selbst vorkommenden Schlüsselbegriffe verwendet, die in einem zweiten Schritt durch einen übergeordneten oder abstrakteren, treffenderen oder synonymen Begriff ersetzt werden konnten. Es wurden also dem empirischen Material Kodes zugeordnet und diese zu Kategorien oder Oberkategorien zusammengefasst. Ziel war das Aufbrechen und Verstehen des Textes, durch diese Kodes und Kategorien Ordnung herzustellen (vgl. Strauss 1994 und Strauss/Corbin 1996).

Schließlich wurde das Material dieser Studie mit Hilfe eines Vergleichs von Ideal- und Realtypen analysiert (vgl. Weber 1921/1972/1976; Schütz 1972; Gerhardt 2001). Nachdem einzelne Fälle empirisch erhoben, analytisch rekonstruiert und kontrastiert worden waren, ließen sich Idealtypen bilden, in die Merkmale eingingen, die sich empirisch als relevant herausgestellt hatten. Diese Idealtypen mit verschiedenen Merkmalskombinationen wurden definiert, ohne dass ein einziger konkreter Fall alle zu einem Idealfall gehörenden Merkmale in Reinheit aufweisen musste. Auf diese Weise wurden so genannte objektivierte Typen sozialen Handelns aus den konkreten, fallspezifischen Ausprägungen heraus konstruiert. Abschließend wurden die Realtypen mit diesen Idealtypen verglichen.

Wie die Methode der Typenbildung es vorsieht, wurden ausführliche Einzelfalldarstellungen und -interpretationen erstellt, um die Typenbildung zu ermöglichen, von denen im Folgenden auszugsweise und exemplarisch zwei präsentiert werden können. Außerdem war es möglich, aus der Studie heraus eine eigenständige »Substantive Theory« zu entwickeln.

---

2   Entgegen Andreas Witzels Vorschlag (vgl. 1985, S. 236) kam der Kurzfragebogen zu den wichtigsten demografischen Daten nicht vor, sondern erst nach dem Interview zur Anwendung, um zu vermeiden, dass sich die Frage-Antwort-Struktur auf den Dialog im Interview selbst auswirkte (vgl. Flick 1995, S. 107).

4. Clarissa

4.1 Falldarstellung

Clarissa wurde 1986 geboren. Ihr Vater war den Kindern und auch ihrer Mutter gegenüber oft gewalttätig und des Öfteren im Gefängnis. Die Situation zu Hause belastete Clarissa sehr, ebenso die Schule, wo sie oft schwänzte:»du wurdest in der Schule fertig gemacht (…) zu Hause wurdest du auch fertig gemacht keiner hat dir geholfen bei den Hausaufgaben«.[3] Nach 13 Jahren Ehe ließen sich die Eltern scheiden, ihre Mutter lernte einen neuen Mann kennen. Clarissa wechselte aufgrund zahlreicher Umzüge mehrmals die Schule, wobei ihr die Eingewöhnung stets schwer fiel. Sie gibt an, oft gehänselt worden zu sein, da sie keine Markenkleidung besaß.

Den damals 36-jährigen verheirateten Vater ihrer Tochter lernte Clarissa 2001 bei der Geburtstagsparty einer zwanzig Jahre älteren Freundin kennen. In einem Alkoholrausch hatte sie das erste Mal Geschlechtsverkehr und wurde gleich schwanger, denn an Verhütung hatte keiner der beiden gedacht. Ihre Mutter und ihre Großmutter, die beide ebenfalls mit 16 Jahren das erste Mal Mütter geworden waren, schöpften schnell den Verdacht, dass bei Clarissa eine Schwangerschaft bestand. Die Bestätigung erhielt sie von ihrem Frauenarzt, als sie in der sechsten Woche schwanger war. Ihrer Mutter gestand sie, dass sie kurz anschließend noch mit einem zweiten Mann geschlafen hatte und nun nicht wusste, wer der Vater war, daher musste dieser später per Vaterschaftstest ermittelt werden. Nach einer vierwöchigen Bedenkzeit über eine eventuelle Abtreibung, die Freigabe des Kindes zur Adoption oder Übergabe an ihre Tante als Pflegemutter, entschied sie sich, das Kind selbst zu behalten.

Als sie die Beziehung zu dem Kindsvater beenden wollte, wurde er gewalttätig. Nachdem er von der Schwangerschaft erfahren hatte, meldete er sich vier Monate lang nicht bei ihr. Da es Clarissas Familie finanziell nicht gut ging, drohte sie, den Erzeuger wegen Verführung Minderjähriger anzuzeigen, falls er nicht einen Kinderwagen und einige Kleidungsstücke beschaffe. Seine Ehefrau teilte Clarissa mit, dass er bereits ein außereheliches Kind habe, um das er sich wenig kümmere. Clarissa machte dieselbe Erfahrung:»der kümmert sich gar nicht um die Kleine«. Auch zu den Eltern des Kindsvaters besteht kein Kontakt, da diese in Nigeria leben.

Clarissa genierte sich zunächst, ihrer Lehrerin von der Schwangerschaft zu erzählen. Als durch diese auch ihre MitschülerInnen schließlich davon erfuhren, machten sich einige über sie lustig, von ihrer besten Freundin erhielt sie aber große Unterstützung. Eine ihrer beiden Schwestern war an-

---

3 Alle Transkriptionen erfolgten ohne Interpunktion, um verschiedene mögliche Lesarten offen zu halten.

fangs sehr eifersüchtig auf sie und das Kind, was sich jedoch im Laufe der Zeit legte. Die andere Schwester fand, dass Clarissa viel zu jung war, um ein Kind zu bekommen.

Ihre Tochter Mandy kam 2002 zur Welt. Fremde halten ihr Kind oft für ihre Schwester. Die Situation nach der Entbindung beschrieb Clarissa folgendermaßen: »war noch nicht ich selbst hab das nicht fassen können dass ich schon Mama bin so früh«. Aufgrund einer Erkrankung mit hohem Fieber und weil sie gleich danach wieder mit der Schule (Berufsgrundbildungsjahr) beginnen musste, stillte sie ihre Tochter nur drei Wochen lang. Zum Zeitpunkt des Interviews empfindet sie ihre zweijährige Tochter als sehr anstrengend und fühlt sich überfordert durch sie: »manchmal bereue ich es dass ich sie auf die Welt gebracht hab«.

Mittlerweile hat Clarissa einen neuen Freund: »der steht zu mir und zu der Kleinen«. Die Beziehung zu ihrer Mutter ist dagegen äußerst angespannt: »dass man von der eigenen Mutter gesagt kriegt du bist eine schlechte Mutter man macht das und das falsch«. Clarissa erkennt die Leistungen von Mutter und Stiefvater aber auch an: »hätte ich meine Eltern nicht würde ich das Kind nicht behalten«. Clarissas leiblicher Vater hat dagegen wenig Kontakt zu ihr und ihrer Tochter »weil sie von einem Schwarzen ist und er Ausländer überhaupt nicht mag«, aber »mein Stiefvater hat die Nabelschnur durchgeschnitten«. Für die Zukunft wünscht sie sich einen Ausbildungsplatz. Abschließend konstatiert sie: »wenn ich die Zeit noch zurückdrehen könnte würde ich kein Kind kriegen«.

4.2 Fallinterpretation

Clarissa stammt aus einer bildungsfernen Familie mit wenigen materiellen Ressourcen. Sie hat nie einen zärtlichen und liebevollen Umgang in der Familie kennen gelernt. Deshalb fällt es ihr schwer, sich ihrer Tochter Mandy liebevoll zuzuwenden. Die familiäre und finanzielle Lage beeinträchtigen ihr Selbstbewusstsein, wodurch eine Tendenz zur Isolation entstanden ist. Da sich Clarissa Markenkleidung und Konsumgüter kaum leisten konnte, wurde sie von ihren MitschülerInnen gehänselt. Dies mag ein Grund dafür sein, dass sie nur wenige Freunde hatte. Von diesen erfuhr sie kaum Unterstützung oder Aufwertung. Um aus dieser Stigmatisierung herauszukommen, wandte sie anscheinend eine Coping-Strategie (vgl. Schwendter 2000) an: Um sich – wie ihre MitschülerInnen – Markenprodukte leisten zu können, wählte sie eine Form von Prostitution: »stand ich auf einer Hauptstrasse und die haben mich da runter geholt«. Eine »Entlohnung« erhält sie bis heute auch von dem Kindsvater in Form von Geschenken. Vieles deutet darauf hin, dass bereits die ersten beiden Geschlechtskontakte der 14-Jährigen mit zwei miteinander bekannten Männern Clarissas erste Schritte in die Prostitution bedeuteten, die von der erheblich älteren Freundin angebahnt wurden. Der ablehnende Umgang mit ihrer Tochter lässt erahnen, dass diese in »ungeliebten« Umständen gezeugt wurde.

Die Eltern unterstützten Clarissas materiell orientiertes Verhalten, indem sie mit dem Kindsvater handelten, ihn erpressten, quasi im Nachhinein ihre Tochter »verkauften«. Sie akzeptierten das Verhältnis ihrer Tochter mit einem 22 Jahre älteren Mann und versuchten, ein freundschaftliches Verhältnis zu ihm aufzubauen, um Nutzen daraus zu ziehen. Die Mutter nahm ihn nach der Entbindung sogar mit ins Krankenhaus, obwohl ihre Tochter dies ausdrücklich nicht wünschte.

Die positive Reaktion auf Clarissas Schwangerschaft von Seiten ihrer Mutter wurde durch die Tradition früher Mutterschaft in dieser Familie begünstigt, wodurch es ihrer Mutter schwer gefallen sein dürfte, ablehnend auf die Situation zu reagieren. Clarissa entschied, den Fötus nicht abzutreiben, da ihre Mutter darauf insistierte und ihr Hilfe anbot. Das Kind lieferte der Mutter einen gesellschaftlich akzeptierten Grund, zu Hause zu bleiben, statt ihrem ungeliebten Job nachzugehen. Eventuell hatte die Mutter aber auch den Wunsch nach einem weiteren Kind, der durch Clarissa erfüllt wurde; dafür spricht, dass Mandy zu der Großmutter »Mama« sagt. Clarissa ist zwar der Meinung, ihre Tochter könne noch nicht zwischen Mutter und Großmutter unterscheiden, tituliere daher beide als »Mama«. Kritisch eingewendet werden kann hier, dass Clarissas Mutter von Anfang an hätte darauf bestehen können, dass das Kind sie »Oma« nennt, oder sie mit ihrem Vornamen anspricht – falls es ihr unangenehm ist, mit Anfang 40 Großmutter zu sein. Diese prekäre Situation beinhaltete nicht nur ein erhebliches Potential der Konfusion bei dem Kleinkind, sondern führte auch zum Rollenkonflikt bei der minderjährigen Clarissa, die mal Mutter, mal Schwester von Mandy zu sein hat. Bei Clarissa führte die enge Großmutter-Kind-Beziehung darüber hinaus zu Neidgefühlen ihrer eigenen Tochter gegenüber, die sich dadurch äußerten, dass sie ihre Tochter vernachlässigte und erst spät begann Muttergefühle zu entwickeln.

Clarissa berichtete von körperlichen Übergriffen seitens ihres leiblichen Vaters, ihrer Mutter, ihres Stiefvaters und des Kindvaters. Diese Erfahrungen führten dazu, dass sie nicht gelernt hat, Konflikte und Probleme verbal zu lösen. Dadurch besteht bis heute die Gefahr, wenn sie diese Situation nicht – mit professioneller Hilfe – reflektiert, dass Clarissa dieses Verhalten an Mandy weitergibt. Dass dies bereits geschieht, wurde im Interview deutlich: »ich könnte manchmal ihr echt eine vor'n Kopf hauen weil die so unmöglich ist«. Andererseits bekam Mandy für Clarissa eine Ersatzfunktion bezüglich Zuwendungen und Zärtlichkeiten, die sie selbst in der Familie nicht erhält. Clarissa machte durch das Kind außerdem eine Erfahrung, die ihr bis dahin fehlte: Sie wurde für etwas bewundert, von einer Schwester sogar beneidet, und erfuhr dadurch eine Aufwertung ihrer Person.

An Clarissas Fall ist auffällig, dass die finanzielle Situation der Familie, aber auch ihre frühe Mutterschaft, sie an ihrer konkreten Zukunftsplanung hindern, denn sie äußerte zwar den Wunsch, eine Ausbildung machen zu wollen, wusste aber nicht welche. An einer Maßnahme für »Jugend ohne Arbeit«, die sie als »Jugend ohne Zukunft« charakterisierte, wollte sie dennoch keinesfalls teilnehmen. Ihre Äußerung lässt darauf schließen, dass sie ihre Situation derzeit als ausweglos und hoffnungslos sieht.

5. Christa

5.1 Falldarstellung

Christa wurde 1985 in einer mittelgroßen Stadt in Nordhessen geboren. Sie hat einen jüngeren Bruder, der 1988 zur Welt kam. Ihre Mutter blieb zwar mit den Kindern zu Hause, arbeitete aber zugleich als Tagesmutter zweier fremder Kinder. In der siebten Klasse waren Christas Schulleistungen so schlecht, dass sie das Jahr wiederholen musste. Sie sagte, sie sei ein anstrengender Teenager gewesen.

Mit 14 Jahren lernte sie den Kindsvater kennen, der ein Mädchenschwarm an ihrer Schule war und ihre erste große Liebe wurde. Allerdings verlor er regelmäßig die Kontrolle über sich, schlug Christa und überwachte sie. Nach zwei Jahren trennten sich die beiden, weshalb sie die Pille absetzte. Dennoch hatten sie weiterhin Kontakt und kamen wieder zusammen, bis eines Tages die Situation erneut eskalierte und er sie schlug. Durch einen Gerichtsbeschluss erkämpften ihre Eltern, dass er sich ihr nicht mehr nähern durfte. Christa traf sich dennoch weiterhin heimlich mit ihm, bis er sie eines Tages auf offener Straße so verprügelte, dass ihre Eltern zu Hilfe kommen mussten. Aus einem Ohnmachtsgefühl heraus ließ ihre Mutter sie in die Jugendpsychiatrie einweisen, auch weil sie vorher wochenlang die Schule geschwänzt hatte.

In dieser Zeit merkte Christa, dass mit ihr »etwas nicht stimmte« und machte einen Schwangerschaftstest, der negativ ausfiel. Kurz darauf lernte sie in einer Diskothek ihren neuen Freund kennen, den auch ihre Eltern akzeptierten. Da ihr »seltsamer Zustand« anhielt, machte sie einen zweiten Schwangerschaftstest, der positiv war. Ohne ihre Eltern in die Situation einzuweihen, ging sie zu Pro Familia und ließ sich einen Termin zur Abtreibung geben. Bei der Untersuchung wurde jedoch festgestellt, dass sie schon im fünften Monat schwanger war und eine Abtreibung nicht mehr in Frage kam. Ihr neuer Freund kannte sie zwar erst seit vier Wochen, doch er stand zu ihr. Ihren Eltern verheimlichte sie ihre Schwangerschaft noch weitere drei Wochen. Als sie davon erfuhren, warfen sie Christa raus, bereuten es sofort und holten sie wieder nach Hause.

Der Kindsvater stritt seine Vaterschaft ab und forderte, als der Sohn bereits sechs Monate alt war, einen Vaterschaftstest. Trotz positivem Ergebnis kümmert er sich bis heute nicht um sein Kind. Als der Kleine ein Jahr alt war, holte Christa ihren Hauptschulabschluss nach und sie besucht zurzeit eine Berufsfachschule. Während der Schulstunden wird ihr Sohn von Christas Großmutter beaufsichtigt. Für die Zukunft wünscht sich Christa, selbstständiger zu werden und ein eigenes Leben führen zu können. Sie möchte ihre Schule beenden und anschließend eine Ausbildung als Hotelfachfrau oder in einer Eventagentur beginnen.

5.2 Fallinterpretation

Christa stammt aus einer gutbürgerlichen Familie. Ihre Mutter investierte ihre ganze Energie und Liebe in die Erziehung der Kinder. In der Familie herrschte ein enger und liebevoller Umgang, auch mit den Großeltern, Tanten, Onkeln usw., die Christa im Interview oft erwähnte. Christa wurde sehr behutsam auf die Geburt ihres Bruders vorbereitet, dessen Namen sie aussuchen durfte und in den sie immer noch vernarrt ist. Als er in die Schule kam, machte sie sich zu seiner Beschützerin. Alle diese Vorgänge deuten darauf hin, dass Christa eine behütete und umsorgte Kindheit erlebt hat, in der sie viel Zuneigung und Hingabe der Eltern erhielt. Es herrscht eine innige Vater-Tochter-Beziehung. Sie berichtet, sie habe ihren Vater seit ihrer Kindheit vergöttert und er sei für sie immer noch der Größte.

Christa machte im Interview den Eindruck, als würde sie sich schon früh an jugendkulturellen Stilen und Maßstäben orientieren, So entwickelte sie ein großes Interesse an Markenkleidung. Als 13-Jährige fälschte sie ihren Schülerausweis, um in die Diskothek gehen zu können. Sie blieb bis Mitternacht und vernachlässigte die Schule, so dass sie mit 14 Jahren die Klasse wiederholen musste. Daraufhin wechselte sie die Schule. Diese Zeit beschrieb sie als besonders schwierig, denn sie wusste nicht, – den »typischen« Teenagerproblem der Selbstfindung und Positionsbestimmung in der Gesellschaft entsprechend – wohin sie gehörte, wer sie war und ob sie sich dem Markentrend beugen oder widersetzen sollte.

Die Interviewte berichtet auch von ihrem großen Freundeskreis, der in dieser Zeit für sie sehr wichtig war und durch den der Ablöseprozess von der Familie begann. Wichtig war ihr, dass »jeder« sie kannte und sie selbst viele Jugendliche kannte. Sie vermutet selbst, dass sie zum Typ »ich bin der Star« gehört, der bewundert und beneidet werden möchte. Diese Annahme wird dadurch gestärkt, dass sie stolz darauf war, mit 14 Jahren ihren Freund, der Halbamerikaner ist und den sie als Schwarm aller Mädchen an der Schule beschreibt, erobert zu haben: »in dieser Zeit schwebte ich mehr als ich ging«. In diese Zeit, in der sie sich bereits erwachsen fühlte, fiel auch der Umzug zu ihrer Freundin, die Zuhause mehr Freiheiten genoss. Christa sehnte sich jedoch schnell wieder nach den Geboten und Verboten ihrer Eltern und kehrte zu ihrer Familie zurück. Dies bestätigte Christas Eltern, dass sie mit ihrer Erziehung auf dem richtigen Weg waren. Die Interviewte schilderte hier sehr bildhaft, wie die Zeit der Pubertät sich gestaltete, in der Jugendliche sich einerseits als autonom, frei und selbstständig erleben und andererseits die »Streicheleinheiten«, die Aufmerksamkeit und das Lenken der Eltern benötigen.

Christas Freund gefiel ihrer Mutter nicht, und tatsächlich begannen wenig später massive Gewaltprobleme in der Beziehung. Christas Freund bat danach zwar immer reumütig um Vergebung, versprach es werde nie wieder vorkommen, gab aber am Ende ihr die Schuld, da sie ihn provoziert habe. Dies wiederholte sich mehrmals, bis Christa tatsächlich begann bei sich die Schuld zu suchen, sich zurück zu ziehen und Angst entwickelte, sich jemandem anzuvertrauen. Sie trennte sich für kurze Zeit von ihrem Freund, hatte aber bereits eine starke Abhängigkeit von dem aggressiven Partner entwickelt, was die Eltern zum Eingreifen veranlasste und zu einer einstweiligen richterlichen Anordnung führte. Hier spürte Christa die Unterstützung und das Verständnis ihrer Eltern und den Zusammenhalt der Familie. Trotzdem lehnte sie sich gegen die Familie auf und hielt zu ihrem Freund. Christas Verhalten und das Ohnmachtsgefühl ihrer Mutter veranlassten diese, Christa in die Jugendpsychiatrie einweisen zu lassen. Dadurch konnte sie reflektieren, sich ablösen und sich einer neuen Beziehung öffnen. Nur durch die Unterstützung ihrer Familie war es der Interviewten also möglich, ihren aggressiven Freund zu verlassen, sonst wäre sie wahrscheinlich in den Kreislauf einer gewalttätigen Beziehung geraten.

Die neue Beziehung wurde jedoch gleich auf eine harte Probe gestellt, denn Christa erfuhr, dass sie vom Ex-Partner schwanger war. Zwar erhielt sie von ihrem neuen Partner Unterstützung und Beistand, wollte jedoch das Kind nicht behalten. Die Interviewte wandte sich an Pro Familia, ließ sich beraten und vereinbarte einen Termin zur Abtreibung, die jedoch nicht mehr erfolgen konnte, da sie bereits im fünften Monat schwanger war. Die ausbleibende Realisierung der Schwangerschaft könnte auf einen unbewussten Kinderwunsch deuten. Dagegen spricht jedoch, dass Christa schon frühzeitig einen ersten Schwangerschaftstest hatte durchführen lassen, der fälschlicherweise negativ ausgefallen war.

Christas Eltern waren durch die Ereignisse der letzten Monate so verzweifelt, dass sie ihre Tochter des Hauses verwiesen, als sie erfuhren, dass sie schwanger war, bereuten ihre Reaktion jedoch schnell und baten Christa, nach Hause zurückzukehren. Ihr Bruder und die weitere Familie reagierten positiv auf die Nachricht, sie freuten sich mit ihr. Für Christa bekam das Kind eine Ersatzfunktion für die Nähe und die Zärtlichkeiten, die sie in der

Beziehung zum Kindsvater, der ihre große Liebe war, vergeblich gesucht hatte. Bis heute schwankt sie zwischen Zuneigung und Abwehr dem Kindsvater gegenüber.

6. Vergleichende Diskussion

6.1 Das Leben vor der Geburt des Kindes: Eigene Kindheit und Pubertät

Im nachfolgenden Vergleich werden außer Clarissas und Christas Falldarstellungen weitere sechs Interviewte einbezogen: Janine, Lena, Mira, Nona, Sahra und Simone.[4] Die soziale Herkunft der Mädchen ist äußerst heterogen: Es gibt sowohl beschützende als auch gewalttätige Familien. Mit der Kindheit verbinden die meisten Interviewten vor allem ihre Geschwister, Christa sogar die gesamte Großfamilie und Lena das Leben auf dem Dorf. Nona hat keine Geschwister, ihr prägendes Kindheitserlebnis war die Migration aus Polen. Sahra erlebte als Vier-jährige die Flucht aus der DDR und Mira kam erst mit zehn Jahren mit der kompletten Familie aus Russland nach Deutschland.

Die Pubertät wurde in Nonas Leben dadurch überformt, dass sie bereits mit dreizehn Jahren schwanger wurde und gleich die Mutterrolle übernehmen musste. Alle anderen erlebten eine – zuweilen sehr kurze – typische Jugendphase mit der Peergroup, meist auch mit dem ersten Freund. Besondere Schwierigkeiten gab es bei Lena und Sahra wegen der Gefängnisaufenthalte ihrer Freunde, und bei Simone wegen ihrer und ihres Freundes Drogensucht. Clarissa wurde durch ihren Vater zu Ausländerfeindlichkeit angehalten, bekam ihr Kind dann jedoch von einem Nigerianer.

Clarissa und Nona machten familiäre Gewalterfahrungen, erfuhren Missachtungen und Abwertungen, die möglicherweise Einfluss auf ihre sehr frühen Mutterschaften gehabt haben: Denn durch die Schwangerschaft erfahren Mädchen die erhöhte Aufmerksamkeit und Rücksicht ihrer Umgebung. Durch das Kind erhalten sie Zuwendung, die ihnen bis dahin in der Familie fehlte.[5] Auch Simone und Sahra berichteten von Gewalterfahrungen seitens ihrer Väter. Christa litt dagegen unter der Aggressivität ihres Freundes und Sahra musste Aggressionsausbrüche ihres Freundes miterleben, die sich gegen fremde Personen richteten.

---

4 Aus Platzgründen ist es leider nicht möglich, alle Mädchen detailliert zu berücksichtigen. Einige Mädchen haben zu bestimmten Sachverhalten keine Aussage gemacht.
5 Festzustellen ist, dass ein hoher Anteil ihrer Befragten Gewalttätigkeiten und Alkoholkonsum durch Elternteile bzw. deren Lebenspartner erlitten (vgl. dazu auch Bünemann de Falco/Bindel 1991, S. 17).

Die Scheidung der Eltern war bei Clarissa und Nona, Simone und Sahra ein wichtiges Kindheits- und Pubertätserlebnis. Alle vier Mädchen lebten nach der Trennung bei ihren Müttern. Auffällig ist, dass Clarissas Schwangerschaft nach der Trennung der Eltern eintrat und die von Nona, als ihre Mutter eine neue Partnerschaft einging. Die Schwangerschaft erfolgte bei beiden Mädchen also in einer Krisensituation, als sie Schwierigkeiten hatten, die neuen Gegebenheiten zu akzeptieren. Möglicherweise waren Schwangerschaft und Geburt eines Kindes ein Ersatz für die nicht (mehr) vorhandenen Zuwendungen und Aufmerksamkeiten oder ein Protest gegen die neue Situation.

Mit Stress war auch der Verlust der vertrauten Umgebung verbunden, der von einigen Interviewten erlebt wurde. Der Verlust des sozialen Netzwerkes ist in der Kindheit in der Regel weniger gewichtig als in der Pubertät, da Kinder eher familienorientiert sind, für Pubertierende dagegen die Peergroup relevant ist. Wird der Verlust der besten Freundin aufgrund einer ungünstigen familiären Situation nicht verarbeitet und diese durch eine neue beste Freundin kompensiert, so kann eine Schwangerschaft begünstigt werden, denn dadurch holen sich die Mädchen Zuwendung und Nähe. Das Kind stellt dann einen Ersatz für die »verlorene« Person dar, es verleiht der Mutter Stabilität und Sicherheit und gibt ihr Halt. Dies könnte auf Clarissa und Janine zutreffen, die zu Beginn ihrer Pubertät einen solchen biografischen Bruch erfahren haben, während bei Nona, Sahra, Mira, Christa und Simone die Umzüge bereits in der Kindheit erfolgten, die bei den drei Erstgenannten sogar mit einem Kulturwechsel verbunden waren.

Aufklärung spielt eine wichtige Rolle bei der Vermeidung unerwünschter Schwangerschaften von Teenagern. Diese haben Nona, Sahra und Simone weder durch Elternhaus noch Schule erhalten. In der Untersuchung zeigte sich jedoch auch, dass auch eine intensive und gründliche Aufklärung, wie sie bei Janine erfolgte, nicht unbedingt vor unerwünschten Schwangerschaften bei Minderjährigen schützt, wenn andere wichtige Komponenten in das Leben der Mädchen eingreifen. Simone, Clarissa, Sahra, Christa und Mira haben beim ersten Geschlechtsverkehr nicht verhütet. Lena hat ein schon vorher benutztes Kondom verwendet, und auch Nona und Janine wurden trotz Verhütung schwanger. Der Umgang mit Kontrazeptiva fällt den Minderjährigen noch schwer: Entweder sind sie nicht genügend über die Anwendung informiert oder sie schämen sich, die Problematik mit jemandem zu besprechen, was eine erhöhte Gefahr für frühe Mutterschaft darstellt.

Die Gewissheit schwanger zu sein, rief bei den Mädchen ambivalente Emotionen sowie Ohnmachtsgefühle hervor, sodass fast alle über Alternativen wie Abtreibung oder Adoption nachdachten. Clarissa und Janine waren geschockt, für Lena »brach die Welt zusammen«, Sahra war »überrascht«. Für Christa, Sahra und Lena kamen wegen bereits fortgeschrittener

Schwangerschaften die Abtreibungsüberlegungen zu spät. Die anfängliche Freude über die Schwangerschaft bei Nona kann man als ein Zeichen deuten, dass sie diese bewusst herbeiführt hatte. Die anfängliche Gewissheit wurde jedoch durch ambivalente Gefühle abgelöst. Alle Mädchen wurden sich wahrscheinlich erst allmählich der Konsequenzen bewusst und ahnten, dass sich ihr Leben durch die Geburt eines Kindes verändern würde. Nur Simone freute sich uneingeschränkt über die Nachricht.

Auch wenn die Reaktion der Kindsväter auf die Schwangerschaft so negativ war wie bei Clarissa, Christa, Simone und Janine, entschieden die Mädchen sich für das Kind, auch weil sie von anderen Personen Hilfe angeboten bekamen. Lenas Freund sagte zwar am Beginn der Schwangerschaft seine Unterstützung zu und versprach sich zu ändern, hielt jedoch nicht Wort. Als Sahra erfuhr, dass sie schwanger war, hatte sie sich schon von ihrem Freund getrennt, der zu der Zeit eine Haftstrafe verbüßte. Anfangs glaubte er ihr nicht, freute sich dann jedoch, und sie kamen wieder zusammen. Miras und Nonas Freunde nahmen positiven Einfluss, sodass sie von einer Abtreibung absahen.

6.2 Schul- und Ausbildungssituation

Schon vor der Schwangerschaft hatten alle jungen Frauen Schulprobleme, diese zogen sich wie rote Fäden durch ihre Biografien. Janine hatte als einzige zumindest zeitweise erwähnenswerte Erfolgserlebnisse in der Schule gehabt, brach diese aber schließlich ab. Durch das Kind versuchten einige Interviewte vermutlich sich die Bestätigung zu holen, etwas zu können oder zu wissen, mit dem Ziel, ihr Selbstbewusstsein zu stärken und sich nützlich zu fühlen. Darüber hinaus scheint hier bedeutsam zu sein, dass ein Kind eine gesellschaftlich anerkannte Entschuldigung bietet, zumindest eine Zeitlang nicht in die Schule gehen zu müssen.

Erst nach der Geburt des Kindes wurde den Mädchen die Bedeutung eines Schulabschlusses klar. Trotz ihrer schlechten Erfahrungen versuchten alle, einen Abschluss zu erreichen. Die Dauer der Schulpause schwankte meist zwischen zehn Wochen (Lena und Clarissa) und einem Jahr (Christa und Simone). Nur Mira blieb drei Jahre mit ihrem Sohn zu Hause. Überwiegend erhielten die Mädchen Entlastung bei der Kinderbetreuung durch ihre Mütter, teilweise auch durch ihre Großmütter. Aufgrund dieser Entlastung hatten nur drei Interviewte durch das Kind größere Schwierigkeiten, die Schule zu beenden, die anderen äußerten sich positiv zur Vereinbarkeit von Schule oder Ausbildung und Kind.

Zum Zeitpunkt der Befragung, die unterschiedlich lange nach der Kindsgeburt stattfand, hatte sich die folgende schulische respektive Ausbildungssituation ergeben: Nona war ohne Schulabschluss und ohne Berufsausbildung geblieben, was ihrer Selbstdefinition als Mutter und Hausfrau entspricht. Sie war durch eine stabile Partnerschaft ökonomisch abgesichert. Clarissa absolvierte auf Drängen ihrer Mutter das Berufsgrundbildungsjahr, zeigte jedoch keine Initiative, sich um ihre weitere Ausbildung zu kümmern. Christa hatte ihren Hauptschulabschluss nachgeholt und besuchte nun eine Berufsfachschule. Mira absolvierte gerade eine Maßnahme für junge Mütter zur Vorbereitung auf den Beruf der Arzthelferin. Sahra hatte die Schule erfolgreich beendet und befand sich in Ausbildung als Damenschneiderin. Lena hatte ihren Realschulabschluss erreicht, besaß jedoch noch keinen Ausbildungsplatz. Janine hatte extern ihren Realschulabschluss nachgeholt und bereits die Zusage für einen Ausbildungsplatz als Fachfrau für Systemgastronomie bekommen. Simone hatte das Fachabitur gemacht und ein Studium begonnen. Trotz anfänglicher Schwierigkeiten waren also fast alle Interviewten bemüht, ihre Ausbildung fortzusetzen, da sie sich und ihren Kindern eine bessere Zukunft ermöglichen wollten.

6.3 Reaktionen der Familie und des sonstigen sozialen Umfeldes

Lenas Mutter erfuhr erst durch Dritte von der Schwangerschaft, holte sie umgehend aus dem Unterricht und fuhr mit ihr zum Frauenarzt, um eine Abtreibung in Gang zu setzen, für die es jedoch bereits zu spät war. Nonas Mutter war mit der Situation überfordert und verlangte anfangs ebenfalls eine Abtreibung, was jedoch aufgrund der schlechten Mutter-Tochter-Beziehung Nonas Entscheidung für das Kind bestärkt haben dürfte. Miras Eltern waren beide entschieden dagegen, dass die Tochter das Kind bekommt. Dies mag die Entscheidung, den Fötus nicht abzutreiben, bekräftigt haben. Trotz eigener früher Mutterschaft reagierte Janines Mutter enttäuscht auf die Nachricht über die Schwangerschaft der Tochter, vermutlich weil sie ihre Tochter vor dieser Erfahrung schützen wollte und aus Angst, dies könnte die Zukunftsperspektiven erheblich verschlechtern. Simones Mutter weinte im ersten Moment, sagte zwar Unterstützung zu, freute sich jedoch erst im Nachhinein. Christas Eltern nahmen sie nach der ersten Abweisung wieder in ihren Haushalt auf und freuten sich auf das Kind. Clarissas Mutter akzeptierte die Schwangerschaft unter der Bedingung, dass sie die Schule abschließen würde, denn sie selbst besitzt keinen Schulabschluss. Nur Sahras Mutter bot sofort bedingungslos ihre Hilfe an, falls sie das Kind behalten möchte.

Christas und Miras Väter stimmten in ihren Positionen mit denen ihrer Ehefrauen überein, während Lenas Vater offenbar für sie nicht relevant war. Von den miteinander verheirateten Eltern stimmte nur Janines Vater nicht mit seiner Ehefrau überein, er unterstützte seine Tochter, denn er war früher schon einmal mit einer ähnlichen Situation konfrontiert gewesen.

Ihm war daher bewusst, dass seine Reaktion die Entscheidung seiner Tochter beeinflussen würde. Nonas Vater reagierte ebenfalls positiv auf die Nachricht, er widersprach damit seiner ehemaligen Ehefrau ebenso wie alle anderen geschiedenen Väter. Simones Vater verstieß seine Tochter sogar, da sie ein uneheliches Kind zur Welt brachte. Clarissas Vater konnte mit seiner ablehnenden Haltung ihre Entscheidung nicht beeinflussen, da er kein Vorbild für sie war. Er reagierte somit ebenfalls entgegensetzt zu seiner geschiedenen Frau. Sahras Vater stand der Schwangerschaft stark ablehnend gegenüber. Hinzu kommt, dass das Verhältnis zwischen Vater und Tochter von der Interviewten als nicht gut beschrieben wird. Zwei der drei Stiefväter mischten sich zu Gunsten der Mädchen ein – dies half Clarissa und Nona, da ihre Mütter positiv beeinflusst wurden.

Fast alle Geschwister freuten sich über die Schwangerschaft, bis auf Clarissas und Miras Schwestern, die laut Aussagen der Interviewten neidisch auf die Schwangerschaft waren bzw. unterstellten, dass sie aus Neid schwanger geworden sind. Eine hohe Bedeutung für die Bewältigung der neuen Lebensphase spielten auch die Großmütter, zumal fast alle sich über die Schwangerschaft gefreut haben. Clarissas Großmutter hatte besonders viel Verständnis, da sie ebenfalls als sehr junges Mädchen ihr erstes Kind bekommen hatte. Christas Großmutter übernahm sogar die Beaufsichtigung ihres Urenkels während Christas Schulstunden. Die Großväter jedoch fanden den kaum Erwähnung.

In allen Fällen gab es also mindestens einen, oft mehrere Familienangehörige, die die Entscheidungen der Mädchen für ihre Kinder positiv beeinflussten. Alle Minderjährigen entschieden sich erst dann für das Kind, wenn mindestens ein Elternteil oder die Eltern des Kindsvaters die Entscheidung der Mädchen unterstützten und Hilfe anboten. Durch ihre Schwangerschaft wurden die meisten Mädchen wieder stark an die Herkunftsfamilien gebunden. Somit fand kein oder nur ein erschwerter Ablösungsprozess statt. Hilfreich wirkten dabei das Aufrechterhalten außerfamiliärer Kontakte und positive Reaktionen des sonstigen sozialen Umfeldes auf die Schwangerschaft und das Kind.

Aus Simones Freundeskreis beurteilten die meisten positiv, dass sie nicht abgetrieben hat. Christa, Lena und Janine haben aufgrund ihrer Mutterschaft den größten Teil ihrer Freunde verloren. Dies mag damit zusammen hängen, dass nach der Geburt eines Kindes die Möglichkeiten, den eigenen Interessen nachzugehen und die anstehenden Pflichten zu bewältigen stark divergieren können. Dies dürfte generell eine wichtige Ursache für die soziale Isolation junger Mütter sein.[6] Nona konnte ihren Freundeskreis da-

---

6   So wird festgestellt, dass Eltern, insbesondere die Mütter, als Folge der Verantwortungsübernahme für ein Kind ihre bisherigen Kontakte einschränken müssen. Speziell für junge Mütter gilt, dass sie das soziale Netz informeller Kontakte mit Gleich-

gegen überwiegend erhalten, was eventuell damit zusammenhängt, dass diese im Vergleich zu den anderen Mädchen erheblich älter sind. Während Christa durch ihre beste Freundin unterstützt wurde, fühlte sich Clarissas beste Freundin vernachlässigt. Bei Janine fand ein Wechsel der besten Freundin statt. Freundinnen, die sich nicht in derselben Situation befinden, fühlen sich wahrscheinlich durch die Schwangerschaft und das Kind schnell vernachlässigt oder überfordert, da die (werdende) Mutter durch die neu hinzugekommenen Pflichten ihr Freizeitverhalten ändern muss.

6.4 Die Kindsväter

Lena und Mira lernten ihre Freunde in ihren Wohnorten kennen und Sahra war mit ihrem Freund in der gleichen Clique. Christa und Simone kannten ihre Freunde aus der Schule, Janine durch einen Bekannten. Bei Nona und Clarissa war jeweils eine Freundin die »Vermittlerin«. Es ist auffällig, dass die Mädchen in der Anfangsphase ihrer Beziehung verstärkt der Gefahr ausgesetzt waren, schwanger zu werden. Clarissa wurde beispielsweise gleich in der ersten Nacht schwanger, Nona nach vier Monaten, die gut aufgeklärte Janine dagegen als einzige erst nach einem Jahr.

Nona hat mit ihrem damaligen Freund und jetzigen Ehemann zum Zeitpunkt des Interviews noch eine stabile Beziehung, was daran liegen könnte, dass er fünf Jahre älter ist als sie und vermutlich beim Eintreten der Schwangerschaft bereits etwas erwachsener war. Aber auch Miras viel jüngerer Freund unterstützt sie bei der Bewältigung des Alltags. Der Vater von Clarissas Kind ist 22 Jahre älter als sie und verheiratet, wodurch von vorne herein keine Basis für eine Beziehung bestanden haben dürfte. Janines Partner war sogar noch ein Jahr jünger als sie, das heißt beide waren in einem Alter, in dem man vieles ausprobieren möchte und sich noch ungern auf einen dauerhaften Partner festlegt. Die Beziehung von Lena ging in die Brüche, unter anderem da ihre Eltern die Besuche des Freundes nicht erlaubten; dieser meidet sie heute. Simones Freund beendete die Beziehung als ihre Tochter zwei Monate alt war. Sie erhält von ihm keinerlei Unterstützung.[7] Sahras Beziehung war stets problematisch, weil sie durch mehrere Trennungen und Gefängnisaufenthalte des Kindsvaters belastet wurde. Der Kindsvater trennte sich von ihr, »weil er sein Leben noch genießen will«. Christa beendete ihre Beziehung zu dem Kindsvater schon vor der Geburt ihres Kindes und hat gar keinen Kontakt mehr zu ihm.

---

altrigen weitgehend oder ganz verlassen (vgl. Bünemann de Falkon/Bindel-Kögel 1993, S. 15). Diese fehlten den jungen Müttern des Samples aber umso mehr, da die jungen Frauen noch kurze Zeit vorher vor allem Peergroup-Kontakte gehabt hatten.

7   Die Art (Kindsbetreuung, moralische oder finanzielle Hilfe etc.) und Häufigkeit von Unterstützungsleistungen der Kindsväter war äußerst heterogen.

Zusammenfassend kann festgehalten werden, dass die Geburt des Kindes auch sehr junge Väter offenbar nicht daran hindert, ihren schulischen und beruflichen Werdegang fortzusetzen. Es hängt stark von ihrem Alter, der persönlichen Reife, der Bildung und der Persönlichkeit ab, wie sie sich der jungen Mutter und dem Kind gegenüber verhalten.

6.5 Zukunftsvorstellungen und Lebensperspektiven

Clarissa, Nona und Janine möchten eine Ausbildung absolvieren, um auch von ihren Partnern finanziell unabhängig sein. Vermutlich ist vielen Interviewten ihre Unabhängigkeit deshalb wichtig, da sie feststellen, dass sie für das Kind allein verantwortlich sind und sich nicht auf den Partner verlassen können. Ein weiterer Grund könnte bei einigen Interviewten sein, dass sie sich als Kinder und Jugendliche nicht gut versorgt gefühlt haben und dies bei den eigenen Kindern vermeiden möchten. Clarissa, die sich durch ihr Kind überfordert fühlt, bezweifelt, das Leben mit Mandy allein meistern zu können. Christa möchte zu Hause ausziehen, selbstständiger werden, die Schule abschließen und dann eine Ausbildung durchführen. Lena möchte die Schule beenden und eine Ausbildung beginnen, um später für ihre Tochter sorgen zu können, ohne von den Eltern abhängig zu sein. Simone möchte ihren neuen Freund heiraten[8] und ihr Studium beenden, ein Praktikum in einem Mutter-Kind-Heim durchführen und später als Missionarin nach Südamerika gehen. Sahra wünscht sich ein Haus, ein Auto, genügend Geld und wieder mit ihrem Freund zusammen zu sein. Mira hofft, eine Ausbildung als Arzthelferin oder Krankenschwester absolvieren zu können; zudem möchte sie den Führerschein machen, ein zweites Kind bekommen und heiraten. Die Wünsche der minderjährigen Mütter nach (finanzieller) Ablösung von den Eltern und Autonomie sind typisch für die Jugendphase. Dieses Unabhängigkeits- und Ablösestreben der Mädchen von der Herkunftsfamilie war umso deutlicher, je klarer sie ihr privates Verhältnis zum Kindsvater oder zum neuen Partner hatten absichern können.

6.6 Versuch einer Typologisierung

Die Dimensionen, die aus dem empirischen Material abgeleitet wurden und Basis der vergleichenden Darstellung waren, gingen auch in die Konstruktion der fünf Idealtypen ein. Die fünf Idealtypen sind objektivierte Typen sozialen Handelns, sie wurden folgendermaßen bezeichnet: (1) durchgängig ablehnende Mutter, (2) negative Einstellung der Mutter entwickelt sich zur positiven, (3) ambivalente Mutter, (4) positive Einstellung der Mutter entwickelt sich zur negativen und (5) durchgängig glückliche Mutter.

---

8 Das wichtigste Kriterium scheint zu sein, wie der neue Partner zu dem Kind steht.

Abbildung 1: Idealtypenkonstruktion

Idealtypen / *Vergleichsdimensionen*	*Typ 1: durchgängig ablehnende Mutter*	*Typ 2: negative Einstellung der Mutter entwickelt sich zur positiven*	*Typ 3: ambivalente Mutter*	*Typ 4: positive Einstellung der Mutter entwickelt sich zur negativen*	*Typ 5: durchgängig glückliche Mutter*
Schwangerschaft	durchgängig ablehnend	abneigend	ambivalent	zustimmend	sehr glücklich
Reaktion der Familie	überwiegend negativ	optimistisch	überwiegend zwiespältig	abneigend	überwiegend begeistert
Reaktion des übrigen persönlichen sozialen Umfeldes	schwierig	neutral	unentschlossen	neutral	große Freude
Kind	ignorierend	aus Antipathie wird Liebe	innerliche Zerrissenheit	aus Liebe wird Aversion	glücklich
Junge Väter	verweigernd	pessimistisch	unsicher	positiv	sehr große Freude
Ärzte, Ämter und Behörden	intolerant	unsicher	schwankend	einwilligend	selig
Schulische und berufliche Aussichten	gering	eher gut	zweifelnd	eher schlecht	sehr gut
Zukunftsvorstellungen und Lebensperspektiven	keine	einige	uneinig	wenige	viele positive

Beispielhaft sollen hier zwei Typen kurz erläutert werden: Die durchgängig glückliche Mutter (Typ 5) fühlt sich bereits während der Schwangerschaft sehr glücklich. Ihre Familie nimmt die Schwangerschaft überwiegend positiv auf, wie auch das übrige persönliche soziale Umfeld. Nach der Geburt reagiert die junge Mutter glücklich auf das Kind, wie auch die Kindsväter. Auch bei Ärzten, Behörden und Ämtern sind weitgehend positive Reaktionen zu beobachten. Die schulischen und beruflichen Aussichten der Minderjährigen sind sehr gut. Sie haben weitgehend positive Zukunftsvorstellungen und Lebensperspektiven. Die ambivalente Mutter (Typ 3) betrachtet dagegen bereits die Schwangerschaft mit Zwiespalt. Eine ähnliche Reaktion ist bei ihrer Familienangehörigen zu finden. Das übrige persönliche soziale Umfeld reagiert unentschlossen. Der Kindsvater ist unsicher, wie auch die Ämter und Behörden, zu denen die Kindsmutter Kontakt hat. Die Minderjährige reagiert auf das Kind nach der Geburt innerlich zerrissen. Ihre schulischen und beruflichen Perspektiven sind unsicher.

Basierend auf dem empirischen Material und dessen Dimensionierung, wurden anschließend die Realtypen den fünf Idealtypen zugeordnet: Typ 1 kam in dieser Studie nicht vor, denn vermutlich lässt dieser Typ den Fötus abtreiben oder gibt das Kind zur Adoption frei. Zum zweiten Typ sind Christa und Lena zuzuordnen, da beide das Kind zunächst nicht bekommen wollten, inzwischen jedoch mit Hilfe ihrer Angehörigen eine positive Einstellung entwickelt haben und ihre Zukunft positiv sehen. Typ 3 ist durch Mira und Nona vertreten – bei diesen jungen Frauen machen sich insbesondere die sehr heterogenen Reaktionen des sozialen Umfeldes bemerkbar. Dem Typ 4 entsprechen Clarissa und Sahra, bei denen die Angehörigenreaktionen ebenfalls heterogen waren, die aber besonders negativ durch ihre sehr unsicheren Zukunftsaussichten beeinflusst werden. Janine und Simone gehören zum Typ 5, deren Zukunftsaussichten besonders positiv sind und die Unterstützung durch ihr soziales Umfeld, auch durch neue Partner gefunden haben.

7. Resümee

Die Familie, der Kindsvater, der neue Partner und das weitere persönliche soziale Umfeld nehmen ebenso wie die Schule, Ärzte und Behörden Einfluss auf die minderjährigen Mütter. Dieser Einfluss wirkt sich aus auf die erste Entscheidung für oder gegen das Kind, das Befinden der werdenden Mütter und ihre Akzeptanz der Schwangerschaft, das Schwangerschaftserleben, die Beziehung zum Kind und den Umgang mit diesem, auf die Beziehung zum Kindsvater und zum neuen Partner, auf die Freundschaften mit Gleichaltrigen sowie auf den weiteren schulischen und beruflichen Werdegang, die Zukunftsplanung und die Lebensperspektiven. Die Befunde legen nahe, dass Mädchen, die familiäre Gewalt, Scheidung der Eltern oder Schulschwierigkeiten erlebten und bei denen eine ungenügende Aufklärung stattfand, einer erhöhten Gefahr ausgesetzt sind, minderjährig Mütter zu werden. Minderjährige Mütter entscheiden sich dann für das Austragen des Kindes, wenn sie eine Hilfestellung von Seiten der Familie oder des Kindsvaters zugesichert bekommen. Je klarer und sicherer dabei das Verhältnis der minderjährigen Mutter zum Kindsvater oder zum neuen Partner geregelt ist, desto stärker ist das Unabhängigkeits- und Ablösebestreben von der

Herkunftsfamilie. Die meisten minderjährigen Mütter lehnen eine finanzielle Abhängigkeit vom Partner ab. Wenn die Beziehung zum Kindsvater
scheitert, hängt die Wahl des neuen Partners davon ab, dass er das Kind akzeptiert. Den Minderjährigen wird unabhängig von Schichtzugehörigkeit –
im Rahmen der vorhandenen Möglichkeiten – geholfen, ihre schulische und
berufliche Ausbildung fortzuführen. Schichtabhängig ist jedoch, wie die
Mädchen ihre Lebensperspektiven einschätzen.

Folgt man den Ergebnissen der Studie, dann lässt sich als Aufgabe für
Soziale Arbeit beschreiben, bei minderjährigen Müttern darauf hin zu wirken, dass sich einerseits die Einstellung der ablehnenden und der ambiva-
lenten Mütter zu einer positiven Haltung entwickelt, und dass andererseits
die Entwicklung negativer Grundhaltungen bei bislang positiv eingestellten
Mütter verhindert wird. Die Analyse des sozialen Umfeldes der Mütter
zeigt, dass es sinnvoll erscheint, bei Hilfemaßnahmen für minderjährige
Mütter die Kindsväter, die Familie aber das weitere soziale Umfeld einzubeziehen. Geschlussfolgert werden kann, dass wahrscheinlich nur eine auf
die gesamte Fallentwicklung und das gesamte Umfeld bezogene, biografisch orientierte Herangehensweise positive Entwicklungen ermöglichen
kann. Die Selbstständigkeit und der Ablöseprozess von der Herkunftsfamilie sollten gefördert werden, damit es den Minderjährigen ermöglicht wird,
zunächst die Schule abzuschließen und ihre Ausbildung zu absolvieren.
Dabei muss auch die Betreuung des Kindes während dieser Zeit gewährlis-
tet sein, damit die minderjährige Mutter sich tatsächlich auf ihr schulisches
und berufliches Weiterkommen konzentrieren kann. Im Anschluss an Schule und Ausbildung erscheint die Weitervermittlung in einen Betrieb oder
Hilfestellungen bei der Arbeitssuche notwendig und sinnvoll. Selbstverständlich kann Soziale Arbeit nicht alle Probleme in der Praxis lösen,
dennoch können Hilfen notwendig und entscheidend sein. So war das Eingreifen des Jugendamtes im Falle von Simone entscheidend dafür, dass sie
sogar ein Studium aufnahm und die Unterbringung in einer Mutter-Kind-
Einrichtung sich trotz erheblicher familiärer Schwierigkeiten erübrigte.

Literatur

Bier-Fleiter, C. (1985): Konflikte in der Schwangerschaft. Eine empirische Un-
    tersuchung über das Schwangerschaftserleben werdender Mütter in einem
    Mütter- und Kleinkinderheim. Schriftenreihe der Johann Wolfgang Goethe-
    Universität, Institut für Sozialpädagogik und Erwachsenenbildung. Frankfurt
    a. Main.
Bier-Fleiter, C. (2003): Jugendliche Mütter und ihre Kinder in einer Einrich-
    tung der Jugendhilfe – Zwischenbericht zu Ergebnissen und Perspektiven ei-
    ner Langzeitstudie. In: Benzinger, D./Diehm, I. (Hrsg.) (2003): Frühe Kind-

heit und Geschlechterverhältnisse. Konjunkturen in der Sozialpädagogik. Schriftenreihe der Johann Wolfgang Goethe-Universität, Institut für Sozialpädagogik und Erwachsenenbildung. Frankfurt a. Main, S. 118-137

Bier-Fleiter, C./Grossmann, W. (1989): Mutterschaft in der Adoleszenz. Biographien jugendlicher Mütter. Schriftenreihe der Johann Wolfgang Goethe-Universität, Institut für Sozialpädagogik und Erwachsenenbildung. Frankfurt a. Main.

Bünemann de Falco, R./Bindel, G. (1991): Das Phänomen der frühen Mutterschaft. Zur Lebenssituation und Berufswegplanung von jungen Müttern. In: Sozialextra, 91. Jg. (1991), Heft 1, S. 17-19.

Eisenhauer-Hartung, G. (1972): Die Situation unverheirateter Mütter in der BRD unter besonderer Berücksichtigung in Heimen lebender minderjähriger Mütter. Dissertation an der Justus-Liebig-Universität Gießen.

Flick, U. (1995): Qualitative Forschung. Theorie, Methoden, Anwendungen in Psychologie und Sozialwissenschaften. Reinbek b. Hamburg.

Gerhardt, U. (2001): Idealtypus. Zur methodologischen Begründung der modernen Soziologie. Frankfurt a. Main.

Glaser, B. G./Strauss, A. L. (1998): Grounded Theory: Strategien qualitativer Forschung. Bern u. a.

Höltershinken, D. u. a. (1990): Möglichkeiten und Grenzen der Lebenshilfe für besonders sozial gefährdete Mädchen und Frauen (Schwangere und Mütter mit Kindern in Mutter-Kind-Einrichtungen). Schriftenreihe des Bundesministeriums für Jugend, Familie, Frauen und Gesundheit, Band 251. Stuttgart, Berlin und Köln.

Kester, B. (1979): Heime für Mutter und Kind in der Bundesrepublik Deutschland. Lauterbach.

Klees-Möller, R. (1993): Soziale Arbeit mit jungen Müttern. Zur historischen Entwicklung und gegenwärtigen Situation von Mutter-Kind-Einrichtungen. Bochum.

Laue, E./Heilmann, H.-J. (2001): Geburten und Schwangerschaftsabbrüche junger Frauen in Deutschland. Die Daten des Statistischen Bundesamtes. Bundeszentrale für gesundheitliche Aufklärung, Heft 1. Köln.

Schmidt-Grunert, M. (1999): Sozialarbeitsforschung konkret: problemzentrierte Interviews als qualitative Erhebungsmethode. Freiburg i. Breisgau.

Schütz, A. (1972): Gesammelte Aufsätze, Band 2: Studien zur soziologischen Theorie. Den Haag.

Schwendter, R. (2000): Einführung in die soziale Therapie. Tübingen.

Statistisches Bundesamt Deutschland (2004 [letzte Aktualisierung: 10. März 2004]): Schwangerschaftsabbrüche, 38 Absätze, http://www.destatis.de/cgi-bin/printview.pl, Zugriff am 16.04.2004.

Strauss, A. L. (1994): Grundlagen qualitativer Sozialforschung. Datenanalyse und Theoriebildung in der empirischen soziologischen Forschung. München.

Strauss, A. L./Corbin, J. (1996): Grounded Theory: Grundlagen qualitativer Sozialforschung. Weinheim.

Thiersch, H./Grunwald, K. (2004): Das Konzept Lebensweltorientierte Soziale Arbeit – einleitende Bemerkungen. In: Thiersch, H./Grunwald, K. (Hrsg.) (2004): Praxis Lebensweltorientierter Sozialer Arbeit. Handlungszugänge und Methoden in unterschiedlichen Arbeitsfeldern. Weinheim und München, S. 13-39.

Weber, M. (1921/1972/⁵1976): Wirtschaft und Gesellschaft. Grundriss der Verstehenden Soziologie (Original: Grundriss der Sozialökonomik, 1921; erst 1972 mit endgültigem Titel veröffentlicht). Tübingen.

Wendt, W. R. (1981): Mutter und Kind im Heim. Materialien zum Bericht der Kommission zur Auswertung der Erfahrungen mit dem reformierten § 218 StGB, Band I. Schriftenreihe des Bundesministeriums für Jugend, Familie, Frauen und Gesundheit, Band 92/2. Stuttgart.

Witzel, A. (1982): Verfahren der qualitativen Sozialforschung. Überblick und Alternativen. Frankfurt a. Main.

Witzel, A. (1985): Das problemzentrierte Interview. In: Jüttemann, G. (Hrsg.) (1985): Qualitative Forschung in der Psychologie. Grundfragen, Verfahrensweisen, Anwendungsfelder. Weinheim und Basel, S. 227-255.

Sarina Nicole Fuest

Zur Ätiologie von Adipositas im Leben traumatisierter Frauen

1. Adipositas und Traumatisierungen

Den meisten, in der Bundesrepublik Deutschland lebenden Kindern geht es gut. Sie sind gesund, treiben Sport und haben kein Übergewicht. Diese, für einige überraschende Botschaft kommunizierte jüngst das Robert-Koch-Institut (vgl. Die Zeit 2006, S. 45). Wird den publizierten Befunden vertraut, dann sind lediglich sechs Prozent der bis 17-jährigen Heranwachsenden als »adipös« und 8,5 Prozent als »übergewichtig« anzusehen. Doch in diesem Beitrag soll es nicht um eine kritische Beurteilung dieser Situationsskizze gehen. Vielmehr soll hier der Frage nachgegangen werden, inwieweit »Traumatisierungen in der Kindheit mögliche Ursache einer adipösen Essstörung im Erwachsenenalter« sein können. Wurden die beiden Themenkomplexe »Pathologie der Adipositas« und »Traumatisierungen« bereits ausgiebig untersucht, so wurde ihrer Verknüpfung bisher jedoch nur wenig Aufmerksamkeit geschenkt.

In vergangenen Epochen und in unterschiedlichen Kulturen gab es schon immer divergierende Vorstellungen von Schönheit – gelten auf der einen Seite beispielsweise etwas rundliche bis dicke Frauen als attraktiv und ist Leibesfülle ein Zeichen von Wohlstand, so existiert auf der anderen Seite anderenorts das gegensätzliche Ideal einer schlanken Figur. In den westlichen Gesellschaften hat sich seit den 1950er Jahren bezüglich der Figur ein weibliches Schönheitsideal etabliert, welches gemäß dem Body Mass Index (BMI)[1] an der Grenze zwischen dem Normal- und dem Untergewicht anzusiedeln ist (vgl. Westenhöfer 1996, S. 10). Von der erfassten Gesamtzahl der von Adipositas betroffenen Menschen, sind etwa ein Drittel Männer (vgl. Jacobi/Paul/Thiel 2004, S. 8 f.).

---

1 Der BMI (Berechnung: Gewicht geteilt durch die Körpergröße in Metern zum Quadrat) dient zur Klassifikation des Körpergewichts und ermöglicht einen internationalen Vergleich.

Der Begriff Adipositas[2] wird definiert als »Fettleibigkeit; übermäßige Vermehrung od[er] Bildung v[on] Fettgewebe« (Pschyrembel 1994, S. 465) – Adipositas selbst ist demnach keine Krankheit. Aus medizinischer Sicht kann das starke Übergewicht jedoch zahlreiche physische Begleit- und Folgeerscheinungen (Erkrankungen der tragenden Gelenke und motorische Defizite, Diabetes mellitus Typ 2, koronare Herzerkrankungen, Bluthochdruck) nach sich ziehen (vgl. Cuntz/Hillert 2003, S. 108; Pudel 1997, S. 1). Da Adipositas demnach in der Regel zunächst lediglich eine Beschreibung der Körperfülle ist, darf sie nicht fälschlicherweise den Essstörungen zugeordnet werden.[3] Im Kontrast dazu bezeichnen Anorexie oder Bulimie jeweils selbst die »Störung«. Wird eine Adipositas diagnostiziert, so muss demnach Ursachenforschung betrieben werden.

Neben genetischen Dispositionen (1) werden schlechte Ernährungsgewohnheiten (2), körperliche Inaktivität (3) sowie psychosoziale Aspekte (4) als begünstigende Faktoren einer Adipositas genannt.[4]

(1) Johannes Hebebrand u. a. (vgl. 2003, S. 60) nennen eine bestimmte, zu erhöhter Fettansammlung führende Genvariante (Allele), die, da dem Körper somit vermehrt Energiereserven zur Verfügung stehen, in Zeiten von Hunger und Not zwar nützlich sein kann, sich bei übermäßiger Nahrungszufuhr jedoch negativ auswirkt. Ulrich Cuntz und Andreas Hillert (vgl. 2003, S. 13) führen das Beispiel von Zwillingsstudien an, bei denen sich getrennt aufgewachsene Zwillinge ähnlich adipös entwickelten: In dieser Untersuchung ließ sich kein Zusammenhang zwischen dem Body Mass Index der Adoptivkinder und dem der Adoptiveltern feststellen, weshalb davon ausgegangen werden kann, dass den Genen eine bedeutsame Rolle zukommt.

(2) Essen gehört zu den Grundbedürfnissen des Menschen und wird durch ein Zusammenspiel von Hunger und Sättigungsgefühl (Homöostase) reguliert (vgl. Logue 1998, S. 44 f., S. 55 f.). Schnell zubereitete, wenig nahrhafte und dabei oft sehr kalorienhaltige Nahrung findet in der heutigen Gesellschaft vermehrt Anklang und laut Logue (vgl. 1998, S. 293) konsumieren vor allem adipöse Menschen diese mit Vorliebe. Darüber hinaus unterscheidet Georg E. Jacoby (2004, S. 2) fünf verschiedene Formen des Essverhaltens, die zu einer Adipositas führen können: Binge-eating (Fressanfälle), Grazing (Knabbern und Daueressen), von den Patienten unbemerktes Essen, Carnivoren (Schlemmen bei Mahlzeiten) und Night-eating (Fressanfälle). Lichtman u. a. (vgl. 1992 zitiert in Wirth 1997, S. 40) veranschaulichten, dass quantitative Erhebungen der Nahrungsaufnahme unge-

---

2 Der Termini Adipositas hat in der Mitte des 20. Jahrhunderts den Begriff der Fettsucht abgelöst.

3 Vielmehr können z. B. eine Esssucht oder eine Binge Eating Disorder (BED) Ursache einer Adipositas sein.

4 Krankheiten bzw. Medikamente als Ursachen werden hier außer Acht gelassen.

eignet sind, da adipöse Menschen ihre Nahrungszufuhr mengenmäßig häufig unterschätzen, was Alfred Wirth »under-reporting« (1997, S. 40) nennt. (3) Beruflich üben viele Menschen sitzende Tätigkeiten aus und die Freizeit ist immer häufiger geprägt von Fernsehen und Computer – beides beeinflusst die körperliche Aktivität. Bisher konnte epidemiologisch jedoch nicht geklärt werden, ob Sport zur Gewichtsabnahme führt oder ob von Natur aus schlankere Menschen sich vermehrt sportlich bewegen (vgl. Holub/ Götz 2003, S. 232).

(4) Neben der psychischen Entwicklung ist auch entscheidend, wie die Herkunftsfamilie mit dem Körper und dem Essen umgeht, somit gilt es auch familiendynamische Aspekte zu berücksichtigen. Zudem können gesellschaftlicher Druck (Schönheitsideal, Leistungsdruck, etc.) und Traumatisierungen Stress auslösen. Alexandra W. Logue (1998, S. 307) fand heraus, dass Menschen in Situationen der Angst (Stress) »ansprechbarer gegenüber Außenreizen« werden und somit nicht mehr zwischen den beiden internen Reizen Hunger und Angst unterscheiden können. Die Autorin spricht in diesem Zusammenhang von stressinduziertem Essen. Von allen Aspekten, die eine Adipositas begünstigen, sind im Folgenden vor allem die eben angeführten psychosozialen Aspekte interessant, da es um den Zusammenhang mit erlebten Traumatisierungen gehen wird.

Ein vergleichbar diffuses Bild zeigt sich bezüglich des Traumatabegriffs. Luise Reddemann und Cornelia Dehner-Rau (2004, S. 15 f.) unterscheiden drei Traumaarten: Man-made-Trauma (mit individuellem und sozialem Kontext), Naturkatastrophen/schwere Schicksalsschläge und kollektive Traumatisierungen (z. B. Kriege). Im Folgenden soll ausschließlich das innerfamiliäre Man-made-Trauma behandelt werden.

Anette Engfer (vgl. 2005, S. 5) unterscheidet zwischen psychischer und körperlicher Vernachlässigung, psychischer und körperlicher Misshandlung sowie sexuellem Missbrauch. Sie geht davon aus, dass die Opfer nicht selten von mehreren dieser Formen gleichzeitig betroffen sind. Vernachlässigung tritt häufig in Familien auf, in denen die Eltern psychische Auffälligkeiten zeigen und in sozial schwachen Schichten (vgl. Engfer 2005, S. 5). Sexueller Missbrauch hingegen kommt in allen sozioökonomischen Statusgruppen gleichermaßen vor. Insgesamt sind vor allem unerwünschte und vernachlässigte Kinder gefährdet, Opfer von Misshandlung oder sexuellem Missbrauch zu werden (vgl. Hirsch 1994, S. 82).

Traumatische Erfahrungen, die in der (frühen) Kindheit beginnen, sind stärker zu bewerten als solche, die im Erwachsenenalter erlebt werden. Je weniger die Persönlichkeit zu diesem Zeitpunkt ausgeprägt ist, desto weniger Handlungsmöglichkeiten bleiben den Opfern und desto größer sind in der Regel die Ohnmachtsgefühle. Ebenso schädigen Traumatisierungen, die durch Familienangehörige verursacht werden, stärker als solche durch Fremdtäter, da die Opfer abhängig sind und innerfamiliäre Traumatisierungen zudem meist länger anhalten (vgl. Reddemann/Sachsse 2000, S. 559; auch Hirsch 1994, S 82). Diese Dauerbelastung zieht somit permanente pathogene Einflüsse nach sich. Je komplexer und dauerhafter die Belastung ist, desto schwieriger wird eine Integration der kranken in die gesunden Anteile, denn sie nimmt Einfluss auf die gesamte Persönlichkeitsstruktur. Kinder können sich nur selten erfolgreich gegen ihre Eltern wehren, hinzu kommt ein großer Druck der Täter zur Geheimhaltung, der bei den Opfern oft immense Schuldgefühle auslöst. Die Psychoanalyse bezeichnet das als »implantativen Schuldgefühlmechanismus« und Mathias Hirsch (1994, S. 96) beschreibt sehr anschaulich: Die »Opfer haben die Schuldgefühle, die eigentlich ihre Mütter und Väter hätten haben müssen«. Durch diesen Mechanismus bleibt für das Kind das idealisierte Bild des elterlichen Täters erhalten (vgl. Hirsch 2004, S. 35). Weiterhin werden bei A. Engfer (2005, S. 17) Ängste, Depressionen, Schulprobleme, aggressives und hyperaktives Verhalten, internalisierendes oder externalisierendes sowie sexualisiertes Verhalten als häufige Folge eines (langjährigen) sexuellen Missbrauchs beschrieben. In der Adoleszenz können sozialer Rückzug, Todessehnsucht, Somatisierung, Promiskuität sowie Alkohol- und Drogenmissbrauch hinzukommen. Ebenso sind psychische Anspannung (Panikattacken, Albträume, Schlafstörungen) und ein negatives Selbstkonzept eine oft erkennbare Folge. Durch eine Traumatisierung kann die Einschätzung der Körpersignale nicht richtig erlernt bzw. verlernt werden, was wiederum eine Essstörung begünstigt. Häufig gibt es Opfer in mehreren Generationen einer Familie, denn eine Person, die Opfer war, unterliegt einem erhöhten Risiko, es erneut zu werden: Frauen bleiben meist in der Opferrolle, wohingegen Männer oft vom Opfer zum Täter werden (vgl. Hirsch 2004, S. 60-70).

2. Methodische Vorgehensweise der empirischen Studie

Bei der vorliegenden Untersuchung wurden drei Frauen in einem therapeutischen Kontext unter der Fragestellung »Sind Traumatisierungen in der Kindheit eine mögliche Ursache einer adipösen Essstörung im Erwachsenenalter« interviewt. Zum einen aufgrund des Mangels an Forschungsergebnissen zu diesem Thema und zum anderen, da ein Fragebogen einem derart komplexen Thema und den interviewten Personen nicht gerecht werden kann, kam nur eine qualitative Erhebungsmethode in Frage, mit der explorativ erste Hypothesen zum Verhältnis von Adipositas und Traumatisierung entwickelt wurden. Da Traumata eines sehr sensiblen Umganges, insbesondere auch im Rahmen der Erhebung von Interviews, bedürfen, wurde ein Praktikum in einer therapeutischen Einrichtung nötig, um eine Vertrauensbasis zu den zu Interviewenden aufzubauen. Der ethnografische

Zugang diente hier folglich nur eingeschränkt dazu, durch Teilnehmende Beobachtungen zu rekonstruierende Daten zu sammeln. Vielmehr galt es durch die Teilnahme im Feld eine Arbeitsbeziehung herzustellen, die eine ausreichend vertrauensvolle Grundlage für die Interviewsituation bieten konnte. Der in der Regel recht kurze, den Interviews vorgeschaltete Aushandlungsprozess zwischen InterviewerIn und Interviewten (durch z. B. Telefonat oder direkt vor der Interviewsituation) wurde somit durch Feldaufenthalt verlängert. Dabei galt es jedoch zu beachten, dass über die Einsozialisation ins Feld die Teilnehmende Beobachterin mit den AkteurInnen des Feldes nicht allzu viel Kontextwissen gemeinsam teilte. Bis zum Zeitpunkt der Interviews wurde daher eine Teilnahme der Forscherin an Therapiesitzungen der zu Interviewenden vermieden, um zu verhindern, dass diese im Interview auf gemeinsames Kontextwissen zurückgreifen und somit Detailerzählungen unterlassen.

In Ahnlehnung an das theoretical sampling (vgl. Glaser/Strauss 1998, S. 53) wurde erst nach grober Aufarbeitung eines Interviews die nachfolgende Interviewpartnerin ausgewählt, um die Auswahlkriterien »zunehmend spezifischer und eindeutiger werden zu lassen« (Strübing 2004, S. 30). Aufgrund der zeitlich begrenzten Möglichkeit der Feldsondierung konnte diesem Ansatz ab dem zweiten der insgesamt vier[5] erhobenen Interviews nicht mehr gefolgt werden. Eine vollständige theoretische Sättigung im Rahmen des theoretical sampling liegt somit nicht vor.

Biografisch-narratives und problemzentriertes Interview, aus denen Elemente für diese Studie verwendet wurden, sollen im Folgenden kurz erläutert werden: Das narrative Interview ist wenig bis gar nicht strukturiert und daher für die Biografie- und Lebenslaufforschung besonders geeignet (vgl. Lamnek 1995). ForscherInnen sollten möglichst ohne wissenschaftliches Konzept in die Datenerhebung gehen, ohne dabei allerdings eine »Tabula rasa« darstellen zu können (vgl. Lamnek 1995, S. 75). Die interviewte Person wird zu einer so genannten »autobiographische[n] Stegreiferzählung« (Bohnsack 2003, S. 92) aufgefordert. Sie erzählt ihre Lebensgeschichte so, wie sie diese erfahren hat, also mit allen subjektiven Bedeutungsstrukturen, die für ihre Identität und somit auch für ihr Handeln relevant sind (vgl. Mayring 1996, S. 54). Das problemzentrierte Interview bedarf dagegen eines theoretischen Konzeptes, das heißt die ForscherInnen bereiten sich unter anderem durch »Literaturstudium, eigene Erkundungen im Untersuchungsfeld, durch Ermittlung des Fachwissens von Experten« (Lamnek 1995, S. 75) auf ihre Studien vor. Im Vorfeld soll von den ForscherInnen ein Leitfaden erstellt und als Orientierungshilfe genutzt werden. Dieser kann im Zuge des theoretical samplings Veränderungen unterliegen. Durch die Eingangsfrage fand bei den hier vorliegenden Interviews einerseits die

---

5   Ein Interview konnte nicht in die Bearbeitung einbezogen werden.

Zuspitzung auf das Problem statt, andererseits wurde gebeten, dieses biografisch einzubetten, denn erst die Kenntnisse über den biografischen Verlauf ermöglichten, traumatische Erlebnisse als mögliche Ursache der (adipösen) Essstörung ausfindig zu machen. Insgesamt gelangen allen Interviewten längere narrative Phasen. Während des gesamten Erhebungs- und Auswertungsverfahrens wurden Beobachtungen und Gedanken auf Basis der Teilnehmenden Beobachtungen in Tagebuch- und Feldnotizen festgehalten. Die Interviewtranskripte wurden so unter anderem durch Notizen über Gesprächsatmosphäre und nonverbale Reaktionen beider Beteiligten in Form eines Postskriptums ergänzt (vgl. Witzel 1982, S. 91 f.). Ebenfalls wurden im gesamten Forschungsprozess Memos und Diagramme angefertigt. Bei der Auswertung fand das gesamte Material Berücksichtigung.[6]

Obwohl es sich weitgehend um narrative Interviews handelte, wurde die qualitative Datenanalyse der Grounded Theory nach Barney Glaser und Anselm Strauss (1998) gewählt, um schrittweise eine kleine, in den Daten begründete Theorie zu entwickeln. Die Interviews wurden vollständig transkribiert, grob analysiert sowie in einem wissenschaftlichen Kolloquium, in dem teilweise auch das Kodieren stattfand, ausführlich diskutiert. »Während des offenen Kodierens werden die Daten in einzelne Teile aufgebrochen, gründlich untersucht, auf Ähnlichkeiten und Unterschiede hin verglichen, und es werden Fragen über die Phänomene gestellt, wie sie sich in den Daten widerspiegeln« (Strauss/Corbin 1996, S. 44). Nach der offenen folgte die axiale Kodierung, »gemeint ist damit, daß eine bestimmte Kategorie an einem bestimmten Punkt der Forschungsarbeit im Rahmen des Kodierparadigmas (Bedingungen, Konsequenzen usw.) intensiv analysiert wird« (Strauss 1994, S. 63). Und letztendlich erfolgte die selektive Kodierung, bei der »systematisch und konzentriert nach der Schlüsselkategorie kodiert wird« (Strauss 1994, S. 63). Das Kodieren dient der Auseinandersetzung mit dem empirischen Material und dem Prozess der Entwicklung von Konzepten (vgl. Strübing 2004, S. 19). Aus den Kodes der Interviews wurde zunächst ein je eigenes Kategoriensystem entwickelt und die einzelnen wurden anschließend zu einem gesamten vereint. Ankerbeispiele in Form von Zitaten aus den Interviews erläuterten die jeweiligen Kategorien ähnlich einer Definition.

---

6 Der beim problemzentrierten Interview von Andreas Witzel geforderte Kurzfragebogen zur Erhebung von sozialstatistischen Daten wurde in diesen Interviews nicht eingesetzt, da das Praktikum die notwendigen Daten bereits im Vorfeld lieferte.

3. Biografische Einzelfalldarstellungen

3.1 Frau Busse: »vom Essen total unabhängig zu sein«[7]

Frau Busse wurde in den 1950er Jahren geboren. Ihre Mutter war zu diesem Zeitpunkt 15 Jahre alt. Nachdem sie in einem Säuglings- und Heilsarmeeheim untergebracht war, wuchs Frau Busse ab dem vierten Lebensjahr bei ihrer Großmutter auf, zu der sie ein gutes Verhältnis hatte und bei der ihre Mutter sie besuchte. Während der regelmäßigen Spaziergänge, die der Stiefvater alleine mit der Interviewten unternahm, begann der sexuelle Missbrauch – sie war zu diesem Zeitpunkt etwa vier Jahre alt. Frau Busse wehrte sich dagegen, in dem sie weglief und sich in der Nachbarschaft versteckte, wenn sich die Mutter und der Stiefvater zu einem Besuch angekündigt hatten. Parallel dazu erlebte sie überdies Missbräuche durch einen Onkel und einen Nachbarn, was sie jedoch als »weniger schlimm« empfand. Nachdem ihre Mutter zwei weitere Söhne geboren hatte, äußerte Frau Busses Mutter den Wunsch, ihre Tochter zu sich zu holen, worauf Frau Busse mit großer Angst reagierte. Nach dem Suizid der Großmutter, der in Frau Busses Anwesenheit geschah, war sie jedoch gezwungen bei ihrer Mutter und deren Mann zu leben, der sie missbrauchte. Der Tod der Großmutter, Frau Busse war etwa acht Jahre alt, stellte für sie einen sehr großen Verlust dar. Sie entwickelte bis heute anhaltende Schuldgefühle, unter anderem, da ihre Mutter sie teilweise für diesen Suizid verantwortlich machte. Von ihren Eltern wurde sie vernachlässigt (Nahrungsmangel), geschlagen und der sexuelle Missbrauch durch den Stiefvater hielt an. Sie rebellierte gegen diese familiäre Situation und wurde wenige Jahre später wieder in einem Kinderheim untergebracht. Mit zwölf Jahren zog sie aus unbekanntem Grund wieder zu ihren Eltern. Ein Jahr später konnte sie mit Hilfe einer Fürsorgerin die Familie endgültig verlassen, wodurch der sexuelle Missbrauch durch ihren Stiefvater beendet wurde.

Frau Busse lebte und arbeitete in verschiedenen pädagogischen Einrichtungen und absolvierte schließlich eine Ausbildung zur Erzieherin. Während dieser Zeit unterstützte sie ihre Mutter und Stiefbrüder finanziell. Ende des 21. Lebensjahres wurde Frau Busse von ihrem damaligen Freund schwanger und zog zu ihm. Als er gewalttätig gegen sie wurde und sexuellen Druck ausübte, trennte sie sich von ihm. Ihr Sohn Philipp war damals ein Jahr alt. Ein paar Jahre später folgte ein Schwangerschaftsabbruch. Philipp benötigte ihre intensive Unterstützung, da er als Folge eines Sauerstoffmangels bei der Geburt unter Wahrnehmungsstörungen litt. Frau Busse

---

7   Bei der Transkription wurde auf Interpunktion verzichtet, um unterschiedliche Lesarten zuzulassen. Ein Punkt steht für eine kurze Pause, eine Zahl in Klammern benennt die Länge der Pause in Sekunden. Namen und Orte wurden anonymisiert.

holte in dieser Zeit den Realschulabschluss sowie die Fachhochschulreife nach und war politisch in der Gemeinde tätig, worauf sie sehr stolz ist. Als Philipp noch ein kleines Kind war, wurde er während des Spielens mit einem Freund im Wald von einem Mann sexuell belästigt. Dieses Erlebnis löste in Frau Busse die intensive Erinnerung an ihre eigenen Erfahrungen aus und führte zu einer Re-Traumatisierung.

Frau Busse hatte immer große Schwierigkeiten, sich gegen Philipp abzugrenzen. Sie wollte ihm ein schönes Leben bieten und verschuldete sich dafür. Die Problematik spitzte sich zu, als Philipp gegen sie handgreiflich wurde und sie würgte. Psychosomatische Symptome (unter anderem Hörstürze und Magenschmerzen) waren die Folge und ein immer größerer Todeswunsch drängte sich ihr auf. Erst der Besuch psychiatrischer Einrichtungen und die räumliche Trennung von ihrem Sohn brachten Linderung. Der Kontakt zu ihrem Sohn besteht bis heute, das Intervall dieser Kontakte beschreibt sie als regelmäßig (z. B. Telefonate, Besuche).

Das Leben der Biografin ist von anorektischen und adipösen Phasen geprägt. Musste sie ihren Sohn versorgen, konnte sie sich selbst relativ gut versorgen, war sie alleine, so aß sie kaum etwas und empfand dies als Freiheit: »ich fand's auch total cool . vom Essen . total unabhängig zu sein«. Dann wiederum nahm sie – stressbedingt – übermäßige Mengen an Nahrungsmitteln zu sich. Sie sagt von sich selbst, sie habe immer ein Fehlverhalten bezüglich des Essens gehabt. Die Interviewte wollte nie eine Frau sein und ist mit ihrem Körper sehr unzufrieden. Eine Partnerschaft ist für sie nur auf Distanz möglich. Sie wünscht sich selbst bestimmter zu werden und sie möchte ein »neues Leben finden«.

Frau Busse konnte zu ihrer Mutter nie eine richtige Mutter-Tochter-Bindung aufbauen, da sie nach der Geburt von ihr getrennt wurde und erst zu ihr zurückkam, als ihre Mutter bereits eine neue Familie hatte. Hinzu kommt das Gefühl, nicht erwünscht gewesen zu sein. Beziehungsabbrüche zogen sich durch ihre Kindheit und auch im Erwachsenenalter beendete respektive lockerte Frau Busse Beziehungen zu wichtigen Bezugspersonen, was vermutlich mit der nie erlebten Verlässlichkeit in Beziehungen zusammenhängt. Für andere Menschen nahm sie häufig eine fürsorgliche Position ein, sorgte aber »schlecht« für sich selbst, sobald sie alleine war.

Die familiäre Situation war geprägt von Beleidigungen, Prügel und sexuellem Missbrauch. Unklar bleibt, ob Mutter und Großmutter von dem Missbrauch gewusst respektive ihn sogar unterstützt haben. Auch als Erwachsene wurde Frau Busse erneut zum Opfer. Sie kämpfte immer darum, sich den Situationen zu entziehen, verließ die Opferrolle jedoch nie ganz.

Die Biografin macht den Eindruck einer starken Persönlichkeit, die in ihrem Leben sehr viele erschütternde Erlebnisse hatte, deren pathologischen Einflüssen sie sich nicht entziehen konnte. Die Folgeerscheinungen aus ihrer Kindheit äußern sich bis heute in Form von körperlichen und psychosomatischen Symptomen sowie Suizidgedanken.

3.2 Frau Köhler:»Mädchen hatten nichts zu bedeuten fertig«

Frau Köhler wurde 1965 als zweites von drei Kindern (zwei Brüder) geboren. Ihre Mutter bemerkte die Schwangerschaft erst kurz vor der Geburt. Sie bezeichnet ihre Eltern im Interview durchgängig als »die Alten«. Frau Köhler hatte das Gefühl, nicht erwünscht gewesen zu sein und als Mädchen einen sehr geringen Stellenwert zu haben:»Hab immer zu spüren gekriegt du bist'n Mädchen und . Mädchen hatten nichts zu bedeuten . fertig«. Starke Deprivation, schlechte materielle Versorgung und sexueller Missbrauch in massivster Form zogen sich durch ihre Kindheit. Auch während ihrer Ausbildung zur Fleischerin erlebte sie weitere Vergewaltigungen durch Arbeitskollegen. Neben einem Mangel an Nahrung, den sie durch Diebstahl von Lebensmitteln in Geschäften, auf dem Feld und bei Freunden zu kompensieren versuchte, wurde Essen bei ihr als Bestrafung eingesetzt; sie wurde gezwungen, verdorbene Nahrungsmittel zu essen. Ihr Wohnraum war auf einen Kellerraum begrenzt, den sie nur mit gelegentlicher Erlaubnis, vor allem dann, wenn der Vater ein Anliegen an sie hatte, verlassen durfte. Ihr Vater verfügte über sie, missbrauchte sie und lieferte sie fremden Männern aus, die für den Sex bezahlten. Ihre eigenen Worte sollen die Situation verdeutlichen:

> »meiner . Alten (…) sie ist eine Nutte . und sie musste immer arbeiten und dann hat er eben gemeint es ist ja 'n Mädchen dabei dann können wir das nehmen weil . die Alte . ja keine Lust hatte (2) und das ging also von sieben bis sechzehn . in . ganz böser Verfassung . mit mehreren Leuten die dafür bezahlt haben«.

Ihre Mutter wusste von dem Missbrauch und ließ den Männern Tipps zur Beschleunigung und Verbesserung der Situation zukommen. In der Hoffnung die sexuellen Übergriffe dadurch beenden zu können, nahm Frau Köhler vorsätzlich zu und wog schließlich bei einer Körpergröße von 165 Zentimeter mehr als 135 Kilogramm – die erwünschte »Ruhe« blieb jedoch aus. Um diese (Ohnmachts-)Situationen ertragen zu können, begann die Biografin bereits mit acht Jahren große Mengen Tabletten zu konsumieren, von denen sie, trotz mehrerer kalter Entzüge, bis heute abhängig ist. Sie unternahm diverse Suizidversuche. Im Alter von 16 Jahren scheiterte das Vorhaben, gemeinsam mit ihrem jüngeren Bruder, ihre Eltern umzubringen. Die beiden Kinder flohen von zu Hause, waren auf sich allein gestellt und ihr bereits sehr gutes Verhältnis wurde noch enger.

Die Interviewte lernte wenige Jahre später ihren heutigen Mann kennen und reduzierte ihr Gewicht bis zur Hochzeit um 70 Kilogramm. Trotz ihres erzielten Traumgewichts konnte sie ihren Körper nicht akzeptieren, da die Spuren des übermäßigen Dickseins sichtbar blieben. Einerseits sagt sie heute, sie akzeptiere ihren Körper und andererseits äußert sie den Wunsch nach einem neuen. Sie konnte das Gewicht für vier Jahre halten, nahm aber, als es ihr nach dem Tod ihres Zwillingssohnes, der bei der Geburt verstarb, sehr schlecht ging wieder zu; die Zwillingstochter überlebte. Sie hatte sich immer einen Sohn gewünscht, aus Angst, eine Tochter nicht ausreichend vor Übergriffen schützen zu können. Aufgrund ihrer schlechten psychischen Verfassung und da sie nicht imstande war, Nähe zuzulassen und (Mutter-)Liebe zu empfinden, übernahm ihr Mann die Pflege der ersten Tochter. Später brachte Frau Köhler ein weiteres Mädchen zur Welt. Die früh einsetzende Menstruation der ältesten Tochter bedeutete für sie eine Re-Traumatisierung, denn sie verdächtigte ihren Mann, sich an dieser vergangen zu haben.

In dem Umstand, dass Frau Köhler ihre Eltern als »die Alten« bezeichnet, verdeutlicht sie ihre Abneigung gegen diese. Wird neben der sexuellen Gewalt die Bestrafung der Kinder durch verdorbene Nahrungsmittel fokussiert, so macht vor allem der Vater einen sadistischen Eindruck. Frau Köhler erwähnt keine erlebte Prügel, was jedoch nicht bedeuten muss, dass diese nicht erlitten wurde, sondern dass andere Strafen als schlimmer erlebt wurden. Ihre Mutter, die sich eigentlich schützend vor ihre Tochter hätte stellen müssen, unterstützte vielmehr die Männer. Der Kellerraum, in den sie gesperrt wurde, verdeutlicht, wie wenige Fluchtmöglichkeiten sie hatte. Als Frau Köhler während ihrer Ausbildungszeit zur Fleischerin von Kollegen vergewaltigt wurde, war sie nicht in der Lage, sich vor diesen Übergriffen zu schützen und behielt somit den Opferstatus bei. Gegenüber ihren Kindern wiederholte sie partiell das Verhalten ihrer eigenen Eltern, denn sie war ebenso wenig in der Lage, ihren Kindern Liebe und Zuwendung zu geben, wie es ihre eigenen Eltern waren. Erst die Therapie machte ihr bewusst, was sie ihren Kindern damit angetan hat, was Verzweiflung und Schuldgefühle in ihr auslöste. Frau Köhler lebt scheinbar ein intaktes Familienleben, auf ihre jüngste Tochter und ihren Mann kommt sie jedoch an keiner Stelle des Interviews näher zu sprechen. Obwohl sie ihre älteste Tochter anfangs nicht versorgen konnte, scheint sie heute mehr emotionalen Bezug zu ihr zu haben als zu ihrer zweiten Tochter und zu ihrem Mann. In dem Wunsch nach einem neuen Körper liegt vermutlich auch der Wunsch nach einer Veränderung der Vergangenheit verborgen – Akzeptanz und Abwertung wechseln sich hier ab.

3.3 Frau Ludwig: »immer ja und Amen sagen«

Frau Ludwig wurde Ende der 1960er Jahre als zweite Tochter geboren. Dass die Mutter sich nicht über ihre Geburt habe freuen können begründete diese mit dem fast zeitgleichen Tod ihrer eigenen Eltern. Gemeinsam mit ihrer Schwester besuchte Frau Ludwig den Kindergarten, was ihr jedoch nicht gefiel, da ihre Schwester sehr dominant war, für sie redete und Entscheidungen für sie traf. Unter diesem Einfluss war Frau Ludwig immer sehr schweigsam und hat bis heute Probleme ihre Interessen zu artikulieren und sich anderen gegenüber zu öffnen. Wohnhaft war die Familie im Haus der Großeltern väterlicherseits. Zunächst teilte sich Frau Ludwig sowohl Zimmer als auch Bett mit ihrer Schwester, als der Großvater starb wurde sie mit acht Jahren gezwungen im Bett ihrer Großmutter zu schlafen. Das brachte für sie viele Einschränkungen mit sich. Diese Situation hielt an, bis sie 18 Jahre alt war. Dann bekam sie ein eigenes Bett, welches allerdings ebenfalls im Schlafzimmer der Großmutter untergebracht war. Darüber hinaus musste sie während der gesamten Zeit die Großmutter versorgen, obwohl diese nicht pflegebedürftig war. Die Familie stellte hohe Ansprüche an die Interviewte, die sich nicht wehrte, sondern das Gefühl hatte, »immer ja und Amen sagen« zu müssen: Musste sie nicht der Großmutter helfen, so benötigte die Mutter ihre Unterstützung.

Bereits als kleines Kind war Frau Ludwig sehr dick. Ihre Mutter gab ihr Appetitzügler und drohte mit einer Fastenkur, die sie mit 15 Jahren freiwillig machte. Sie nahm erfolgreich ab, fand dennoch keinerlei Unterstützung bei ihrer Familie, weshalb sie nach und nach in ihr altes Essverhalten zurückfiel und erneut stark an Gewicht zulegte.

Auf das Verhalten der Eltern, das sie als an Liebe und Zuwendung mangelnd empfand, reagierte sie mit schlechten schulischen Leistungen und Suizidgedanken. Aufgrund ihres damals einsetzenden selbst verletzenden Verhaltens wurde sie »als nicht tragbar« von der höheren Handelsschule verwiesen und schloss diese somit nicht ab. Im Alter von 18 Jahren wurde sie erstmalig für sechs Monate in einem psychiatrischen Krankenhaus aufgenommen; es folgte ein anderthalb jähriger Besuch in einer Tagesklinik. Um ihre Kommunikationsfähigkeit zu schulen, begann sie auf Empfehlung des Arbeitsamtes mit 20 Jahren eine Ausbildung zur Bürokauffrau im Berufsbildungswerk. Sie lebte in einem angegliederten Wohnheim, etwa 600 Kilometer entfernt von ihrer Familie, welches sie jedoch nach der Ausbildung verlassen musste. Die BetreuerInnen und LehrerInnen des Berufsbildungswerks halfen ihr bei der Entscheidung, nicht zu ihrer Familie zurück zu kehren. Sie fand eine neue Wohnung im betreuten Wohnen. Eine lange Phase der Arbeitslosigkeit mit schlechter seelischer Verfassung folgte. 1998 kam es zum zweiten Psychiatrieaufenthalt. Aufgrund ihrer wiedererlangten Zuversicht war es für Frau Ludwig enttäuschend, als man ihr den Aufenthalt in einer Behindertenwerkstatt nahe legte. Diese Maßnahme war zunächst für zwei Jahre geplant, Frau Ludwig lebte und arbeitete jedoch nach vier Jahren zur Zeit des Interviews immer noch in der Einrichtung.

Das Verhältnis zwischen Frau Ludwig und ihrer Familie war kühl, distanziert und lieblos. Sie wurde von ihrer Familie funktionalisiert und ausgebeutet, ihr Wohl interessierte nicht. Es ist eine Überforderung, wenn bereits ein Kind für das Wohlergehen einer anderen Person verantwortlich ist. Unklar bleibt, ob die Eltern ihre Tochter bewusst überfordert und ausgenutzt haben oder ob diese in der Familie die Rolle der guten Tochter hatte, auf die man sich verlassen konnte. Der Interviewten fehlte der notwendige Freiraum, sich nach außen und vor allem zur Peergroup zu orientieren.

Da ihre Schwester sich von Anfang an mehr gewehrt hat, wurde von ihr nicht viel verlangt – die Biografin stand hingegen seit jeher im Schatten ihrer dominanten Schwester. Es scheint, als habe Frau Ludwig durch ihre Zurückhaltung und Bescheidenheit das Familiensystem aufrechterhalten. Daher ist es sehr erstaunlich, dass die Interviewte es geschafft hat, die Familie zu verlassen und sich örtlich so weit von ihr zu distanzieren.

Frau Ludwig hat ein schlechtes Selbstwertgefühl und wenig Selbstvertrauen. Sie ist ein sehr ruhiger Mensch, der vielmehr passiv erduldet anstatt sich zu wehren. Dem Essen misst Frau Ludwig eine zentrale Rolle in ihrem Leben bei, denn es ermöglicht ihr, Gefühle in sich zu erwecken, abzuschwächen oder zu verändern. Ebenso richtet sie alle Gefühle, die sie zu verbergen gelernt hat, in Form selbst verletzenden Verhaltens gegen ihre eigene Person – ihre Arme sind von Narben bedeckt. Das ist ihre einzige Möglichkeit, sich lebendig zu fühlen. Auffällig ist, dass erst der Tod der Großmutter bei ihr das Gefühl auslöste, sie dürfe sich verletzen. Ihren Vater erwähnt sie im Interview kaum, was auf eine sehr neutrale Beziehung hinweist. Ihr Vater entsprach den Wünschen seiner eigenen Mutter und hat sich nicht für seine Tochter eingesetzt.

Frau Ludwigs Eltern waren ebenfalls sehr dick. Statt jedoch die familiären Ess- und Bewegungsgewohnheiten zu ändern, drohten ihre Eltern mit einer Fastenkur und gaben ihr Appetitzügler. Ambivalent daran ist vor allem, dass die Eltern Frau Ludwig nicht unterstützten, als sie erfolgreich abnahm. Erfolg der Tochter hätte vermutlich eine Gefahr für das Familiensystem dargestellt.

4. Vergleichende Analyse und Interpretation

Bei mindestens zwei der drei Frauen wird deutlich, dass sie als Säuglinge nicht gestillt wurden. Darüber hinaus waren alle seitens der Mütter von Geburt an nicht erwünscht, sondern wurden abgelehnt. Möglicherweise erlebten sie auch insgesamt keinen intensiven Körperkontakt zur Mutter. Da sich ein Nahrungsmangel durch ihre gesamte Kindheit zog, muss von Vernachlässigung ausgegangen werden. Dieser Mangel an Nahrung hat vermutlich bei allen dazu beigetragen, dass sie adipös geworden sind, denn sobald sie selbst über das Essen bestimmen konnten, versuchten sie, diesen Mangel auszugleichen.

Bei allen Frauen wurde das Essen respektive der Essensentzug auf unterschiedliche Weise als Mittel der Bestrafung eingesetzt und dadurch funktionalisiert. Diese Funktionalisierung haben die Frauen beibehalten, denn darüber regulieren sie ihre Gefühle. Ein Zitat aus dem Interview mit Frau Ludwig soll dies veranschaulichen:»also mit Essen . also ist jedes Gefühl befriedigt worden oder auch abgeschwächt worden oder . überhaupt erst entstanden irgendwie«. Frau Busse und Frau Köhler nehmen in Stresssituationen übermäßig viel Nahrung zu sich, was dem Stress und den negativen Gefühlen entgegenzuwirken scheint. Dieses»stressinduzierte Essen« ist bei Frauen häufiger zu finden als bei Männern (vgl. Pudel 2003, S. 76). Bei Frau Busse und bei Frau Köhler gibt es jedoch auch Situationen, in denen sie sehr wenig essen – beide können nicht adäquat mit ihrem Hungergefühl umgehen, denn sie können ihre körperlichen Bedürfnisse nicht richtig einordnen. Frau Busse unterdrückt ihren Hunger sogar bewusst, um ihren Körper zu manipulieren, da dies bei ihr ein Gefühl von Freiheit auslöst. Möglicherweise nehmen die Frauen ihr Essverhalten auch verzerrt wahr oder unterschätzen es, denn ihr Konsum muss in den vergangenen Jahren so hoch gewesen sein, dass sie adipös geworden sind. Das viele und wenige Essen ist scheinbar ein sich abwechselnder Mechanismus aus vorhandener und fehlender Kontrolle und deutet auf eine Essstörung hinter ihrer Adipositas hin. Alle Interviewpartnerinnen hatten in ihrer Kindheit sehr wenig Selbstbestimmung (über ihr eigenes Leben und ihren Körper) und versuchen diese heute über die Nahrung und über ihren Körper zu erlangen.

Die Eltern der Betroffenen waren nicht in der Lage, adäquat auf die Gefühle und Bedürfnisse ihrer Kinder einzugehen, sodass die interviewten Frauen die Wahrnehmung der Körpersignale bereits in der Kindheit verlernt haben, da dies die einzige Möglichkeit war, die individuelle Situation zu ertragen. Um Schutz vor den Übergriffen zu finden, versuchten die Frauen zum einen durch die Fettschicht und zum anderen durch eine möglichst männliche Gestalt (z. B. Kleidung oder Frisur) ihre Weiblichkeit zu verbergen. Indem sie den eigenen Körper ablehnen, weisen sie auch ihre Erlebnisse zurück, da diese sehr eng mit dem»Frau Sein« verknüpft sind. Durch Genussmittel, die mindestens zwei der drei Frauen häufig konsumieren, schädigen sie ihren Körper weiterhin. Dieses gesamte Verhalten ist Ausdruck autoaggressiven Verhaltens.

Frau Busse und Frau Köhler berichten von intrafamiliären Missbrauchserfahrungen. Sie wurden beide zur Geheimhaltung gezwungen, was ebenso üblich ist wie die Isolierung des Opfers wie im Fall von Frau Köhler (in Form des Kellerzimmers). Die Opfer sind abhängig von den Tätern, die ihre elterliche Machtposition ausnutzen, und können sich nur sehr schwer gegen sie wehren. Beide Mittel verstärken die Abhängigkeit und dienen dazu, als Familie für Außenstehende unauffällig zu bleiben, um die Situation möglichst lange aufrechtzuerhalten (vgl. Gast 2005, S. 417). Die Menschen, die das Kind stärken sollten und die maßgeblichen Einfluss auf seine Persönlichkeitsentwicklung haben, wurden hier selbst zu Tätern und schädigten massiv. Sogar Frau Köhlers Mutter, die den Missbrauch eventuell hätte unterbinden können, bot keinen Schutz sondern half den Tätern. Sowohl Frau Busse als auch Frau Köhler wurden neben dem Inzest auch zu sexuellen Opfern anderer, außerfamiliärer Personen und Frau Busse behielt die Opferposition sogar gegenüber ihrem Sohn und dessen Vater bei. Wie bereits erläutert, ist ein ehemaliges Opfer stärker gefährdet, erneut zum Opfer zu werden, als ein Mensch, der noch keine derartigen Erfahrungen gemacht hat. Nicht selten lassen sich Opferrollen in mehreren Generationen einer Familie finden. Da Frauen, im Gegensatz zu Männern, eher in der Opferrolle verbleiben, richten sie häufig ihre Aggressionen gegen sich selbst und ihren eigenen Körper – meist in Form selbst verletzendem Verhaltens (vgl. Huber 2003, S. 166; Sachsse 2000, S. 348). Alle drei Frauen verletzen sich selbst, wodurch es ihnen oft erst möglich wird, sich zu spüren. Das Alter, in dem das selbst verletzende Verhalten einsetzte, unterscheidet sich jedoch.

Die Gesundheit der Frauen wurde missachtet und, wie bei Frau Köhler, durch den Zwang zum Essen verdorbener Nahrungsmittel sogar bewusst geschädigt. Frau Busse hat darüber hinaus einen sehr schlechten Umgang mit Körperhygiene erfahren. Da ist es nachvollziehbar, warum die Frauen auch heute nicht sorgfältig mit ihrem Körper umgehen können. Alle drei Frauen sind mit ihrem Körper und ihrer Figur nicht zufrieden: Sie können ihren Körper nicht annehmen, weil sie ihn zu dick finden, aber sie sind so dick geworden, weil sie ihren Körper nicht annehmen konnten und dies Frustrationen bei ihnen auslöste – Frau Busse und Frau Köhler wünschen sich sogar einen neuen Körper. Der Umgang mit ihrem Körper ist sowohl ursächlich als auch symptomatisch gestört. Die Missbrauchserfahrungen haben das Körpergefühl der betroffenen Frauen grundlegend erschüttert, was Psychotherapeuten als Körperschemastörung (vgl. Joraschky/Pöhlmann 2005, S. 200) bezeichnen.

Frau Busse und Frau Ludwig sprechen von einer schlechten materiellen Versorgung – vermutlich stand den Familien nicht viel Geld zur Verfügung. Auffällig ist jedoch, dass alle anderen Familienangehörigen besser versorgt waren. Die Eltern waren nicht bereit mehr Geld als minimal erforderlich für die Interviewten auszugeben: Hier ist vor allem das sehr lange fehlende eigene Bett von Frau Ludwig zu nennen. Den Frauen fehlte im übertragenen Sinne der richtige Platz in der Familie und die Adipositas könnte unter anderem notwendig geworden sein, um nicht »übersehen« zu werden.

Massive Beleidigungen durch ihre Familien erlebten alle Frauen, die somit von den Personen, die eigentlich eine unterstützende und liebevolle

Position hätten einnehmen müssen, verletzt wurden. Dadurch verstärkte sich das mangelnde Selbstwertgefühl der Frauen. Frau Busse wurde von ihren Eltern häufig geschlagen. Sie selbst sagte sogar, ihre Mutter habe sie geprügelt, weil sie wegen des Missbrauchs »sauer« auf sie gewesen sei, das heißt ihre Mutter sah sie als Konkurrentin und ließ auf diesem Weg ihre Aggression und Wut an der Tochter aus. Essen kann in diesem Fall zu einem Substitut für fehlende emotionale zwischenmenschliche Zuwendung geworden sein.

5. Resümee[8]

Dient Essen eigentlich zur Aufrechterhaltung des Organismus, so kann es darüber hinaus weitere Funktionen zugeschrieben bekommen. Die aus dem übermäßigen Essen resultierende Fettschicht kann psychisch eine schützende »Mauer« um den eigenen Körper bilden. Bei den drei interviewten Frauen hielt diese »Mauer« den Angriffen von außen jedoch nicht stand und vor allem als die traumatisierenden Situationen vorbei waren, entstand der Wunsch, die Schutzschicht wieder abzulegen.

Waren die Betroffenen früher gegenüber ihren Eltern ohnmächtig, so kann ihnen das Essen heute ein Gefühl der Macht und der Unabhängigkeit verleihen; sie können über Art, Menge und Zeitpunkt des Essens selbst bestimmen. Ein großer Lebensmittelvorrat gleicht den Mangel von früher aus und beruhigt – eher wird Nahrung fortgeworfen als diesen Mangel erneut zu erfahren. Zur Befriedigung und ebenfalls zur Beruhigung dient das Essen in Stresssituationen. Essen kann, vor allem bei in der Kindheit vernachlässigten Menschen, direkt mit ihren Gefühlen verknüpft sein und dazu dienen, negative Gefühle nicht wahrzunehmen, zu unterdrücken bzw. zu modifizieren. Die wahren Körpergefühle (z. B. satt sein) werden somit unterdrückt bzw. ignoriert. Die Interviews verdeutlichen, dass bei einer Therapie der Essstörung immer auch die – wenn vorhanden – traumatischen Erlebnisse berücksichtigt werden müssen. Viele, oft laienhaft durchgeführte Diäten verlaufen ohne nennenswertes Resultat, da sie nur auf die Symptome abzielen. Nach dem vorangestellten müssen Traumatisierungen in der Kindheit demnach in jedem Fall als eine mögliche Ursache für die Entwicklung einer Adipositas angesehen werden. Die Frage nach der Generalisierbarkeit dieser Aussage bleibt jedoch weiteren Studien vorbehalten.

---

8   Die beschriebenen Ergebnisse der Studie erheben keinen Anspruch auf Repräsentativität. Vielmehr müssten weitere Studien die Verschränkung von Adipositas und Traumatisierungen vertiefend untersuchen, damit die im Rahmen dieser Untersuchung mit explorativer Absicht entwickelten Thesen weiterentwickelt und gesättigt werden können.

Literatur

Bohnsack, R. (^{5}2003): Rekonstruktive Sozialforschung. Einführung in qualitative Methoden. Opladen.

Cuntz, U./Hillert, A. (^{3}2003): Essstörungen. Ursachen, Symptome, Therapien. München.

Die Zeit (2006): Zahlen statt Mythen. 2006, Nr. 40.

Engfer, A. (2005): Formen der Misshandlung von Kindern – Definitionen, Häufigkeiten, Erklärungsansätze. In: Egle, U. T./Hoffmann, S. O./Joraschky, P. (Hrsg.) (^{3}2005): Sexueller Missbrauch, Misshandlung, Vernachlässigung. Erkennung, Therapie und Prävention der Folgen früher Stresserfahrungen. Stuttgart, S. 3-19.

Fuest, S. N. (2005): Zur Ätiologie von Adipositas im Leben traumatisierter Frauen. Eine empirische Studie. Unveröffentlichte Diplomarbeit am Fachbereich Sozialwesen der Universität Kassel.

Gast, U. (2005): Borderline-Persönlichkeitsstörungen. In: Egle, U. T./Hoffmann, S. O./Joraschky, P. (Hrsg.) (^{3}2005): Sexueller Missbrauch, Misshandlung, Vernachlässigung. Erkennung, Therapie und Prävention der Folgen früher Stresserfahrungen. Stuttgart, S. 409-430.

Glaser, B./Strauss, A. (1998): Grounded Theory. Strategien qualitativer Forschung. Göttingen.

Hebebrand, J./Hebebrand, K./Hinney, A. (Hrsg.) (2003): Genetik der Adipositas. In: Petermann, F./Pudel, V. (Hrsg.) (2003): Übergewicht und Adipositas. Göttingen u. a., S. 59-68.

Hirsch, M. (^{3}1994): Realer Inzest. Berlin u. a.

Hirsch, M. (2004): Psychoanalytische Traumatologie. Das Trauma in der Familie. Stuttgart.

Holub, M./Götz, M. (2003): Ursachen und Folgen von Adipositas im Kindes- und Jugendalter. In: Monatsschrift Kinderheilkunde, 2003, Heft 2, S. 227-236.

Huber, M. (2003): Trauma und die Folgen. Trauma und Traumabehandlung, Teil 1. Paderborn.

Jacobi, C./Paul, T./Thiel, A. (2004): Essstörungen. Göttingen.

Jacoby, G. E. (2004): Zum Verständnis der Adipositas und vom Umgang mit Adipösen in der hausärztlichen Praxis. In: Notfall und Hausarztmedizin, 30. Jg. (2004), Heft 3, S. 146-154.

Joraschky, P./Pöhlmann, K. (2005): Die Auswirkungen von Vernachlässigung, Misshandlung, Missbrauch auf Selbstwert und Körperbild. In: Egle, U. T./Hoffmann, S. O./Joraschky, P. (^{3}2005): Sexueller Missbrauch, Misshandlung, Vernachlässigung – Erkennung, Therapie und Prävention der Folgen früher Stresserfahrungen. Stuttgart, S. 194-210.

Köpp, W./Jacoby, G. E. (1996): Beschädigte Weiblichkeit. Essstörungen, Sexualität und sexueller Missbrauch. Heidelberg.

Lamnek, S. (^{3}1995): Qualitative Sozialforschung, Band 2. Methoden und Techniken. Weinheim.

Lichtman, S. W. u. a. (1992): Discrepancy between self-reported and actual caloric intake and exercise in obese subjects. In: The New England Journal of Medicine, Vol. 327 (1992), Heft 27, S. 1893-1898. Zitiert in: Wirth, A.

(1997): Adipositas. Epidemiologie, Ätiologie, Folgekrankheiten, Therapie. Berlin u. a.

Logue, A. W. (1998): Die Psychologie des Essens und Trinkens. Heidelberg u. a.

Mayring, Ph. ([3]1996): Einführung in die qualitative Sozialforschung. Eine Anleitung zu qualitativem Denken. Weinheim.

Pschyrembel ([257]1994): Stichwort Adipositas/Fettsucht. Berlin und New York, S. 465.

Pudel, V. (1997): Ernährung – Gewicht – Diät. In: Reich, G./Cierpka, M. (1997): Psychotherapie der Eßstörungen. Krankheitsmodelle und Therapiepraxis – störungsspezifisch und schulenübergreifend. Stuttgart u. a., S. 1-25.

Pudel, V. (2003): Grundlagen des Essverhaltens. In: Petermann, F./Pudel, V. (Hrsg.) (2003): Übergewicht und Adipositas. Göttingen u. a., S. 69-86.

Reddemann, L./Dehner-Rau, C. (2004): Trauma. Folgen erkennen, überwinden und an ihnen wachsen. Stuttgart.

Reddemann, L./Sachsse, U.(2000): Traumazentrierte Psychotherapie der chronifizierten, komplexen Posttraumatischen Belastungsstörung vom Phänotyp der Borderline-Persönlichkeitsstörungen. In: Kernberg, O. F./Dulz, B./ Sachsse, U. (Hrsg.) (2000): Handbuch der Borderline-Störungen. Stuttgart, S. 555-572.

Sachsse, U. (2000): Selbstverletzendes Verhalten. Somatopsychosomatische Schnittstelle der Borderline-Persönlichkeitsstörung. In: Kernberg, O. F./Dulz, B./Sachsse, U. (Hrsg.) (2000): Handbuch der Borderline-Störungen. Stuttgart, S. 347-370.

Strauss, A. L. ([2]1998): Grundlagen qualitativer Sozialforschung. Datenanalyse und Theoriebildung in der empirischen und soziologischen Forschung. München.

Strauss, A. L./Corbin, J. (1996): Grounded Theory. Grundlagen Qualitativer Sozialforschung. Weinheim.

Strübing, J. (2004): Grounded Theory. Zur sozialtheoretischen und epistemologischen Fundierung des Verfahrens der empirisch begründeten Theoriebildung. Wiesbaden.

Westenhöfer, J. ([2]1996): Gezügeltes Essen und Störbarkeit des Eßverhaltens. Göttingen u. a.

Wirth, A. (1997): Adipositas. Epidemiologie, Ätiologie, Folgekrankheiten, Therapie. Berlin u. a.

Witzel, A. (1982): Verfahren der qualitativen Sozialforschung. Überblick und Alternativen. Frankfurt a. Main und New York.

Martina Goblirsch

Zur kommunikativen Herstellung von Identität und Moral

1. Interaktion und Moral

Die Herausbildung von Moral ist eine grundlegende Voraussetzung und Aufgabe, die Individuen erfüllen und bewältigen müssen, um als Mitglieder ihrer Gesellschaft und Kultur voll anerkannt zu werden.

>»A sine qua non of membership in a community is recognition and respect of moral standards of right and wrong. Every community holds members morally accountable for their actions, thoughts, and feelings. They are treated as moral agents and expected to do what is good for particular situations« (Ochs/Capps 2001, S. 102).

Was jedoch ist Moral und wie kann diese wissenschaftlich erfasst werden? Wo findet sie statt und wie wird sie hergestellt? Obwohl Moral nicht auf den ersten Blick erkennbar ist, ist das menschliche Leben von ihr umgeben.

>»Moral ist in der Alltagskommunikation allgegenwärtig; sie ist über weite Strecken der Stoff, aus dem die Gespräche sind. Und gerade weil Moral unseren Alltag bis in die feinste Struktur hinein durchwirkt, nehmen wir sie nicht mehr wahr« (Bergmann/Luckmann 1999, S. 14).

Sie bleibt, obwohl überall präsent, meistens implizit. Moral und moralische Kommunikation kommen also nicht erst dann zum Tragen, wenn sozialen AkteurInnen Moralverletzungen auffallen und sie diese thematisieren. Vielmehr bestimmt Moral auch dann, wenn wir es nicht merken, unser gesamtes alltägliches Handeln.

Moral kann auf verschiedene Weise bestimmt werden. Sie kann beispielsweise als ein Werte- und Normensystem verstanden werden, das konkrete Prinzipien eines moralisch richtigen oder falschen Handelns enthält. Ein solches abstraktes Moralverständnis birgt jedoch die Gefahr, und das ist ein wichtiges Problem der Moralforschung, dass Moral losgelöst vom Kontext ihres Entstehens betrachtet wird. Soziale Moralvorstellungen, die abstrakt erläutert und diskutiert werden, erhalten ein hohes Maß an argumentativer Beschaffenheit und bekommen Ähnlichkeit mit Ethik.[1] Das Problem einer solchen kognitivistischen Zuwendung zur Moral liegt überwiegend im methodischen Vorgehen der Moralforschung. In der Regel werden hier Befragungen mit Hilfe von Fragebögen oder Interviews durchgeführt, die nach Entscheidungen und Vorlieben – also Normen und Werten – fragen und dabei überwiegend zu Begründungen und Erklärungen (Argumentationen) ermuntern.[2] In dieser Form können sich die Befragten dem Thema Moral ausschließlich aus der Perspektive der Reflexion zuwenden, aus der heraus sie dem Zuhörer ihre Moralvorstellungen erklären. Moral wird dabei auf eine kognitive Größe reduziert, die isoliert von der kommunikativen Handlung, nämlich dem Ort ihrer Entstehung, erfasst wird (vgl. Bergmann/ Luckmann 1999, S. 17 f.). Dies ist insofern schwierig, da »Moral (…) im wesentlichen gelebte Moral [ist], die in den Handlungen und Entscheidungen der Menschen, eben in ihren kommunikativen Akten existiert (…) und immer unter zeitlichen, örtlichen und sozialen Realisierungsbedingungen« entsteht (Bergmann/Luckmann 1999, S. 18). Ebenfalls ist es problematisch, Moral als eine innere Realität zu verstehen, die mit Mitteln der Forschung an die Oberfläche gehoben wird, um dort untersucht zu werden. Denn »innere Vorgänge wie Gefühle, Empfindungen, Sentiment sind (…) im hohen Maße sozial bestimmt, vor allem aber befindet sich deren gestaltendes Zentrum außen, in der kommunikativen Situation« (Bergmann/Luckmann 1999, S. 19).

Aus diesen Gründen ist es angebracht, Moral dort zu erforschen, wo sie stattfindet, nämlich in der Kommunikation selbst. Der vorliegende Beitrag folgt diesen Überlegungen. Es wird der Frage nachgegangen, wie Moral im Gespräch konstruiert wird und wie die interaktive Konstruktion von Moral und Identitätsherstellung zusammenhängen. Als Beispiel wird das Gespräch zwischen einem fünfjährigen Mädchen und einer erwachsenen Frau analysiert. Dabei wird auch demonstriert, dass sich Narrationen – hier verstanden als eine abgeschlossene diskursive Einheit im engeren linguistischen Sinne (vgl. Labov/Waletzky 1997/1967) – in besonderer Weise dazu eignen, moralische Aspekte in der Kommunikation hervorzuheben.

---

1 Ich folge hier der gängigen Unterscheidung von Ethik als Reflexionsform der Moral und Moral als der handlungspraktischen Unterscheidung von »gut« und »schlecht« in actu.

2 Diese Kritik richtet sich auch an die wichtige Forschung von und in der Tradition Kohlbergs (vgl. Kohlberg 1995; Garz/Oser/Althof 1999).

2. Positionierungsanalyse

Zur Beantwortung der Frage, wie Moral im Gespräch hergestellt wird, werde ich methodisch dem Verfahren der Positionierungsanalyse folgen. Das Konzept der Positionierung geht zurück auf die »discursive psychology« (vgl. Harré/van Lagenhove 1999; Hollway 1984) und wurde später weiterentwickelt und fokussiert auf das Erzählen im engeren linguistischen Sinne. Michael Bamberg (2003) hat sich bei der Entwicklung der »positioning analysis« auf das Erzählen und die damit einhergehende Identitätskonstruktion in Alltagsgesprächen zwischen Kindern und Jugendlichen konzentriert.[3] Gabriele Lucius-Hoene und Arnulf Deppermann (2002) beziehen sich bei der Positionierungsanalyse unter anderem auf das autobiografische Erzählen im Interview und verstehen dieses auch empirisch – was bisher bis auf wenige Ausnahmen in der Biografieforschung leider kaum aufgenommen wurde – als einen interaktiven Aushandlungs- und Interaktionsprozess. In eigenen Arbeiten (vgl. Goblirsch 2005) verbinde ich die Positionierungsanalyse mit der strukturalen Analyse biografischer Texte (vgl. Fischer-Rosenthal 1996) und zeige auf, dass neben der aktualsprachlichen Identitätsherstellung durch Positionierungsakte im Gespräch biografische Strukturierungen Form und Inhalt von Erzählungen prägen.

Im Nachfolgenden meint »Positionierung (…) zunächst ganz allgemein die diskursiven Praktiken, mit denen Menschen sich selbst und andere in sprachlichen Interaktionen aufeinander bezogen als Personen her- und darstellen« (Lucius-Hoene/Deppermann 2004, S. 168). Solchen interaktiven Prozessen in Form von Positionierungsakten ist immer auch die Frage nach Identität inhärent. Denn mit und in jeder Interaktion geht immer auch die Frage der sozialen Position einher, also die Frage danach, als was für ein Mensch die jeweiligen SprecherInnen verstanden werden möchten (Selbstpositionierung) und welche Position sie durch ihre Äußerungen den jeweiligen GesprächspartnerInnen zuweisen (Fremdpositionierung) (vgl. Lucius-Hoene/Deppermann 2004, S. 168 f.). Soziale Positionen werden demnach durch die AkteurInnen selbst im Gespräch mit Hilfe diskursiver Mittel (lexikalisch, grammatikalisch und interaktiv) geschaffen. Sie werden also nicht, um es deutlicher zu machen, mit Hilfe gesprochener Sprache »ausgedrückt«, sondern in der Kommunikation selbst geformt und verfestigt. Nach M. Bamberg (2003, S. 2; in Anlehnung an Butler 1995) hat diese Grundannahme empirische Konsequenzen:

---

3 An dieser Stelle möchte ich Michael Bamberg danken, an dessen Forschungsseminaren und methodischen Diskussionen ich, unterstützt durch die Heinrich Böll Stiftung und den DAAD, während meines einjährigen Forschungsaufenthaltes an der Clark University, MA/USA teilnehmen konnte.

»Taking this orientation, the ‚who-am-I?'(identity) question should no
longer start from a notion of a unitary subject as the ground for its investi-
gation. Rather, the agentive subject is the ‚point of departure' for its own
empirical instantiation«.

Wenn man den bisherigen Ausführungen folgt, erschließt sich beinah
zwangsläufig ein weiteres wesentliches Merkmal der Positionierungsanalyse. Sie untersucht explizit keine kognitiven Prozesse und trifft somit auch
keine Aussagen über Kognition, da diese dem sozialwissenschaftlichen Beobachter, zumindest ohne entsprechende Instrumentarien der Gehirnfor-
schung, nicht zugänglich sind. Stattdessen konzentriert sie sich auf eindeutig beobachtbare sprachliche Handlungen – die gesprochene Sprache im
Gespräch –, deren Funktion sie untersucht, um so auf die Konstruktion narrativer Identitäten zu schließen (vgl. Bamberg 2003; Goblirsch 2005; Luci-
us-Hoene/Deppermann 2002).

3. Falldarstellung

Das der Analyse zurunde liegende Datenmaterial bildet ein Gespräch zwischen einem fünfjährigen Mädchen, Natascha,[4] und einer erwachsenen
Frau.[5] Das Gespräch fand zu Hause bei dem Mädchen statt. Beide Gesprächspartnerinnen kannten sich aus früheren Begegnungen. Mit Hilfe der
Analyse einer Sequenz aus der Interaktion soll den im ersten Abschnitt
formulierten Untersuchungsfragen nachgegangen werden.

Die dargestellte Gesprächssequenz schließt an das Thema Freizeitgestaltung von Natascha an. Das Mädchen spricht zunächst über ihre Vereinsak-
tivitäten – das Tanzen und das Fußballspielen – und wechselt anschließend
zum Thema Fußballspielen mit dem großen Bruder. Bis zu diesem Zeitpunkt präsentiert sich Natascha überwiegend in Form von Argumentationen
und Beschreibungen. Es werden eher allgemeine Aussagen getroffen und
kaum einzelne Ereignisse geschildert. Doch während sie über das Fußballspielen mit ihrem Bruder redet, fällt ihr eine Situation ein, die am Vortag
geschah. Sie beginnt, eine Narration zu entwickeln. Die Gesprächspartnerin
unterstützt sie dabei.[6]

---

4   Alle Personennamen wurden aufgrund des Personenschutzes anonymisiert.
5   Das Material wurde von Karoline Mischur erhoben und im Rahmen ihrer Studienar-
     beit zur Frage nach Identitätsherstellung bei Kindern im Gespräch mit Erwachsenen
     unter meiner Anleitung ausgewertet. Die Arbeit wurde im Rahmen meines Seminars
     »Erzählen in Gesprächen. Ansätze textanalytischer Forschung« an der Universität
     Kassel, Fachbereich Sozialwesen, erstellt. Ich danke Karoline Mischur für die Er-
     laubnis, dieses Material für die vorliegende Publikation verwenden zu dürfen.
6   Transkriptionsregeln: , = kurzes Absetzen; (3) = Dauer der Pause in Sekunden; nei:n
     = Dehnung des Vokals; \((weinend)) es war so schrecklich\ = kommentiertes Phä-

N: ich hab ihm <!gestern weh> getan
I: was hasten gemacht?
N: kuck wir
     haben, er hat <!angefangen> wir ham <!Kämpfen> gespielt und dann
     <!hat=er>, und dann <!hat=er einfach>, da hat hab ich ihn voll am
     Auge getroffen, hat hat jetzt nen Kratzer #hier#
I: #oh:# weia haste ihn mitm
     Fingernagel erwischt
N: nö
I: nee mit der <!Hand> so irgendwie?
N: das=war
     aber <!er> hat <!angefangen>
I: er hat <!angefangen>?
N: das is <!klar>,
     weil ich war ich bin so in sein Zimmer gekommen hat=er einfach,
     angefangen /hm/und dann, hab ich, mitgemacht
I: und dann, was ist dann passiert
N: ja dann, einfach, dann hat hat=er=es
     wollte=er=es dann hat er gesagt <!jetzt kommst du> dra- <!jetzt bist
     du dran> und dann hat er dann hat er so gemacht das, und dann wollte
     er das <!sagen> und dann <hats> gesagt (2)
I: deinen Eltern
N: ´ja´
I: hat er
     <!gepetzt>
N: ´ja´
I: ja und dann
N: ich petze <!auch>
I: ja?
N: ja

Natascha beginnt ihre Erzählung über einen Vorfall mit ihrem Bruder mit einer Einleitung in Form eines Abstracts. Dabei nimmt sie, zur Orientierung der Zuhörerin und zur Verstärkung der Bedeutsamkeit der Darstellung, das Resultat des Ereignisses, das sie zu schildern beabsichtigt, bereits vorweg, »ich hab ihm <!gestern weh> getan«. Es handelt sich um eine Situation, in der Natascha ihren Bruder verletzte. Durch die Verwendung der aktiven Verbform stellt sich Natascha in ihrer Ausführung als aktiv Handelnde, als »agent«, dar. Sie präsentiert sich als Schuldige an der Verletzung ihres Bruders und verweist damit gleichzeitig implizit auf das Thema ihrer Darstellung: »Schuld und Unschuld«. Die Zuhörerin bekräftigt durch ihre Reaktion, »was hasten <!gemacht>?«, die anfängliche Positionierung des Mädchens. Natascha kann mit der Darstellung des Ereignisses fortfahren.

---

nomen; ((lachend)) = Kommentar der Transkribierenden; <!nein> = betontes Wort oder Silbe; manch- = Abbruch; ´selten´ = leise; dann=sind=wir = schneller Anschluss; /hm/ = Rezeptionssignal; ja das war #das Ende# = gleichzeitiges Sprechen.

In ihrer Narration schildert Natascha nun knapp die eigentliche Ereig-
nisabfolge, »kuck wir haben, er hat <!angefangen> wir ham <!Kämpfen>
gespielt und dann <!hat=er>, und dann <!hat=er einfach>, da hat hab ich
ihn voll am <!Auge> getroffen« und schließt diese mit dem Resultat, dem
Ausgang der Geschichte, ab: »hat jetzt nen Kratzer hier«. Eine detaillierte
Schilderung der Szene ist hier hinsichtlich ihrer pragmatischen Funktion im
Gespräch nicht nötig, denn bereits in dieser knappen Form erfüllt sie ihre
interaktive Aufgabe. Natascha geht es weniger um den genauen Hergang
des Ereignisses, als darum, ihre anfängliche Positionierung als Schuldige
gegenüber der Gesprächspartnerin zu revidieren bzw. zu relativieren. Nun
ist ihr Bruder derjenige, der anfing. Damit erreicht Natascha, dass nicht
mehr ihr, sondern ihrem Bruder die Verantwortung für den Kratzer zugesprochen werden kann.

Auf diese relativierende Art der Selbstpositionierung und die Schuldzuschreibung an den Bruder geht Nataschas Gesprächspartnerin jedoch nicht
ein und betont durch ihre Reaktion entgegen Nataschas Absicht deren Verantwortlichkeit, »oh: weia haste ihn mitm Fingernagel erwischt«. Damit positioniert sie Natascha erneut als Schuldige (Fremdpositionierung) und fordert das Mädchen zur Korrektur ihrer bisherigen Positionierung bzw. zur
Verstärkung ihres bisherigen Präsentationsinteresses heraus, bei dem der
Bruder die Hauptverantwortung trägt. Dies gelingt Natascha relativ einfach
mit einer einsilbigen Antwort »nö«, mit der sie eindeutig die Positionierung
durch die Gesprächspartnerin zurückweist. Doch auch diese gibt nicht auf,
und versucht erneut das Gespräch in Gang zu bringen: »nee mit der Hand
so irgendwie?«. Dabei positioniert sie das Mädchen wiederum implizit als
aktiv beteiligt, also verantwortlich an der Verletzung des Bruders und fordert es heraus, erneut Stellung zu beziehen. Natascha lässt sich jedoch nicht
irritieren und verteidigt ihre Position, bei der sie ihrem Bruder die Schuld
zuschreibt: »das=war aber <!er> hat <!angefangen>«. Im darauf folgenden
Turn geht die Gesprächspartnerin auf Nataschas Positionierung ein und
wiederholt Nataschas Aussage. Dabei bestätigt sie zwar Natascha, ihre fra-
gende Intonation lässt jedoch einen gewissen Zweifel an der Aussage des
Mädchens erkennen. Diese Zweifel scheint auch Natascha wahrzunehmen,
und versucht diese nun mit einer Belegerzählung, in diesem Fall einer Detaillierung der vorherigen Darstellung, auszuräumen: »das is <!klar>, weil
ich <!war> ich bin so in sein Zimmer gekommen hat=er einfach, angefangen (…) und dann, hab ich, mitgemacht«.

Für die Gesprächspartnerin ist Nataschas Darstellung an dieser Stelle
noch nicht vollständig, so dass sie Natascha zur Fortsetzung der Erzählung
ermuntert: »und dann, was ist <!dann> passiert«. Das Mädchen geht darauf
bereitwillig ein und führt mit der sich anschließenden Detaillierung der
Szene die Zuhörerin sprachlich in den Höhepunkt des dargestellten Ereignisses. »ja dann, einfach, dann hat hat=er=es wollte=er=es dann hat er ge-

sagt <!jetzt kommst du> dra- <!jetzt bist du dran> und dann hat er dann hat er so <!gemacht> das, und dann wollte er das <!sagen>«. Dabei bedient sie sich des sprachlichen Mittels der Wiedergabe wörtlicher Rede, die charakteristisch ist für die Darstellung szenischer Präsenz. Diese rhetorische Ausgestaltung ermöglicht es ihr, die Perspektive der erzählten Zeit (versus erzählenden Zeit, vgl. Lucius-Hoene/Deppermann 2004) einzunehmen und die Bühne der Darstellung für die Zuhörerin besonders plastisch und nachvollziehbar zu gestalten. Sie nimmt damit die Zuhörerin sprachlich in das dargestellte Ereignis hinein, das in dieser Form Dramatik, Unmittelbarkeit und Teilhabe suggeriert (vgl. Lucius-Hoene/Deppermann 2002, S. 149). Der Höhepunkt der Erzählung führt schließlich zum Resultat, »und dann <!hats> gesagt«. Erneut rückt dabei Natascha ihren Bruder ins negative Licht. Eine polare Welt zwischen gut und böse, schuldig und unschuldig wird somit im Interaktionsverlauf geschaffen, verfestigt und dient dem Mädchen zur Orientierung und zur Ausbildung eines moralischen Standpunktes. Ihren Bruder stellt sie dabei als mächtig und überlegen dar, sich selbst rückt sie in die Position der Unterlegenen. Durch diese Art der Positionierung kann sie nun von der Zuhörerin Mitgefühl und Verständnis erhoffen und sie als Verbündete gewinnen. Im nächsten Redezug kommt schließlich die Interaktionspartnerin Nataschas Positionierungsinteresse nach und bestätigt »hat er gepetzt«. Indem sie nun Nataschas Bruder als Petze betitelt, wertet sie ihn und sein Verhalten ab und solidarisiert sich gleichzeitig mit Natascha und ihren bisherigen Positionierungsinteressen. Hier könnte für Natascha die Narration enden und ein neues Thema folgen.

Doch ihre Gesprächspartnerin fordert sie zur Fortsetzung der Geschichte auf, »ja und dann«. Nun setzt das Mädchen nicht, wie erwartet, die Darstellung der Situation fort, sondern relativiert mit Hilfe einer argumentativen Bekundung ihre bisherige Positionierung: »ich petze <!auch>«. Damit verweist sie auf neue Aspekte ihrer Identität: Die bisher hergestellte polare Realitätskonstruktion zwischen ihr und ihrem Bruder zeigt neue ambivalente Anteile. Denn indem sich Natascha mit ihm solidarisiert, relativiert sie das bisherige Bild vom Bruder. Damit konstruiert sie zusammen mit ihrer Interaktionspartnerin sprachlich einen moralischen Standpunkt über sich selbst, ihren Bruder und die gemeinsame Welt, die beide teilen, und in der man zwischen einem richtigen und falschen Handeln zu unterscheiden hat, aber nicht, wie Nataschas letzte Relativierung zeigt, eindeutig polarisieren kann. Diese Unterscheidungen beziehen sich auf Normen und Werte, die Natascha und andere Kinder wie in diesem Gespräch in Interaktionen mit anderen erlernen müssen. Natascha kreiert hier interaktiv im Verlauf des Gesprächs ein positives Bild von sich selbst. Obwohl es zunächst so aussieht, als wäre diese positive Selbstpositionierung nur auf Kosten der negativen Fremdpositionierung des Bruders möglich, gelingt es dem Mädchen schließlich, in der Abfolge der Interaktion dieses polare Bild zu relativieren.

Auf das sich anschließende nachfragende »ja?« der Gesprächspartnerin
antwortet Natascha einsilbig ebenfalls mit »ja« und deutet damit an, dass
das Thema und die damit verbundenen Positionierungsinteressen für sie
ausreichend und zufriedenstellend ausgehandelt wurden. Das Thema kann
nun beendet werden. Doch für ihre Gesprächspartnerin ist die Geschichte
noch nicht vollständig. Sie möchte wissen, wie diese ausgegangen ist,
nachdem der Bruder »gepetzt« hat.

I: und was ist dann passiert
N: dann bin ich, dann ähm, dann, irgendwie da
        hat Mama und Papa aber <!nicht> auf mich <!geschimpft>
I: nee?
N: nö, überhaupt nicht \((verniedlichend)) nur son <!bisschen>, kleines
        <!Stückchen>\((zeigt mit den Händen, kichert))
I: hm, und habt ihr
        euch auch wieder <!vertragen> du und dein <!Bruder> oder war dann
        den <!ganzen Tag> nur <!Streit>
N: mh, nich den ganzen Tag <!Streit>
        weil wir <!haben> mit, ich <!war> mir <!Marie>, und dann <!hat=er>
        ge- dann <!hat=er> sogar gesagt (2) guten Tag, das hat uns
        <!genervt>

Natascha versteht, dass nun der Ausgang der Geschichte gefragt ist und
bringt diesen entsprechend dem strukturellen Aufbau von Narrationen als
Resultat an. Ähnlich wie oben, versucht sie sich dabei zunächst als Unschuldige darzustellen: »Mama und Papa [haben] aber <!nicht> auf mich
<!geschimpft>«. Denn – und hier verweist sie auf ihre bisher entwickelte
moralische Vorstellung – wenn die Eltern geschimpft hätten, hätte sie nicht
unschuldig sein können. Für die Entwicklung einer moralischen Vorstellung darüber, was richtig oder falsch ist, sind für Natascha ihre Eltern maßgeblich. Das ist auch dann der Fall, wenn diese, so wie hier, nicht unmittelbar präsent sind. Sie dienen dem Mädchen als Orientierungshilfen und als
eine richtende Instanz, die über Lob oder Bestrafung (hier Schimpfen) die
moralische Ausbildung des Mädchens über die unmittelbare Interaktion mit
ihnen hinaus prägen, so dass Natascha sie auch in Erzählungen mit anderen
als Autoritätsfiguren einsetzt. Somit gerät elterliches Urteil im Vollzug des
Erzählens mit anderen zum Bestandteil Nataschas Identität.

    Doch die Gesprächspartnerin zweifelt Nataschas Aussage indirekt an,
»nee?« und bringt damit das Mädchen zu weiteren Erläuterungen. Natascha
scheint die Zweifel ihrer Gesprächspartnerin zu bemerken. Nun hat sie zwei
Möglichkeiten: Eine davon wäre, den bisherigen Standpunkt, die Eltern hätten nicht geschimpft, durch weitere argumentative Belege zu verstärken.
Doch sie entscheidet sich für eine andere Möglichkeit, nämlich für ein Teilgeständnis:»nö, überhaupt nicht (…) nur son <!bisschen>, kleines <!Stück-
chen>«. Damit gibt sie ähnlich wie oben ihre bisherige Positionierung als

Unschuldige »son <!bisschen>, kleines <!Stückchen>« auf, denn dieses Teilgeständnis kommt einem Teilgeständnis ihrer aktiven Beteiligung am Konflikt mit ihrem Bruder gleich. Durch die verniedlichende Ausdrucksweise und das Kichern versucht sie, trotz ihres Teilgeständnisses gegenüber ihrer Gesprächspartnerin weiterhin im positiven Licht zu erscheinen und Sympathie zu erzielen. Nun ist auch ihre Interaktionspartnerin zufrieden und versucht, durch ihre abschließende Rückfrage und Coda, »die eine Quintessenz oder Moral der Geschichte formuliert« (Lucius-Hoene/Deppermann 2002, S. 149), die Geschichte abzuschließen: »hm, und habt ihr euch auch wieder <!vertragen> du und dein <!Bruder> oder war dann den <!ganzen Tag> nur <!Streit>«. Damit formuliert sie eine allgemeingültige, über das Einzelereignis hinaus abstrahierbare Lehre: Zu einem Streit gehören stets zwei, und es ist wichtig, sich nach einem Streit wieder zu vertragen.[7]

Dem stimmt Natascha aber nicht ganz zu: »mh, nich den ganzen Tag <!Streit>«. Sie ist nicht bereit, die Frage nach Schuld und Unschuld so vollständig relativiert und gleichmäßig auf beide Geschwister verteilt stehen zu lassen. Sie möchte die Position, die sie ihrem Bruder vorher zugewiesen hat, Auslöser des Streits zu sein, beibehalten, und versucht diese, mit einer neuen Erzählung zu belegen. Während des Besuchs von Marie hätte ihr Bruder erneut ohne jegliche Beteiligung von Natascha, so ihre implizite Selbst- und Fremdpositionierung, die Mädchen geärgert, »dann <!hat=er> sogar gesagt (2) guten Tag, das hat uns <!genervt>«. Damit hat sie ihre bisherigen Positionierungsinteressen wieder hergestellt und kann nun zu einem anderen Thema wechseln. Dies geschieht jedoch erst nach einigen wenigen Turns,[8] in denen sie durch eine weitere Detaillierung der obigen Erzählung belegt, wie Marie und sie sich durch ihren Bruder und seine »guten=Tag= guten=Tag=guten=Tag«-Einmischungen gestört fühlten.

4. Weiterführende Generalisierungen aus der Fallrekonstruktion

Aus der Fallrekonstruktion können abschließend weiterführende Generalisierungen formuliert werden. Wie die Analyse der Positionierungsakte im Gesprächsverlauf zeigt, ist Moral keine abstrakte statische Größe, sondern ein Verständnis von der Welt, eine Konstruktion, die im Gespräch selbst

---

7 Diese allgemeingültige Lehre oder die »Moral der Geschichte« wird unabhängig davon konstruiert, ob dem Diktum, sich zu vertragen, im Alltagshandeln nachgegangen werden kann oder nicht. Sie bildet vielmehr eine übergeordnete moralische Vorstellung, die der Orientierung dient, aber nicht immer realisiert werden kann.

8 Diese können hier aus Platzgründen nicht mehr dargestellt werden.

geschaffen, verfestigt und damit auch gleichzeitig ständig verändert wird. Aushandlungsprozesse darüber, was gut oder schlecht ist, sind jeder, noch so scheinbar belangslosen Interaktion inhärent. Sie gehen mit Positionierungsaktivitäten – der Selbst- und der Fremdpositionierung – der InteraktionspartnerInnen »turn by turn« im Gesprächsprozess einher. Es sind genau diejenigen Prozesse, die die Konstruktion narrativer Identitäten ermöglichen. In ihnen verhandeln die GesprächspartnerInnen die Frage, als wer und wie sie sich selbst und ihren Gegenüber verstehen. Der Prozess der Interaktion ermöglicht es, auf der Grundlage solcher lokal geformter Identitäten ein konstantes und sich gleichzeitig immer auch im Prozess der Veränderung befindliches Selbst- und Weltverständnis zu erlangen (vgl. Fischer 2006). Die Ausbildung von Moral und Identität sind also eng miteinander verbunden, gehen miteinander einher und werden im Prozess der Interaktion zwischen den InteraktionspartnerInnen geschaffen und verändert.[9]

Die obige Analyse hat beispielhaft aufgezeigt, dass konversationellen Erzählungen über vergangene Erfahrung im Prozess der Identitäts- und Moralherstellung eine besondere Bedeutung zukommt. Bei konversationellen Erzählungen handelt es sich – im Gegensatz zu Erzählungen die monologisch, beispielsweise im Hauptteil eines narrativen Interviews dargestellt werden – um solche Narrationen, die zusammen »mit« jemandem erzählt werden. Es sind also dialogische Erzählungen, die im Alltag überall zu finden sind. Sie stellen ein besonderes Genre dar, bei dem die SprecherInnen im höheren Detaillierungsgrad als bei anderen Diskursformen räumliche und zeitliche Orientierungen entwerfen müssen, in die sie sprachlich Personen als AkteurInnen innerhalb der erzählten Handlung setzen und zwischen ihnen Beziehung herstellen. Solche sprachlichen Konstruktionsleistungen verlangen besondere Fähigkeiten und Fertigkeiten, die nicht nur in sozialen Interaktionen erlangte sprachliche Ausdrucksfähigkeit betreffen, sondern bei denen auf bisherige soziale Erfahrungen und Konstruktionen sozialer Wirklichkeit in komplexer Form zurückgegriffen wird und die sprachlich miteinander in Relation gestellt werden müssen. »Die Konturen, die in der Erzählung als temporale, räumliche und personelle entstehen, sind also primär sprachliche Konturen. Sie sind mittels Sprache geschaffen und im Sprechen konstatierbar – und bleiben vorerst in das Erzählen als Stelle ihres Ursprungs eingebunden. Diese Konturen verweisen auf eine Privilegierung des Erzählens gegenüber anderen Diskursaktivitäten wie der des Beschreibens oder des Auflistens oder auch des Erklärens, wo Zeit, Raum und Person weniger Konturgebung erfordern« (Bamberg 1999, S. 46).

---

9 Dass Moral- und Identitätsherstellung zusammenhängen, wird auch daran deutlich, dass bei der Analyse des Materials zunächst ausschließlich der Frage nach Identitätsherstellung im Gespräch nachgegangen wurde. Das Thema Moral war dabei keinesfalls im Blick. Es war erst die abduktive Fallrekonstruktion selbst, die zeigte, dass beides – Moral und Identität - miteinander bis aufs Engste verwoben ist.

Schließlich können Ergebnisse bezogen auf die Bedeutung des Erzählens zwischen Kindern und Erwachsenen formuliert werden.[10] Das Beispiel zeigt, dass Kinder im Gespräch mit Erwachsenen Moral ausbilden und sich in diesem Prozess an Erwachsenen orientieren. Dabei gelten als Orientierungsfiguren einerseits ihre gegenwärtigen InteraktionspartnerInnen. Anderseits beziehen sich Kinder interaktiv auch auf nicht präsente Bezugspersonen, denen sie in ihrer Darstellung die Funktion höherer Autoritätsinstanzen zuweisen. Erwachsenen fallen in der Interaktion mit Kindern z. B. die Aufgabe zu, die Kinder bei ihrer Moralausbildung zu unterstützen und auf sie – im Sinne der Ausbildung einer adäquaten, gesellschaftlich akzeptierten Moral – einzuwirken. Im obigen Gespräch bemüht sich die Erwachsene eine durch das Mädchen konstruierte polare Welt zwischen gut und böse, Schuld und Unschuld zu relativieren, und ein komplexeres Bild der Wirklichkeit zu formen. Dies ist eine Entwicklungsaufgabe, die ein Kind beim Heranwachsen leisten muss, um ein differenziertes Urteilsvermögen ausbilden zu können. Die Ausbildung einer komplexen Sicht auf die Welt vollzieht sich in alltäglichen sozialen Interaktionen. Der gesprochenen Sprache fällt dabei eine besondere Bedeutung zu. Das schließt ein, dass Erwachsene auch im negativen Sinne die Ausbildung von Moral bei Kindern beeinflussen können. Elinor Ochs und Lisa Capps (vgl. 2001, S. 110 f.) haben in einer Studie herausgefunden, dass und wie Kinder, deren Mütter an Agoraphobie leiden, selbst eine Angstneurose entwickelt haben. Narrative Prozesse spielten dabei eine wesentliche Rolle. Um Panikattacken zu vermeiden, hielten sich die Mütter entweder zu Hause oder in der Nähe ihrer Wohnung auf, und hingen dabei häufig in verbaler Form ihren Angsterfahrungen nach. Die Untersuchung zeigt, dass solche Mütter in konversationellen Narrationen mit ihren Kindern die Kinder sprachlich so beeinflussten, dass sich diese selbst in Erzählungen mit Hilfe verschiedener diskursiver Mittel zu hilflosen Geschöpfen sprachlich formten. Gelang es dem Kind dagegen, sich als »in control« bei schwierigen Situationen darzustellen, wurden sie häufig von ihren Müttern korrigiert. Dieses Beispiel verdeutlicht, dass narrative Praktiken weit über den Moment der Interaktion hinausgehen. Sie schaffen eine dauerhafte emotionale Grundlage, die Menschen zum Leben benötigen (vgl. Ochs/Capps 2001, S. 110 f.).

---

10 Die vorliegende Ergebnisdarstellung kann nur einige Aspekte dessen aufgreifen, was bei der Fallrekonstruktion sichtbar wurde. So wird beispielsweise nicht darüber gesprochen, wie Geschwisterbeziehungen interaktiv konstruiert werden und welche Bedeutung den oben aufgezeigten Ambivalenzen in der Geschwisterbeziehung zukommt. Ebenfalls wird nicht thematisiert, wie Kinder im Gegensatz zu Erwachsenen Erzählungen formen – welche narrative Strukturen sie im Alter von fünf Jahren bereits beherrschen und was der späteren Entwicklung vorbehalten bleibt. Diese und andere Fragen können hier leider nicht weiter behandelt werden und müssen dem empirischen Blick der aufmerksamen LeserInnen überlassen bleiben.

Literatur

Bamberg, M. (1999): Identität in Erzählung und im Erzählen. Versuch einer Bestimmung der Besonderheit des narrativen Diskurses für die sprachliche Verfassung von Identität. In: Journal für Psychologie: Theorie, Forschung, Praxis, 7. Jg. (1999), Heft 1, S. 43-55.

Bamberg, M. (2003): Positioning with Davie Hogan – Stories, Tellings and Identities: In: Daiute, Colette/Lightfoot, Cynthia (Hrsg.): Narrative Analysis. Studying the Development of Individuals in Society. London.

Bergmann, J./Luckmann, Th. (1999): Moral und Kommunikation: In: Bergmann, J./Luckmann, Th. (Hrsg.) (1999): Kommunikative Konstruktion von Moral, Band 1. Wiesbaden, S. 13-36.

Butler, J. (1995): Collected and Fractured: Responses to Identities: In: Appiah, K. A./Gates, H. L. (Hrsg.) (1995): Identities. Chicago, S. 439-447.

Fischer-Rosenthal, W. (1996): Strukturale Analyse biographischer Texte: In: Brähler, E./Adler, C. (Hrsg.) (1996): Quantitative Einzelfallanalysen und qualitative Verfahren. Gießen, S. 147-209.

Fischer, W. (2006): Über die allmähliche Verfertigung des Selbst beim Sprechen von sich. Begrenzungen und Entgrenzungen der Erinnerung im autobiographischen Dialog: In: Strauss, B./Geyer, M. (Hrsg.) (2006): Psychotherapie in Zeiten der Globalisierung. Göttingen, S. 307-336.

Garz, D./Oser, F./Althof, W. (Hrsg.) (1999): Moralisches Urteil und Handeln. Frankfurt a. Main.

Goblirsch, M. (2005): Herstellung narrativer Identitäten durch biographische Strukturierung und Positionierung. Eine retold story aus der Jugendhilfe. In: Gesprächsforschung – Online-Zeitschrift zur verbalen Interaktion, 6. Jg. (2005), S. 196-221, http://www.gespraechsforschung-ozs.de.

Harré, R./van Lagenhove, L. (1999): Positioning Theory: Moral Contexts of Intentional Action. Oxford.

Hollway, W. (1984): Gender Differences and de Production of Subjektivity: In: Henriques, J. u. a. (Hrsg.) (1984): Changing the Subject. London, S. 227-263.

Kohlberg, L. (1995): Die Psychologie der Moralentwicklung. Frankfurt a. Main.

Labov, W./Waletzky, J. (1997[1967]): Narrative Analysis. Oral Versions of Personal Experience. In: Journal of Narrative and Life History, 7. Jg. (1997), Heft 1-4, S. 3-38.

Lucius-Hoene, G./Deppermann, A. (2002): Rekonstruktion narrativer Identität. Ein Arbeitsbuch zur Analyse narrativer Interviews. Opladen.

Lucius-Hoene, G./Deppermann, A. (2004): Narrative Identität und Positionierung. In: Gesprächsforschung – Online-Zeitschrift zur verbalen Interaktion, 5. Jg. (2004), S. 166-183, www.gespraechsforschung-ozs.de.

Ochs, Elinor/Capps, Lisa (2001): Living Narrative. Creating Lives in Everyday Storytelling. Cambridge.

Forschungspraktische und methodische Fragen

Jutta Wiesemann

Die Sichtbarkeit des Lernens

Empirische Annäherung an einen pädagogischen Lernbegriff

Die empirische Erforschung des schulischen Lernens stellt für die Pädagogik eine neue Herausforderung dar. Sie setzt einen eigenen pädagogischen Lernbegriff voraus, in dessen Mittelpunkt die normale schulische Praxis und nicht die individuelle Leistung von SchülerInnen steht.

1. Lernkonzepte

Eine wesentliche Voraussetzung für die empirische Erforschung schulischen Lernens ist die Klärung des Lernbegriffs. Nur wenn sich dabei auf ein klares konzeptuelles Verständnis geeinigt werden kann, besteht die Chance, die Bedingungen und Formen dieses Lernens – oder seiner realen Schwierigkeiten – besser zu verstehen.

- Eine erste konzeptuelle Schwierigkeit liegt darin, die Dimension der individuellen und »inneren« Lernvorgänge von den kollektiven und »öffentlichen« Prozessen klar zu unterscheiden. Dabei wird »inneres« oder »kognitives« oder »individuelles« Lernen vielfach retrospektiv von erkennbaren Lerneffekten her konzipiert: Zeigt sich in den beobachtbaren, individuellen Fähigkeiten eine (messbare) Veränderung – das heißt eine beobachtbare Differenz im Zeitverlauf –, dann hat Lernen zuvor stattgefunden. Wie solches Lernen den jeweils vorangegangenen Realverläufen im Einzelnen zuzurechnen ist, bleibt allerdings meist im Dunkeln. Ebenso unklar bleibt für einen pädagogischen Lernbegriff die Bedeutung des »öffentlichen« und beobachtbaren schulischen Interaktionsgeschehens, nämlich das was Erwachsene und Kinder in der Schule tun.
- Eine zweite konzeptuelle Schwierigkeit entsteht insbesondere im schulischen Kontext dadurch, dass die Unterteilung in Lernthemen oder -felder

eine thematische Unterscheidung von Lernprozessen vorzugeben scheint, ohne dass klar wäre, ob die Differenz von Mathematik-Lernen oder Rechtschreiben-Lernen tatsächlich einen relevanten Unterschied für einen pädagogischen Lernbegriff machen muss.

- Eine mit diesen konzeptuellen Schwierigkeiten zusammenhängende begriffliche Unklarheit ergibt sich aus dem Versuch, Lernen als empirisch beobachtbares Phänomen zu betrachten. Sobald dieser Versuch unternommen wird, kann Lernen als eine praktische Tätigkeit verstanden werden, die in – grundsätzlich zugänglichen Interaktionszusammenhängen – stattfindet. Als eine solche praktische Tätigkeit ist sie unabhängig von nachträglich festgestellten, individuellen Lerneffekten zu analysieren.

Lernen ist eine normale schulische Praxis. Diese Grundannahme ist der zentrale Ausgangspunkt für einen pädagogischen Lernbegriff, der für die weitere empirische Analyse schulischer Lehr-Lernarrangements bedeutsam ist. Dieser Ansatz unterscheidet sich von kognitivistischen, konstruktivistischen, phänomenologischen oder subjektorientierten Lernkonzepten:

- Kognitivistische Ansätze betrachten Lernen als individuellen kognitiven Prozess, der sich im Kopf eines jeden Menschen verorten lässt. Lernen wird als der aktive, geistige Prozess verstanden, der neue kognitive Kompetenzen zur Folge hat. Lernen ist nicht die passive Übertragung von Wissen und Kompetenzen vom Lehrenden zum Lernenden. »Das Kind muss die Angebote der Umgebung zum Aufbau von Verständnis aktiv und selbständig nutzen, und niemand kann ihm diese Aufgabe abnehmen« (Stern 2002, S. 41; vgl. auch Bruner 1997; Piaget/Inhelder 1969; Weinert 1998; Gardner 1996).
- Konstruktivistische Ansätze betonen die intraindividuellen Vorgänge des Lernens und damit die Autonomie kognitiver Prozesse im einzelnen Menschen. Sie schließen sich damit grundsätzlich dem kognitivistischen Ansatz an und verstehen Jean Piagets Konzept der Akkomodation und Assimilation als ein Modell konstruktivistischer Perspektive auf das lernende Individuum (vgl. Gerstenmaier/Mandl 1995; Glasersfeld 1993).
- Phänomenologische Ansätze sehen Lernen als eine spezifische Weise der Weltzugewandtheit, des sich in Beziehung-Setzens zu den Phänomenen der Welt. Dies geschieht in konkreten Wahrnehmungs- und Handlungssituationen. Die phänomenologische Beschäftigung mit dem Lernen ist die Beschäftigung mit den kindlichen Erfahrungen. »Lernen entfaltet und verändert vorgängiges Verstehen als Horizont jedes möglichen und wirklichen Wissens« (Mayer-Drawe 1982, S. 42). Die Phänomenologie richtet ihren Fokus auf den Lernenden. Was geschieht mit ihm, »auf seinem Weg der Veränderung seines Verhaltens oder Erkennens?« (Mayer-Drawe 1996, S. 85).

- Der subjektorientierte Ansatz stellt das lernende Subjekt und seine Motive, Intentionen und Erfahrungen in das Zentrum der Untersuchungen. Er stellt damit vor allem ein zwangsläufig gedachtes Verhältnis zwischen Lehren und Lernen in Frage (»Lehr-Lernkurzschluss«) Es geht um die »Explikation des intentionalen Lernens vom Subjektstandpunkt als subjektiv begründete Übernahme einer Handlungsproblematik als Lernproblematik« (Holzkamp 1995, S. 385).

Diese Ansätze teilen erstens die Vorstellung einer aktiven Konstruktionsleistung des einzelnen Kindes. Das Kind ist Akteur seines individuellen Lernprozesses.[1] Sie teilen zweitens die Überzeugung, dass die Bedeutung der Kultur für die Art und Weise der Wahrnehmung und damit auch für die individuelle Deutung von Welt entscheidend ist. Lernen und Denken sind immer in einem spezifischen kulturellen Kontext verankert (vgl. auch Scholz 2002, S. 99 f.).

Meine Strategie, Lernen als normale schulische Praxis zu konzipieren, folgt gegenüber diesen individualzentrierten Ansätzen einem situationistischen Verständnis von Lernen als situierte soziale Praxis. Die Kontextgebundenheit interpersonaler Lernprozesse ist dabei der Ausgangspunkt für die Vorstellung eines dialektischen Verhältnisses zwischen Individuum und Gesellschaft. Diese dialektische Beziehung wird in konkreten Situationen ausgelotet mit dem (Lern-)Ziel, den Grad der Teilnahme an realen Situationen zu erweitern. »We theorize individual and social cognitive prozesses simultaneously« (Roth u. a. 2005, S. 9). Lernen wird so zu einem Prozess der zunehmenden Partizipation an »ernsten« Kontexten. LehrerInnen haben in der Schule die Aufgabe, das zu tun, was ExpertInnen eines Lehrfachs zu tun haben, wobei sie die SchülerInnen an einem Prozess teilhaben lassen sollten, der als »Legitimate Peripheral Participation« bezeichnet wird (vgl. Lave/Wenger 1991).

Christoph Wulf u. a. (vgl. 2004) haben mit ihrer Konzeption einer performativen Bildungstheorie (vgl. Althans/Göhlich 2004) eine weitere Perspektive auf Lernprozesse entwickelt. Deren Forschungsprojekt »Die Hervorbringung von Lernkulturen in Ritualen und Ritualisierungen. Mimesis, praktisches Wissen und soziales Handeln« verortet sich im Zusammenhang eines so genannten »performative turn« der Geistes- und Sozialwissenschaften. Sie stellen soziale Prozesse als Herstellung von Wirklichkeit in den Mittelpunkt des Interesses. Bei ihrer Perspektive des Performativen stehen »Lernkulturen« im Fokus, die sich in Ritualen des schulischen Unterrichts herausbilden. Die von mir verfolgte ethnografisch sozialkonstruk-

---

1 Rudolf Messner und Werner Blum bezeichnen in Anschluss an Hans Aebli (vgl. 1970) den Prozess als die »Autogenese kognitiver Strukturen« (Messner/Blum 2006, S. 4) und stellen die Lernumgebungen für das selbstgesteuerte Lernen in den Fokus ihres Forschungsprojektes.

tivistische Sicht auf Lernen teilt die performative Perspektive auf das soziale Geschehen: Inszenierungs- und Aufführungspraktiken sozialen Handelns stehen im Fokus des empirischen Interesses – hier die soziale Ordnung des Lernens, dort erkennbare kulturelle Ordnungen des Lernens als Ergebnis soziokultureller Konstruktion und Verkörperung. Entscheidend ist dabei ein empirischer Zugriff auf das Lernen als sozialer Prozess. Zwei Grundfragen sind für eine pädagogische Lernforschung, die das Lern-Geschehen in schulischen Zusammenhängen fokussiert, von zentraler Bedeutung:

- Erstens »Worin besteht die Relevanz subjektiver Voraussetzungen und individueller Kompetenzen?« und
- zweitens »Wie muss die schulische Organisation der Lehr-Lernarrangements für gelingendes individuelles Lernen aussehen?«

Lernen erscheint gerade aus einer pädagogisch-praktischen Perspektive als etwas, das »passieren« kann und beispielsweise in schulischen Kontexten gut oder schlecht unterstützt wird. So kann Lernen – wenn es »schlecht läuft« – bei den Lernenden »träges«, unverbundenes und kontextfreies Wissen zur Folge haben. Die Lernenden erscheinen dann als bloße KonsumentInnen (didaktisch) vorpräparierter Wissenshäppchen. Wenn es – etwa auch im Sinne eines konstruktivistischen oder subjektorientierten Lernverständnisses – »gut läuft«, dann geschieht Lernen in emphatischem Sinn, in einem aktiven, selbstbestimmten und sozialen Prozess (vgl. Gold 2002, S. 400). Teil eines solchermaßen konzipierten Lernbegriffs ist ein normatives Vorverständnis des »besseren« Lernens.

Ich schlage vor, weder direkte Antworten auf die genannten Fragen zu suchen, noch normative Vorentscheidungen über die Qualitäten von Lernprozessen zu fixieren. Ich möchte stattdessen die normale, öffentlich zugängliche Lernpraxis in der Schule in den Blick nehmen: Mit einer ethnografischen Strategie, die Lernen als sozialen Prozess versteht will; als eine Praxis, die im alltäglichen Vollzug sichtbar ist und beobachtet werden kann (vgl. Wiesemann 2000; Wiesemann/Amann 2002). Dabei geht es um das »Wie« von situierten Lernvorgängen, um eine pädagogische Lernforschung, die reale Lernprozesse jenseits ihrer didaktischen Modellierungen untersucht. Unabhängig von individualistischen und entwicklungspsychologischen Lerntheorien sollen so die soziale Genese von Wissen und die lokalen Prozessformen des Lernens mit den Mitteln ethnografischer Verfahren geklärt werden, bevor es um Verbesserungsstrategien gehen kann.

2. Lernen beobachten – Lernen sichtbar machen

Schule ist ein Ort öffentlich[2] zugänglicher Lernpraxis. Die konkreten Formen des Lernens sind sichtbare Phänomene, weil sie durch die AkteurInnen dargestellt werden. Aus dieser Grundannahme folgt zweierlei: Zum einen muss eine methodische Strategie entwickelt werden, die diese öffentliche Zugänglichkeit gezielt für den pädagogischen Erkenntnisprozess nutzt. Zum anderen geht es darum, einen theoretischen Rahmen für die Beschreibung und Analyse dieser Lernpraxis zu entwickeln. Kern der methodischen Strategie ist das ethnografische Verfahren (vgl. insbesondere Amann/Hirschauer 1997). Teilnehmende Beobachtung im schulischen Alltag und Tonbandaufzeichnungen des sprachlichen und hörbaren Geschehens generieren die Materialien für unseren empirischen Wissensprozess. In meinen aktuellen Arbeiten kommt durch den Einsatz einer teilnehmenden Kamera eine weitere methodische Dimension hinzu. Diese »Kameraethnographie« (vgl. Mohn 2002) entfaltet eine neue Perspektive durch das dabei entstehende audio-visuelle Material und seine folgende Bearbeitung. Ich erhoffe mir damit neue Wege der Sichtbarmachung des Lernens zu finden.[3]

Fraglich bleibt bei der Vorstellung einer methodisch hergestellten Sichtbarkeit, welche Relevanz dieses Beobachtete denn für das pädagogische Verständnis des (schulischen) Lernens haben kann. Es ist die Frage nach dem theoretischen Rahmen einer sichtbaren Praxis: Wie kann ein solches beobachtbares, normales Geschehen mit Hilfe eines pädagogischen Lernbegriffs beschrieben werden? Mit dieser Frage muss die Vorstellung verlassen werden, dass die Pädagogik allein auf einen aus der Psychologie übernommenen, individuenzentrierten Lernbegriff bauen kann und sich im Übrigen um die Konzeptualisierung der Lehrpraxis zu kümmern habe. Gerold Scholz (2002, S. 131 ff.) argumentiert ähnlich, wenn er fordert, die einseitige Spezialisierung der Schulpädagogik auf das Lehren aufzubrechen und einen pädagogischen Lernbegriff zu etablieren, der an erziehungswissenschaftliche Diskussionen anschlussfähig ist. G. Scholz nennt vier Voraussetzungen für die Bestimmung eines pädagogischen Lernbegriffs:

- Lernen wird als beobachtbar aufgefasst;
- Lernen ist als ein kultureller und nicht nur als biologischer Vorgang beschreibbar;

---

2   Mit »öffentlich« ist der Umstand gemeint, dass sich der schulische Alltag prinzipiell von Außenstehenden beobachten lässt – sofern entsprechendes Einverständnis mit den Betroffenen erzielt werden kann.

3   Das aktuelle Forschungsprojekt heißt »Lernen lernen in der Grundschule. Handlungsroutinen und Alltagspraxen von Schülerinnen und Schülern«, Universität Kassel, FB Erziehungswissenschaft/Humanwissenschaften (vgl. auch Mohn/Wiesemann 2006).

- Lernen muss als Phänomen von anderen Phänomenen unterschieden werden können;
- der Begriff muss Hinweise auf die Lern- und Lehrbarkeit des Lernens geben.[4]

Lernen, so könnte man zugespitzt formulieren, ist das Hauptgeschäft der pädagogischen Klientel: Warum entzieht es sich gleichwohl so beharrlich seiner empirischen Analyse in den alltäglichen schulischen Zusammenhängen? Warum verbleibt die Strecke zwischen der (mehr oder weniger) geplanten Organisation des Lernens und der Überprüfung des Gelernten hinter den geschlossenen Türen der Klassenzimmer verborgen? Warum findet Lernen dort, wo es stattfinden soll, kaum disziplinäre Beachtung? Ein Grund könnte sein, dass die Behauptung, Lernen sei beobachtbar, zu banal erscheint, um weiter Beachtung zu finden: Keine Lehrerin und kein Lehrer würde die Behauptung bezweifeln. Ein anderer Grund könnte darin liegen, dass ErziehungswissenschaftlerInnen nicht in die Köpfe von Kindern schauen können, auch wenn dies für sie der einzig vorstellbare Ort wäre, an dem »wirklich« Lernen – nämlich als kognitiver Prozess – stattfindet.

Die Frage der Beobachtbarkeit von Lernen im normalen schulischen Alltag ist dabei schwerer zu klären als die nach den Effekten. Das »Noch nicht« oder »Bereits« des Lernens ist im Sprechen darüber in der Schule geläufig und allgegenwärtig. Lisa hat bereits Schreiben gelernt, hingegen Ali noch nicht. Das ist im Schulalltag beobachtbar und durch Tests nachprüfbar. Wie jedoch hat Lisa gelernt und wie lernt Ali das Lesen? Auch dies ist zunächst einfach zu beantworten: Lisa hat die Anlauttabelle benutzt und Ali benutzt sie immer noch. In dieser Hinsicht steht die Leistungsfähigkeit einzelner Kinder im Zentrum und ist der Maßstab für die Evaluierung von Lernprozessen. Der unterrichtliche Lernprozess bleibt zu Gunsten der Konzipierung individuellen Lernens ausgeblendet (vgl. ausführlich dazu Wiesemann/Amann 2002). Im Folgenden werde ich Wege aufzeigen, wie in der Schule das Lernen sichtbar gemacht werden kann.

3. Lernoperationen: Das Beispiel »Wiedererinnerung«

Die Beobachtung von schulischem Unterricht und dessen beschreibender Nachvollzug oder technische, audio-visuelle Aufzeichnungen allein ergeben noch keine Antwort auf die Frage nach der schulischen Ordnung des Lernens. In diesem und im folgenden Abschnitt präsentiere ich Beispiele für die analytische Rekonstruktion beobachteter Lernpraxis.

---

4 Vgl. dazu die Zusammenfassung der Ansätze von G. Scholz und J. Wiesemann bei Patrick Sunnen (2006, S. 85 ff.).

Das folgende Beispiel zeigt die Relevanz verschiedener Lernoperationen bei der Bearbeitung einer mathematischen Aufgabe (vgl. dazu ausführlich Wiesemann 2000, S. 94-132). Dabei wird das konkrete »Wie« des »Geometriemachens« beobachtet. Folgende – aus dem empirischen Material herausgearbeitete – Lernoperationen ermöglichen es, z. B. eine Mathematikaufgabe praktisch zu lösen:

- Es wird die Abfolge der einzelnen Schritte etabliert (Strukturierung);
- es wird auf diejenigen Mittel zurückgegriffen, die man bereits besitzt, um Mathematikaufgaben zu lösen (Wiedererinnerung);
- es wird ebenso auf Mittel zurückgegriffen, die außerhalb der mathematischen Welt genutzt werden, um Phänomene zu begreifen und zu klassifizieren (Vergleich);
- es wird im Prozess dessen eigene Qualität und die Qualität seiner Resultate evaluiert (Evaluierung);
- es werden letztendlich Resultate auf andere oder ähnliche Phänomene übertragen (Generalisierung).

Diese Lernoperationen lassen sich im beobachteten und aufgezeichneten kommunikativen Geschehen nachvollziehen. Sie werden als Manipulationen konkreter materieller Objekte und situierter Lernverläufe verwirklicht. Dazu ein Beispiel aus meiner Studie:

> Sonja: da kommt jetzt son Strich runter gefallen der ( )
> ((Mila kichert))
> Mila: soviel haste noch behalten gä (Sonja lacht) ich auch
> (Beide kichern)
> Kurt: da fehlt noch einiges das is ein Dreieck was nich ganz dicht is
> Mila: mehr hab ich auch nich behalten vom letzten Mal nur dass n
> Stein runter kommt und dass es plums macht mehr hab ich nich
> (kichert)
> Sonja: das hast du gut gemacht da kann man das drehen und dann
> plumst er wieder runter

Sonja erinnert sich an ein sinnliches Erlebnis, das sie in Zusammenhang mit dem von ihr gezeichneten Dreieck und der dazugehörigen Fragestellung stellt: Kurt, der Lehrer, hatte einige Tage vorher mit Hilfe eines großen Holzdreiecks die Höhen im Dreieck demonstriert. Er hatte ein Seil, an dessen Ende ein Stein befestigt war, nacheinander an den drei Schenkeln fixiert. Die sinnliche Vorstellung einer bereits vollzogenen Operation wird nun von ihr gemeinsam mit Mila abstrakt rekonstruiert. Sie sprechen dabei über die Medien der Operation wie den Stein und den Strich und über die erfahrenen handfesten Vollzüge wie, »runtergefallen«, »plumst er wieder runter« und »da kann man das drehen«. Auf diese Weise wird die Vorstellung der Operation reaktiviert. Die Dominanz der Wiedererinnerung verdeutlicht sich in der Wiederholung. Nachdem alle drei ein Dreieck gezeich-

net und die Winkel beschriftet haben, sagt Sonja »ich müsste jetzt den Stein
holen ... darf ich jetzt den Stein runter plumpsen lassen«.

Durch den Vorgang der Wiedererinnerung gelingt es den Kindern, die
einmal vollzogene Operation mit einem neuen, als ähnlich erkannten Phänomen, in Verbindung zu bringen. Das nächste Beispiel zeigt, dass diese
Wiedererinnerung nicht immer gelingt:

> Kurt: m einmal ce zeichnen
> Vicki: ce wie denn das nochmal? ... ach so hehe wie geht das nochmal
> Lehrer ich habs vergessen ... (lacht kurz auf) ich habs vergessen
> ich hab so lang kein Geometrie mehr gemacht

Kurt setzt jedoch darauf, dass sich die Mädchen an den ersten Schritt des
Zeichnens eines vorgegebenen Dreiecks, nämlich die Linie c, deren Winkel
angegeben ist, erinnern. Alle Beteiligten gehen davon aus, dass für die Lösung dieser Aufgabe ein bestimmtes vorhandenes Wissen aktiviert werden
muss. Anders ausgedrückt: die konkrete Lerneinheit wird in die Kontinuität
des bisherigen Arbeitens eingeordnet. Gerade an solchen Stellen wird für
Beobachter wie für Beteiligte klar, was im Sinne eines persönlich verfügba-
ren, wiedererinnerbaren Wissens und Könnens gelernt wurde.

Die in der schulische Situation generierten Lernoperationen geben dem
gemeinsam vollzogenen Lernprozess ihre Gestalt und zeigen auf einer mik-
roanalytischen Ebene, was die Kinder tun, wenn sie gemeinsam eine Aufgabe bewältigen: Sie strukturieren die Aufgabe in einzelne Schritte, die
nacheinander bearbeitet werden (Strukturierungsoperation). Sie greifen auf
die gelernten mathematischen Mittel und Strategien zurück, um die Teil-
aufgaben zu lösen (Wiedererinnerung). Sie greifen ebenso die Mittel und
Strategien auf, die sie in ihrer alltäglichen Lebenswelt anwenden, um Phänomene zu klassifizieren und zu begreifen (Vergleichsoperationen). Im Be-
arbeitungsprozess werden die jeweiligen Schritte und Resultate nach ihrer
Qualität bewertet (Evaluationsoperation). Sie übertragen schließlich ihre
Ergebnisse auf andere oder ähnliche mathematische Phänomene (Generali-
sierungsoperation).

Konstitutiv für die Realisierung dieser Lernoperationen ist die kommunikative Praxis, aufgrund derer Verstehens- und Erklärungshandlungen erzeugt werden können. Inwieweit diese Operationen auch vom Lehrer ange-
leitet werden, ist für die Bearbeitungspraxis der Kinder nicht unbedingt relevant – es kann sie höchstens vereinfachen. Wichtig ist, dass die Kinder sie
selbst tatsächlich erfolgreich anwenden. Interessant wäre nun festzustellen,
ob sich die beobachteten Lernoperationen zumindest in ähnlich Weise auch
im Zusammenhang mit anderen Schulaufgaben auffinden lassen.[5]

---

5   In der Folge meiner Studie »Lernen als Alltagspraxis« (vgl. Wiesemann 2000) hat
    P. Sunnen (vgl. 2006) diese konkreten Lernformen auf Lernprozesse am Computer
    angewendet und weiter analysiert.

Wenn nun nochmals die Frage nach der Sichtbarkeit des Lernens aufgegriffen wird, so lassen sich mit der Analyse dieses empirischen Beispiels folgende Antworten geben:

- Tatsächlich ist das Wie des konkreten, alltäglichen Lernens über eine ethnografische Teilhabe beobachtbar.
- Schulisches Lernen ist insofern sichtbar und damit auch zu beobachten, als es eine kommunikative, interaktive Praxis ist, durch die sich ebenso die Beteiligten wechselseitig etwas über ihr Lernen mitteilen.
- Aus der beobachtbaren Lernpraxis lassen sich die Ordnungsmuster des schulischen Lernens – in unserem Beispiel bestimmte, sich wiederholende Lernoperationen – bestimmen.
- Pädagogisch relevante Resultate in Bezug auf die situierte Praxis des Lernens bedürfen keiner Überprüfung der individuellen, kognitiven Leistungen der Akteure.

Somit müssen sich die als Lernoperationen charakterisierten Muster in der Analyse weiterer Exemplare empirischer Lernsituationen bewähren.

4. Kulturelle Muster des Lernens: Aufgaben finden und erfinden

Im zweiten Beispiel – wiederum aus der Beobachtung an einer Freien Alternativschule – geht es um das gemeinsame (Er-)Finden einer Aufgabe für die Kinder. Der Lehrer ist an dieser Schule gefordert, im umfassenden Sinn für jedes einzelne Kind und mit jedem einzelnen Kind eine Aufgabe zu finden und zu vereinbaren (vgl. dazu ausführlich Wiesemann 2000, S. 94 ff.). In den folgenden Szenen möchte ich den Blick auf das Lerninteresse des jeweiligen Kindes lenken.

(1) Als ich in den Gruppenraum komme, sehe ich gleich Tim und Kurt (der Lehrer) zusammen an einem Tisch sitzen. Benno sitzt hinter ihnen auf einem Tisch mit einem Taschenrechner, der Aufgaben aufgibt. Im Raum vorne sitzt Saskia, schaukelt auf ihrem Stuhl und guckt sich die Fotos an der Wand an. Es ist ruhig, nur Tim redet mit Kurt. Es geht darum, dass er Geographie machen will, sich aber noch ein genaueres Thema überlegen soll.

Kurt: was willst du jetzt machen?
Tim: … über Länder erfahren und so …
Kurt: .. über Länder …
Tim: was man über Länder halt so lernt ..
Kurt: sag mal ein Land ..
Tim: ich weiß doch nicht … Norwegen

Auf dem Tisch liegen drei Lexika für Kinder, in denen nun beide rumblättern. Tim sucht im Inhaltsverzeichnis »Norwegen« und findet es. Beide unterhalten sich darüber, wie man mit Hilfe der Zeichen und Zahlen im Inhaltsverzeichnis die entsprechende Seite finden kann. Tim schlägt sie auf, aber es steht da kaum etwas über das Land. Kurt zeigt Tim die Seite über Skandinavien.

Tim: Oh interessant
Kurt geht zu Benno, der sich vor mein Aufnahmegerät gesetzt hat. Tim studiert die Buchseite und kommentiert, alles was er sieht.
Tim: oh geil, geil Schlittenfahren ... oh kumma die Hunde ...
Damit hat er Kurt wieder angelockt, der sich hinter ihn stellt und auf das Buch guckt. Tim will wissen, was das für Hunde sind.
Kurt: lies es einfach!

(2) Ein Vormittag in Kurts Gruppe: Tim holt sich ein Rechenheft und geht damit zu Kurt. Kurt schreibt ihm wortlos Aufgaben in das Heft. Tim schaut ihm dabei zu und beschwert sich ein bisschen über den Schwierigkeitsgrad, lacht aber dabei. Nachdem Kurt ihm das Heft zurückgibt, geht Tim sofort an seinen Platz und beginnt mit der Arbeit. Er ist dabei sehr konzentriert, macht zwischendurch stille Bemerkungen wie: »son Mist! man! Ach so ...«. Er hat offensichtlich Probleme, ackert sich aber weiter alleine durch. Kurz nachdem Tim seine Aufgaben bekommen hat, steht Linus mit der Bemerkung auf: Ich will auch rechnen. Er holt sich ein Rechenheft, legt es vor sich auf seinen Tisch und holt sich noch einen »Schmierzettel«. Er sagt dabei immer was er tut. Kurt kniet sich neben Linus und schreibt ihm Aufgaben ins Heft.

Zentraler Motor der Auseinandersetzung mit Themen und Schulaufgaben ist an dieser Schule das »andere Kind« (vgl. Scholz 1990). Linus will auch rechnen und lässt sich scheinbar angeregt durch Tims Arbeit von seinem Lehrer Aufgaben ins Heft schreiben. Auch wenn der Lehrer ein virtuelles Pensum und den tatsächlichen Lehrplan »im Kopf‹« hat, zählt in der konkreten pädagogischen Situation die momentane Bereitschaft des einzelnen Kindes. Beide Szenen deuten die Orientierung der täglichen Schulpraxis an »Eigenthemen« und »Eigenzeiten« der Kinder an (vgl. dazu Lambrich/ Scholz 1992).

Für die AkteurInnen dieser Schule ist Schulemachen eine tägliche Herausforderung, da viele Mechanismen, wie sich schulische Praxis realisiert, nicht eindeutig sind. In diesem Beobachtungsfeld erscheint der Beobachterin »Lernen« als eine selbst-bestimmte Auseinandersetzung mit der Sache. »Wohlfühlen« ist dabei eine zentrale Kategorie. Dahinter verbirgt sich die täglich zu fällende Entscheidung jedes einzelnen Kindes zu einer konkreten schulischen Tätigkeit aus »freien Stücken«. Entsprechend gibt es keinen äußeren Verfahrensdruck, keine eindeutigen Muster und keine eindeutige Zeitstruktur. Das Sprechen und Aushandeln dominiert gegenüber klaren Vorgaben wie etwa zeitlich festgelegten Unterrichtseinheiten, Vorauswahlen von Materialien oder Orten. Als Lernziel erscheint Eigenständigkeit als hohes pädagogisches Gut in einer – gegenüber hergebrachten Unterrichtsformen – veränderten Balance zu den thematischen Lernzielen.

Schulisches Lernen, so kann eine weitere Antwort aus der Analyse dieser Szenen lauten, erschöpft sich nicht in der individuellen Aneignung der typischen, in Lehrplänen und anderswo niedergeschriebenen Inhalte. In der gewählten empirischen Perspektive können so Lernprozesse als performative Akte mit einer genuinen (schul-)kulturellen Überformung erkannt werden. Lernen als performativen Akt zu verstehen heißt, Lernen als soziale Praxis zu begreifen, die in konkreten Situationen an konkreten Orten zur Aufführung kommt.[6]

Lernsituationen in der Schule sind das Resultat pädagogischer Arrangements. Ihre Ausgestaltung – oder auch der gezielte Verzicht darauf – eröffnet unterschiedliche Möglichkeiten, eine lokale Lernkultur zu etablieren und zu reproduzieren. Sind es »neue« Formen, wie in den beispielhaften Szenen aus einer Alternativschule, müssen sie sich gegenüber den Beteiligten wie gegenüber BeobachterInnen als Arrangements von Lernprozessen begründen lassen. Aus einer theoretischen Perspektive erscheint Schule als Ort, an dem sich spezifische kulturelle Handlungsmuster des Lernens etablieren. Weder dieses schulische Lernen, noch die Qualität von Lernprozessen ist jenseits dieses kulturellen Kontextes zu erfassen (vgl. dazu ausführlich Wiesemann 2006).

5. Schluss

Die empirische Untersuchung »normaler« schulischer Praxis als Ausgangspunkt für eine Lern- und Unterrichtsforschung zu nehmen, ermöglicht einen innovativen Blick auf das Lernen. Jenseits der Möglichkeiten, individuelle Leistungen in geplanten oder natürlichen Settings zu betrachten, können schulische Lernwege und Lernstrategien als situierte Praxis erkannt werden. Lernprozesse können gesehen und analysiert werden.

Die beiden hier präsentierten Beispiele zeigen zum einen eine ethnografische Lernforschung, die auf die interaktionslogischen Details beim Lösen einer schulischen Aufgabe zielt. Die Strukturierungsleistungen der Akteure und deren Typisierung als Lernoperationen stehen dabei im Vordergrund. Sie machen zum anderen deutlich, dass erst mit dem schrittweise nachvollziehenden Verständnis des lokalen Interaktionsgeschehens die relevanten

---

6 Zum Lernen als sozialer Prozess und der daraus resultierenden Forschungslogik siehe Wiesemann (2000) sowie Wiesemann/Amann (2002). Zum Begriff des Performativen siehe auch Ch. Wulf und J. Zirfas (2001).

Dimensionen der jeweiligen Lernkultur – der spezifischen Interaktions- und Interpretationsleistungen von SchülerInnen und LehrerInnen – analysiert werden können. In beiden Szenen werden Methoden des schulischen Lernens aus der Perspektive der Lerner wie in einem Brennglas erkennbar. Das ethnografische Verfahren der teilnehmenden Beobachtung gewährt Einblicke in den Alltag des schulischen Lernens von Kindern. Die Herausforderung für eine empirische Bildungsforschung besteht in der gewollten Nähe zu einer vielschichtigen und komplexen sozialen Situation: »Lernen im Klassenzimmer«. Es geht um einen pädagogischen Lernbegriff, der im Sinne sozialkonstruktivistischer Erkenntniswege situierte Praxis statt Effekte ins Zentrum rückt. Der ethnografische Blick auf das Lernen konfrontiert die Schulpädagogik mit ihrer genuinen Frage nach dem »Wie« des Lernens in der Schule.

Literatur

Aebli, H. (1970): Kognitive Systeme als Tiefenstrukturen des Denkens. In: Schweizerische Zeitschrift für Psychologie, 20. Jg. (1970), Heft 1/2, S. 106-116.

Althans, B./Göhlich, M. (2004): Rituelles Wissen und organisationales Lernen. In: Zeitschrift für Erziehungswissenschaft, 2004, 2. Beiheft: Innovation und Ritual. Jugend, Geschlecht und Schule, S. 206-221.

Amann, K./Hirschauer, St. (1997): Die Befremdung der eigenen Kultur. Ein Programm. In: Hirschauer, St./Amann, K. (Hrsg.) (1997): Die Befremdung der eigenen Kultur. Zur ethnographischen Herausforderung soziologischer Empirie. Frankfurt a. Main, S. 7-52.

Bruner, J. (1997): Sinn, Kultur und Ich- Identität. Zur Kulturpsychologie des Sinns. Heidelberg.

Gardner, H. (1996): Der ungeschulte Kopf. Wie Kinder denken. Stuttgart.

von Glasersfeld, Ernst (1993): Das Radikale in Piagets Konstruktivismus. In: Duit, R./Graeber, W. (1993): Kognitive Entwicklung und Lernen der Naturwissenschaften. Kiel.

Gold, A. (2002): Lernen als Verhaltensänderung. In: Arbeitsgruppe Lernzentrum (Hrsg.) (2002): Lernen als Verhaltensänderung – Lernen als Kommunikation. Frankfurt a. Main, S. 7-52.

Holzkamp, Klaus (1995): Lernen. Subjektwissenschaftliche Grundlegung. Frankfurt a. Main und New York.

Lambrich, J./Scholz, G. (1992): »Schau mal!« – Kinder lernen mit Kindern. In: Neue Sammlung, 1992, Heft 2, S. 287-299.

Lave, J/Wenger, E. (1991): Situated Learning. Legitimate peripheral participation. Cambridge.

Mayer-Drawe, K. (1982): Lernen als Umlernen. Zur Negativität des Lernprozesses. In: Lippitz, W./Meyer-Drawe, K. (Hrsg.) (1982): Lernen und seine

Horizonte. Phänomenologische Konzeptionen menschlichen Lernens – didaktische Konsequenzen. Königstein i. Taunus, S. 19-45.

Mayer-Drawe, K. (1996): Vom anderen lernen. In: Borelli, M/Ruhloff, J. (Hrsg.) (1996): Deutsche Gegenwartspädagogik, Band 2. Baltmannsweiler. S. 85-98.

Messner, R./Blum, W. (2006): Selbstständiges Lernen im Fachunterricht. Kasseler Forschergruppe Empirische Bildungsforschung. Lehren-Lernen-Literacy. Kassel.

Mohn, Elisabeth (2002): Filming Culture. Spielarten des Dokumentierens nach der Repräsentationskrise. Qualitative Soziologie, Band 3 (Herausgegeben von Klaus Amann, Jörg R. Bergmann und Stefan Hirschauer). Stuttgart.

Mohn, B. E./Wiesemann, J. (Hrsg.) (2006; i. E.): Handwerk des Lernens. Kamera-ethnografische Studien zur verborgenen Kreativität im Klassenzimmer. Göttingen.

Piaget, J./Inhelder, B. (1969): the psychology of the childhood. New York.

Roth, W.-M. u. a. (2005): Participation, Learning, and Identity. Berlin.

Scholz, G. (1990): Die Bedeutung des »anderen« Kindes in den Freien Schulen Marburg und Frankfurt. Gutachten, vorgelegt dem Hessischen Institut für Bildungsplanung und Schulentwicklung. Wiesbaden.

Scholz, G. (2002): Lernen als Kommunikation. In: Arbeitsgruppe Lernzentrum (Hrsg.) (2002): Lernen als Verhaltensänderung – Lernen als Kommunikation. Frankfurt a Main, S. 57-141.

Stern, E. (2002): Wie abstrakt lernt das Grundschulkind? Neuere Ergebnisse der entwicklungspsychologischen Forschung. In: Petillon, H. (Hrsg.) (2002): Individuelles und soziales Lernen in der Grundschule – Kindperspektive und pädagogische Konzepte. Opladen, S. 27-42.

Sunnen, P. (2006): Lernprozesse am Computer. Theoretische und empirische Annäherungen. Frankfurt a. Main.

Weinert, F. E. (Hrsg.) (1998): Entwicklung im Kindesalter. Weinheim.

Wiesemann, J. (2000): Lernen als Alltagspraxis. Bad Heilbrunn.

Wiesemann, J./Amann, K. (2002): Situationistische Unterrichtsforschung. In: Breidenstein, G. u. a. (Hrsg.) (2002): Forum qualitative Schulforschung 2. Interpretative Unterrichts- und Schulbegleitforschung. Opladen. S. 133-158.

Wiesemann, J. (2004): Lernen lernen in der Grundschule. Handlungsroutinen und Alltagspraxen von Schülerinnen und Schülern. Antrag auf Forschungsförderung. Universität Kassel.

Wiesemann, J. (2006): Was ist schulisches Lernen? In: Breidenstein, G./Schütze, F (Hrsg.) (2006): Paradoxien der Schulreform. Wiesbaden.

Wulf, Ch./Zirfas, J. (Hrsg.) (2001): Grundlagen des Performativen. Eine Einführung in die Zusammenhänge von Sprache, Macht und Handeln. Weinheim.

Wulf, Ch. u. a. (2004): Bildung im Ritual. Schule, Familie, Jugend, Medien. Wiesbaden.

Peter Cloos

Beruflicher Habitus

Methodologie und Praxis ethnografischer Entdeckung von Unterschieden

Die professionsbezogene Betrachtung beruflich-habitueller Profile von MitarbeiterInnen in der Sozialen Arbeit steht vor dem Problem, angemessene Perspektiven auf den Gegenstand zu entwickeln. Nach welchen Kriterien und mit welchen Methoden lassen sich beruflich-habituelle Unterschiede rekonstruieren? Ein Blick auf professionstheoretische Vergewisserungen und empirische Untersuchungen im Feld Sozialer Arbeit zeigt, dass die vorliegenden theoretischen und empirischen Erkenntnisse bislang nur wenig methodologisch im Hinblick auf die Weiterentwicklung forschungsbezogener Perspektiven reflektiert wurden. Dies mag verwundern, weil in den letzten Jahren ein nicht unerheblicher Teil an professionsbezogenen Studien vorgelegt wurde, die sich zum Ziel gesetzt haben, professionelle Strukturen bzw. den beruflichen Habitus im Feld Sozialer Arbeit zu rekonstruieren (vgl. u. a. Ackermann/Seeck 1999; Heiner 2004; Riemann 2000; Schweppe 2000; Thole/KüsterSchapfl 1997) und die Forschungsbemühungen zunehmend durch methodologische Reflexionen zur sozialpädagogischen Forschungskultur abgesichert werden (vgl. Cloos/Thole 2005; Otto/Oelerich/ Micheel 2003; Rauschenbach/Thole 1998; Schweppe 2003; Schweppe/Thole 2005; Thole 2003). Den professionsbezogenen Forschungen liegt zumeist die Frage nach der Bedeutung von Ausbildung und Studium für die Herausbildung von Professionalität zu Grunde, ohne dass andere Dimensionen angemessen Berücksichtigung finden. Am Anfang des Forschungsprozesses stellte sich somit die Frage, mit welchen Forschungsmethoden und -fragen beruflich-habituelle Differenzen in der Sozialen Arbeit angemessen nachgegangen werden kann und welcher Fokus auf welche Dimensionen beruflichen Handelns im Rahmen der Felderhebungen gelegt werden soll. Dieser Frage soll im Folgenden nachgegangen werden.

Ziel des Forschungsprojektes »Biografie und Habitus. Ethnografie sozialpädagogischer Organisationskulturen« war die Untersuchung des beruflichen Handelns von MitarbeiterInnen in der Kinder und Jugendhilfe unter Berücksichtigung der vorzufindenden Vielfalt an unterschiedlichen Berufsbiografien und Qualifikationsprofilen. Das Forschungsvorhaben interessierte sich für die Berufspraxis von MitarbeiterInnen in Einrichtungen der Kinder und Jugendhilfe vor dem Hintergrund – erstens – der individuell biografischen, – zweitens – der ausbildungsspezifischen und – drittens – der organisationsbezogenen Entwicklung beruflich-habitueller Orientierungen. Damit wurde auch thematisiert, welche Bedeutung Ausbildung und Studium für die Herausbildung eines habituellen Profils zukommt. Ausbildung und Studium sollten dabei jedoch nicht als zentraler Fokus für die Entdeckung von Unterschieden gelten. Dies wurde auch dadurch ermöglicht, dass nicht allein diejenigen, die über eine einschlägige sozialpädagogische Qualifikation verfügen, sondern insbesondere auch Berufstätige ohne einschlägige Ausbildung, wie z. B. eine Mitarbeiterin in einer Kindertageseinrichtung ohne Ausbildung, Handwerker in der Jugendberufshilfe, ein Lehrer in einer Einrichtung der Heimerziehung, in die Untersuchung einbezogen wurden.

1. Professionsforschung und beruflicher Habitus

Ein knapper Blick auf die im Feld Sozialer Arbeit vorliegenden professionsbezogenen Überlegungen und qualitativ-rekonstruktiven Studien soll im Folgenden nachzeichnen, welche Hinweise sich darüber für die Untersuchung von beruflich-habituellen Unterschieden methodisch ergeben. Fünf Aspekte sollen dabei im Mittelpunkt stehen:

- Erstens interessiert die Frage, ob die professionsbezogenen Überlegungen und empirischen Studien vergleichend angelegt sind.
- Zweitens wird erkundet, welche methodischen Schwerpunkte gelegt werden und welcher Forschungsfokus sich jeweils daraus ergibt.
- Drittens wird der Frage nachgegangen, welcher Professionsbegriff den Studien zugrunde gelegt wird und wie sie sich in diesem Zusammenhang jeweils auf das Habituskonstrukt bezogen wird.
- Schließlich wird viertens überlegt, wie sich beruflich-habituelle Unterschiede systematisch in eine Theorie beruflicher Felder einbinden lassen
- und fünftens abschließend erkundet, welche Professionsperspektive dabei sinnvoll einzunehmen ist.

(1) Professionsbezogene Forschung als vergleichende Forschung

Betrachtet man die für das Feld Sozialer Arbeit vorliegenden professionstheoretischen Vergewisserungen und empirischen Studien, dann kann zunächst festgehalten werden, dass das weitverzweigte Feld Sozialer Arbeit, das Spektrum unterschiedlicher Arbeitsfelder, Berufsgruppen und institutioneller Netzwerke unter professionstheoretischen Fragestellungen bisher empirisch nicht umfassend kartografiert werden konnte. Es mangelt an Arbeitsfelder und Berufsgruppen vergleichenden Studien, die nicht nur empirische Daten und Erkenntnisse zu einzelnen Problembereichen liefern, sondern auch vorliegende professionstheoretische Vergewisserungen in stärkerem Maße zu unterfüttern vermögen. Neben wenigen Studien, die einen Gesamtblick (vgl. Heiner 2004) einnehmen, sind vorwiegend empirische Untersuchungen über einzelne Berufsgruppen und Arbeitsfelder vorzufinden (vgl. u. a. Thole/KüsterSchapfl 1997; Schneider 2004). Sie liefern damit nur in geringem Maß vergleichende Erkenntnisse zu dem in der Sozialen Arbeit vorzufindenden hohen qualifikationsbezogenen Differenzierungsgrad des Personals (vgl. Rauschenbach 1999; Cloos/Züchner 2002), zu der erheblichen Ausdifferenzierung der Handlungsfelder und zu ihren möglicherweise sehr unterschiedlichen Binnenlogiken und professionellen Anforderungen. »Im Rahmen der sozialen Arbeit haben sich Teilberufe im Berufsfeld entwickelt, für die angenommen werden kann, dass sie sich hinsichtlich der Wissens und Könnensprofile der Berufsrollenträger deutlich unterscheiden« (Bommes/Scherr 2000, S. 244). Durch Zusatzausbildung, Fort und Weiterbildung, Schwerpunktbildung in der Ausbildung, Vertiefungs- und Spezialisierungsangebote und insbesondere auch durch die jeweilige Berufskultur in den verschiedenen Arbeitsfeldern werden die Differenzen zwischen den einzelnen Berufsgruppen verstärkt. In diesem Sinne ist unter Berücksichtigung machttheoretischer Annahmen Soziale Arbeit als ein Berufssystem aufzufassen, in dem unterschiedliche Berufsgruppen um Macht konkurrieren (vgl. u. a. Freidson 1979). Mit anderen Worten: Neue professionsbezogene Erkenntnisse lassen sich nicht nur durch den Vergleich unterschiedlicher Berufsgruppen und Arbeitsfelder, sondern auch durch die Beobachtung der in ihnen vorfindbaren distinktiven Praktiken erlangen.

(2) Professionsbezogene Forschung als ethnografische Forschung

Ein Großteil der vorliegenden, deutlich professionsbezogenen Studien konzentriert sich auf die Rekonstruktion von Interviewmaterial. Folgt man der Annahme, dass die vielfach aufgeschichteten Wissensbestände der Professionellen größtenteils in routinisierten Handlungen eingebunden werden und diese folglich als latente Hintergrundfolie von den sozialpädagogischen AkteurInnen quasi inkorporiert werden und nicht abgefragt werden können (vgl. Südmersen 1983), dann erscheint es gewinnbringend, mittels ethno-

grafischer Verfahren diese verdeckten Wissensbestände zu rekonstruieren
und zu entschlüsseln. Ethnografische Verfahren wie z. B. die »Teilnehmende Beobachtung« in Verbindung mit anderen rekonstruktiven Verfahren der
Datenerhebung und -interpretation können darüber hinaus gewährleisten,
dass über dicht angelegte Feldstudien das sich noch in den Anfängen befin-
dende Projekt der empirischen Suche nach der habituellen Verankerung von
Professionalität im Feld der Sozialen Arbeit weitere Präzisierungen erfährt.
In Zusammenhang mit der Schwerpunktsetzung auf Interviewverfahren bei
der Datenerhebung ist darüber hinaus kritisch anzufragen, ob die Studien
sich zu sehr auf das Wissen der beruflich Handelnden konzentrieren und
damit Aspekte, die für die Herausbildung beruflich-habitueller Unterschiede bedeutsam sind, aus dem Blick geraten. Interaktionistisch ausgerichtete
Studien (vgl. Riemann 2000) und ethnografische Felderkundungen haben
insbesondere auch den Blick auf das Verhältnis von beruflich-habituellen
Orientierungen und Organisationsformen beruflichen Handelns gelenkt
(Klatetzki 1993, 2003; Küster 2003, Müller u. a. 2005; vgl. auch den Beitrag von Peter Cloos und Stefan Köngeter in diesem Band). Die hier vorliegenden Studien können aufzeigen, dass neben der Untersuchung von biografischen Verläufen und Deutungsmustern auch die Erkundung von Arbeitsbögen und Handlungsroutinen und deren Ausformung in den jeweiligen Organisationskulturen neues Wissen über das berufliche Handeln in der
Sozialen Arbeit offen legt. Der ethnografische Zugang erlaubt, im Sinne
von Stefan Hirschauer die »Schweigende Dimension des Sozialen« (Hirschauer 2002, S. 40) in den Blick zu bekommen, also beispielsweise die
Selbstverständlichkeiten, die im Interview nicht erzählt werden oder auch
das Stumme, wie der Raum und die dort vorzufindende Anordnung der
Körper, die für die Untersuchung von beruflichen Handeln aus professionsbezogener Perspektive nicht unerheblich sind (vgl. Löw 2003, S. 119 ff.).

*(3) Professionsbezogene Forschung als Forschung über beruflich-
    habituelle Praktiken*

Hinzu kommt, dass das Interviewmaterial zumeist aus biografietheoretischer Perspektive erhoben wurde, auch zuweilen mit der Absicht, berufliche Habituskonstruktionen zu erheben. Dabei wurde jedoch nur in geringem Maße beachtet, dass sich beruflich-habituelle Unterschiede nicht allein
biografisch manifestieren, sondern insbesondere im Rahmen (kultureller)
Praktiken – zumal Pierre Bourdieu den Habitus umfassend als »Disposi-
tionssystem sozialer Akteure« (Schwingel 1998, S. 53) beschreibt, das
Wahrnehmungs-, Denk- und Handlungsschemata hervorbringt und als »Er-
zeugungsprinzip« (Bourdieu 1987, S. 278) sozialer Praxisformen gedacht
werden muss. In diesem Sinne müsste also bedacht werden, was es bedeutet, sich auf den dem von Bourdieu eingeführten Habitusbegriff zu beziehen

und dabei vorwiegend berufsbezogene Dimensionen über Habitusrekon-
struktionen in den Blick zu nehmen. Diese Frage wurde jedoch bislang in
den vorliegenden Studien weder theoretisch, noch empirisch ausgearbeitet.
Aus der Perspektive dieser Studien ist der professionelle Habitus weitgehend ein biografisches Projekt. Zentral ist für P. Bourdieu jedoch im Sinne
einer Dialektik von objektiven und einverleibten Strukturen die Unterscheidung von »externen, objektiven Strukturen sozialer Felder, (…) internen
Habitusstrukturen und (…) – gleichsam als ‚Synthese' des Aufeinandertref-
fens von Habitus und Feld – die (wiederum externen) Praxisformen«
(Schwingel 1998, S. 70). Mit anderen Worten: Eine professionsbezogene
Forschung hat nicht nur die Deutungsmuster, sondern auch die jeweiligen
beruflichen Handlungspraxen in den unterschiedlichen beruflichen Feldern
zu untersuchen.

*(4) Professionsbezogene Forschung als Berufsfeld- und
     Organisationskulturforschung*

Wenn das Ziel verfolgt werden soll, berufliche Handlungspraxen in den
Blick zu bekommen, dann reicht es kaum aus, die Professionellen nach diesen zu befragen und die Handlungspraxis losgelöst von ihrer organisationel-
len Verfasstheit zu betrachten. Thomas Klatetzki (vgl. 1993) hat darauf hingewiesen, dass professionelles Handeln immer als ein Handeln in einem organisationskulturellen System aufgefasst werden muss. Erst über die empirische Erschließung der jeweiligen Organisationskulturen lassen sich zutref-
fende Aussagen über beruflich-habituelle Profile in der Sozialen Arbeit anstellen, die über biografische Rekonstruktionen, Selbsteinschätzungen etc.
hinaus gehen, weil hierüber das berufliche Handeln als Routine und inkorporierte Organisationskultur beobachtet werden kann. Ethnografische Feldforschung – in Verbindung mit Interviews und anderen Formen der Daten-
aufzeichnung – hat sich hier als eine Methode erwiesen, die der Komplexität des Phänomens »beruflicher Habitus« gerecht werden kann. Mit anderen
Worten: Der berufliche Habitus ist organisationskulturell verfasst und kann
auch nur unter Berücksichtigung seiner organisationskulturellen Verfasstheit beobachtet werden. Da in Organisationskulturen immer auch die Strukturen der jeweiligen Arbeitsfelder widerspiegeln, kann der berufliche Habitus erst – seiner theoretischen Bestimmung entsprechend – als Vermittlung
von Struktur und Praxis in einem Feld rekonstruiert werden.

*(5) Professionsbezogene Forschung jenseits von
     Professionalisierungsforschung*

Mit der Untersuchung von beruflichen Handlungspraxen wandelt sich auch
der forschungsbezogene Blick auf Profession und Professionalität. Denn
hier steht nicht mehr die Frage im Mittelpunkt, ob das Handeln als profes-

sionelle Praxis zu gelten hat, sondern welche Binnenlogiken und Handlungspraxen empirisch zu beobachten sind. Ausgegangen wird dabei von der These, dass eindeutige Kriterien für Professionalität sich weder empirisch noch theoretisch herleiten lassen. Somit lassen sich beruflich-habituelle Unterschiede auch nicht entlang der vorliegenden Professions- bzw. Professionalisierungsvorstellungen, an den Modellen klassischer Professionen (vgl. u. a. Parsons 1961), an Idealvorstellungen professionellen Handelns (Oevermann 1999) oder an systemtheoretischen Bestimmungen (vgl. Stichweh 1999) »prüfen«. Die Orientierung an diesen Idealmodellen hätte möglicherweise zur Folge, dass Sozialer Arbeit – oder andere professionelle Handlungspraxen – »allenfalls notorische Professionalisierungsdefizite« bescheinigt werden kann (Olk 1986, S. 40). Einschränkend muss hier jedoch ergänzt werden, dass die vorliegenden Professionsmodelle vielerlei Hinweise zur empirischen Beschreibung der beruflichen Binnenlogiken und Handlungspraxen liefern. Sie vermischen jedoch Aspekte von Professions- und Professionalisierungstheorien miteinander, indem sich erstens nicht von den Idealvorstellungen klassischer Professionen lösen und zweitens Modelle einer besseren Praxis entwerfen.[1] Im Vordergrund einer vergleichenden, ethnografischen Untersuchung beruflich-habitueller Profile steht somit nicht die Frage, ob die jeweils untersuchten beruflichen Akteure professionell handeln. Vielmehr wird erkundet, nach welchen beruflichen Handlungspraxen sie sich unterscheiden lassen. Hierfür erweist sich das Habituskonstrukt als eine Alternative zur empirischen Überbewertung professionstheoretischer Vorgaben. Der Fokus der Studie liegt dabei nicht auf den Entwicklungsmöglichkeiten und Entwicklungswünschbarkeiten einer Profession Soziale Arbeit, sondern auf den empirisch rekonstruierbaren beruflichen Habitus und damit auf den klassifizierbaren Praktiken der beruflichen Akteure, die in Auseinandersetzung mit den Handlungsfeldern erzeugt werden (vgl. Bourdieu 1987).

---

1 Hier zeigen sich die Vorteile einer differenztheoretischen Betrachtungsweise (vgl. Nittel 2002). Mit dem Ansatz, »der die Entkopplung der Kategorien *Profession – Professionalisierung – Professionalität* intendiert, könnte der positive Effekt erzielt werden, Vermischungen auf der Ebene des Gegenstandbezugs (Struktur versus Prozess) und des Verwendungszusammenhangs (Theoriebildung versus berufspolitische Verwertung zu umgehen« (Nittel 2002, S. 253; Hervorhebung im Original). In diesem Sinne schlägt Dieter Nittel beispielsweise vor, die Erwachsenenbildung nicht als Profession, sondern als Berufskultur zu kategorisieren und stringent das zu rekonstruieren, was die beruflichen Akteure unter Professionalität verstehen. Als vorteilhaft sieht er an, dass – ohne den Rückgriff auf den Professionsbegriff – die Rekonstruktion von Professionalität möglich wird. Unter Professionalität versteht er dann »gekonnte Beruflichkeit« (Nittel 2002, S. 256). Positiv ist an diesem Ansatz, dass hier das Handeln systematisch an die Kultur der Berufsfelder angekoppelt wird. Als nachteilig erweist sich jedoch, dass die Bewertung von Können zum Ausgangspunkt der Forschung genommen wird.

2. Methodische Konsequenzen

Den methodologischen Überlegungen folgend nahm im skizzierten Forschungsvorhaben der kontrastive Vergleich beruflich-habitueller Profile in
verschiedenen Arbeitsfeldern einen zentralen Stellenwert ein. Die auf die
Forschungsfrage abgestimmte Triangulation verschiedener Methoden zur
Datengewinnung stellt eine Besonderheit im Feld professionsbezogener
Forschung dar, denn der Gegenstand »berufliches Handeln« sollte nicht nur
erfragt, sondern insbesondere auch im beruflichen Alltag, in den vorfindbaren institutionellen Rahmungen erschlossen werden. Somit wurde eine doppelte Forschungsperspektive eingenommen: Die biografische Perspektive
wurde durch Feldbeobachtungen erweitert, die das Material zur organisati-
onsspezifischen Analyse der Realisierungsstrukturen von beruflich-habitu-
ellem Handeln im konkreten Berufsalltag lieferten. Im Rahmen der organi-
sationssoziologischen Erweiterung wurde das Konzept der Organisationskultur herangezogen (vgl. Franzpötter 1997; Klatetzki 1993; May 1997).[2]
Als ethnografische Organisationskulturforschung konzipiert, wurden insgesamt vier Erhebungsmethoden ausgewählt: Das narrative Interview, das um
einen Leitfaden ergänzt wurde, die Teilnehmende Beobachtung, die Aufzeichnung von Teamsitzungen sowie die Sammlung von Dokumenten und
Artefakten.[3] Im Sinne der Grounded Theory (vgl. Strauss 1994) entstand
die Möglichkeit eines permanenten Vergleichs durch die Einbeziehung unterschiedlicher Arbeitsfelder, durch die Fokussierung unterschiedlicher
formaler Qualifikationen und durch die Triangulation unterschiedlicher Erhebungsmethoden. Das Forschungsdesign erlaubte auf diese Weise eine
Verhältnisbestimmung von Biografie, Organisationskultur und beruflichem
Handeln und Deuten und ermöglichte die Bestimmung unterschiedlicher
beruflich-habitueller Profile (vgl. Abb. 1).

Insgesamt wurden in zwei Einrichtungen aus zwei verschiedenen Arbeitsfeldern der Kinder- und Jugendhilfe intensive Feldbeobachtungen über
mehrere Wochen durchgeführt: in einer Kindertageseinrichtung und einer
Einrichtung der Jugendberufshilfe. Darüber hinaus wurden ergänzende Interviews mit MitarbeiterInnen aus der Kinder- und Jugendarbeit und den er-
zieherischen Hilfen erhoben.

---

2 Das Organisationskulturkonzept als Forschungsstrategie berücksichtigt, dass Organisationen nicht ausreichend als rationales Gebilde über Zweck-Mittel-Relationen bestimmt werden können. Die Anbindung des Organisationskulturkonzeptes an die
   Habitustheorie ermöglicht die Bestimmung der Organisationskultur als ein habituell
   vermitteltes Raum- und Zeitgefüge, in dem die/der einzelne ein Gespür entwickelt,
   für »den Platz, an dem man steht« (Bourdieu 1997, S. 110). Organisationen haben
   somit nicht Kultur, sondern sind Teil der Kultur (vgl. u. a. Franzpötter 1997).
3 Dokumente und Artefakte wurden jedoch nicht extensiv ausgewertet, sondern in die
   Dichte Beschreibung der Organisationskulturen mit einbezogen.

Abbildung 1: Forschungsteilgegenstand und Erhebungsmethoden

Forschungsteilgegenstand	Zentrale Erhebungsmethode
Biografie	Narratives Interview mit Leitfaden
Berufliches Handeln und Deuten Organisationskultur	Teilnehmende Beobachtung Audioaufzeichnungen von Team- sitzungen Dokumente, Artefakte etc.
⇩	⇩
Beruflicher Habitus	Ethnografische Feldforschung »Dichte Beschreibungen«

3. Forschungspraxis und Habitusrekonstruktionen

Im Zuge der Feldforschungen stellte sich immer wieder die Frage: Wie
können beruflich-habituelle Unterschiede beobachtet werden. Im grundsätzlich offen angelegten Forschungsprozess wurden entlang des Erkenntnis-
prozesses jeweils unterschiedliche Forschungsperspektiven mit dem Ziel
eingenommen, beruflich-habituelle Unterschiede möglichst dicht beschreiben zu können. Dabei war die Dichte Beschreibung der im Feld vorgefundenen Organisationskulturen der Rahmen, vor dessen Hintergrund der Vergleich unterschiedlicher habitueller Profile erst möglich wurde. Die Entdeckung der verschiedenen Perspektiven auf den Gegenstand beruflicher Habitus wurde durch ein methodenplurales Vergehen ermöglicht. Einige der
im Forschungsprozess eingenommenen Perspektiven sollen im Folgenden
vorgestellt werden.

(1) Selbstcharakterisierungen und Positionierungen im Feld

Im Rahmen der narrativen Interviews nahmen die beruflichen AkteurInnen
deutliche Positionierungen in Form von Selbstcharakterisierungen vor. Unter Selbstcharakterisierung wird hier ein zentrales narrationstheoretisches
Element der Verdichtung biografischer Erfahrungsaufschichtung in Form
einer Zuschreibung zentraler Eigenschaften verstanden, über welche die Interviewten in zentrale, beruflich bedeutsame biografische Rahmungen einführen. Selbstcharakterisierungen können als eine Form betrachtet werden,
über die BiografInnen auf zentrale Lebensthemen hinweisen. In diesem
Sinne dienen sie auch als Hilfsmittel zur Konstruktion der eigenen Lebens-

und Berufsgeschichte und der beruflich-habituellen Positionierung und Distinktion gegenüber anderen beruflich Handelnden. Sie sind als identitätsstiftende inkorporierte Verortung im gegliederten Berufssystem anzusehen und Ausdruck von Deutungsschemata, die ausgehend vom praktischen Sinn (vgl. Bourdieu 1987) festlegen, was als gelingende und gute Berufspraxis zu gelten hat. Gleichzeitig stellen sie kondensierte Inszenierungsformen von beruflichem Wissen, Können und Erfahrungen dar (vgl. Pfadenhauer 1999). Insbesondere im Zuge der jeweiligen Feldeintritte des Forschers positionierten sich die beruflichen AkteurInnen jeweils mehr oder weniger deutlich im Feld – dies viel deutlicher als in den Interviews. Sie vermittelten dem Forscher ungefragt ihre jeweilige Position im beruflichen Gefüge der Einrichtung. Sie führten den Forscher auf unterschiedliche Weise in die Regeln des Feldes ein und inszenierten ihre beruflichen Kompetenzen und ihre berufliche Rolle als »alte Hasen« oder als »ruhender Pol«. Während eine Erzieherin sich als Reflexionsinstanz der Einrichtung inszeniert, hält sich ihre Kollegin, die über keine Ausbildung verfügt, mit Deutungen zum beruflichen Alltag gegenüber dem Forscher und ihrem Team zurück. Durch beruflich-habituelle Positionierungen inszenierten die MitarbeiterInnen Unterschiede zu ihren KollegInnen und legitimierten und sicherten ihre berufliche Position im Team. Wie sich die untersuchten MitarbeiterInnen auf unterschiedliche Weise positionierten und die Einsozialisation des Forschers ins Feld begleiteten, galt es somit dicht zu beschreiben. Diese dichte Beschreibung konnte jedoch nur über die Verschränkung von Ergebnissen erzielt werden, die im Rahmen der biografischen Interviews und der Teilnehmenden Beobachtungen gewonnen wurden.

(2) Bewegungsmuster und Platzierungspraktiken

Über Teilnehmende Beobachtungen lässt sich im Gegensatz zu biografischen Verfahren untersuchen, welche raum-zeitliche Ordnung, welche sequentielle Ordnung an Arbeitsbögen in den jeweiligen Einrichtungen vorzufinden ist und welchem Rhythmus das Geschehen insgesamt folgt. Hierüber können unterschiedliche Bewegungsmuster und Platzierungspraktiken (vgl. Löw 2001) der jeweiligen MitarbeiterInnen rekonstruiert werden: Beispielsweise war es interessant zu beobachten, wie in einer in obere und untere Arbeitsbereiche gegliederten Einrichtung an einem zentralen Ort an der Kaffeemaschine eine informelle Kontaktstelle eingerichtet war, die es situativ ermöglichte, die an den Orten unten und oben gesammelten separierten Erfahrungen wieder zusammenzubinden. Bemerkenswert dabei war, dass die einzelnen MitarbeiterInnen sich an dieser Kontaktstelle unterschiedlich platzierten, sie unterschiedlich häufig frequentierten und diese auch im Rahmen des Gesamtarbeitsbogens unterschiedlich strategisch einsetzten. Deutlich wurde, dass sich die MitarbeiterInnen insgesamt sehr unterschiedlich räumlich platzierten: Während die einen sich als »ruhende Pole« nah am Geschehen befanden, vollzogen die anderen unabhängig vom Bewegungsmuster der AdressatInnen einen Zick-Zack-Kurs durch die Einrichtung und behielten darüber einen Gesamtüberblick.

(3) Aufgabenhierarchien und Arbeitsbögen

Im Rahmen der Teilnehmenden Beobachtungen galt es zunächst den Gesamtarbeitsbogen der Einrichtung zu rekonstruieren, der sich in die raumzeitliche Ordnung der jeweiligen Einrichtung einfügt. Während die MitarbeiterInnen beim Feldeintritt des Forschers versicherten, sie würden prinzipiell alle die gleichen Aufgaben übernehmen, galt es herausfinden, welche Aufgaben die einzelnen beruflichen Akteure entlang von Raum und Zeit tatsächlich übernehmen. In den biografischen Interviews können die beruflichen AkteurInnen immer nur partiell ihren beruflichen Alltag beschreiben, weil die dem Alltag zugrunde liegenden Praktiken größtenteils routinisiert abgewickelt werden und so selbstverständlich erscheinen, dass sie kaum mitgeteilt werden können. Im Rahmen der Teilnehmenden Beobachtungen stellte sich heraus, dass im Rahmen funktionsspezifischer Aufgabenverteilung Aufgabenhierarchien entstehen, die ein spezifisches Gleichgewicht der Aufgaben- und Rollenverteilung schaffen. Hierüber werden z. B. eher diffuse Anteile von Sozialbeziehungen und spezifische Anteile von Rollenbeziehungen im Team verteilt (vgl. Oevermann 1999). Während die eine Mitarbeiterin stärker an der Grenze der organisationskulturellen Umwelt operiert, ist die andere für die Herstellung von Ordnung innerhalb der Einrichtung zuständig. Das somit geschaffene Gleichgewicht sichert ab, dass die beruflichen Erfordernisse gemeinsam erfüllt werden können. Gemeinsames Handeln beinhaltet hier aber nicht, dass die MitarbeiterInnen jeweils den gleichen Arbeitsbögen nachgehen. Berufliches Handeln als organisationskulturelles Handeln heißt dabei weitgehend Handeln in Orientierung an vorgegebenen Aufgabenhierarchien und Arbeitsbögen, die das Handeln räumlich und zeitlich strukturieren. Diese Arbeitsbögen, in denen die Organisationsmitglieder einsozialisiert werden, machen Handlungen zum einen erwartbar und begrenzen Ungewissheit. Zum anderen erzeugen sie erhebliche Differenzen zwischen den MitarbeiterInnen. Die durch Arbeitsbögen und Aufgabenhierarchien und berufliche Positionen hergestellte Ordnung ist somit in den untersuchten Organisationskulturen immer wieder Anlass für distinktive Auseinandersetzungen. Interessant war zu untersuchen, inwieweit im Rahmen des distinktiven Kampfes um Aufgaben und Positionen beruflich-habituelle Unterschiede performativ reproduziert oder Kompetenzunterschiede der einzelnen MitarbeiterInnen minimiert werden.

(4) Interaktions- und Sprachstile

Während der Teilnehmenden Beobachtungen zeigten sich in den unterschiedlichen Einrichtungen verschiedene Interaktionsmodi und Sprachstile, die für die jeweiligen Organisationen typisch waren, und nur im praktischen Vollzug beobachtet werden konnten. Die Arbeit mit Kindern in einer Kindertageseinrichtung erforderte ganz andere Interaktionserfordernisse als die Arbeit mit Jugendlichen im Rahmen von Jugendberufshilfe. Aber auch innerhalb der Einrichtungen zwischen den einzelnen MitarbeiterInnen variieren diese erheblich. Mitunter wird der Sprachstil verändert, wenn die MitarbeiterInnen den Raum und die InteraktionspartnerInnen wechseln. Die Interaktionsmodi variieren danach, welches Maß an Reflexions- und Begründungsverpflichtung beim Sprechen deutlich wird. Sie unterscheiden sich danach, an welchen Interaktionsrahmen sie ausgerichtet sind, ob sie z. B. eher beratend, belehrend, spielerisch oder intervenierend angelegt sind. Sie sind je nach Sprachstil eher kurz, bündig und befehlend oder verständnisvoll-empathisch und erklärend. In Zusammenhang mit der Entdeckung von habituellen Unterschieden galt es dementsprechend die verschiedenen Interaktionsmodi und Sprachstile entlang ihrer verschiedenen Dimensionen zu untersuchen.

(5) Wissensdomänen und Deutungshoheiten

Im Rahmen der Unterhaltungen zwischen den MitarbeiterInnen und dem Ethnografen, in den Gesprächen der MitarbeiterInnen untereinander, in den Interviews mit ihnen und insbesondere in den aufgezeichneten Teamsitzungen deutete sich an, dass im Zuge der beruflichen Abläufe und der Fallbearbeitung insgesamt sehr unterschiedliche Domänen an Wissen zum Zuge kommen. Während klassische Modelle zum Wissen der Professionen von einer Anwendung wissenschaftlichen Regelwissens ausgehen und im Modell des hermeneutischen Fallverstehens von Ulrich Oevermann (vgl. 1999) dieses Regelwissen nur unter Beachtung des Fallbezugs angewendet werden kann, grenzt sich Thomas Klatetzki (1993, S. 56) von bipolaren Wissensmodellen ab: »Die Anwendung von Wissen, und das heißt professionelles Handeln, ist damit der Bewohnung oder dem Besuch verschiedener Stadtteile vergleichbar. Unterschiedliche Orte, die zu unterschiedlichen Zeiten aufgesucht werden, führen zu verschiedenen Handlungen«. Im Zuge der Realisierung des Gesamtarbeitsbogens werden also sehr unterschiedliche Wissensdomänen miteinander verbunden oder gegeneinander ausgespielt, die mal mehr oder weniger z. B. auf biografisches, wissenschaftliches, fallbezogenes, alltägliches oder medial vermitteltes Wissen bezogen werden. Bei der Untersuchung unterschiedlicher habitueller Profile wurde dementsprechend beobachtet, auf welches Wissen sich bezogen wird, welche Domänen des Wissens miteinander verkoppelt und auf welche Art und Weise die »Fälle« dabei konstruiert werden. Insbesondere die Rekonstruktion der Teamsitzungen ermöglichte aufzuzeigen, dass den unterschiedlichen MitarbeiterInnen je andere Deutungshoheit darüber zugesprochen wird, wie ein Fall zu interpretieren ist oder welches pädagogische Angebot angemessen erscheint.

(6) Berufliches Mandat

Während die unterschiedlichen Arbeitsfelder über den gesetzlichem Auftrag ein je unterschiedliches Mandat zugeschrieben bekommen, gestalten die einzelnen Einrichtungen dieses jeweils anders aus. Eingebunden in die Organisationskultur wird das jeweilige Mandat von den einzelnen MitarbeiterInnen unterschiedlich formuliert und in den Handlungspraxen performativ different hergestellt. Während die einen MitarbeiterInnen ihren Schwerpunkt darin sehen, die Kompetenzentwicklung der Kinder zu fördern oder ihnen fürsorglich zur Seite zu stehen, handeln andere als Lebensbegleiter oder als Vorbild von Jugendlichen. Dabei können pädagogische Ideale und Vorstellungen zum eigenen Mandat sich erheblich von dem sich performativ in ihren Handlungspraxen realisierenden Mandat unterscheiden.

(7) Biografische Erfahrung und Dispositionen

Über die Rekonstruktion der biografisch-narrativen Interviews mit ausgewählten MitarbeiterInnen der untersuchten Einrichtungen konnte aufgezeigt werden, dass der berufliche Habitus nicht losgelöst von den (berufs-)biografischen Erfahrungsaufschichtungen und habituellen Dispositionen betrachtet werden kann, die vorberuflich und im Beruf erworben werden. Bedeutung erlangt hier insbesondere der kulturelle Hintergrund, in denen die habituellen Dispositionen eingelagert sind, dadurch dass auf unterschiedliche Weise kulturelles Kapital akkumuliert wird. Entscheidend ist hier die gesamte Bildungsbiografie und im Spezifischen die Erfahrungen und Erlebnisse, die beim Durchlaufen der Bildungsinstitutionen gesammelt werden. Somit wird insgesamt ein unterschiedlicher Grad an Bildung, an Sprach- und Reflexionskompetenzen und kulturellen Wissen habituell verankert. In Auseinandersetzung mit dem jeweiligen Herkunftsmilieu bilden sich unterschiedliche kulturelle Präferenzen und Interessen heraus, an die beruflich angekoppelt werden kann: Die Teams sind dabei der Ort, an dem ständig die eigenen geschmacklichen Präferenzen distinktiv gegenüber anderen abgegrenzt und somit die feinen Unterschiede markiert werden (vgl. Bourdieu 1987). Beruflich-habituelle Unterschiede ergeben sich zusätzlich durch die unterschiedlichen vorberuflichen Erfahrungen, die im Zusammenhang mit den verschiedenen Wegen in den Beruf stehen und an die sich unterschiedliche biografische Deutungsmuster anschließen. Grundsätzlich können vier Orientierungen voneinander unterschieden werden:

- Die Berufsbiografie wird fast vollkommen losgelöst von der jetzigen Tätigkeit in der Kinder- und Jugendhilfe vorgestellt.
- Soziales Engagement und das Interesse an einem sozialen Beruf entwickelt sich mehr oder weniger als Kontrastfolie zum Herkunftsmilieu im Jugendalter heraus.
- Im Gegensatz hierzu sind beruflich-habituelle Orientierungen mit einem frühen Interesse an einem sozialen Beruf zu erkennen. Hier werden aus Sicht der Interviewten zentrale Kompetenzen für den späteren Beruf grundgelegt – wie Kinder umsorgen zu können oder ein Team zu leiten.
- Die eigene Biografie gilt als Ausweis für eine biografische Nähe zu den Jugendlichen und als eine besondere Qualifikation für die Tätigkeit, weil z. B. ähnliche Erfahrungen wie die Jugendlichen erworben wurden.

Die Erfolge des Studiums oder der Ausbildung bewerten die MitarbeiterInnen insgesamt sehr kritisch und zurückhaltend. Sie sprechen der Ausbildung höchstens zu, dass sie rudimentär grundlegendes Wissen und Können hätte vermitteln können. Der Vergleich mit den KollegInnen ohne sozialpädagogische Ausbildung ergibt jedoch, dass sie in vielen Bereichen über weitaus mehr Wissen und Können verfügen. Insgesamt wird den beruflichen Erfahrungen nach dem Studium und nach der Ausbildung weitaus mehr Bedeutung für das eigene Profil zugesprochen, weil hier konkrete praktische Erfahrungen gesammelt werden können. Angesichts dieser Erfahrungen erscheint den MitarbeiterInnen im Nachhinein das in der Ausbildung vermittelte Wissen als Theorie, die kaum mehr erinnert und bei der der Bezug zur jetzigen Tätigkeit kaum mehr hergestellt werden kann.

Neben kulturellen, bildungs- und berufsbiografischen Unterschieden werden habituell im Verlauf der Biografie spezifische persönliche Merkmale und Kompetenzen herausgebildet, die im Zusammenspiel mit dem bildungsbiografischen und kulturellen Hintergrund einen persönlichen habituellen Stil im Beruf ergeben und die es im Zuge der Ethnografie zu beschreiben galt: Während die eine Mitarbeiterin die Reaktionen der Jugendlichen schnell »persönlich« nimmt, reagiert der andere mit einem »coolen« Spruch und die dritte mit einer verständnisvollen Umarmung.

4. Biografie, beruflicher Habitus und Organisationskultur: Ein empirisches Modell

Die Beobachtungen legen nahe, dass die Ausformung beruflich-habitueller Profile in der Kinder- und Jugendhilfe in hohem Maße davon abhängig ist,

- welche formale Stellung die MitarbeiterInnen innerhalb des Teams innehaben (z. B. als Leiterin);
- welche Position und Anerkennung ihnen darüber hinaus im Team zugesprochen wird (z. B. als »alter Hase«);
- welche zertifizierten formalen Qualifikationen qua Ausbildung sie besitzen (z. B. als Sozialpädagoge);
- über welche Dispositionen sie verfügen, das heißt welche Interessen sie einbringen und welche (berufs-)biografischen Erfahrungen sie mitbringen (z. B. als langjährige Mitarbeiterin).

Abbildung 2: Empirisches Modell zur Unterscheidung beruflich-habitueller Profile

Diese Dimensionen legen als eine Art Kapital, über das die MitarbeiterInnen jeweils verfügen, fest, welche habituelle Position sie im organisationskulturellen Gefüge einnehmen. Die empirischen Befunde zeigen, dass sich im situativen und institutionellen Setting der Organisationskulturen entlang berufs-, arbeitsfeldbezogener und kulturell-gesellschaftlicher Rahmenbedingungen und Habitusformationen entscheidet,

- welche Aufgaben den MitarbeiterInnen zugeschrieben werden;
- welche Tätigkeiten sie in welcher Form tatsächlich entlang unterschiedlicher Arbeitsbögen ausüben;

- welchen Bewegungsmustern sie folgen und wie sie sich räumlich und zeitlich entlang verschiedener Aufgaben positionieren;
- wie sie insgesamt das an sie gerichtete Mandat habituell verankern;
- wie sie ihren beruflichen Alltag wahrnehmen und welche Deutungen sie vornehmen;
- über welche Deutungshoheiten sie verfügen und
- wie sie letztendlich ihre berufliche Position in Szene setzen und distinktiv gegenüber anderen abgrenzen.

Diese Dimensionen ergeben insgesamt ein empirisches Modell, über das sich habituelle Differenzen beobachten lassen. Dabei erweist sich die Ausbildung oder das Studium als nur ein Indikator neben anderen zur Bestimmung dieser Unterschiede. Es präzisiert sich die Erkenntnis, dass habituelle Differenzen von MitarbeiterInnen der Kinder- und Jugendhilfe »nun nicht schlichtweg durch eine institutionalisierte sowie fachlich spezialisierte Ausbildung auf wissenschaftlicher Grundlage allein zu erwerben« sind, »an deren Ende die Beherrschung eines Fachwissens samt dem dazugehörigen beruflichen Methodenrepertoire steht« (Dewe 1999, S. 743 f.). Beruflich-habituelle Differenzen sind auf der Basis unterschiedlicher Bildungs- und Ausbildungsbiografien, unterschiedlicher formaler Funktionen und Teampositionen das Resultat einer eingeübten und habituell strukturierten Praxis in Organisationskulturen und beruflichen Handlungsfeldern. Diese Praxis zu beobachten und dicht zu beschreiben wird möglich durch eine Perspektivenverschränkung von Biografie, Habitus und Organisationskultur und durch einen methodenpluralen ethnografischen Blickwinkel auf die unterschiedlichen Aspekte des beruflichen Habitus.

Literatur

Ackermann, F./Seek, D. (1999): Der steinige Weg zur Fachlichkeit. Handlungskompetenz in der Sozialen Arbeit. Hildesheim u. a.

Bommes, M./Scherr, A. (2000): Soziologie der Sozialen Arbeit. Eine Einführung in Formen und Funktionen organisierter Hilfe. Weinheim und München.

Bourdieu, P. (1987): Die feinen Unterschiede. Kritik der gesellschaftlichen Urteilskraft. Frankfurt a. Main.

Bourdieu, P. (1997): Der Tote packt den Lebenden. Schriften zu Politik & Kultur 2 (herausgegeben von M. Steinbrücke). Hamburg.

Cloos, P./Thole, W. (2005): Qualitativ-rekonstruktive Forschung im Kontext der Sozialpädagogik. Anmerkungen zu einigen Fragen sozialpädagogischer Forschungskultur. In: Schweppe, C./Thole, W. (Hrsg.) (2005): Sozialpädagogik als forschende Disziplin. Weinheim/München, S. 71-96.

Cloos, P./Züchner, I. (2002): Das Personal der Sozialen Arbeit. Größe und Zusammensetzung eines schwer zu vermessenden Feldes. In: Thole, W. (Hrsg.) (2002): Grundriss Soziale Arbeit. Ein einführendes Handbuch. Opladen, S. 705-724.

Dewe, B. (1999): Das Professionswissen von Weiterbildnern: Klientenbezug – Fachbezug. In: Combe, A./Helsper, W. (Hrsg.) (³1999): Pädagogische Professionalität. Frankfurt a. Main, S. 714-757.

Franzpötter, R. (1997): Organisationskultur. Begriffsverständnis und Analyse aus interpretativ-soziologischer Sicht. Baden-Baden.

Freidson, E. (1979): Der Ärztestand. Berufs und wissenschaftssoziologische Durchleuchtung einer Profession. Stuttgart.

Heiner, M. (2004): Professionalität in der Sozialen Arbeit. Theoretische Konzepte, Modelle und empirische Perspektiven. Stuttgart.

Klatetzki, Th. (1993): Wissen, was man tut. Professionalität als organisationsstrukturelles System. Eine ethnographische Interpretation. Bielefeld.

Klatetzki, Th. (2003): Skripts in Organisationen. Ein praxistheoretischer Bezugsrahmen für die Artikulation des kulturellen Repertoires sozialer Einrichtungen und Dienste. In: Schweppe, C. (Hrsg.) (2003): Qualitative Forschung in der Sozialpädagogik. Opladen, S. 93-118.

Küster, E. U. (2003): Fremdheit und Anerkennung. Ethnographie eines Jugendhauses. Weinheim, Basel und Berlin.

Löw, M. (2001): Raumsoziologie. Frankfurt a. Main.

Löw, M. (2003): Einführung in der Soziologie der Bildung und Erziehung. Opladen.

May, Th. (1997): Organisationskultur. Zur Rekonstruktion und Evaluation heterogener Ansätze in der Organisationstheorie. Opladen.

Müller, B. u. a. (2005): Konstitutionsbedingungen und Dynamik (Performanz) sozialpädagogischen Handelns in der Kinder- und Jugendarbeit. Unveröffentlichter Zwischen- und Arbeitsbericht zum DFG-Forschungsprojekt. Kassel und Hildesheim, http://www.uni-kassel.de/fb4/issl/mitg/thol/projekte/kiju ab.htm.

Nittel, D. (2002): Professionalität ohne Profession? In: Kraul, M./Marotzki, W./Schweppe, C. (Hrsg.) (2002): Biographie und Profession. Bad Heilbrunn, S. 253-286.

Oevermann, U. (1999): Theoretische Skizze einer revidierten Theorie professionalisierten Handelns. In: Combe, A./Helsper, W. (Hrsg.) (³1999): Pädagogische Professionalität. Frankfurt a. M., S. 70-181.

Olk, Th. (1986): Abschied vom Experten. Sozialarbeit auf dem Weg zu einer alternativen Professionalität. Weinheim und München.

Otto, H.-U./Oelerich, G./Micheel, H.-G. (Hrsg.) (2003): Empirische Forschung und Soziale Arbeit. Ein Lehr- und Arbeitsbuch. Neuwied.

Parsons, T. (1961): Struktur und Funktion der modernen Medizin. Eine soziologische Analyse. In: König, R./Tönnesmann, M. (Hrsg.) (1961): Probleme der Medizin-Soziologie. Köln/Opladen, S. 10-57.

Pfadenhauer, M. (1999): Rollenkompetenz. Träger, Spieler und Professionelle als Akteure für die hermeneutische Wissenssoziologie. In: Hitzler, R./Reichertz, J./Schröer, N. (Hrsg.) (1999): Hermeneutische Wissenssoziologie. Standpunkte zur Theorie der Interpretation. Konstanz, S. 267-285.

Rauschenbach, Th. (1999): »Dienste am Menschen – Motor oder Sand im Getriebe des Arbeitsmarktes? Die Rolle der Sozial-, Erziehungs- und Gesundheitsberufe in einer sich wandelnden Arbeitsgesellschaft. In: Neue Praxis, 29. Jg. (1999), Heft 2, S. 130-146.

Riemann, G. (2000): Die Arbeit in der sozialpädagogischen Familienberatung. Interaktionsprozesse in einem Handlungsfeld der sozialen Arbeit. Weinheim und München.

Schneider, S. (2004): Sozialpädagogisches Handeln in der Beratung. Unveröffentlichte Dissertation an der Universität Tübingen.

Schweppe, C. (2000): Biographie und Studium. Lebensgeschichten von Studierenden des Diplomstudiengangs Pädagogik/Studienrichtung Sozialpädagogik. In: Homfeldt, H. G./SchulzeKrüdener, J. (Hrsg.) (2000): Wissen und Nichtwissen. Herausforderungen für Soziale Arbeit in der Wissensgesellschaft. Weinheim und München, S. 111-125.

Schweppe, C. (Hrsg.) (2003): Qualitative Forschung in der Sozialpädagogik. Opladen.

Schweppe, C./Thole, W. (Hrsg.) (2005): Sozialpädagogik als forschende Disziplin. Theorie, Methode, Empirie. Weinheim und Basel.

Schwingel, M. (^{2}1998): Pierre Bourdieu zur Einführung. Hamburg.

Rauschenbach, Th./Thole, W. (Hrsg.) (1998): Sozialpädagogische Forschung. Gegenstand und Funktionen, Bereiche und Methoden. Weinheim und München.

Stichweh, R. (1999): Professionen in einer funktional differenzierten Gesellschaft. In: Combe, A./Helsper, W. (Hrsg.) (^{3}1999): Pädagogische Professionalität. Frankfurt a. Main, S. 49-69.

Strauss, A. L. (1994): Grundlagen qualitativer Sozialforschung. Datenanalyse und Theoriebildung in der empirischen soziologischen Forschung. München.

Südmersen, I. (1983): Hilfe ich ersticke in Texten! Eine Anleitung zur Aufarbeitung narrativer Interviews. In: Neue Praxis, 13. Jg. (1983), Heft 3, S. 294-306.

Thole, W. (2003): »Wir lassen uns unsere Weltsicht nicht verwirren«. Rekonstruktive, qualitative Sozialforschung und Soziale Arbeit – Reflexionen über eine ambivalente Beziehung. In: Schweppe, C. (Hrsg.) (2003): Qualitative Forschung in der Sozialpädagogik. Opladen, S. 43-65.

Thole, W./KüsterSchapfel, E. U. (1997): Sozialpädagogische Profis. Beruflicher Habitus, Wissen und Können von PädagogInnen in der außerschulischen Kinder und Jugendarbeit. Opladen.

Heidrun Schulze

Biografie und Sprache

Erzähltes (Er-)Leben von MigrantInnen –
Übersetzen oder Verstehen?

»Wichtig ist hier aber die Erkenntnis, daß das, worauf sich ein Wort bezieht, in der Erfahrung eines Wesens begründet liegen kann, ohne daß dazu Sprache notwendig wäre. Die Sprache wählt diesen Inhalt aus und organisiert ihn in der Erfahrung. Sie ist ein Werkzeug für eben diesen Zweck« (Mead 1998, S. 52).

1. Untersuchungskontext

Der vorliegende Artikel beschäftigt sich mit dem Verstehen im transkulturellen Forschungsfeld. Für das methodische Verstehen wird ein Problem der Verständigung, das während eines biografisch narrativen Interviews durch den Wechsel in die türkische Muttersprache entstand, analysiert.

Das hier zentral vorgestellte und diskutierte Interview mit Adnan Yildiz,[1] einem aus der Türkei stammenden Mann, wurde trotz verschiedener Muttersprachen zwischen Interviewerin und Interviewten auf deutsch geführt, denn diese Situation entspricht der lingualen Normalität auf die die MigrantInnen in diversen Lebensweltausschnitten treffen. Bei der Auswertung des transkribierten Interviews fielen zunächst einige nicht verständliche Passagen ins Auge. Durch wiederholtes Abhören der Kassette wurde deutlich, dass es sich dabei zum einen um besonders leise, in türkischer Sprache formulierte Textpartikel, zum anderen um einen sehr laut herausgepressten türkischen Satz handelte. Mit der folgenden Analyse der Anfangssequenz eines Interviews soll dieses Problem gerade als Chance – und damit als heuristisches Potenzial – zum methodisch kontrollierten Fremdverstehen vorgestellt werden.

---

1 Namen und persönliche Daten wurden maskiert.

Der Interviewausschnitt ist einer biografietheoretischen Untersuchung über die lebensgeschichtliche und gesellschaftsgeschichtliche Einbettung von Krankheitsverläufen türkischer MigrantInnen entnommen (vgl. Schulze 2006), die auf einer langjährigen klinischen Erfahrung mit türkischen MigrantInnen in einer Klinik für Psychiatrie und Psychotherapie basiert. Parallel zu der medizinisch psychiatrischen Diagnosepraxis wuchs das Interesse an dem, was »jenseits der Diagnosen« als individuelle und gesellschaftliche Erfahrung hinter den Selbstaussagen der PatientInnen liegt. Erklärtes Ziel der Untersuchung ist es, eine methodisch fundierte Fremdheitshaltung gegenüber tradierten Wissensbeständen über Krankheit, Kultur und der Konstruktion von Fremdheit einzunehmen.[2]

2. Praktisches und Methodisches Verstehen

Während des Forschungsprozesses entwickelten sich folgende Fragen: Wie kann ich etwas Nicht-Verständliches verstehen? Wie kann ich die Aussagen einer Person interpretieren, die »nicht richtig Deutsch« spricht? Kann es nicht zu Fehlinterpretationen kommen, weil sich die BiografInnen in der deutschen Sprache nur eingeschränkt äußern können? Verstehen ist an die jeweilige Kultur gebunden. In der Alltagskommunikation findet Verstehen vor dem Hintergrund des jeweils eigenen soziokulturellen Verständnisses statt und in der Regel wird das jeweils Gehörte dem bereits Bekannten zu- und untergeordnet. Um dieses Muster zu unterbrechen, wurden im Krankenhaus in der Regel muttersprachliche DolmetscherInnen herangezogen, die, als ExpertInnen für das »Fremde«, das für uns Unvertraute und Unverständliche mittels bewährter Übersetzungs- und Interpretationsleistungen schon vorab in geläufige Verständnis- und Handlungskonzepte zu integrieren versuchten (»das sagt man bei uns so!«).

Aber auch während einer von mir durchgeführten Forschungswerkstatt an der Universität Kassel tauchte immer wieder von Seiten der Studierenden die Frage auf, wie ein Text analysiert werden kann, wenn die Grammatik nicht stimmt und die Biografin beispielsweise falsche Zeiten zur Schilderung von Vergangenem verwendet. In diesem Einwand ist die alltags-

---

2 Bei der Auswahl der InterviewpartnerInnen war es demnach notwendig, dass ein gewisses Maß an deutscher Sprachkompetenz vorhanden war. Es wurde aber immer vorab darauf hingewiesen, dass es auch möglich sei, in die türkische, kurdische oder arabische Muttersprache zu wechseln, falls es die Befragten wünschten. Viele InterviewpartnerInnen verblieben, wahrscheinlich entsprechend ihrer Erfahrungen aus deutschsprachigen Alltagskontakten im deutschen Sprachgebrauch – auch dann, wenn muttersprachige Angehörige anwesend waren. Manche wechselten kurz in die türkische Sprache.

weltliche Überzeugung enthalten, dass wir Narrationen gleicher Mutter-
sprachlerInnen besser verstehen und dass die Verwendung der gleichen
Sprache durch einen objektivierbaren Inhalt charakterisiert wird. Für das
Funktionieren im Alltag ist dies auch eine wichtige Grundvoraussetzung,
denn der reibungslose Ablauf von Alltagsinteraktionen ist durch eine Reziprozität eines grammatikalischen Wissensvorrats gekennzeichnet: »Vor
allem anderen ist die Alltagswelt Leben mit und mittels Sprache, die ich mit
den Mitmenschen gemein habe« (Berger/Luckmann 1993, S. 39).

Auf die Frage »wie kann ich Unverständliches verstehen« unterscheidet
Ulrich Oevermann (1993, S. 17) zwischen einem »praktischem Verstehen«
und »methodischem Verstehen«. Beim praktischen Verstehen geht es um
eine möglichst schnelle Orientierung durch das Einordnen in Vertrautes.
Methodisches Verstehen bemüht sich dagegen um eine Distanzierung vom
Gegenstand, um eine vorschnelle Subsumierung unter »Bekanntes« zu
vermeiden. Eine solche befremdende Verstehensarbeit gründet auf einer
systematischen Hypothesenbildung verbunden mit der Frage: »Was könnte
das bedeuten«. Die Forschungspraxis der Biografieanalyse zielt ebenfalls
darauf ab, nicht gleich zu verstehen, was die BiografInnen mit ihren Worten
und den thematischen Verweisen meinen. Dabei kann eine lebenspraktische
Fremdheit methodisch zum Vorteil werden:

> »Da für den Erfahrungswissenschaftler sein Untersuchungsgegenstand per se
> eine Fraglichkeit und eine Befremdlichkeit bedeuten muß und für ihn gerade
> auch das fraglich erscheinen können muß, was für den praktischen Alltags-
> menschen ganz unproblematisch und alltagspraktisch bewährt erscheint, tut
> er sich viel leichter, wo ihm auch von seiner praktischen Vorkenntnis her
> schon sein Untersuchungsgegenstand fremd ist und wo er nicht erst einen
> Gegenstand durch methodische Vorkehrungen aus der praktischen Vertraut-
> heit herausreißen und auf Distanz bringen muß« (Oevermann 1993, S. 19).

Mit der folgenden Analyse der Eingangspräsentation soll gezeigt werden,
wie innerhalb einer rekonstruktiven Analyse unterschiedliche sprachliche
Bezugssysteme für einen Verstehensprozess heuristisch genutzt werden
können, indem fremdsprachige Textsegmente durch die sinnhafte Verknüpfung mit dem Gesamtmaterial interpretiert und »die den Fall erzeugende
Struktur und die Regeln dieser Strukturbildung« (Rosenthal 2005, S. 80)
rekonstruiert werden. Methodisch bedeutet dies,

> »das aus der Praxis schon immer herrührende spezifische Vorwissen über
> einen Gegenstand möglichst lange einzuklammern und auszuschalten, um
> zu verhindern, daß die Explikation der inneren Strukturiertheit des Untersu-
> chungsgegenstandes zu früh abgebrochen und einem vorgängigen Wissen
> zugeordnet wird. Erst wenn der Erfahrungswissenschaftler möglichst lange
> seinen Untersuchungsgegenstand auf Distanz zu halten vermag, verschafft
> er sich die Bedingung dafür, nicht immer nur das zu sehen, was er zu sehen
> erwartet« (Oevermann 1993, S. 18).

3. Das Interview: Ein biografisch-linguistischer Zugang

Nachfolgend wird der subjektive Bedeutungsgehalt türkischer Aussagen innerhalb eines biografisch narrativen Interviews untersucht. Dies erfolgt auf
der Ebene eines Auswertungsschrittes von mehreren Auswertungsschritten
im gesamten Rekonstruktionsmodell der biografieanalytischen Fallanalyse.[3]
Dieser Auswertungsschritt konzentriert sich ausschließlich auf die Analyse
der aktuellen Erzählung des Biografen und nicht auf die Rekonstruktion des
chronologischen Lebensablaufs. Die Annahme ist, dass sich nicht Aus-
sprechbares in der Gesamtgestalt des Textes bzw. des Materials ausdrückt
und gerade die »Arten von Rätselhaftigkeit des Ausdrucks« (Schütze 2001,
S. 13) von schwierigen oder zunächst unverständlichen Interviews oder In-
terviewtextstellen, wie Erzählabbrüche, Erinnerungsabrisse und Versuchen
der Wiedererinnerung besonders aufschlussreich sind (vgl. Schütze 2001).

Im Rahmen dieses Arbeitsschrittes wird sequentiell vorgegangen, um
den Entstehungsprozess einer Erzählung zu rekonstruieren. Im Anschluss
an die feinanalytische Betrachtung der Eingangssequenz (vgl. Hildenbrand
1990) wird eine türkische Textsequenz in den Gesamtzusammenhang des
Interviews gestellt.

Das Interview fand in der Wohnung des Biografen Adnan Yildiz statt.
Adnan Yildiz ist 36 Jahre alt, er ist verheiratet und hat zwei Kinder. Er arbeitet seit 18 Jahren in der Bundesrepublik Deutschland in diversen Firmen
der Metall- und Textilindustrie, vor sechs Jahren ist er an schwerem Asthma erkrankt, sodass es zu stationären Aufenthalten in verschiedenen Klini-
ken kam. Er ist seit langem krankgeschrieben und denkt an Rente. Adnan
Yildiz spricht Deutsch und kann sich in Alltagshandlungen gut verständi-
gen. Während des gesamten Interviews wechselt Adnan Yildiz zweimal in
die türkische Sprache.

Das Charakteristische eines biografisch narrativen Interviews ist, dass
dem Biografen, wie auch in diesem Fall, eine möglichst allgemein gehalte-
ne Erzählaufforderung gestellt wird. Während der nachfolgenden Erzählung
werden die Biografen nicht unterbrochen. Erst nach dem selbstgesteuerten
Erzählprozess folgt ein zweiter erzählgenerierender Nachfrageteil, in welchem der Biograf (vgl. Rosenthal 1995, 2002) dazu motiviert werden soll,

---

3   Zum weiteren Vorgehen siehe Rosenthal/Fischer-Rosenthal (2000). Das forschungs-
    praktische Vorgehen einer biografisch rekonstruktiven Fallanalyse basiert zunächst
    auf einer methodische Trennung zwischen erlebter und erzählter Lebensgeschichte.
    In einem weiteren Analyseschritt werden diese Ebenen mit der Fragestellung wieder
    systematisch zusammengeführt: Wie hängen Lebenszählung und die Lebensge-
    schichte zusammen? Wie beeinflussen sie sich gegenseitig, welche biografische
    Funktion hat die Erzählung vor dem Hintergrund des erlebten Lebens und des Ge-
    samtzusammenhanges der aktuellen Lebenssituation? Für den Transfer der Methode
    in die psychosoziale Praxis siehe Loch/Schulze (2002).

noch mehr oder detaillierter zu erzählen. Auch im Auswertungsprozess wird zwischen Haupterzählung und Nachfrageteil unterschieden, das heißt es ist wichtig, ob der Interviewteil selbstverantwortlich gestaltet oder durch die Interviewerin mit Fragen unterstützt wurde.

Bei dem Abhören des Bandes fiel ein nur schwer verständlicher Satz auf, er war bei der Transkription vernachlässigt oder überhört und demnach nicht transkribiert worden. Nach mehrmaligem Abhören der Bandaufnahme konnte der Satz »gehört« und in türkischer Sprache verschriftlicht werden. Erst nachdem die Interviewauswertung abgeschlossen war, kristallisierte sich die Bedeutung und damit auch die biografische Tragweite des Satzes heraus. Insofern ist das, was nun im Fokus steht, das Ergebnis einer gesamten Analyse des Textes. Ich beginne mit einem türkischen Satz, der außerhalb der selbst gesteuerten Eingangserzählung – der so genannten Haupterzählung – des Biografen steht; dies ist für die Analyse wichtig. Die Äußerung erfolgt nur durch mehrmaliges Nachfragen und Ermuntern von Seiten der Interviewerin, ob er sich an die Situation erinnern könne, als er nach Deutschland gekommen sei. Der türkische Satz lautet:[4] »<!!Hayal ayal kirikligina ugragdim>«.

Ein türkischer Dolmetscher übersetzte mir den Satz mit: Ich bin enttäuscht. Ein türkischer Psychologe übersetzte: meine Vorstellungen sind zerbrochen. Ein türkischer Kollege erklärte mir, dies sei nicht so einfach zu übersetzten, da diese Aussage etwas »typisch« Türkisches enthielte: das Arabeske, Leidenschaftliche, Traurige. Es könnte bedeuten:»Mein Traum ist zerbrochen« oder »Ich bin innerlich zerbrochen«. Eine türkische Studentin antwortete mir ganz spontan auf die Frage, wie sie das verstehe:»Ich bin ganz unten angekommen«.

Die Übersetzungen fächern sich in unterschiedlichste Bedeutungen auf. Gemeinsam ist ihnen eine alltäglich erfahrbare Erwartungsdiskrepanz. Der Satz kann aber auch als Ausdruck eines höchst subjektiven dramatischen Befindens verstanden werden. Die Bandbreite der Übersetzungen entspricht der alltäglichen Interpretationspraxis, im Sinne von »ganz einfach« oder »für Außenstehende ganz unverständlich«. Gleichzeitig sind hier spezielle Umgangsweisen mit »Fremdartigem« in der Mehrheitskultur erkennbar. Hier lassen sich disparate Haltungen finden, die von ethnozentrischer Sicherheit bis zu kulturrelativer Beliebigkeit reichen.

Nach diesem recht knappen »Zoom« auf die biografische Aussage »<!!Hayal ayal kirikligina ugragdim>« soll diese mit der Eingangspräsentation in einen sinnhaften Zusammenhang gestellt werden. Ziel ist es hierbei,

---

4 Zum Verständnis der Transkriptionszeichen vgl. Rosenthal (1995, S. 239): (4) = kurzes Absetzen; <!nein> = betont; <!!nein> = laut und betont; ((lachend)) = Kommentar der Transkribierenden; Ja: = Dehnung; viel- = Abbruch.

den erzählerischen Gestaltungsprozess zu rekonstruieren. Die Eingangspräsentation wird durch die Einstiegsfrage der Interviewerin wie folgt evoziert:

I: Herr Yildiz (3) mich interessiert die Lebensgeschichte die
        Geschichten von Menschen die aus der Türkei nach Deutschland
        kommen (1) Mich interessiert nun was haben Sie erlebt? Ihre ganz
        persönlichen Erfahrungen die Sie gemacht haben was sie erlebt
        haben (2)
Y: In der- in der Türkei oder hier
I: wo Ihre Geschichte anfängt – was für Sie wichtig ist

Adnan Yildiz beginnt nach der Aufforderung seine Lebensgeschichte zu erzählen mit der Rückfrage: »In der- in der Türkei oder hier«. Mit der Gegen-
frage »in der Türkei oder hier« scheint es sich um eine ganz »normale«
Verständnisfrage zu handeln und ist überdies auch als eine mögliche Reaktion auf die prozesshafte Differenzierung der Eingangsfrage »von der Türkei nach Deutschland« zu begreifen. Als eine solche wurde sie von mir
auch am Anfang verstanden. Erst nach der Gesamtanalyse erhellte sich die
besondere Bedeutung dieser Frage, welche sich aus der Spezifik des Falles
erschließt. Was ist also das Besondere an dieser ganz normalen Frage? Hermeneutisch formuliert: Das Besondere im Allgemeinen?

Adnan Yildiz trennt sein Leben zeitlich und thematisch in zwei für ihn
wesentliche Dimensionen. Der Biograf deutet an, dass er bereit ist, über
zwei für ihn sich als getrennt darbietende biografische Phasen im Sinne eines »davor« und eines »danach« zu sprechen. Dadurch, dass Adnan Yildiz
diese voneinander trennt, kann er sich Ihnen zuwenden.

Für eine weitere Analyse bliebe zu fragen, welche biografische Funktion dies für ihn hat respektive welche interaktiven Problemstellungen er damit versucht zu lösen. Bis zu dieser Stellen können wir konstatieren: Im
ersten Satz findet sich Abbruch und Teilung. Im Folgenden antwortet die
Interviewerin: »wo Ihre Geschichte anfängt – was für Sie wichtig ist«. Adnan Yildiz fährt wie nachfolgend dargestellt fort:[5]

---

5   Bei der nachfolgenden Vertextung handelt es sich nicht um eine Transkription des
    aktualsprachlichen Textes, sondern um eine so genannte Sequenzierung. Dabei han-
    delt es sich um einen handwerklichen Arbeitschritt als Vorbereitung zur themati-
    schen Text- und Feldanalyse. Hierbei wird der Text der biografischen Selbstpräsen-
    tation unter den Gesichtspunkten semantischer Kategorien analysiert. Mit semanti-
    schen Kategorien ist die linguistische Unterscheidung nach Kallmeyer/Schütze
    (1976, S. 159-274) gemeint. Diese differenziert zwischen Erzählung, Argumentation,
    Beschreibung und Bericht. Überdies wird nach Themen- und Sprecherwechsel ge-
    gliedert, um die thematischen Felder zu rekonstruieren, in dem sich der Biograf prä-
    sentiert. Gesucht wird danach, was die einzelnen Textsegmente miteinander verbin-
    det. Rekonstruiert wird die Darstellungsperspektive des Biografen zum gegenwärti-
    gen Zeitpunkt.

Abbildung 1: Zusammenfassung des Interviews mit Adnan Yildiz (Zeile 5-60)

Zeile	Erzählstruktur	Inhalt
5-40	Bericht 5 Zeilen	in der Türkei geboren / bis 17 ente Jahr in der Türkei gelebt / hab Schule besucht / bis dritte Klasse Gymnasium
40-45	Argumentation 5 Zeilen	Vater war seit 70 in Deutschland / Vater hat gesagt mußt du nach Deutschland kommen/Schule verlassen / aufgehört nach Deutschland gekommen
45-60	Bericht 15 Zeilen	Sprachkurs besucht / gleich angefangen zu arbeiten bei Firma Triumpf / mit Vater zusammen / nach 2 Jahren die Kündigung / bei Fi. Schwarz angefangen / 5 Jahre dort gearbeitet / Kündigung / Fi. Meister angefangen / seit zehn Jahren dort beschäftigt / was soll ich jetzt? bilmiyorum

In der dargestellten Sequenzierung wird deutlich, dass Adnan Yildiz – in der semantischen und nicht defizitären Kategorisierung gesprochen – über sein Leben nicht »erzählen« kann. Es kommt zu keiner Narration in der biografischen Eingangspräsentation. Vorliegend ist eine extrem kurze Lebens-Bericht-Erstattung von cirka zweieinhalb Minuten.[6] Es stellt sich die Frage »Warum spricht er in der zu betrachtenden Interaktionssituation Interview nun gerade so über sein Leben und nicht anders«. Der Biograf präsentiert seine lebensgeschichtlichen Phasen in der Türkei und in Deutschland in einer Berichts- und Argumentationsform, die auf eine aus der Gegenwart kontrollierte Perspektive schließen lässt (vgl. Fischer 1978). Adnan Yildiz lässt »seine Geschichte« in der Türkei mit seiner Geburt beginnen. Er berichtet kurz im Telegrammstil dort 17 Jahre »ge<!!lebt>« zu haben und ergänzt »ich hab Schule besucht bis Gymnasium dritte Klasse«.

Es fällt auf, dass im ersten und zweiten Textsegment jeweils fünf Zeilen zu finden, im dritten Textsegment dagegen, in dem es um die »Beschäftigung in Deutschland« geht, 15 Zeilen enthalten sind. Der Status »Arbeiter« nimmt sprachlich zwar mehr Raum ein, in der biografischen Bedeutung werden der Schulbesuch und das Gymnasium jedoch als relevanter Bezugspunkt eingeführt. Auffällig ist darüber hinaus, dass die Thematisierung der Migration nach Deutschland argumentativ und nicht erlebnishaft eingebettet wird. Möglicherweise reproduziert sich so gleichzeitig neben der manifesten Interaktionsfolge auf die Eingangsfrage (Lebensgeschichte von Menschen die aus einem anderen Land nach Deutschland kommen) eine latente

---

6 Dies entspricht nicht etwa einer »typischen« Erfahrung, die ich während meiner zahlreich durchgeführten Interviews machte. Diese kurze und geraffte Selbstpräsentation stellt einen ungewöhnlichen Fall dar. Gerade weil er sich von anderen biografischen Lebenserzählungen so eindrücklich unterschied, richtete ich meine Aufmerksamkeit darauf.

problematische Ebene, die der Biograf mit seinem biografischen Ordnungs-schema »in der Türkei oder hier« versucht zu lösen.

Ähnlich einer biografischen Zäsur wird das »17. Jahr«, ebenso wie das Lebensalter und die Dauer des Gymnasiumsbesuchs, herausgehoben. Tür-kei, Lebensalter und Schule werden als Verständnishintergrund für die Ge-schichte aufgebaut. Die Hervorhebung, Gymnasiast gewesen zu sein, ge-winnt noch einmal mehr an Bedeutung, wenn die gegenwärtige Situation bei der Rekonstruktion berücksichtigt wird, denn Adnan Yildiz hat momen-tan den Status eines seit langer Zeit krankgeschriebenen Arbeiters. Wenn er nun in der Interviewsituation davon berichtet, einmal aufs Gymnasium ge-gangen zu sein, gibt er zu verstehen, dass er in der Türkei einmal jemand Anderes war, werden wollte bzw. auf dem Weg dazu war, jemand anderes zu sein. Mit dem Hinweis »bis dritte Klasse« thematisiert und unterstreicht er einen biografischen Bruch. Somit präsentiert sich der Biograf mit einem Karrierestrang, der unterbrochen wurde.

Nach dem anfänglichen Bericht über sein Leben wechselt Adnan Yildiz in eine Argumentation über. Es wird als Hintergrundinformation formuliert, dass der Vater während Adnans Schulzeit bereits in Deutschland war. Da-mit steht der Vater als Verbindung zwischen den vom Biografen als ge-trennt präsentierten Lebensphasen. Er wird sowohl mit Abbruch als auch mit Kontinuität verknüpft. Der Biograf untermauert damit, dass seine Bio-grafie unmittelbar mit dem Vater verbunden ist. Es handelt sich sowohl um eine Legitimation als auch um eine Anklage, die in der indirekten Rede »musst du nach Deutschland kommen« aufscheint.

Die kurze Eingangspräsentation endet mit dem 15-zeiligen Bericht, über die durch Arbeit bestimmte Lebensphase in Deutschland. Mit der Aussage »seit zehn Jahren bin ich in einer großen Textilmaschinenfabrik beschäf-tigt« hebt sich der Unterschied zwischen »gelebt« und »Beschäftigt-Sein« heraus. Er sieht sich selbst als ein Teil »einer großen Textilmaschinenfab-rik« und präsentiert sich in einem Zugehörigkeits- und Anerkennungskon-text, der nicht nur für ihn sondern auch von außen betrachtet »groß« ist. An den Lebensweltausschnitt »Arbeit« werden mithin Phantasien von Status, Bedeutung und Integration gebunden. Indem er erwähnt, zehn Jahre be-schäftigt zu sein, drückt sich eine spezifische Bindung von Kontinuität und Loyalität aus. Am Ende des Berichtes kommt es zu einer statisch anmuten-den Aussage: »dann hab ich, bei Firma Meister, angefangen wo ich jetzt ar-beite (1) Das ist ein, große Textilmaschinenfabrik (1) und seit zehn Jahre, bin ich da beschäftigt (6) Ja ähäh (5) jetzt was soll ich? bilmiyorum!«

Adnan Yildiz beschließt die »Kurzgeschichte« seines Lebens mit der Frage »Ja ähäh (6) jetzt was soll ich? bilmiyorum.« Damit rahmt der Bio-graf seine zweieinhalb Minuten lang dauernde Eingangserzählung mit zwei Fragen. Die erste lautet: »In der Türkei oder hier« Die zweite ist eine Schlussmarkierung: »jetzt was soll ich?« bilmiyorum!« (ich weiß nicht).

In der Zusammenschau von Beginn und Ende der selbst bestimmten Eingangspräsentation fällt auf, dass in beiden Fragen eine Teilung enthalten ist. Einmal geografisch und temporal und in der zweiten Frage eine Teilung die sich in dem Wechsel der Sprache und der Zeiten zeigt. Adnan Yildiz fragt auf Deutsch die Interviewerin nach dem »Wie-Weiter«, womit er eine fragliche Zukunft anspricht. In türkischer Sprache legt er eine innere Verfasstheit offen: »ich weiß nicht«. Ein statischer Jetzt-Zustand wird thematisch. In der deutschen Aussage.»Was soll ich« ist die Intentionalität verloren gegangen und es scheint, als frage der Biograf nach einer Anweisung. Im türkischen »bilmiyorum« – »ich weiß nicht« – ist ein Standpunkt zu sich selbst und zu einem potentiellen Objekt enthalten. In beiden Fragen wiederholt sich jene semantische Zweiteilung, die in der Formulierung, »bis zum 17. Jahr« in der Türkei gelebt zu haben, angelegt ist. Bis zu diesem Zeitpunkt wird das Leben mit einem transitiven Verb umschrieben, in dem ein intentionales Korrelat aufscheint. Danach überschreibt der Biograf sein Leben mit einer Zustandsbeschreibung »ich bin beschäftigt«. Ein heteronom gesteuerter Lebensprozess wird dargestellt, der sich in der Frage nach dem »Wie-Weiter« in der Interaktionssituation Interview wiederholt.

Im Alter von 36 Jahren präsentiert sich Adnan Yildiz mit einer außergewöhnlich kurzen und gerafften Lebensdarstellung. Seine Lebensdarstellung beendet er mit einer zentralen Lebensfrage, die umfassend sowohl die Vergangenheit, die Gegenwart und die Zukunft umgreift: »jetzt was soll ich (6) bilmiyorum«. Mit dem thematischen Feld »durch meinen Vater ist meine Zukunft abgebrochen« präsentiert sich der Biograf mit einer ganz bestimmten Perspektive, wonach er seine biografischen Themen selektiv ordnet. Diese latente Ordnungsstruktur ist nicht explizit im Text zu finden, so wird der Vater beispielsweise im gesamten Verlauf des Interviews nicht manifest angeklagt.

Zusammenfassend lässt sich festhalten, dass sich anhand der hypothesenartig herausgearbeiteten Präsentationen herauskristallisiert, dass für den Biografen an einem Punkt in der Vergangenheit die Zukunft »abbrach« und dass dieser Abbruch mit dem Vater in Verbindung gebracht wird. Die Struktur der Selbstdarstellung ist sonst auch ohne den türkischen Satz zu verstehen. Welche biografische Funktion hat nun aber der Wechsel der Sprache an dieser Stelle im Interview und welcher Zusammenhang besteht zwischen der Form und dem Inhalt der biografischen Aussage?

Betrachten wir jene Interaktionssequenz feinanalytisch in der dieser türkische Satz eingebettet ist. Adnan Yildiz beschreibt zunächst die Situation des Ankommens und markiert damit gleichzeitig die Umstände seines anfänglichen Aufenthaltes in der Bundesrepublik Deutschland mit den Koordinaten »Gefängnis«, »Bett« und »Schlafen«:

»vom Flughafen Vater abgeholt ((lebhaft:)) ja äh ich bin gekommen und ich
hab seine Wohnung gesehen das war wie ein kleines Gefängnis (2) es war
(3) dreimal <u>vier</u> oder dreimal <u>drei</u> waren neun oder zehn Quadratmeter war
die kleine Wohnung (3) Waren zwei Betten und ham wir da (2) geschlafen
und (5)«.

Gedanklich schreitet Adnan Yildiz heute wie damals die »kleine Wohnung«
ab, die körperlich und seelisch damit eher einem »Gefängnis« gleich
kommt. Irgendwann scheint der damals jugendliche Adnan das Gefühl des
»Einsitzens« und/oder »Schlafens« bekommen zu haben. Die noch Intentionalität vermittelnde Aussage »ja äh ich bin gekommen« mündet in ein
gemeinsames Schlafen mit dem Vater in jenem »kleinen Gefängnis«. Sequentiell betrachtet kippt hier eine anfängliche aktive Bewegung in ein Gefühl des Nicht-Bewegen-Könnens, der Unfreiheit, des Ausgeschlossen- und
Eingeschlossen-Seins. Die Interaktionssequenz geht wie folgt weiter:

I: Können Sie sich daran noch erinnern als Sie das gesehen haben? (3)
Y: Ähäh (10) äh- (5) ich hab (1) schockiert (6)
I: Und wie is es dann weitergegangen Herr Yildiz?
Y: Ja weiter mit Zeit äh hab ich auch äh (5) gefühlt äh ((atmet tief (5))
       wenn Dolmetscher da wäre es viel einfacher (3)

In dieser Aussage nähert sich Adnan Yildiz seinem Erleben an, als er als
17-jähriger Gymnasiast mit Wünschen und Hoffnungen in die Bundesrepublik Deutschland kam. Gefühle darüber »verpackt« er in Argumentationen
(vgl. Riemann 1986) wie »hab mich geärgert« und »ich hab schockiert«. Er
könnte auch eine detaillierte Geschichte über seine Ankunft erzählen, damit
würde er jedoch zunehmend die Kontrolle über seine Erinnerungen verlieren und noch mehr in das damalige Erleben eintauchen. Wie in der obigen
Textsequenz ersichtlich, bricht er aber gerade an der Stelle ab, als die Gefühle ihn zu überwältigen scheinen bzw. Sprache und Gefühl in Konflikt
geraten: »Ja weiter mit Zeit hab ich auch äh (6) gefühlt äh ((atmet tief (6))
wenn ein Dolmetscher da wäre es viel einfacher (3)«.

　　Adnan Yildiz deutet ein prozesshaftes Geschehen im Wort »weiter« an,
welches er mit einer relativ langen Pause von sechs Sekunden unterbricht
und nach dem wie abgekoppelt die Äußerung »gefühlt« folgt, das wiederum
durch eine Pause von sechs Sekunden eingerahmt wird. Handlung, Intentionalität und Gefühl scheinen nicht aussprechbar, sowohl heute wie auch
damals – so lässt sich hypothetisieren. Die Dolmetscherfunktion bezieht
sich demzufolge für einen Prozess des »weiter« und damit für eine intentional gesteuerte Zukunft.

　　Adnan Yildiz fährt nicht in der angesetzten prozesshaften Schilderung
fort, sondern geht lebensgeschichtlich zurück zur Situation bevor er »schockiert« war:

»((leise, zögernd:)) 'Hmh' (3) Ja im Flugzeug hab ich alles ganz anderes , äh
überlegt ne? Ich bin hier nach Hause gekommen bei Vater und hab ich alles
(2) anderes geseht (5) und (sehr leise zu sich selbst) hair! kirikligi (1) (sehr
laut und betont): <!!Hayal ayal kirikligina ugragdim>«.

Die zweite türkische Aussage bezieht sich auf ein Ereignis in der Vergangenheit, gesprochen in einer für den Biografen gefühlsmäßig bedeutsamen
Sprache. Es kann die Hypothese aufgestellt werden, dass ein in der Muttersprache gesprochener Satz, der sich auf die Vergangenheit bezieht, Aufschluss auf das damalige Erleben gibt. Analytisches Potential kommt hinzu,
wenn die Aufmerksamkeit darauf gelegt wird, wie diese Aussage im Ge-
samtinterview thematisch und temporal eingebettet ist. Adnan Yildiz
kommt mit Gefühlen in Kontakt, die er vor 18 Jahren hatte und die für ihn
heute noch eine große Rolle spielen und die er heute mit den türkischen
Worten ausdrückt: »<!!Hayal ayal kirikligina ugragdim>«. Es ist kein Zu-
fall, dass diese Worte nicht innerhalb der selbst verantwortlichen Lebenser-
zählung gesprochen werden. Positionierung und Inhalt der Aussage symbo-
lisieren die Nichtintegrierbarkeit des Erlebens und des Verarbeitens der
biografischen Erfahrung.

Aus der Sicht des Biografen scheint eine biografische Bewegung durch
das »Zerbrechen« früherer Zukunftserwartungen, seinem als Jugendlicher
mitgebrachten und gesellschaftlich produzierten Traum (türkisch: hayal),
zum Stillstand gekommen zu sein, sich widerspiegelnd in dem Satz: »Jetzt
was soll ich (6) bilmiyorum«. Mit der biografischen Aussage »<!!Hayal ayal kirikligina ugragdim>« benutzt Adnan Yildiz einen alltagstypischen Ausdruck des Enttäuscht-Seins. Durch die sprachliche Typisierung wird das
subjektive Erleben des biografischen Ereignisses depersonalisiert und als
allgemeine Erfahrung konstruiert. In dieser interaktiven Sprechhandlung
dient die Sprache als ein Mittel zur Aneignung einer Erfahrung, die er mit
anderen teilt, gleichzeitig wird diese Erfahrung als ein Teil seiner persönlichen Lebenserfahrung spürbar, die durch die typisierte Äußerung zugleich
depersonalisiert und sozial legitimiert wird.

Mit dem Satz »<!!Hayal ayal kirikligina ugragdim>« zeigt sich ein frü-
heres Erleben, das auf die Gegenwart einwirkt, gleichzeitig aber wie außerhalb des Lebens des Biografen steht. Die biografische Bedeutung dieses
fremdsprachigen Satzes findet sich in der das Interview kennzeichnenden
Struktur wieder. Schon in den ersten Worten deutet sich das strukturierende
Motiv des Abbruchs an, das sich bis zum Ende reproduziert. Sowie sich
dieser Satz nur im Kontext des Interviews und der Lebensgeschichte plau-
sibilisiert, so ist jede sprachliche Äußerung an die subjektive Lebensgeschichte der Person gebunden. In jede sprachliche Äußerung fließt Vergangenheit und Gegenwart ein. Im Satz »<!!Hayal ayal kirikligina ugragdim>«
spiegelt sich ein vergangenes Erleben, die heutige Sicht auf die Vergangenheit aus dem gegenwärtigen Leben und die Sicht auf eine vergangene wie

gegenwärtige Zukunft wider: »Kurz gesagt; durch Sprache kann eine ganze Welt in einem Augenblick ‚vorhanden' sein« (Berger/Luckmann 1993, S. 41). Hier ist der Moment dadurch gekennzeichnet, dass Adnan Yildiz krank ist und nicht weiß »wie weiter«. Der Biograf spricht mit einer deutschen Akademikerin und Interviewerin, der er zumindest sagen kann »wer er mal war« und wer er einmal werden wollte, denn er wollte »eigentlich Ingenieur werden«. Wäre er nicht krank geworden, wäre es nie zu diesem Gespräch gekommen.

Welcher lebensgeschichtliche Verlauf liegt dieser biografischen Selbstsicht zugrunde? Welche biografischen und damit psychodynamischen und soziodynamischen Konflikte und Problemkonstellationen hatte und hat Adnan Yildiz zu bewältigen?

4. Fallstrukturelle Perspektive

Auf der Ebene der Erzählung ist wahrzunehmen, dass der Biograf von einem Abbruch in seiner Schullaufbahn berichtet, den er mit dem Vater verknüpft. Vergangenheit, Gegenwart und vergangener Zukunftshorizont sowie gegenwärtige Zukunft werden in einer geteilten, anfänglich intentionalen und dann statischen Sprachfigur thematisiert: »bis dahin gelebt« und »seit damals beschäftigt«. Das 17. Lebensjahr bildet mit dem Ereignis der Migration eine biografische Zäsur. Dieses lebensgeschichtliche Ereignis, als er dem Vater in die BRD folgte, bildet einen Interpretationspunkt mit nachträglicher biografischer Relevanz. Von hier aus interpretiert der Biograf sein heutiges Leben, das damalige und das zu erwartende. Herr Yildiz erlebte das Schulende als einen in der Adoleszenz angesiedelten Konflikt um Selbst- und Fremdsteuerung. Dieses Erleben wird wieder wach, als er in die Vergangenheitsperspektive wechselt. Ereignis, Erleben und Erzählen sind zugleich Ausdruck historischer Gesellschaftserfahrung im Herkunfts- und Aufnahmeland sowie Ausdruck der Bearbeitung seiner gegenwärtigen Lebenssituation, insbesondere des gesellschaftlichen Ausschlusses, der auf die lebensgeschichtliche Diskrepanz zwischen erhofftem Zukunftshorizont – Akademiker – und »zerbrochener« Zukunft – Arbeiter – trifft. Seit dem damaligen Zeitpunkt konnte der Biograf erschwert oder verunmöglicht durch das Ineinandergreifen familialer Delegationen und struktureller Rahmungen keinen Erfolg im Hinblick auf eine reziproke Aufstiegserwartung verbuchen. Die familiale Delegation der widersprüchlichen Aufträge von Aufsteigen einerseits und Bindung an die Familie andererseits führte zu einem, den Biografen auffordernden, aber ebenso begrenzenden, biografischen Konfliktpotenzial. Als der Biograf mit dem Ziel eines biografischen Reparaturversuches die »zerbrochene« Intentionalität wieder zu entwickeln

versucht, wird er durch strukturelle Konstellationen erneut enttäuscht und
gehindert. Das lässt den im lebensgeschichtlichen Verlauf unterdrückten
Konflikt mit dem Vater in einem fortgeschrittenen und lebensbilanzieren-
den Alter aufbrechen. Adnan Yildiz unterlässt diese Thematisierung der
Familiengeschichte, um die für ihn belastenden, mit der Familie in Zusammenhang stehenden Themen und Emotionen zu vermeiden. Er entkoppelt
damit sein gegenwärtiges Leben »nach der Migration« von seiner Lebens-
und Familiengeschichte »vor der Migration«. Die »verlorene Zukunft«
führte in der Lebensgeschichte zu einer biografischen Stagnation, die sich
sprachlich in einem statischen Verharren in der Gegenwart abbildet. Adnan
Yildiz erkrankt an Asthma, als die familiengeschichtliche Erfahrung und
ein durch ein Ereignis in der Arbeitswelt ausgelöstes Erleben sich in ihrer
biografischen Brisanz wechselseitig aktivieren.

Durch eine ethnografisch reflexive Fremdheitshaltung, die sich nicht zu
allererst auf die Sprachdifferenzen konzentriert und diese als das wesentliche Verständigungsproblem vorab definiert, wurde im vorgestellten Fall
des Biografen Adnan Yildiz eine sich wechselseitig strukturierende, subjektive und gesellschaftliche Problemkonstellation deutlich, artikuliert vor dem
Hintergrund verinnerlichter, gesellschaftlicher Rede- und Schweigegebote
und sozialer Diskurspraxen. Diese dynamische Konstellation von Vergan-
genheits-, Gegenwarts- und von der im Interview stattfindenden Interaktionserfahrung konstituiert einen jeweils empirisch vorfindbaren »Fall« – und
dieses Geschehen gilt es durch eine ethnografisch reflexive Forschungs-
wie Handlungspraxis als Konstitutionsprozess zu berücksichtigen. In dem
Moment, in dem Adnan Yildiz über seine Erfahrungen spricht, ist die Art
und Weise des Sprechens als ein Produkt multipler Gesellschaftserfahrung
und als Reaktion auf konkrete Interaktionsrahmungen zu verstehen. Sie ist
nicht einzig auf die Erfahrung in der Herkunftsgesellschaft zu reduzieren.
In der Gesamtheit der sprachlichen Mitteilungen werden verschiedenen Aspekte von Identität veräußert; in ihnen spiegeln sich, um mit den Worten
George Herbert Meads zu sprechen, immer die vollständigen gesellschaftlichen Prozesses als Ganzes wieder (vgl. Mead 1998, S. 186), zu denen auch
die Wechselbeziehung unterschiedlicher Kultur, Nation und Gesellschafts-
und Institutionserfahrungen gehört. Eine Fokussierung auf faktische und
vorgestellte Kultur- und Sprachdifferenzen würde biografische, interaktions-
ons- und gesellschaftsgebundene Dimensionen überdecken. Das Hin- und
Herwechseln von der deutschen in die türkische Sprache würde vor allem
als mangelnde Sprachkompetenz bewertet und damit die Komplexität der
sie herstellenden Bedeutungsebenen vereinfacht. Entsprechend einer solchen Vereinfachungspraxis kommen Lösungsmodelle wie die einer pragmatischen Übersetzungs- und Dolmetscherpraxis sowie die einer lexikali-
schen Anwendung von Kulturwissen in Forschung- und Handlungspraxis
als »fachliche Technisierung« zur Anwendung, in der die Annahmen über

Kultur- und Sprachdifferenz andere Prozesse der Wirklichkeitserzeugung systematisch verdecken (vgl. Mecheril 2002).»Den – üblichen – Fokus auf ‚Sprache' möchten wir mithin hier auch als potenziellen Zug der Konstruktion und Verschärfung von Differenzen – zudem solchen, die faktisch und imaginiert auf Kosten der Nicht-Deutschsprachigen geht – darstellen« (Mecheril u. a. 2001, S. 301). Ähnlich der Kritik der Kulturalisierung,»so muss auch der Fokus auf ‚Sprache' im interkulturellen Zusammenhang sich mit dem konstruktiven Verdacht der ‚Lingualisierung' auseinandersetzen« (Mecheril u. a. 2001, S. 301). Es gilt zu bedenken»inwieweit der Bezug auf ‚Sprache' als Kennzeichen der unüberbrückbaren, zumindest Interaktion erschwerenden Verschiedenheit nicht jene Bedingungen, die die Interaktion tatsächlich erschweren, eher verschleiern als bezeichnen« (Mecheril u. a. 2001, S. 301). Eine interkulturelle Professionalität zeigt sich demnach in einem reflexiven und ethnografischen Zugang bezüglich der Lebenserzählungen von MigrantInnen, ein Zugang der individuelle und gesellschaftliche Entwicklungsprozesse würdigt und eine biografisch linguale Analysehaltung im Verstehensprozess einnimmt. Bei diesem Zugang bildet die Anerkennung der phänomenologischen Fremdheit des Anderen, nicht aber die Anerkennung und damit Konstruktion der kulturelle Fremdheit des Anderen durch von ExpertInnen auf das Individuum angelegte Kategorien den paradigmatischen Ausgangspunk. Eine ethnografische Einstellung impliziert eine respektvolle Neugier und stellt eine Schlüsselqualifikation dar, eine Grundfähigkeit interkulturelle Situationen, Felder und Zielgruppen zunächst in ihrer Fremdheit anzunehmen (vgl. Alheit 2001; Schütze 1994). Sie ermöglicht ForscherInnen wie PraktikerInnen»möglichst lange seinen Untersuchungsgegenstand auf Distanz zu halten« und Bedingung zu schaffen,»nicht immer nur das zu sehen, was er zu sehen erwartet« (Oevermann 1993, S. 18). Eine solche ethnografische Fremdheitshaltung ist zugleich eine professionelle Erkenntnishaltung, die in einer transkulturellen Verständigungsarbeit die biografischen Wissensbestände der AdressatInnen methodisch kontrolliert aufgreift und partizipativ einbezieht (vgl. Alheit/Hanses 2004; Schulze 2005). Konzeptualisierungen dieser Art unterstützen wechselseitige Verstehensprozesse, sie wirken auf Forschungshaltung, Forschungsfragen, auf institutionelle Rahmenbedingungen und professionelle Haltungen ein. Sie stellen notwendige Fähigkeiten zur Verfügung, die bei der dringenden Forderung nach einem»Umgang mit sprachlich-kultureller, ethnischer und nationaler Heterogenität als Daueraufgabe« in der pädagogischen Bildungspraxis (vgl. Krüger-Potratz 2004) angebracht wären. Auch im Feld der klinischen Diagnostik kann sie als erweiterter Reflexionsmöglichkeit genutzt werden, um eine kulturalisierende und verallgemeinernde »Migrationskrankheitsdiagnostik« zu vermeiden.

Literatur

Alheit, P. (2001): Ethnographische Pädagogik. Eine andere Sichtweise des pädagogischen Feldes. In: Die Deutsche Schule, 93. Jg. (2001), Heft 1, S. 10-16.

Alheit, P./Hanses, A. (2004): Biographie und Institution. In: Hanses, A. (Hrsg.) (2004): Biographie und Soziale Arbeit. Institutionelle und biographische Konstruktionen von Wirklichkeit. Baltmannsweiler, S. 8-28.

Berger, P./Luckmann, Th. (1993): Die gesellschaftliche Konstruktion der Wirklichkeit. Frankfurt a. Main.

Fischer, W. (1978): Struktur und Funktion erzählter Lebensgeschichten. In: Kohli, M. (1978): Soziologie des Lebenslaufs. Neuwied und Darmstadt, S. 311-336.

Hildenbrand, B. (1990): Mikro-Analyse von Sprache als Mittel des Hypothetisierens. In: Familiendynamik, 1990, Heft 3, S. 244-256.

Kallmeyer, W./Schütze, F. (1976): Zur Konstitution von Kommunikationsschemata der Sachverhaltsdarstellung. In: Wegener, D. (Hrsg.) (1976): Gesprächsanalysen. Hamburg, S. 159-274.

Krüger-Potratz, M. (2004): Bildungspolitik, Schule und Schulsozialarbeit in der Einwanderungsgesellschaft. In: Treichler, A./Cyrus, N. (Hrsg.) (2004): Handbuch Soziale Arbeit in der Einwanderungsgesellschaft. Frankfurt a. Main., S. 204-230.

Loch, U./Schulze, H. (2002): Biographische Fallrekonstruktion im handlungstheoretischen Kontext. In: Thole, W. (Hrsg.) (2002): Grundriss Soziale Arbeit. Ein einführendes Handbuch. Opladen, S. 559-576.

Mead, G. H. (1934/1998): Geist, Identität und Gesellschaft. Frankfurt a. Main.

Mecheril, P. u. a. (2001): Aspekte einer dominanzempfindlichen und differenzkritischen Arbeit mit Migranten und Migrantinnen. In: Neue Praxis, 31. Jg. (2001), Heft 3, S. 296-311.

Mecheril, P. (2002): Behauptete Normalität – Vereinfachung als Modus der Thematisierung von Interkulturalität. In: Erwägen Wissen Ethik, 14. Jg. (2002), Heft 1, S. 198-201.

Oevermann, U. (1993): Das Verstehen des Fremden. Vortragsmanuskript: Eike Haberland zum Gedenken. Frankfurt a. Main.

Riemann, G. (1986): Einige Anmerkungen dazu wie und unter welchen Bedingungen das Argumentationsschema in biographisch-narrativen Interviews dominant werden kann. In: Soeffner, H. G. (Hrsg.) (1986): Sozialstruktur und Typik. Frankfurt a. Main, S. 112-157.

Rosenthal, G. (1995): Erlebte und Erzählte Lebensgeschichte. Gestalt und Struktur biographischer Selbstbeschreibungen. Frankfurt a. Main und New York.

Rosenthal, G. (2002): Biographisch-narrative Gesprächsführung: Zu den Bedingungen heilsamen Erzählens im Forschungs- und Beratungskontext. In: Psychotherapie und Sozialwissenschaft, 2002, Sonderheft 3: Heilsames Erzählen, S. 204-227.

Rosenthal, G. (2005): Interpretative Sozialforschung. Eine Einführung. Weinheim und München.

Rosenthal, G./Fischer-Rosenthal, W. (2000): Analyse narrativ-biographischer Interviews. In: Flick, U./Kardorff, E. v./Steinke, I. (Hrsg.) (2000): Qualitative Sozialforschung. Hamburg.

Schütze, F. (1994): Ethnographie und sozialwissenschaftliche Methoden der Feldforschung. Eine mögliche methodische Orientierung in der Ausbildung und Praxis der Sozialen Arbeit? In: Groddeck, N./Schumann, M. (Hrsg.) (1994): Modernisierung Sozialer Arbeit durch Methodenentwicklung und -reflexion. Freiburg i. Breisgau, S. 189-297.

Schulze, H. (2005): Biographietheoretische Kompetenz in der klinischen Praxis. In: Sozialextra, 29. Jg. (2005), Heft 11, S. 21-25.

Schulze, H. (2006): Migrieren – Arbeiten – Krankwerden. Eine biographietheoretische Untersuchung. Bielefeld.

Schütze, F. (2001): Rätselhafte Stellen im narrativen Interview und ihre Analyse. In: Handlung Kultur Interpretation. Zeitschrift für Sozial- und Kulturwissenschaften, 10. Jg. (2001), Heft 1, S. 12-28.

Ulrike Loch

Geschichte(n) (de)konstruieren – Geschichte rekonstruieren

Zur Historizität von Biografien

1. Einleitung

Erzählungen gehören zum Alltag, sowohl in unserer Lebenswelt als auch in professionellen Kontexten Sozialer Arbeit sowie in Therapien. Grundsätzlich dienen lebensgeschichtliche Erzählungen der Selbstvergewisserung und der Unterstützung des Fremdverstehens in Interaktionen. In ihrer Bedeutung rekurrieren biografische Erzählungen auf das Erleben in der Vergangenheit der Sprechenden; gleichzeitig sind diese Narrationen gebunden an die gesellschaftlichen Kontexte und die dort enthaltenen Beziehungen, in denen sie entstehen. Biografische Erzählungen verweisen jedoch nicht nur auf die Interaktionen, in denen sie entstehen. Erzählungen bringen auch soziale Kontexte hervor. Mit einer ethnografischen Erkenntnishaltung kann der Wechselwirkung zwischen Erzählungen und sozialen bzw. historischen Kontexten sichtbar werden. Anhand eines Fallbeispieles soll im Folgenden gezeigt werden, welche lebensgeschichtlichen Auswirkungen es hat, wenn familienbiografische Erzählungen von KlientInnen in therapeutischen Settings nicht als historische Erfahrungen mit Gegenwartsbedeutung rekonstruiert, sondern als »Geschichte« neu konstruiert werden. Letzteres bedeutet, dass mit der Konstruktion von Geschichten als »Geschichte« ein neuer sozialer, ahistorischer Rahmen geschaffen wird. Auf diese Weise entstehen Biografien, die von den BiografieträgerInnen nicht rückgebunden werden können an die sozialen Erfahrungen ihres Umfeldes. Diese Tendenz besteht immer in professionellen Kontexten, wenn Lebenserfahrungen außerhalb der konkreten, historischen Kontexte interpretiert und darauf aufbauend Handlungen und/oder Interventionen initiiert werden.

Das folgende Fallbeispiel wurde meiner Forschung über sexualisierte Gewalt in Kriegs- und Nachkriegsgenerationen entnommen (vgl. Loch 2006). Im Rahmen der Studie wurden familien- und lebensgeschichtliche

Interviews mit traumatisierten Frauen und deren Angehörigen, vor allem
mit Geschwistern erhoben und fallrekonstruktiv ausgewertet (vgl. Rosenthal 1995, 2005). Methodologisch wird bei der ausgewählten Methode von
einer Differenz sowie einer Interdependenz zwischen Erlebnissen und deren
Erzählungen ausgegangen. Biografische Fallrekonstruktion als Auswertungsmethode ermöglicht durch ihre analytische Unterscheidung zwischen
der Präsentation (thematische Feldanalyse) und des erlebten Lebens (Rekonstruktion der Fallgeschichte), die Verflechtung zwischen Erzählungen
und diesen zugrundeliegenden Erlebnissen empirisch zu fassen.[1] Ergänzt
wurde die Analyse der narrativen Interviews in meiner Studie durch die Erhebung der jeweiligen Familiengeschichte über (inter)nationale Archivanfragen. Die Archivauskünfte wurden – soweit dies die Interviewten
wünschten und die Archivrechte dies ermöglich(t)en – gemeinsam mit den
Interviewten eingeholt. Die zur Verfügung gestellten Materialien und Akten
wurden ebenfalls hermeneutisch ausgewertet. Dabei wurden die amtlichen
Dokumente als »standardisierte Artefakte« verstanden, die auf die Absich-
ten und Überlegungen der VerfasserInnen bzw. der Organisationen verweisen (vgl. Wolff 2002). Da auch historische Quellen keine 1:1 Abbildungen
der Wirklichkeit darstellen, wurden die historischen Dokumente in ihrer
Bedeutung in der Vergangenheit und in der Gegenwart rekonstruiert. Letzteres war besonders bedeutsam, wenn die Interviewten sich in Nachfragein-
terviews auf die Archivanfragen bezogen. Dies trifft auf das ausgewählte
Fallbeispiel zu.

2. Fallbeispiel: Katja Göbel

2.1 Familien- und lebensgeschichtlicher Hintergrund

Die Sozialarbeiterin Katja Göbel wurde 1937 in eine Familie geboren, die
sich in der Weimarer Republik in unterschiedlichen Gruppierungen im politisch linken Spektrum engagierte.[2] Mit dem Beginn der nationalsozialistischen Herrschaft erlebten die Eltern, dass in ihrem sozialen Umfeld Raz-
zien durchgeführt wurden und ein sehr enger Freund der Familie gefoltert
und ermordet aufgefunden wurde. Sie selbst mussten eine Hausdurchsu-
chung nach der Machtübernahme erdulden. Von ihrer Mutter ist bekannt,
dass sie sich während der Zeit des Nationalsozialismus in der Gegenwart

---

1 Siehe auch den Beitrag von Heidrun Schulze in diesem Band, welcher sich mit dem
   heuristischen Potential der Analyse des erzählten Lebens – also der Präsentation –
   beschäftigt.
2 Namen, Geburtsdaten und Orte wurden anonymisiert. Aus Datenschutzgründen werden auch die politischen Aktivitäten der Eltern nicht weiter ausdifferenziert.

von Verwandten wiederholt gegen das Hitler-Regime aussprach, während der Vater sich im Laufe der Jahre eher mit dem System arrangierte und sich erfolgreich in einer Finanzbehörde etablierte.[3]

Katja Göbels ersten Lebensjahre sind geprägt durch den Zweiten Weltkrieg und durch sexualisierte Gewalt; sie erinnert sich an Übergriffe durch den Vater sowie durch ihren zehn Jahre älteren Bruder Bernd Göbel und dessen Freunde. Den Krieg erlebte Katja Göbel zunächst als Abwesenheit von Familienmitgliedern – der Vater wurde gleich 1939 zur Wehrmacht eingezogen. Er nahm unter anderem an dem Feldzug gegen Belgien teil, ehe er 1940 »u. k. gestellt« wurde.[4] Bald nach der Rückkehr des Vaters fuhr der Bruder für ein Jahr mit seiner Schulklasse zur Kinderlandverschickung, die von der Hitlerjugend organisiert wurde. Cirka 1943 suchte die Mutter mit der kleinen Katja Zuflucht vor den Bombenangriffen auf dem Land bei Verwandten. Bei ihrer Abreise sah Katja Göbel ihren Vater zum letzten Mal, da dieser bei Kriegsende durch die Alliierten inhaftiert und in ein Speziallager überführt wurde. 1946 starb er dort, ohne verurteilt worden zu sein. Aufgrund der Geschichte des Lagers, in dem vorwiegend mittlere und kleinere Funktionäre von nationalsozialistischen Organisationen inhaftiert waren, ist nicht auszuschließen, dass er zu diesen oder aber zu der Personengruppe gehörte, die durch Denunziation oder Verwechslung in das Lager eingewiesen wurde. Die hierfür notwendigen Unterlagen können aufgrund der Archivgesetze für das konkrete Speziallager derzeit weder von Familienangehörigen noch für Forschungszwecke eingesehen werden.

Für Katja Göbel endeten die lebensgefährlichen körperlichen und sexualisierten Übergriffe durch den Vater, ihren älteren Bruder und dessen Freunde mit der Evakuierung 1943 vor ihrem sechsten Lebensjahr. Dissoziation ermöglichte ihr als Kind, die Erinnerungen aus ihrem Bewusstsein weitgehend auszuschließen. Erst Jahrzehnte später gelang es ihr in einer Therapie, die sie unter anderem wegen Migräne begonnen hatte, sich an die erlebten Gewalterfahrungen zu erinnern. Vorangegangen waren viele Jahre, in denen sie in unterschiedlichen Workshops und Selbsterfahrungsgruppen versuchte, ihre körperlichen Symptome wie den permanenten Kopfschmerz zu verstehen. Auch nach Beendigung der Therapie stellen die in der Kindheit erlittene Traumatisierung durch Vater und Bruder sowie die ungeklärten Umstände der Inhaftierung und des Todes des Vaters wesentliche Lebensthemen für Katja Göbel dar. Sehen wir im Folgenden, wie sie mit diesen Geheimnissen in ihrem Leben umgegangen ist bzw. geht.

---

3 Ergebnis der Analyse von Archivdokumenten, unter anderem von Personalunterlagen seiner Arbeitsstelle.
4 Auskunft Deutsche Dienststelle, »u. k. gestellt« meint die Befreiung vom Militärdienst auf Antrag des Arbeitgebers.

2.2 Geheimnismanagement: »Beinah würd ich lieber mit dem <!Auf>decken anfangen«

Nach einer Ausbildung im Finanzsektor und einigen Jahren Berufspraxis, in welchen Katja Göbel sich beruflich auf den Spuren ihres Vaters bewegte, studierte sie Anfang der 1970er Jahre Sozialarbeit in Frankfurt. Hier bearbeitete sie wie viele Angehörige der Studentenbewegung ihre Familiengeschichte stellvertretend durch Politisierung in ihrem Studium. Beispielsweise hielt sie vor Studierenden eine Rede über politische Verfolgung während des Nationalsozialismus. Über zehn Jahre später – nach der Abspaltung der Frauenbewegung von der Studentenbewegung sowie der Aufspaltung der Frauenbewegung in einen stärker therapeutisch orientierten und in einen politischen Flügel – wurden für Frau Göbel Therapie und Selbsterfahrung zunehmend bedeutsam. In dieser Zeit begann, was sie gleich am Beginn des Interviews als ihren »Psychotrip«[5] bezeichnet. Diese Interviewpassage leitet sie ein mit den Worten: »Beinah würd ich lieber mit dem <!Auf>decken anfangen«. Welche Lebenserfahrung ist mit dieser doppelten Botschaft: »beinah (…) <!Auf>decken« verbunden?

Katja Göbel erlebte Anfang der 1980er Jahre, wie sie in diversen therapeutischen Settings immer wieder an Fragmente der erlebten Traumata heran geführt wurde, ohne dass sich ihr die Zusammenhänge zu ihrer Kindheit und ihrer Familiengeschichte aufschlossen. Hierdurch wurde sie innerlich immer aufgewühlter, ohne die Gründe zu kennen:

> »ich hatte immer das Gefühl da <!is> was da <!!is> was da <!is> was und ähäh , es kommt aber hier nich zur Sprache und , ich komm da nich ran und darum machte ich eben auch diese 'vielen Workshops' un hab dann <!noch> so einen Workshop (…) gema- und da hab ich '<!so> furchtbar geweint' , lso meine ganze Zeit praktisch v=v=verbra- die mir zustand eben in meiner Sitzung mit einem <!sol>chen Weinen verbracht=wie=ichs <!!im Leben> noch nich erlebt hatte oder 'w- w'- (1sec) also ich <!!war ganz fassungslos dass man so laut und so verzweifelt und so lange> , einfach , weinen kann«.

Katja Göbel reagierte auf diese Lebenssituation durch das immer häufigere Aufsuchen von Psychogruppen; sie selbst spricht – wie bereits eingeführt – rückblickend vom »Psychotrip«, ein Begriff, der Assoziationen an Suchtstrukturen weckt. Siegfried Petry (1996, S. 46) schreibt über das initiierte Wiedererleben von Erinnerungsfragementen:

---

5 Die Interviewzitate wurden zur besseren Lesbarkeit leicht überarbeitet. Zeichenerklärung: <!noch> = betont gesprochen; <!!im Leben> = laut und betont gesprochen; , = kurzes Absetzen (weniger als eine Minute); (1sec) = eine Sekunden Pause; 'vielen Workshops' = leise gesprochen; gema- = Wortabbruch nach dem a; (…) = Auslassungen zur besseren Lesbarkeit; verbracht=wie=ichs = schneller Anschluss bzw. wie ein Wort gesprochen; ((hastig gesprochen)) = Kommentar der Transkribierenden; /((ausrufend:))/ Kommentar bezieht sich auf gekennzeichneten Abschnitt; Bru:der = u gedehnt gesprochen.

»Sie wirken (auch wenn – und oft gerade weil – die Erlebnisinhalte dabei nicht erkennbar werden) zunächst als befreiend, entlastend, ja euphorisierend. Aber da mit diesen Ausbrüchen nicht verständig umgegangen werden kann, verschwinden die Wirkungen nach kurzer Zeit wieder. Übrig bleibt die Sehnsucht, sie beim nächsten Wochenendworkshop neuerlich zu erfahren«.

Auch wenn Frau Göbel fassungslos über ihr Weinen war, so war sie von den Workshops doch angezogen; sie schienen für sie die einzige Möglichkeit gewesen zu sein, mit ihrer Unruhe und den langen Phasen mit Kopfschmerzen leben zu können. Der Sog der therapeutischen Workshops führte Katja Göbel schließlich nach Würzburg in eine zweiwöchige intensive Einzeltherapie, bei der sie täglich mehrere Therapiestunden bei einer Therapeutin hatte. Hier begann sie ihre Träume zu bearbeiten. Dabei war vor allem ein Traum von Bedeutung, in dem der Vater mit einem Gewehr auf sie zielte, vor ihr lagen bereits Patronenhülsen. Frau Göbel interpretiert das im Traum ausfahrende Gewehr kognitiv bis in die Gegenwart ausschließlich als bedrohliches Phallussymbol. In der Einzeltherapie reagierte sie mit Selbsttötungsphantasien auf die nicht thematisierten Anteile des Traumes, sprich die Todesbedrohung, die vom Gewehr und den Patronenhülsen ausgeht. Das direkte Thematisieren der ebenfalls im Traum enthaltenen Lebensgefahr ist bis heute zu bedrohlich. Katja Göbel entlastet den Vater, indem sie von »ich will sterben« spricht, um die im Traum gegebene Bedrohung auszudrücken. Katja Göbels Formulierung suggeriert, die Todesgefahr ginge von ihr aus (»ich will sterben«), während im Traum der Vater mit dem Gewehr auf sie zielt. Folglich geht die Lebensbedrohung von ihm aus. Mit Frau Göbels Deutung des Traums verbleibt beim Vater ausschließlich die Bedrohung durch sexualisierte Gewalt, deren Formulierung für die Biografin weniger bedrohlich ist als die ferner im Traum vorhandene Lebensgefahr. Mit dieser Traumdeutung geht die Idealisierung des Vaters durch Katja Göbel einher; so bezeichnet sie das – von Gewalt durchzogene – Verhältnis zu ihrem Vater bis in die Gegenwart als »auch ne Liebesbeziehung«.

Während ihrer Intensivtherapie erinnerte sich Katja Göbel ebenfalls an sexualisierte Übergriffen durch ihrem Bruder und zwei seiner Freunde aus der Hitlerjugend. Mit dem Aufdecken dieses Geheimnisses – der Traumatisierung durch den Bruder – verlor sie zunächst eines ihrer körperlichen Symptome, das sie in die Therapie führte:

»an <!!dem Tag> als ich das mit meinem <!!Bru>der (1sec) 'entdeckt hab als mir <!des> eingefallen <!die> ham auch noch was mit mir gemach' , da war <!!ei>nen Tag lang 'die Kopfhaut entspannt' und da <!fühlt=>ich mich wirklich nich <!aaa::h> das is ja die Welt is <!an>ders irgendwie- ((atmet hastig)) und dann wars wieder vorbei , irgendwie und da hoff ich immer noch drauf , dass <!ir>gendwann ich noch in meinem Prozess soweit komme (2sec) ach wär des schön , wenn die Kopfhaut sich , entspannen kön- (22sec) nein«.

Was war geschehen, dass mit dem Aufdecken dieses Geheimnisses – das Aussprechen der Erinnerungen an die Gewalttaten des Bruders und seiner Freunde – die Anspannung ihrer Kopfhaut nachließ? Und weshalb haben die Kopfschmerzen anschließend wieder eingesetzt und begleiten sie weiter durch ihr Leben? Hier kommen mehrere Ursachen zusammen, die zum Teil ihren Ursprung im Verlauf der Intensivtherapie haben. Zu nennen sind hier: (a) die Verleugnung des Ausmaßes der Gewalt des Vaters und (b) die daran gebundene Konzentration auf die Gewalt des Bruders. In Katja Göbels Interpretation erscheint der Bruder mächtiger und gewalttätiger als der Vater. Die Biografin spricht von der Brutalität des Bruders in Abgrenzung zur »Liebesbeziehung« mit dem Vater.

Katja Göbel reagierte auf die überflutenden Erinnerungen – sowie die Überforderungssituation in der Einzeltherapie – mit dem ihr vertrauten Verhalten: sie idealisierte wie ihren Vater auch ihre Therapeutin und verliebte sich in sie. Mit der Interpretation der Vater-Tochter-Beziehung als partielle Liebesbeziehung festigte sich in Katja Göbel die Kognition, dass gefährliche Situationen und eine Beziehung mit einer Autoritätsperson miteinander gekoppelt sind. Die Bedrohung ihrer Kindheit durch den Vater hatte sie zuvor in Beleitung der Therapeutin wieder erlebt, aber nur partiell aufgelöst. Sie wirkte somit weiter als Suizidgedanke (»ich will sterben«). Aufgewühlt durch die Therapie, dem relativ ungeschütztem Offenlegen der bedrohlichen Geheimnisse sowie ihrer aufkommenden Verliebtheit in die Therapeutin, unternahm Katja Göbel eine nicht vorbereitete Konfrontation mit ihrem Bruder. Es war ihr Versuch, mit der sie überfordernden Situation zurechtzukommen:

> »da: (…) brach das so- , über mir zusammen mit meinem <!!Bru>der und ich rief meinen Bruder (…) (2sec) und dann den angeschrieen am Telefon (1sec) Ihr habt das mit mir als kleinem Mädchen gemacht (1sec) Was habt- <!ihr> mit mir als kleinem Mädchen gemacht (3sec) Und- und ich weinte dabei 'ganz schrecklich' , Un mein Bruder schrie mich an (1sec) 'Halts Maul schrie der immer' (1sec) /((ausrufend:)) Halts <!!Maul> , Halts <!!Maul> , Halts <!Maul>/«.

Katja Göbel erlebte während der Konfrontation, dass ihr Bruder sie mit aller ihm zur Verfügung stehenden Macht zum Schweigen bringen wollte. Sie konnte sich dagegen nicht wehren; er verletzte sie damit aufs Neue. Für Katja Göbel führte dieses vorschnelle und ungeschützte Aufdecken spätestens durch diese Konfrontation des Bruders zur Retraumatisierung.

2.3 Dekonstruktion der biografischen Präsentation durch Historisierung

Wie die Rekonstruktion der Lebensgeschichte ergab, begann Katja Göbel mit dem Aufdecken der sexualisierten Gewalterlebnisse in der Intensivtherapie. Dieser Aufdeckungsprozess wurde in der gleichen Therapie durch das Eingehen der Beziehung mit der Therapeutin und der damit verbundenen ahistorischen Interpretation der Familienvergangenheit nachhaltig blockiert. Das Eingehen dieser Beziehung ermöglichte Frau Göbel, den Widerspruch zwischen ihrer von sexualisierter Gewalt strukturierten Vater-Tochter-Beziehung und ihrem Bedürfnis, diese Beziehung als Liebesbeziehung zu idealisieren, nicht weiter zu hinter fragen. Dies geschah jedoch um den Preis, dass jede weitere Erinnerung der erlittenen Traumatisierung bis in die Gegenwart der Kognition – guter Vater versus brutaler (HJ-)Bruder – angepasst werden muss. Das Aufrechterhalten der Dichotomie und das Nichtwahrnehmen dieses Widerspruchs erfordert von Katja Göbel tagtäglich ein äußerstes Maß an Selbstkontrolle – eine Anspannung, die bis in die Kopfhaut wirkt und ihr Schmerzen bereit. Sprachlich drückt sich dies in ihrem Wunsch nach einem Leben ohne Kopfschmerzen und dessen Verneinung aus: »wär des schön , wenn die Kopfhaut sich , entspannen kön- (22sec) nein«. In der mit 22 Sekunden sehr langen Pause wird die Anpassung ihrer Lebenserinnerungen an soziale Erwartungen virulent, welche sich in der sozial angepassten Konstruktion der Familienbiografie manifestiert, wie im Folgenden am Umgang mit der nationalsozialistischen Familienvergangenheit gezeigt wird.

Das Lebensproblem, dessen Bearbeitung in der Therapie durch die Konstruktion der Vater-Tochter-Beziehung als Liebesbeziehung tabuisiert wurde, ist der Tod des Vaters einschließlich der daran geknüpften Frage, inwieweit er in das nationalsozialistische Unrechtsregime involviert war? Das Thema Nationalsozialismus schwingt immer stellvertretend in der Formulierung der Gewalt des Bruders mit. Katja Göbel spricht meistens von ihrem »<!Bru:>der , mit seinen , <!Freun>den aus der HaJot«.[6] Sehen wir, welche historischen Familiendaten hiermit verbunden sind. Katja Göbels Bruder Bernd war als Jugendlicher Führer bei den Pimpfen, hier waren die zehn- bis 14-jährigen Jungen der Hitlerjugend organisiert; bei Kriegsende war er Flakhelfer. Als Jugendlicher war Bernd Göbel begeistert von dem damaligen Regime, aufgrund seines Geburtsjahrgangs 1928 fiel er nach Ende des Zweiten Weltkriegs unter die Jugendamnestie der Alliierten. Dies ermöglicht ihm bis in die Gegenwart über seine damalige Begeisterung zu sprechen.[7] Als Kleinkind bewunderte Katja Göbel ihren großen Bruder, sie er-

---

6 HaJot bedeutet Hitlerjugend.
7 Der Bruder Bernd Göbel wurde ebenfalls interviewt.

innert seine Begeisterung für den Nationalsozialismus. Im Unterschied dazu hat sie keine eigenen Erinnerungen an die politische Haltung des Vaters während des Nationalsozialismus. Bezogen auf den Vater ist den Geschwistern nur seine politische Einstellung bis 1933 bekannt, hier engagierte er sich in der Opposition. Katja Göbel möchte ihren Vater aufgrund seiner politischen Vergangenheit in der Weimarer Republik gern als potentiell Gefährdeten in der Zeit des Nationalsozialismus sehen, um die Auswirkungen seiner Todesumstände auf ihr Leben und ihre Familiengeschichte zu verringern. In diesem Fall würde es sich um eine ungerechtfertigte Inhaftierung des Vaters durch die Alliierten 1945 handeln. Die genauere Betrachtung der aus dem Leben des Vaters bekannten Daten wirft jedoch viele Fragen auf. Nach 1933 trat er diversen nationalsozialistischen Organisationen bei, zuletzt der NSDAP unmittelbar bevor er 1940 vom Militärdienst befreit wurde. Wieweit ist seine Anpassung gegangen? Die Familienlegende – und auf diese ist Frau Göbel aufgrund ihres Geburtsjahres (1937) weitgehend angewiesen – bietet unterschiedliche Versionen. Von der Nachkriegszeit rückwärts betrachtet beginnen die ersten Differenzen innerhalb der Familienlegende mit der Inhaftierung. Wurde der Vater gezielt festgenommen oder meldete er sich auf eine allgemeine Aufforderung hin bei der Militäradministration? Ist er fälschlich denunziert wurden? Diese Sichtweise ist bei Katja Göbels dominant. Oder gab es einen berechtigten Grund für seine Inhaftierung? Hierfür sprechen auffällige Verhaltensveränderungen des Vaters in den letzten Kriegsmonaten, an die sich ihr älterer Bruder erinnert. Diese Fragen lassen sich nicht beantworten, möglicherweise gibt es brauchbare Hinweise in Archiven – diese sind jedoch, wie bereits eingangs erwähnt, noch nicht zugänglich. Das Anerkennen dieses Nichtwissens würde Frau Göbel von der Notwendigkeit befreien, eine Erklärung finden zu müssen. Die in der Therapie konstruierte Dichotomie – brutaler Bruder, liebender Vater – verhindert jedoch eine solch offene Sicht auf den Vater.

Mit Selbstironie spricht Katja Göbel im Interview über wiederkehrende Erlebnisse auf Reisen in Belgien; Reisen nach Belgien waren früher für sie mit Angst besetzt. Sie lag in den siebziger Jahren viele Nächte in Belgien schlaflos im Zelt und wartete: »es war <!immer> so , die Mörder kommen die Mörder kommen und=was ich eben , jetz auf meinen /((flüsternd:)) Bruder und seinen , Hajot (1) Freunde , beziehe/«. Die Biografin vermittelt, sie habe Schutz und Ruhe gefunden, seitdem sie sich ihre damalige Angst erklären kann. Ihre Erklärung steht im Zusammenhang mit dem Nationalsozialismus und dem Bruder, also im Zusammenhang mit der in der Therapie gefestigten Kognition »brutaler Bruder«. Kontrastieren wir ihre Angsterfahrung nachfolgend mit den Ergebnissen der hermeneutischen Aktenanalyse, so lässt sich deutlich zeigen, dass der Bruder auch schützende Funktion für Katja Göbel hat. Die Archivanfragen ergaben, dass der Vater 1940 in Belgien als Soldat kämpfte, während es von Seiten des Bruders keine Verbindung nach Belgien gibt. Die Biografin hingegen sagt, der Vater sei während des Zweiten Weltkrieges »u. k. gestellt« gewesen. Dies trifft im ersten Kriegsjahr nicht zu. Hier gehörte der Vater der Heeresgruppe an, die Belgien okkupierte. Die Biografin hat somit konkrete, räumlich begrenzte Phantasien, deren bedrohliche Bestandteile im Kontext der Geschichte des Vaters plausibel werden. Bei der Rückkehr des Vaters als Soldat aus Belgien war Katja Göbel ungefähr drei Jahre alt. Die Fallrekonstruktion legt nahe, dass die sexualisierten Übergriffe auf die Biografin Katja Göbel nach der Rückkehr des Vaters aus dem Militärdienst begannen. Es ist durchaus vorstellbar, dass sich ihre Ängste vor dem Vater aufgrund seiner Gewalttätigkeit mit dessen Kriegserzählungen in ihrer Kindheit verwoben. Die ungeklärten Umstände seiner Inhaftierung und seines Todes erschweren Katja Göbel bis heute, ihren Vater wegen sexualisierter Gewalterfahrung zu beschuldigen, da er möglicherweise unberechtigt inhaftiert und damit unberechtigt bestraft wurde.

Zusammenfassend lässt sich sagen, das Aufdecken der durch den Bruder und den Vater erlittenen sexualisierten Gewalt erlebte Katja Göbel zunächst als Entlastung, die sich als Entspannung der Kopfhaut körperlich manifestierte. Die anschließende Neukonstruktion der (Familien-)Biografie ohne historische Fundierung führte zum Verschleiern der darunter liegenden Familienvergangenheit. Auf der Symptomebene drückt sich dies in der Wiederkehr der Kopfschmerzen und in ihren vergeblichen Versuchen aus, nach der Beziehung zur Therapeutin eine andere Liebesbeziehung aufzunehmen. Die ehemalige Therapeutin ist (noch) zu fest in diese Geschichtskonstruktion eingebunden. Für eine Veränderung bedarf es der Rekonstruktion der Beziehungsgeschichte mit Vater und Therapeutin und deren Verflechtung. Die Archivrecherchen, die Frau Göbel inzwischen alleine fortführt, sowie eine unterstützende Supervision können ihr eine neue Perspektive auf die Familiengeschichte und damit auch auf ihren Vater und ihren Bruder ermöglichen.[8] Dies würde eine veränderte biografische Erzählung nach sich ziehen.

3. Verallgemeinerung und Diskussion

Viele Geheimnisse in Familiengeschichten lassen sich in Forschung und Praxis nicht mehr abschließend auflösen, wenn die betroffenen Familienmitglieder und andere Generationsangehörige sich nicht mehr erinnern oder wie in dem vorgestellten Fallbeispiel verstorben sind und/oder die notwen-

---

8 Katja Göbel nimmt aus beruflichen Gründen kontinuierlich Einzelsupervisionen wahr.

digen historischen Dokumente nicht zugänglich sind. Dies betrifft Themen
wie Krieg, Nationalsozialismus, Genozid und Verfolgung, Vergewaltigung
sowie psychische Erkrankungen. Diese Liste ließe sich fortsetzen. Stellen
die aufgezählten Themen Familiengeheimnisse dar, so werden die Folgen –
das heißt die Themen und die familialen Umgangsweisen wie Verleugnen,
Verschleiern und/oder Umschreiben der Familiengeschichte – in den fol-
gende(n) Generation(en) tradiert, wie Evan Imber-Black (vgl. 1995) her-
ausarbeitete.[9] In dem vorgestellten Fallbeispiel ging es um eine Lebensgeschichte, in der die Biografin ein Geheimnis in der eigenen Lebensgeschichte (sexualisierte Gewalterfahrung) als auch in der Familiengeschichte
(Tod und Inhaftierung des Vaters) managt. Die Biografin macht(e) dies, in
dem sie mit therapeutischer Hilfe die Inhalte der Familiengeschichte so um-
schrieb, dass sie ihr erträglich erscheinen. Mit der ahistorischen Neukon-
struierung der Familienvergangenheit wird das historische Wissen bzw.
Nichtwissen der AkteurInnen überdeckt, ohne dass die mit der Vergangenheit verbundenen Symptome (z. B. Somatisierungen und/oder Handlungsmuster) ihre Wirkung nicht verlieren. Lediglich das Wissen um den Zusammenhang kann – wie im vorgestellten Fallbeispiel – für die BiografInnen abhanden kommen.

Begünstigt wurde die vorgestellte Neukonstruktion der Familiengeschichte durch die Wirkung gesellschaftlicher Tabus beim Sprechen über
die nationalsozialistische Familienvergangenheit sowie über sexualisierte
Gewalterfahrungen in Familien. Mary Harvey u. a. (2000, S. 308) zeigen in
ihren Untersuchungen, dass traumatisierte Menschen ihre Lebenserzählungen in einem hohe Maße an den verinnerlichten gesellschaftlichen Erwartungen ausrichten, wenn sie versuchen, Unerzählbares – dies gilt zunächst
für alle traumatische Erfahrungen – in Worte zu fassen:

>»That is, their stories are told and retold to others, and the form and content
> of their stories reflect their life situations. For this reason, we have been
> urging researchers and clinicians – and the same cautions apply to friends,
> family members, and others – to be reflective about their own preferred sto-
> ries. (…) Or, we may to quickly impose our own theories of trauma and re-
> covery, disregarding the variability among trauma survivors in their trajec-
> tories of change. We must learn to hear what they call us even when this is
> not what we wish to hear or when their stories do not resemble culturally
> available plots or match current theories«.

Hilfreich für ein solch offenes Verstehen traumatischer Erzählungen – wie
dies auch Gabriele Rosenthal (vgl. 1999) fordert – ist eine ethnografische
Erkenntnishaltung sowie die Rückbindung der Erzählungen an ihren sozialen Entstehungskontext und an den sozialen Kontext des Erlebens. Dies be-

---

9   Siehe hierzu auch die mehrgenerationellen Studien von G. Rosenthal (1997), Bettina
    Völter (2003) und Asiye Kaya (2006).

deutet für die Analyse biografischer Narrationen – insbesondere über gesellschaftlich tabuisierte Themen – die Einbeziehung des historischen Kontextes, auf welchen sich die Erzählung bezieht. Hierfür können Archive und historische Quellen als ergänzende Datenbasis dienen. Tradierte Geschichten enthalten weiterhin auch den sozialen Moment der Mitteilung als Entstehungskontext.

In dem vorgestellten Fallbeispiel wurde Katja Göbel die politische Vergangenheit des Vaters nach dessen Tod in den Nachkriegsjahren mitgeteilt, also in einem gesellschaftlichen Umfeld, in dem sein Tod ein Makel darstellte und seine Opposition gegen die Nationalsozialisten als positiv konnotierte, soziale Anknüpfungsmöglichkeit interpretiert wurde (vgl. beispielsweise Katja Göbels Rede vor Studierenden in den 1970er Jahren). Die Vergangenheit des Vaters wäre in den Kriegsjahren anders mitgeteilt wurden. Ferner ist Katja Göbels Interpretation der Vergangenheit des Bruders und des Vaters an den Kontext des (Wieder-)Erinnerns gebunden – nämlich die therapeutische Beziehung und deren Sexualisierung. Die Rückbindung der Erzählungen an die Interaktionen, in denen sie entstanden sind, bedeutet auf der nächsten Ebene folglich, die Rolle der Professionellen bzw. der Forschenden bei der Herstellung und Interpretation von Erzählungen ebenfalls zu reflektieren. Ein Unterlassen dieser Reflexionen kann sich auf der Ebene der Sprache bzw. der Biografie in Erzählungen manifestieren, die eine große Differenz zu den Erinnerungen aufweisen. Im Unterschied hierzu ermöglichen biografische Erzählungen, deren Hervorbringen durch eine ethnografische Haltung der Zuhörenden unterstützt wird, eine offene Auseinandersetzung mit der Vergangenheit. Dies manifestiert sich in einer größeren Nähe zwischen Erlebnissen und deren Präsentation. Unabhängig hiervon zeigt das Fallbeispiel, dass auch auf Phantasien und Kognitionen basierende biografische Präsentationen, eine Interdependenz zwischen Erzählungen und Erlebnissen enthalten. Diese Interdependenz enthält wichtige Spuren zum Verstehen der Lebens- und Familiengeschichte; sie kann sowohl für die Forschung als auch für das Fallverstehen in der Praxis nutzbar gemacht werden (vgl. auch Loch/Schulze 2005).

Literatur

Harvey, M. u. a. (2000): In the aftermath of sexual abuse: Making and remaking meaning in narratives of trauma and recovery. In: Narrative Inquiry, 10. Jg. (2000), Heft 2, S. 291-311.

Imber-Black, E. (1995): Geheimnisse in Familien und in der Therapie – Ein Überblick. Imber-Black, E. (Hrsg.) (1995): Geheimnisse und Tabus in Familie und Familientherapie. Freiburg i. Breisgau, S. 9-41.

Kaya, A. (2006): Soziale Vererbung von der Mutter zur Tochter. Mutter-Tochter-Beziehungen im alevitischen und sunnitischen Kontext in Deutschland – eine migrationsbiografische Vergleichsstudie. Unveröffentlichte Dissertation am Fachbereich Gesellschaftswissenschaften der Universität Göttingen.

Loch, U. (2006): Sexualisierte Gewalt in Kriegs- und Nachkriegskindheiten. Opladen.

Loch, U./Schulze, H. (2005): Biografische Fallrekonstruktion im handlungstheoretischen Kontext der Sozialen Arbeit. In: Thole, W. (Hrsg.) (^{2}2005): Grundriss Soziale Arbeit. Ein einführendes Handbuch. Wiesbaden, S. 559-576.

Petry, S. (1996): Erlebnisgedächtnis und Posttraumatische Störungen. Begleitetes Wiedererleben als Therapie. München.

Rosenthal, G. (1995): Erlebte und erzählte Lebensgeschichte. Gestalt und Struktur biographischer Selbstbeschreibungen. Frankfurt a. Main.

Rosenthal, G. (1997): Der Holocaust im Leben von drei Generationen. Familien von Überlebenden der Shoah und von Nazi-Tätern. Gießen.

Rosenthal, G. (1999): Sexuelle Gewalt in Kriegs- und Verfolgungszeiten. In: Medica Mondiale/Fröse, M./Volpp-Teuscher, I. (Hrsg.) (1999): Krieg, Geschlecht und Traumatisierung. Frankfurt a. Main, S. 25-56.

Rosenthal, G. (2005): Interpretative Sozialforschung. Eine Einführung. Weinheim.

Völter, B. (2003): Judentum und Kommunismus. Deutsche Familiengeschichten in drei Generationen. Opladen.

Wolff, St. (2002): Dokumenten- und Aktenanalyse. In: Flick, U./Kardoff, E. v./Steinke, I. (Hrsg.) (2002): Qualitative Forschung. Ein Handbuch. Reinbek b. Hamburg, S. 503-513.

Holger Schoneville | Stefan Köngeter | Diana Gruber | Peter Cloos

Feldeintritte

Ein Gespräch

In der vorliegenden Literatur zur Ethnografie wird die Einsozialisation von FeldforscherInnen ins Feld intensiv diskutiert und beschrieben (vgl. Wolff 2000). Dies ist nicht zufällig, zumal die Einsozialisation in ein Feld im gesamten Feldforschungsprozess als die heikelste und schwierigste Phase bezeichnet werden kann. Als Fremde/r bewegt man sich auf unsicherem Terrain, weil die Feldregeln nicht vertraut sind, der Grad an Zugang nicht sichergestellt ist und kaum bekannt ist, was passieren wird. Wie Herbert Kalthoff (1997; S. 243; Hervorhebung im Original) feststellt, geht es in der Phase der Einsozialisation ins Feld um die »Erzeugung von Kreditwürdigkeit (...). Die Frage des Feldzugangs ist eine Frage, wie der Beobachter, der ,vom Standpunkt der Gruppe aus, welcher er sich nähert, (...) ein Mensch ohne Geschichte' (Schütz 1972, S. 60) ist, in den Augen der Teilnehmer in dieser Anfangsphase der Forschung plausibel wird, d. h. an die institutionelle Geschichte oder den feldspezifischen Rahmen anknüpfen kann«. EthnografInnen mischen sich in den Alltag ein, um Teil des Alltags zu werden. Es gilt die anfänglich strukturell angelegten verschiedenen Interessen, die Distinktionen, Geschlechterspannungen und die differierenden Kommunikationsstile und Verhaltensweisen (vgl. Küster 2000, S. 106) auszuhalten und die tendenzielle Geschlossenheit der sozialen Situation »Feldforschung« zu öffnen. FeldforscherInnen begegnen den Abwehr- und Vereinnahmungsstrategien der FeldteilnehmerInnen und sind mit ihren eigenen Fremdheitserfahrungen und moralischen Bedenken konfrontiert. Mit zunehmender Dauer der Feldteilenahme erlangen die ForscherInnen jedoch »Geschichte« im Feld. Dies bleibt jedoch spannungsreich.

Im Folgenden wollen wir diese spannungsreichen Momente der Einsozialisation in sozialpädagogische Einrichtungen auf Basis unserer eigenen Feldforschungserfahrungen darstellen. Grundlage dieses Artikels sind zwei Gespräche, die wir im Sommer 2006 mit dem Ziel führten, unsere Feldforschungserfahrungen zu reflektieren und miteinander abzugleichen. Dabei stellten wir fest, dass sich unsere Erfahrungen zum Teil erheblich von den in der Literatur beschriebenen Reflexionen unterscheiden. Dies führten wir darauf zurück, dass sich bei der Ethnografie (sozial-)pädagogischer Handlungsfelder zum Teil deutlich andere Anforderungen und Probleme an die ForscherInnen stellen, als in anderen gesellschaftlichen Teilkulturen und Arbeitsbereichen. Wir konnten beobachten, dass sich die vorliegende Literatur weitgehend darauf beschränkt, Manuals dazu zu stricken, wie Feldforschung am besten (technisch) zu bewerkstelligen ist. Dabei wird der Prozess der Einsozialisation wenig vor dem Hintergrund reflektiert, dass dieser Prozess nicht nur in unterschiedlichen Feldern, sondern pro Feldaufenthalt in gleichen Arbeitsbereichen erheblich variieren kann. Diese Variation der Erfahrung, so war unsere Überlegung, stellt zum einen eine wichtige Datenquelle zur Rekonstruktion des jeweiligen Feldes dar. Wir denken auch, dass die Beibehaltung dieser Variationsbreite der Erfahrung jenseits von Patentrezepten am besten durch ein Gespräch abgebildet werden kann.

Im Folgenden beschäftigen wir uns mit den Irritationen, die beim Feldeintritt in sozialpädagogische Arbeitsfelder entstehen. Wir beziehen uns auf die Feldforschungs-Erfahrungen aus verschiedenen Forschungsprojekten[1] und knüpfen an vier Themen an. Zunächst wird in unserem Gespräch das »Feldnotizbuch als Symbol des Fremden« angesprochen und dann das Phänomen beleuchtet, dass EthnografInnen beim Eintritt in das Feld mit vielfachen Prozessen des Positionierens und Positioniert-Werdens konfrontiert werden. Der dritte Teil widmet sich der Frage, wie der Kontakt zu den FeldteilnehmerInnen hergestellt wird und welche Irritationen dabei entstehen. Schließlich geht es viertens um die ethischen Bedenken, die ForscherInnen insbesondere bei der Einsozialisation in ein ihnen fremdes Feld entwickeln. Mit diesen vier Themenkomplexen wird im Folgenden versucht, sich dem Thema Feldeintritte anzunähern.

1. Das Feldnotizbuch als Symbol des Fremden

Die Rolle von FeldforscherInnen ist für FeldteilnehmerInnen fremd. Diese Fremdheit drückt sich symbolisch in dem Notizbuch der FeldforscherInnen aus, da es im Alltag in der Regel nicht vorkommt, dass BeobachterInnen ih-

---

1   Es handelt sich hier um eine Studie zum sozialpädagogischen Handeln in der Kinder- und Jugendarbeit (vgl. Müller 2005; vgl. auch den Beitrag von Peter Cloos und Stefan Köngeter in diesem Band), eine Arbeit zu beruflich-habituellen Profilen in der Kinder- und Jugendhilfe (vgl. Cloos 2004; vgl. auch in den Beitrag von Peter Cloos in diesem Band) und kontrastierend hierzu eine Ethnografie zu der religiösen Kultur der Jesus-Freaks (vgl. Schoneville 2005).

re Notizen in ein Buch eintragen. Wie FeldforscherInnen mit ihrer Fremdheit im Feld umgehen, lässt sich am Umgang mit ihrem Notizbuch ablesen.
Der spezifische Umgang mit dem Notizbuch stellt sich dabei als eine Art
Messinstrument zur Bestimmung des Grades und der Form der Einsozialisation ins Feld heraus. Mit anderen Worten: Der Umgang mit dem Notizbuch kann nicht allein technisch beschrieben werden (vgl. Girtler 2001;
Emerson/Fritz/Shaw 1995), ist nicht allein Ausdruck der Haltung von FeldforscherInnen, sondern spiegelt die im Feld vorfindbaren Regeln wider.

Wie wird das Notizbuch im Feld bekannt?

PC: Mein Notizbuch, meine rote chinesische Kladde, kennen alle im Feld.
Ich mache es am Anfang meiner Feldteilnahme eher beiläufig bekannt
und frage nach, ob es einen Ort gibt, an dem ich mich zur Erstellung
von Notizen zurückziehen kann. Ich erläutere dann, dass ich mich ab
und zu für eine halbe Stunde aus dem Geschehen zurückziehen werde.

HS: Gut, so hast du das Notizbuch bei den MitarbeiterInnen eingeführt. Bei
den Jugendlichen funktioniert das anders, denn du hast keine Gelegenheit, allen Jugendlichen dieses Notizbuch vorzustellen. Wenn sie mich
dann fragen, was ich da mache, sage ich: »Wir gucken, was hier so
passiert und wenn ich das nicht aufschreibe, dann vergesse ich das
wieder.« Meistens scheint mir diese Erklärung für sie hinreichend zu
sein. Sie wollen nicht wissen, was ich genau aufschreibe. Ganz selten
versucht mal jemand, in das Notizbuch reinzuschauen und fragt konkret nach.

DG: Ich wurde dann gefragt: »Was machst du da?« Ich bin damit spielerisch umgegangen und habe gesagt: »Ich schreib mir auf, was hier so
passiert und wie ihr heißt. Ich habe das Notizbuch dann einbezogen
und habe sie gefragt: »Wie heißt du denn?« und habe sie ihren Namen
in mein Buch schreiben lassen.

PC: Und die Kinder wollen wissen, wofür ich das aufschreibe. Ich erzähle
dann, dass wir ein Buch darüber schreiben, was in Jugendzentren los
ist.

SK: Das klingt jetzt aber so, als sei das Notizbuch ein vollkommen unprob-
lematischer Gegenstand im Feld, den alle wie selbstverständlich akzeptieren.

PC: Nein, du hast recht. Das ist für fast alle ein vollkommen irritierender
Gegenstand, an den sich die FeldteilnehmerInnen gewöhnen müssen.
Wie schnell sich z. B. die MitarbeiterInnen an dieses Notizbuch gewöhnen und damit umgehen, bringt aber doch auch zum Ausdruck, wie
offen sie für das Forschungsvorhaben sind und wie selbstverständlich
es für sie ist, dass pädagogische Prozesse zum Gegenstand von Beobachtung und Reflexion gemacht werden. Auch wenn das nicht durchgängig stimmt, scheint es doch in der Regel so zu sein: Je selbstverständlicher dies in der jeweiligen Einrichtung ist und je mehr auch die

MitarbeiterInnen sich sicher sind, dass ihr pädagogischer Alltag gelingt, desto weniger Irritation löst doch das Notizbuch aus.

SK: Auch über die Jugendlichen erfährst du viel, wenn du sie dabei beobachtest, wie sei mit deinem Notizbuch umgehen. Einige gehen damit ganz offensiv um und beziehen das Notizbuch strategisch ein und sagen:»Schreib da mal rein, im Jugendzentrum ist nichts los«. Du hast darüber die Möglichkeit, mit ihnen ins Gespräch zu kommen. Andere beschweren sich über dein Notizbuch. Ich habe den Eindruck, dass dies insbesondere bei Jugendlichen ist, die sich sowieso bezüglich ihrer Rolle verunsichert zeigen.

DG: Ja das stimmt, aber die Irritation kann letztendlich nicht ganz aufgelöst werden, weil du auch nicht ganz offen legst, was du tatsächlich aufschreibst, wie detailliert du das machst und wie du die Notizen dann verwendest.

Wie machen ForscherInnen sich mit dem Notizbuch vertraut?

DG: Das Notizbuch irritiert mich vielleicht manchmal mehr als die FeldteilnehmerInnen. Holger, du hast doch auch einmal gesagt, dass es ein Prozess war, bis du dort im Feld überhaupt öffentlich Notizen machen konntest.

HS: Am Anfang meiner Feldbeobachtungen hatte ich unheimlich starke Bedenken, im Feld für alle sichtbar zu schreiben. Zu Beginn der Feldaufenthalte setze ich mich zumeist nicht mitten ins Geschehen und mache mir Notizen. Da suche ich mir lieber einen Rückzugsort.

PC: Ja, ich muss auch immer wieder eine Hemmschwelle überwinden, bevor ich öffentlich Notizen mache. Je mehr ich das Gefühl habe, ich werde mit dem Feld vertraut, desto besser geht das. Sich mit den Notizbuch vertraut zu machen, heißt aber auch, einen Ort zu finden, an dem ich schreiben kann. Ich versuche mich dann aus dem Geschehen rauszuziehen, suche mir einen Ort, beginne dann, mir Notizen zu machen und plötzlich bin ich wieder mitten im Geschehen, weil Jugendliche hereinkommen. Die Toilette ist jedoch so ein Ort, an dem du ungestört ein paar Notizen machen kannst. Manchmal musst du sozusagen eine Legitimation haben, dich rauszuziehen und es muss relativ natürlich aussehen. In einem Jugendzentrum hatte ich ein Büro, das kaum genutzt wurde, in dem ich meine Notizen erstellen konnte. Das hat mir die Leiterin des Jugendzentrums wie selbstverständlich zugewiesen, was ich immer auch als Ausdruck ihres selbstverständlichen Umgangs nicht nur mit mir, sondern mit Beobachtung, Reflexion und Forschung angesehen habe.

DG: Ich hatte ähnliche Probleme beim Notizen erstellen wie ihr, die sich aber noch einmal dadurch verstärkt haben, dass die Einrichtung so klein war, dass es überhaupt keine Möglichkeit des Rückzuges gab, um ungestört Notizen machen zu können. Immer als erstes, wenn ich gekommen bin, die ersten Minuten, habe ich mich erst einmal auf die Begrüßungsszene konzentriert und bin dann auf Toilette gegangen, um das Beobachtete aufzuschreiben. Oft war es so, dass ich darüber hinaus kaum dazu gekommen bin, mir Notizen zu machen – wenn überhaupt nur Stichworte.

HS: Man kann auch nicht ständig auf Toilette gehen.

SK: Zumal ich das dort noch einmal schwieriger finde: Wenn man sich aus dem Geschehen rauszieht, hat es generell bereits einen Touch von Heimlichtuerei, der dann noch einmal verstärkt wird.

HS: Nein, das geht häufig nicht, sich vollkommen aus dem Geschehen rauszuziehen. Das Problem ist doch, dass du denkst, du verpasst in der Zeit zu viel. Gegen Ende der Teilnehmenden Beobachtungen, wenn du schon viel gesehen hast, verlierst du dieses Gefühl immer mehr, dann wurde es für mich relativ selbstverständlich. Wenn ich mich mit jemandem unterhalten oder Billard gespielt hatte, habe ich nicht gleich versucht, mit dem nächsten Jugendlichen ein Gespräch zu führen. Ich habe mich dann an die leere Theke des Jugendzentrums gesetzt und habe mir Notizen gemacht.

DG: Das war bei mir kaum möglich, was doch auch viel über das Feld aussagt. Ich war ständig in das Geschehen involviert: Wenn ich z. B. bei der Hausaufgabenbetreuung etwas notieren wollte, bin ich gleich wieder von den Kindern in das Angebot Hausaufgaben einbezogen worden: »Kannst du mir helfen?« Ich musste dann lernen, mich auf meine wenigen Schlagworte und meine Erinnerungen zu verlassen. Also ich habe in dieser kleinen Einrichtung nicht wirklich einen Platz zum Erstellen der Notizen gefunden oder ihn mir auch nicht angeeignet.

Wie werden die Notizen dicht?

SK: Ich habe da ähnliche Erfahrungen gemacht wie Diana. In einem Jugendzentrum war ich während des Aufschreibens im Büro unter ständiger Beobachtung. Mein Kopf war dann absolut leer. Ich hatte den Eindruck, ich kann gar nichts aufschreiben. Was ich dann notiert habe, konnte ich bei der Protokollerstellung später auch kaum gebrauchen.

PC: Du bist ständig mit dem Problem konfrontiert, wie du das, was du beobachtest, möglichst gut mit Hilfe deiner Notizen festhalten kannst. Dir qualmt ständig der Kopf und du hast das Gefühl, du müsstest möglichst oft und lang Notizen machen, sonst vergisst du alles wieder. Du denkst: »Ich weiß gar nicht, wie ich das alles erinnern soll«. Am liebsten möchtest du dann jeden Dialog, jede Situation möglichst genau mitschreiben, was natürlich deiner Rolle als Teilnehmender Beobachter widerspricht. Es entsteht dauernd dieser Druck, dich zurückzuziehen zu müssen, und gleichzeitig zu denken, es passiert jetzt etwas Wichtiges. Das hat mich immer veranlasst, meine Notizen schnell zu schreiben, so dass ich später einen kleinen Teil meiner Notizen gar nicht mehr lesen konnte. Ich habe mir meistens nur fünf bis zehn Minuten Stichwörter aufgeschrieben.

DG: Ja, du musst dann auch Mut zur Lücke entwickeln – selbst in Situationen, in denen du mehr oder weniger wortwörtlich mitgeschrieben hast, weil du dich direkt im Anschluss an die Situation zurückziehen konntest. An eine Situation kann ich mich erinnern, da habe ich mich zurückgezogen und konnte die Stimmen im Raum nebenan hören und mitprotokollieren. Das war interessant, da es zu einem Konflikt zwischen einer Ehrenamtlichen und einem Kind kam. So konnte ich aus der Distanz heraus ziemlich genau Notizen erstellen, ohne dass das Geschehen durch meine Anwesenheit gestört wurde.

HS: Du musst dir also auch immer die Frage stellen, inwieweit dein Notizbuch die beobachtete Situation verändert. Und du pendelst ständig zwischen der Entscheidung hin und her, möglichst viel in deinem Notizbuch festzuhalten oder möglichst häufig direkt in das Geschehen involviert zu sein.

PC: Der Mut zur Lücke erfordert auch ständige Entscheidungen darüber, welche beobachtete Situation ist jetzt wichtiger zu notieren. Wenn ich mich im Jugendzentrum im so genannten »Offenen Bereich« alleine an einen Tisch zurückgezogen habe, passierte es mir immer wieder, dass ich eigentlich das Erlebte aufschreiben will und von dem, was aktuell passiert, wieder eingefangen werde. Dann fange ich an, wie du das eben beschrieben hast, Diana, die Situation parallel mitzuschreiben – zum Nachteil der Notizen, die ich eigentlich schreiben wollte. Das kann ich dann aber auch nicht lange aushalten, weil genau dann habe ich das Gefühl, ich mache wieder etwas Geheimes oder etwas, das für die Feldteilnehmerinnen unangenehm ist

SK: Am Anfang waren wir zu zweit im Feld und haben uns Zeichen gegeben. Nach zwei oder zweieinhalb Stunden hatten wir einfach auch beide das Gefühl, wir sind voll, es geht nicht mehr, wir müssen Notizen machen. Das ist der Vorteil, wenn man zu zweit ins Feld geht: Wir haben dann teilweise mit gutem Gewissen eine halbe Stunde im Büro verbracht, weil wir jeweils wussten, es ist noch ein anderer Teilnehmender Beobachter da, ich muss keine Sorgen haben, dass ich jetzt Entscheidendes verpasse. Je mehr Ruhe ich hatte beim Aufschreiben der Notizen, desto mehr konnte ich später mit den Notizen anfangen, mehr als mit diesen groben Stichworten, die ich dann direkt im Feld ohne Rückzugsmöglichkeit gemacht habe. Aber auch die sind wichtig, auch wenn sie vordergründig eine geringere Qualität aufweisen. Sie liefen für die Protokollierung nützliche Hinweise.

PC: Notizen machen heißt häufig einfach nur, Stichworte aufschreiben, auch wenn du das Gefühl nicht los wirst, hochgradig selektiv zu sein. Dieses Gefühl stellt sich auch besonders am Anfang des Feldaufenthaltes ein. Da weiß ich noch nicht viel über das Feld und verstehe nicht, was die Leute untereinander oder mir erzählen. Sie erzählen einfach drauf los und ich verstehe überhaupt nichts, weil das Hintergrundwissen nicht gleich ist. Sie setzen voraus, dass ich das weiß, ohne zu merken, dass ich das gar nicht wissen kann. Genau das sagt sehr viel darüber aus, wie wenig ich zu diesem Zeitpunkt mit dem Feld vertraut bin und teilt mit, was ich noch alles in Erfahrung bringen muss. In diesem Sinne ist das Notizbuch eine Art Seismograph deiner Einsozialisation in das Feld.

HS: Die von dir erwähnte Selektivität stellt sich aber auch dadurch ein, dass du immer wieder Fixpunkte hast, Themen, die dich besonders interessieren, wie z. B. die Begrüßung. Du entwickelst beim Erstellen der Protokolle Rituale und Techniken, von denen du hoffst, dass sie ein Stück weit die Selektivität überwinden. Die Notizen, die du im Feld erstellst, werden doch dann auch von der Vorstellung geleitet, was in dem späteren Protokoll enthalten sein muss.

DG: Ja und genau das führt dazu, dass du bei den Beobachtungen und den Notizen zwischen einem eher offenen bzw. weiten Blick und einem engen Fokus hin- und herpendelst. Ich bin mit der Einstellung ins Feld gegangen, mich interessiert erst einmal alles. Mit dieser Einstellung fand ich es ganz interessant zu protokollieren, wie ich begrüßt werde. In dieser Situation ging es darum, die Aufmerksamkeit genau auf diese Situation zu lenken. Ich hatte da mein Ritual: Ankommen, Jacke ausziehen, beobachten, von wem ich begrüßt werde, was für Interaktionen es gibt, dann auf die Toilette gehen und aufschreiben. In anderen Situationen habe ich viele Details gar nicht mitbekommen, weil mein Fokus sehr breit war und es schwer war, ihn immer wieder eng zu machen.

PC: Ich denke, ein sinnvoller Umgang mit diesem Dilemma ist, den Fokus ständig zu verändern, mal breit und mal eng zu machen – zum einen auch das zu fokussieren, was dich im Feld irritiert und fremd erscheint. Wenn du aber nur diese Blickrichtung einnimmst, dann verlierst du schnell das Vertraute, das vermeintlich Bekannte aus dem Blick. Ein wichtiger Fokus ist dabei, genau zu beobachten und zu notieren, welche Position du in Relation zu den anderen Feldteilnehmerinnen und Feldteilnehmern im Feld erlangst. Wenn du dies rekonstruierst, erfährst du viel über die Struktur des Feldes, das du untersuchst.

2. Positionierungen im Feld

Der Eintritt ins Feld ist damit verbunden, dass Teilnehmende BeobachterInnen mit vielfachen Prozessen des Positionierens und Positioniert-Werdens konfrontiert werden. Während dieser Aushandlungen um die Position im Feld erfahren sie sehr viel über die Regeln und die Relevanzen des Feldes, von denen sie irritiert und herausgefordert werden.

Wie komme ich da rein?

SK: Mich würde interessieren: Wie bist du denn in die Mädcheneinrichtung »Lucy« reingekommen?

DG: Ich hatte da anfangs Bedenken, überhaupt einen Zugang zu erhalten. Zumal mir von mehreren Seiten geraten wurde, sehr vorsichtig einzusteigen und sehr sensibel zu sein. Es hat sich dann aber schon beim ersten Telefonat gezeigt, dass das gar nicht so dramatisch war, wie ich es mir ausgemalt hatte. Die Mitarbeiterin der Einrichtung betonte bereits am Telefon mehrmals, dass es kein Problem sei. Während der ersten Teamsitzung habe ich dann auch das Okay für mein Projekt bekommen. Es war dann so, dass sie sagten: »Klar kannst du das machen. Es ist toll, wenn es Interesse an Mädchenarbeit gibt, und daran, wie das hier funktioniert.« Ich hatte aber den Eindruck, sie wollten mir vermitteln: »Wenn du nicht mit den Mädchen klar kommst, dann kann es sein, dass du sofort raus bist«. Das hat meinen Feldaufenthalt stark geprägt, auch wenn ich schließlich drin geblieben bin.

HS: Das war dann also weniger eine Probe, ob du die richtige Einstellung mitbringst, sondern vielmehr ob du dich in der Praxis bewährst.

DG: Ja, mich hat dann auch die ganze Zeit das Wissen begleitet, ich muss einen positiven Kontakt zu den Mädchen haben. Das war für die Mitarbeiterinnen zentral und durfte mit meiner Rolle als Forscherin nicht in Konflikt kommen.

PC: Als ich deine Protokolle gelesen habe, dachte ich, dass es aber doch ein paar interne Regeln gab, in die du eingeführt wurdest, beispielsweise dass man in Zusammenhang mit den Besucherinnen nicht von Kindern, sondern von Mädchen spricht.

DG: Ja, genau, das Thema männliche Sprache wurde bereits beim ersten Telefonat von der Leiterin angesprochen. Es ging ihr darum, mir die männlichen Anteile der Sprache bewusst zu machen. Diesen Prozess zu aktivieren, dass es um »Jede« geht und nicht um »Jeden«. Das Reinkommen war für mich bereits sehr aufschlussreich und überraschend, weil ich meine ersten Erwartungen und Informationen revidieren konnte. Was mich aber interessiert: Wie habt Ihr, nachdem Ihr erst mal drin wart, Euren Platz im Feld gefunden?

Wer bin ich? – Positionieren und positioniert werden

HS: Die Frage finde ich sehr interessant: Wie man sich im Feld selber verortet, also wer und was man eigentlich ist. Beim Feldaufenthalt im Jugendzentrum fand ich das relativ leicht, da wir ja zu zweit im Feld waren – Peter als Projektverantwortlicher und ich als weiterer Feldforscher und dadurch wurde mir die doppelte Rolle als Praktikant und Feldforscher zugewiesen. Im Jugendzentrum ist die Rolle des Praktikanten bei den Jugendlichen ja auch bekannt. Und ich hatte das Gefühl, dass ich eine ganz andere Rolle hatte als Peter. Das habe ich z. B. daran gemerkt, dass der Sozialpädagoge mich anders angesprochen hat. Beim ersten Treffen zum Beispiel, als wir zusammen vor Ort waren, hat er Peter in die Küche mitgenommen und hat ihn über bestimmte Sachen informiert. Ich fand das ganz gut, weil ich dann bei den Jugendlichen war und dort gucken konnte. Als ich zum Beispiel in der Turnhalle beim Fliegerwettbewerb dabei war, hat mir der Sozialpädagoge das Mikro in die Hand gedrückt und gemeint, dass ich das jetzt mal moderieren sollte.

DG: Er hat dich instruiert?

HS: Er hat mich eingewiesen und nachher sogar gelobt. Ich hätte das gut gemacht. Ich fand dabei interessant, dass mir eine Position in der Einrichtung von dem Pädagogen zugewiesen wurde. Bei meinen Feldforschungen zu den Jesus Freaks war das ganz anders. Da gibt es die Rolle des Praktikanten nicht. Die sind alle genauso alt wie ich, teilweise sogar etwas jünger. Da wurde ich in der Rolle des Teilnehmers mit der Frage konfrontiert, ob ich auch christlich sei, ob ich christlich erzogen wurde und solche Sachen. Bei den Jesus Freaks war das so, dass die am Ende der Beobachtungszeit zu mir sagten: »Wenn du fertig geschrieben hast, dann komm doch einfach noch mal vorbei. Ist doch immer nett hier.« Ich weiß nicht, ob die Jugendlichen im Jugendzentrum Peter gesagt hätten, komm einfach noch mal zum Kickern vorbei.

Wie bin ich? Der beobachtete Beobachter

DG: Ich habe auch ähnliche Erfahrungen gemacht. Im Nachhinein wurde mir dabei deutlich, dass ich auch als Beobachterin ständig beobachtet werde. Ging das Euch auch so?

SK: Ja, das kenne ich gut, z. B. wurde mir nach meiner ersten Woche im Jugendhaus gesagt: »Du, ich wollt dir noch sagen, hast dich aber gut gehalten diese Woche.« Da war ich das erste Mal völlig perplex. Aber das war ein interessantes Kriterium, was in diesem Jugendhaus galt: Man muss gegenüber diesen Kindern und Jugendlichen »bestehen«, wenn sie Dich ausprobieren. Florian Eßer, der mit mir in Vehringen im Feld war – also einer Kindereinrichtung – wurde gesagt, er sei bei den Kindern gut angekommen. Hier galt ein ganz anderes Kriterium: Nicht Standhaftigkeit, sondern Attraktivität spielte eine wesentliche Rolle. Das ist so ein Punkt, an dem man sieht, ob man von den Jugendlichen und MitarbeiterInnen im Feld akzeptiert wird. Gleichzeitig sagt es aber auch sehr viel über das Feld aus, weil man erfährt, welches Maß hier angelegt wird.

DG: Das ist aber auch ein gewisser Druck, den es auszuhalten gilt: Denn ich weiß nach jedem Feldaufenthalt, ich gehe wieder dahin und da muss ich absolut fit sein. Da habe ich das Gefühl, ich muss mich vorbereiten, ich muss meinen Kopf relativ frei haben, muss entspannt sein. Solche Sachen gehen mir im Vorfeld durch den Kopf und das liegt natürlich auch daran, dass ich weiß, jemand beobachtet mich, ob ich mich in der Praxis bewähre. Diese Frage stelle ich mir dann auch selber. Das empfinde ich zum Teil auch als einen gewissen Druck, dem ich standhalten muss und trotzdem soll das nicht nach außen durchscheinen, dass ich auch nervös bin.

PC: Das geht mir auch häufig so. Insbesondere bei den ersten Beobachtungstagen. Ich versuche das nicht zu verbergen, sondern auch transparent zu machen, dass das für mich auch aufregend bzw. spannend ist. Und ich habe auch die Erfahrung gemacht, dass es häufig wenig nutzt darauf zu verweisen, dass man bereits häufiger mit Jugendlichen zu tun gehabt hat. Meist kommt dann doch wieder die Antwort: »Da müssen wir gucken, wie du mit den Jugendlichen klar kommst.«

Was denkst du (über uns)? Versuche Bewertungen hervorzulocken

HS: Auf der anderen Seite ist es ja auch so, dass wir die Feldteilnehmer beurteilen und die PädagogInnen sehr schnell wissen wollen, was wir von ihnen halten. Sie sind ja diejenigen, die beobachtet werden und wollen natürlich auch, dass wir eine gute Meinung von ihnen haben. Aber wie geht ihr damit um, wenn die PädagogInnen oder die Jugendlichen euch so was fragen?

PC: Das ist schwierig. Das passiert einem ständig. Auch beim letzten Feldaufenthalt wurde ich bspw. von einem Mitarbeiter gefragt: »Wie findest du das denn, dass den Kindern hier Süßigkeiten ausgeteilt werden? Was sagst du denn jetzt zu der Einrichtung?« Ich empfinde das als eine ganz schwierige Situation. Meist laviere ich mich irgendwie um eine klare Antwort herum. Das Problem ist: Indem man bewertet, positioniert man sich auch im Feld. Man nimmt damit diese Rolle an, die man gar nicht haben will. Das passt dann einfach nicht zu der methodischen Grundhaltung, eine neutrale Position beizubehalten. Aber das gehört zum Alltag des Beobachtens, sich mit seiner Bewertung als Forscher sichtbar zu machen.

SK: Das ist aber auch ein spezifischer Ausdruck des pädagogischen Feldes. Das fand ich bei Honig und Neumann (vgl. 2004) sehr aufschlussreich, die darauf hinwiesen, dass es im pädagogischen Feld permanent Diskurse darüber gibt, was pädagogisch gut oder schlecht ist. Und damit werden wir dann auch konfrontiert, indem wir etwas als gut oder schlecht beurteilen sollen. Das adressiert uns als PädagogInnen und ist vielleicht auch ein Versuch, dich als Pädagogen in den Diskurs einzubeziehen Das ist, denke ich mir, bei den Jesus Freaks anders. Die fra-

gen vielleicht auch danach, wie du es hier findest, aber nicht vor dem
Hintergrund, ob es gelungen ist.

HS: Ja, die haben auf einer anderen Ebene gefragt und wollten darüber heraus bekommen, ob ich noch einmal wiederkomme.

Wer bist Du? – Herausforderungen von Seiten der Jugendlichen und
der PädagogInnen

DG: Ja, das kann ich mir gut vorstellen. Die wollen ja auch wissen, mit
wem sie es zu tun haben. Als Ethnografin fühle ich mich auch häufig
herausgefordert, Stellung zu beziehen, manchmal scheint es mir so, als
fordern die PädagogInnen und Jugendlichen das geradezu ein.

HS: Das können manchmal auch so indirekte Aufforderungen sein. Ich erinnere mich da an eine Situation, in der ein Pädagoge sehr flapsig immer wieder über bestimmte Personen gesprochen hat. Wenn das eine
Alltagssituation gewesen wäre, dann hätte das auch ein Spiel mit einer
flapsigen Rückantwort werden können. Das wollte ich da aber nicht.
Ich wollte mich an dieser Stelle eher raushalten.

PC: Ich denke, als Teilnehmender Beobachter steht man ständig vor der
Entscheidung, ob man sozusagen »mitgeht« oder in dieser Beobachter-
position verharrt und versucht neutral zu bleiben. Aber es wird andererseits klar eingefordert: Du bist eine Person, die sich in ein bestimmtes Feld begibt und eine Position einzunehmen hat.

DG: Zum Beispiel wenn Jugendliche dann offensiv fragen: »Hast du schon
mal gekifft?«

PC: Oder wenn dich Professionelle herausfordern: Zum Beispiel hat mir
einer während eines Feldaufenthaltes gesagt, dass er von diesen ganzen
Begleitforschungsprojekten in der Jugendberufshilfe gar nichts wissen
will, weil die alle keine Ahnung hätten. Mein erster Gedanke war, er
macht sich über mich als Wissenschaftler lustig.

DG: Und? Wie hast du reagiert?

PC: Ich habe gar nichts gesagt und ihm nur zugehört. Ich habe keine Diskussion angefangen.

HS: Die Frage: »Hast du schon mal gekifft« und andere muss man m. E.
auch nicht beantworten. Im Alltag würde ich vieles auch nicht verra-
ten. Warum sollte man das dann im Feld?

PC: Vielleicht weil ich als Forscher erhoffe, dass die Jugendlichen und
MitarbeiterInnen meine Fragen auch beantworten und ich auf sie angewiesen bin?

DG: Andererseits haben sie selbstverständlich ja auch das Recht Nein zu
sagen und machen das auch sehr selbstverständlich.

PC: Die Herausforderungen führen einen manchmal dennoch in ein Dilemma. Einmal habe ich mit Mädchen Fußball gespielt, obwohl ich das
wegen meines kaputten Knies nicht so gut kann. Ein Mädchen ist dann
auf mich zugegangen und hat versucht mich zu necken: »Du kannst ja

gar nicht Fußball spielen«. Lasse ich das also mit mir geschehen, riskiere damit aber, dass der Kontakt zu den Jugendlichen schwierig wird oder reagiere ich als Pädagoge? Was mache ich, wenn vor mir ein Jugendlicher einen Tischtennisball zertritt? Bin ich jetzt der Forscher, der sich zurückzieht und das einfach beobachtet? Oder reagiere ich?

Wann bin ich drin? – Zwischen Drinnen und Draußen

DG: Mich würde jetzt aber noch Folgendes interessieren. Hattet ihr denn irgendwann das Gefühl drin zu sein, so in der Form: Jetzt habe ich da meinen Platz und meine Rolle als Ethnografin gefunden. Oder bewegt man sich immer in diesem Grenzbereich zwischen Forscherin und Teilnehmender Beobachterin, zwischen Pädagogin und einer guten Bekannten von Jugendlichen. Oder kennt ihr auch dieses Gefühl, an einem Tag drin und am nächsten schon wieder raus zu sein?

HS: Als ich bei den Jesusfreaks war, war das bei bestimmten Veranstaltungen gar kein Problem, weil die für alle offen waren. Also man durfte halt kommen und ich konnte mich auch mit jedem unterhalten. Aber so zu bestimmten Dingen einen Zugang zu bekommen, das war immer schwierig und das war immer ein Aushandlungsprozess. Das war zum Teil auch von der Situation und von den beteiligten Personen abhängig, die auch von Woche zu Woche gewechselt haben. Und zu manchen Personen hatte ich vorher bereits Kontakt aufgenommen, die mir dann auch ein bisschen die Tür offen gehalten haben. Da konnte ich auch noch einmal auf einer mittleren Ebene nachfragen: Das und das habe ich nicht verstanden, kannst du mir das erklären? Bei anderen habe ich mich das nicht getraut.

PC: Ich finde, es gibt manchmal ein fast schon körperliches und psychisches Gefühl von »Drinsein«. Das ist aber nie kontinuierlich vorhanden, sondern das wird immer wieder unterbrochen. Das entsteht, wenn ich wie selbstverständlich mich in den Räumen bewegen kann, ich wie selbstverständlich die Jugendlichen ansprechen und mit den MitarbeiterInnen reden kann, ohne dass im Hinterkopf so ein Film abläuft und ich mir permanent überlege: »Wie mach ich das denn jetzt hier? Wie spreche ich den an?« Zum Teil erkenne ich das auch daran, dass dann plötzlich die MitarbeiterInnen privat werden und was Privates erzählen oder mit mir scherzen oder die Jugendlichen mich nicht mehr doof angucken, wenn ich sie anspreche, sondern die durch den Raum rufen: »Hey, Peter spiel mal mit mir Billard«. Das kann in der nächsten Situation aber wieder weg sein.

SK: Ja, ich find das auch nicht eindeutig. Es kippt immer wieder. Zum Beispiel hatte ich in einer Einrichtung auch das Gefühl, dass ich eine ganz gute Position gefunden habe und akzeptiert war. Aber gerade weil es da so positiv lief, wurde es dann schwierig, weil ich immer stärker in die Spiele der Kinder mit einbezogen wurde und auch von den Kindern als Pädagoge ausgetestet wurde. In so einer Situation stand ich dann in einem ähnlichen Dilemma, wie es Peter vorher angesprochen hat. Zwei Kinder haben sich aus Spaß immer wieder gekloppt und auch andere Kinder da mit einbezogen. Die Regel lautet aber: Keine Schläge! Sollte ich jetzt intervenieren oder laufen lassen? Ich habe darauf reagiert und versucht das zu klären, was nicht so einfach war. Das hat dann aber wiederum dazu geführt, dass mich eine andere Honorarkraft darauf ansprach, in welcher Rolle ich denn jetzt hier tätig wäre. Das kann also in der Tat sehr schnell kippen, weil eben auch die Rolle des teilnehmenden Beobachters spannungsvoll ist.

3. FeldforscherInnenrolle und FeldteilnehmerInnen

Wie FeldforscherInnen den FeldteilnehmerInnen begegnen, stellt eine besondere Herausforderung dar, die auf beiden Seiten zu Irritationen führen kann. In diesem Zusammenhang ergeben sich spezifische Probleme des Zugangs bei einer Ethnografie in pädagogischen Einrichtungen im Unterschied zu Feldforschungen in anderen Forschungsfeldern. Dies wird z. B. daran deutlich, dass FeldforscherInnen als TeilnehmerInnen im Feld nicht nur die Erwachsenenrolle, sondern partiell auch die PädagogInnenrolle einnehmen. PädagogInnen jedoch fühlen sich in diesem Feld stets herausgefordert zu intervenieren und FeldforscherInnen sind somit mit dieser Interventionsorientierung konfrontiert.

Wie stelle ich den ersten Kontakt zu Jugendlichen und Kindern her?

PC: Stefan hat ja gerade von seinen Kontakten zu den Kindern erzählt. Wie war es denn generell für euch, Kontakt zu den FeldteilnehmerInnen zu bekommen?

HS: Ich erinnere mich daran, dass ich am Anfang meines Feldaufenthaltes nicht nur beim Protokollieren ganz stark unsicher war, sondern insbesondere auch dabei, den ersten Kontakt zu den Jugendlichen herzustellen. Der Kontakt zu dem dortigen Mitarbeiter war ganz schnell da, weil dieser eine bestimmte Rolle hat, weil ich eine bestimmte Rolle habe und wir beide voneinander wussten. Peter hat den Kontakt zu Jugendlichen recht schnell hergestellt, ist auf sie zugegangen und hat gesagt, was er macht und er hat gefragt: »Wie ist dein Name?« Er hat das erfragt, wofür er sich allgemein interessiert. Ich hatte dann so das Problem, quasi für mich das Gleiche noch einmal zu machen. Das lag vor allem daran, dass Peter und ich zusammen im Feld waren. Aber ich glaube, selbst wenn man alleine ins Feld geht, sind das Problem vor allen Dingen die Jugendlichen, die eigentlich zum Spielen dorthin kommen, mit Themen »vollzuquatschen«, die sie vielleicht gar nicht interessieren. Da besteht dann die Angst, abgelehnt zu werden.

DG: Aber war das nicht bei den Kontakten zu den Kindern anders?

PC: Ja, du hast recht. Den ersten Kontakt herzustellen ist noch ein bisschen anders, wenn es Kinder sind. Da kann man sich wie selbstverständlich dazusetzen. Kinder fragen auch unverfroren: »Wer bist du denn?«

DG: Dann ist es davon abhängig, ob in der Einrichtung häufig PraktikantInnen wechseln. Dann können die Kinder und Jugendlichen selbstverständlicher mit Fremden umgehen. Aber im Unterschied zu Jugendlichen interessiert es Kinder nicht so sehr, ob du ein Forschungsprojekt machst. Es interessiert sie mehr, wenn du mit ihnen spielst.

Welche Probleme gibt es dabei, den Kontakt herzustellen?

SK: Aber das funktioniert doch nicht immer so einfach, oder?

PC: Gerade am Anfang gibt es zum Beispiel Situationen wie diese: Du sitzt bei den Kindern und sie wollen nichts mit dir zu tun haben. Du sitzt daneben und niemand beachtet dich. Wenn du bei der Hausaufgabenbetreuung dabei bist, ist das natürlich ideal. Da wirst du automatisch von den Kindern eingebunden. Wenn dann aber irgendwann die Hausaufgaben fertig sind und die offene Arbeit beginnt, jedes Kind etwas spielt und alle ihre Routinen haben, wie beispielsweise zu ihren FreundInnen zu gehen und so weiter: Was machst du dann? Wo gehst du hin? Du möchtest nicht einfach irgendwo herumstehen, weil Menschen, die das machen, in der Regel unangenehm auffallen. Also gehst du irgendwo hin und fragst: »Kann ich mich dazu setzen?« Du fragst: »Wie heißt du denn?« Sie antworten dir oder auch nicht und du sitzt daneben. Sie quatschen weiter und vermitteln dir: »Eigentlich haben wir keine Zeit für dich«. Du kannst dann sagen: »Ach, ihr quatscht gerade, dann störe ich euch mal nicht«. Oder du hältst es aus und bleibst da einfach bei ihnen sitzen.

HS: In der Rückschau betrachtet gab es ganz viele Sachen, über die ich sagen konnte, dass es ein Prozess war, bevor ich mich getraut habe, Fragen zu stellen, wie z. B.: »Wie bist du eigentlich hierhin gekommen?« Oder auch einmal andere Fragen zu stellen, wie z.B. narrative Fragen, die ja nicht ganz alltäglich sind. Am Anfang ging dies überhaupt nicht. Schwierig war es zu Beginn außerdem, auch mal auszuhalten, bei bestimmten Situationen dabei zu sein. Dann habe ich überlegt: »Gehe ich jetzt weg oder gehe ich nicht weg? Ist die Situation gerade zu privat oder nicht?« Es gab aber andere Situationen, in denen ich mir gesagt habe: »Okay, das geht für mich nicht mehr« und ich bin dann aus der Situation herausgegangen.

PC: Dazu passt, was auch im Jugendzentrum Café Kult sehr wichtig war. Ich habe dort gemerkt, bildhaft gesprochen, dass ich irgendwie an dem dort beschäftigten Mitarbeiter geklebt habe und es für mich schwierig war, sich von ihm zu lösen und sich einfach zu den Jugendlichen zu setzen. Ich denke, als Ethnograf und Erwachsener bewegst du dich immer wieder auf der Seite der MitarbeiterInnen. Du hast das im Blick, was diese tun und nicht, was die Jugendlichen tun. Du folgst weniger den Jugendlichen und bekommst dann auch weniger Kontakt zu ihnen.

SK: Wir haben uns zum Beispiel überlegt, ob wir einem Jugendlichen folgen, ob wir das überhaupt machen können. Ich hatte nicht das Gefühl, dass ich einem Jugendlichen hätte folgen können. Stell dir das mal vor, das wäre meiner Ansicht nach grenzüberschreitend, wenn ich als Erwachsener hinter den Jugendlichen hergehe, ihnen folgen würde, auch wenn ich es vorher ausgemacht hätte. Die Frage ist auch: »Wie will ich das überhaupt absprechen?«

HS: Ich hätte mir gut vorstellen können, zu einem bestimmten Jugendlichen zu sagen: »Du Köllmer, das testen wir mal«. Dieser hätte mich sicher den ganzen Tag mitgenommen. Er ist auch so zu mir gekommen und hat zum Beispiel gesagt: »Du spielst jetzt mit mir Billard und danach Kicker.« Er hätte mich jedoch vermutlich sehr vereinnahmt. Bei anderen Jugendlichen wäre es schwieriger gewesen, mit ihnen eine längere Zeit mitzugehen.

SK: Okay, das hieße dann aber, dass du dich mit einem Jugendlichen in der Rolle eines Erwachsenen, der mit einem Kind spielt, beschäftigen würdest. Das erinnert mich daran, dass im Jugendzentrum Zitrone sich doch buchstäblich ein Kind an Peter herangehängt hat. In einem anderen Jugendzentrum hätte ich mich auch stundenlang mit einem bestimmten Jungen beschäftigen können, hätte dann aber nichts anderes mehr beobachten können. Aber das geht doch nicht bei Jugendlichen, die nicht viel mit dir zu tun haben wollen.

PC: Das hängt sehr stark damit zusammen, dass die Jugendlichen und Kinder uns auf der Seite der PädagogInnen verorten. In manchen Situationen bist du dann auch tatsächlich gezwungen, als Pädagoge zu reagieren. Man kann sich nicht immer vollkommen herausziehen. Wenn man als Jugendforscher zum Beispiel mit den Jugendlichen mitgeht, dann ist die Rolle klarer definiert, dann wäre es etwas anderes, wenn man dann mit ihnen ein Jugendzentrum aufsucht. Die eigene Rolle wäre eine andere, weil man einen anderen Forschungsblick hat.

DG: Also scheint es doch so, wenn du als ForscherIn von Anfang an auch TeilnehmerIn des pädagogischen Feldes wirst, dann legt dir das pädagogische Feld eine bestimmte Perspektive sehr nahe.

SK: In dem Projekt zur »Performanz der Kinder- und Jugendarbeit« wollten wir uns nicht auf das pädagogische Handeln der MitarbeiterInnen konzentrieren, sondern wollten immer auch die Jugendlichen in den Blick nehmen. In der Praxis hat sich doch gezeigt, dass es doch einige Mühen bereitet, sich von der PädagogInnenperspektive auch zu lösen.

PädagogIn und ForscherIn zugleich? Zu Mehrfachrolle von
EthnografInnen in pädagogischen Feldern

HS: Meint ihr auch, dass ihr als EthnografInnen in pädagogischen Feldern immer auch eine Erwachsenenperspektive einnehmt, die daran geknüpft ist, dass du als PädagogIn ausgebildet bist und von den Jugendlichen und Kindern als solche/r erkannt wirst?

PC: Häufig ist es so, dass du gar nicht anders kannst, als dich als Erwachsener zu verhalten. Wenn du tatsächlich mit den Kindern spielst, dann spielst du doch nicht als Kind mit ihnen. Du begibst dich irgendwie in diese Kinderrolle hinein, letztendlich steuerst du aber so ein wenig das Spiel. Wie ist das denn zum Beispiel? Wenn ein Kind während eines Spiels aussetzt und vergisst, dass es dran ist, wie das ja häufig bei Kindern ist, dann sag ich automatisch:»Hey! Mach doch mal weiter«.

SK: Eine Situation am Spieltisch ist beispielsweise die folgende gewesen: Ein Junge schummelt beim Spiel mit anderen Jungen und mir. Dieser Junge schummelt, um mich zu testen, wie weit ich sein Schummeln zulasse. Ich habe es einmal zugelassen und er hat danach immer weiter geschummelt. Das Spiel macht dann natürlich keinen Spaß, weder ihm, noch mir, noch den anderen, die mitgespielt und erwartet haben, dass ich dafür sorge, dass dieser Junge nicht schummelt. Wie und in welcher Rolle gehe ich damit um? In dieser Situation habe ich schließlich danach versucht zu erreichen, dass er nicht weiter schummelt.

HS: Ich denke, dass wir irgendwie als ForscherInnen so eine Art Abstinenz gefunden haben. Damit meine ich, dass wir ein Problem damit haben, in solchen Situationen intervenierend zu agieren.

PC: Ich bin da etwas anderer Meinung. Wenn ich zum Beispiel in die Situation einer Ballübergabe eingebunden werde, ein Kind den Ball nimmt und dafür einen Pfand geben muss, diesen jedoch nicht gibt, dann kann ich in dieser Situation nicht abstinent sein. Ich muss zum Kind sagen:»Hey, gib mir den Pfand«. Wenn dieses Kind mir daraufhin seine Mütze gibt, dann kann ich ebenso nicht abstinent sein und von vornherein denken, dass die Mütze als Pfand in Ordnung ist, sondern ich muss mich erst einmal mit den Regeln des Feldes vertraut machen, diese kennen lernen. Ich frage schließlich die MitarbeiterInnen, ob die Mütze als Pfand ausreichend ist und manövriere mich auf diesem Wege unweigerlich auf die Seite der PädagogInnen. Aber es gibt manchmal Situationen, in denen ich das anders handhabe und zu den Kindern oder Jugendlichen sage:»Nein. Ich weiß es nicht, ich habe keine Ahnung. Ich bin hier erst seit zwei Tagen. Geh mal zu Mitarbeiterin Nadja und sprich sie bitte daraufhin an«.

HS: Genau, das kenne ich auch. In solchen Situationen habe ich immer das Gefühl, dass es jetzt gut ist, in der Rolle als Pädagoge zu sein. Gleichzeitig frage ich mich dennoch, wie ich wieder aus dieser pädagogischen Rolle herauskommen kann. Was ich mit der Begrifflichkeit pädagogischer Abstinenz zu sagen versuche, ist, dass meiner Ansicht nach für den Feldforscher/die Feldforscherin ein Gebot der Abstinenz besteht, was meint, eben nicht zu sehr pädagogisch zu intervenieren. Wenn man in Situationen pädagogisch interveniert, dann lernt man – indem man sich eine solches Abstinenzgebot bewusst macht kurzfristig aus solchen Situationen hinauszugehen oder bestimmte Sachen wieder abzugeben, indem man beispielsweise sagt: »Da habe ich keine Ahnung. Da musst du den und den fragen« – selbst wenn ich weiß, wie es zu handhaben wäre. Wenn ich wirklich als Praktikant angestellt wäre, dann würde ich sicher sagen: »Wir machen das jetzt so und so. Ich weiß nicht, wie der Pädagoge/die Pädagogin das machen würde, aber wir treffen nun gemeinsam die Vereinbarung«. Dagegen darfst du als FeldforscherIn sagen, dass du kein Praktikant bist, sondern teilnehmende Beobachtungen durchführst. Da habe ich die Möglichkeit zu sagen: »Keine Ahnung, da musst du warten, bis die Sozialpädagogin wiederkommt«.

PC: In manchen Situationen ist es ganz schwer auszuhalten, nicht pädagogisch aktiv zu werden. Ich habe dann das Gefühl, ich muss jetzt etwas machen, ich muss jetzt irgendwie intervenieren bzw. reagieren. Dennoch weiß ich, wenn ich diesem Gefühl jetzt nachgebe und pädagogisch agiere, dann verbaue ich mir die Chance mitzubekommen, wann und wie denn die MitarbeiterIn darauf reagieren würde.

SK: Ja. Ich könnte mir auch vorstellen, dass die PädagogInnen davon ausgehen, dass du da jetzt womöglich intervenieren wirst.

PC: Richtig und interessant ist dabei, dass diese zuweilen dasitzen und abwartend beobachten, wie ich in der Situation handle.

Gibt es spezifische Probleme des Zugangs bei einer Ethnografie in pädagogischen Einrichtungen?

PC: Meint ihr, das ist in anderen Feldern ähnlich?

HS: Das ist wohl ein Spezifikum von Ethnografie in pädagogischen Feldern. Ich habe gerade überlegt, ob es den Drang, intervenieren zu wollen, auch bei meinen Forschungen zu den Jesus Freaks gibt.

SK: Das liegt an der Interventionsorientierung der Pädagogik. Ein Pädagoge fühlt sich immer herausgefordert, zu intervenieren: Er muss da etwas machen, es ist sein Job. Ich erinnere mich gerade an eine Situation, von der mir Florian Esser berichtet hat. Das war eigentlich interessant: Florian Esser war in einer Kreativwerkstatt und wollte dort einen Mitarbeiter beobachten. Er hat sich zu ihm gestellt und plötzlich war der Pädagoge weg, weil die interne Regel dort lautet: Jeder Mitarbeiter hat nur ein Kind, das er betreut. Das liegt auch daran, dass man dort arbeitsteilig vorgeht. Es gibt dann Teamaufteilungen und wenn ein Mitarbeiter etwas sagt, dann gilt das auch. Das pädagogische Feld ist von internen Regeln gekennzeichnet, die ebenso für den Beobachter gelten.

HS: Hätte ein Soziologe in dieser Einrichtung das gleiche Problem?

DG: Drängt sich den FeldforscherInnen die eigene professionelle Perspektive als SoziologIn oder PädagogIn auf? Oder steht hier nicht vielmehr der Generationenunterschied im Vordergrund?

PC: Der Generationenunterschied ist hier unausweichlich vorhanden, damit ist doch auch der Soziologe als Forscher in einer Familie konfrontiert. Er wird von den Kinder gefordert. Die Kinder fangen an, ihn zu testen und albern mit ihm herum. Sie wollen wissen, wie er reagiert. Er reagiert als Erwachsener und nicht als Pädagoge. Sobald er sich in ein pädagogisches Feld begibt, wird an ihn potentiell die Rolle des Pädagogen herangetragen, egal welcher Profession er angehört. Umso mehr er die Rolle des Pädagogen annimmt und diese ihm zugebilligt wird, desto eher sieht er sich damit konfrontiert, intervenieren zu müssen.

4. Der Einritt ins Feld und ethische Bedenken

Unsicherheiten entstehen im Feld auf mehrfache Weise und in vielfacher Hinsicht. Eine besondere Form der Unsicherheit stellen ethische Bedenken dar. Die Frage danach, was unter ethischen Gesichtspunkten noch akzeptabel ist, stellt sich insbesondere dadurch, dass aus dem Alltag gewohnte und im Feld vorhandene Regeln des guten und richtigen Handelns berührt und tendenziell angefragt werden müssen. Dies beginnt bereits damit, dass die FeldteilnehmerInnen dem Prozess der Feldforschung zwar einwilligen, dies jedoch unter der Voraussetzung tun, den gesamten Forschungsprozess nicht überblicken zu können. Weiterhin gelangen FeldforscherInnen, durch die Beobachtung des Alltags der FeldteilnehmerInnen in die Privatsphäre dieser. Durch die genaue Beobachtung des Alltags erlangen ForscherInnen Wissen über die TeilnehmerInnen im Forschungsfeld, während die FeldteilnehmerInnen hingegen nur wenig über die ForscherInnen erfahren.

Bin ich ein »Gaffer«? Die Beobachtung des Alltags als potentiell unmoralisches Handeln

PC: Ihr habt doch schon einige Stichworte zum Thema ethische Bedenken gesagt. Erzählt doch mal, wie ihr diese Bedenken erlebt habt.

DG: Besonders am Anfang des Feldaufenthaltes in der Mädcheneinrichtung hatte ich starke ethische Bedenken. Sie bezogen sich insbesondere darauf, dass ich in etwas eindringe und versuche es ganz genau zu beobachten und sogar zu protokollieren. Natürlich haben die Pädagoginnen meinem Anliegen zugestimmt und die Kinder waren darüber unterrichtet, was ich mache, aber dennoch können sie nicht wirklich einschätzen, was ich mir alles merke, was mich genau interessiert. Sie wissen nicht, dass ich das alles protokolliere, jede Bemerkung sozusagen. Erst im Laufe der Beobachtungen in den Einrichtungen hat sich das dann relativiert.

SK: Die Form von ethischen Bedenken, die du jetzt gerade angesprochen hast, ist vielleicht die grundsätzliche Frage danach, ob man den Alltag von Menschen so extensiv beobachten darf.

PC: Das Problem entsteht auch dadurch, dass man vieles von den Personen im Feld erfährt. Teilweise erfährt man auch Privates, schließlich ist man auch zu dem Zweck der Erforschung des Alltags im Feld. Dadurch entsteht jedoch ein ungleich verteiltes Wissen. Während wir als FeldforscherInnen viel über die FeldteilnehmerInnen wissen, wissen diese nur wenig von uns. Wir nehmen uns teilweise sogar das Recht heraus, die PädagogInnen zu fragen, warum sie Dinge so tun, wie sie diese tun, zugleich verwehren wir ihnen aber, das Gleiche wie wir zu machen und oder reagieren eher ausweichend und versuchen uns nicht zu stark zu positionieren. Ich versuche dann an gewissen Stellen mich auch als Mensch zu zeigen, so dass die FeldteilnehmerInnen, die mir viel von sich erzählt haben, auch etwas von mir wissen. Das stellt natürlich keine Gleichheit her, aber ich versuche damit zumindest im Ansatz Reziprozität zu wahren.

HS: Ich frage mich jedoch, ob es wirklich ein Problem der Reziprozität und des ungleich verteilten Wissens ist, dass diese Bedenken kommen, schließlich ist es gar nicht so unüblich, dass die Reziprozität nicht gewährleistet ist. Eine Therapeutin zum Beispiel würde auch nie so viel über sich Preis geben, wie sie es von ihren KlientInnen verlangt. Hier würde ich sagen, dass ein allgemein erwartbarer Umgang mit diesem Wissen gefunden wurde.

DG: Du meinst, dass das potentiell ethische Problem bei der Therapeutin über kodifizierte und eingeübte Vereinbarungen geregelt ist, während die Rolle von ForscherInnen nicht so klar festgelegt ist.

Nach welchen Regeln muss ich handeln? Ethische Bedenken als Resultat der Konfrontation mit den internen Regeln des Feldes

HS: In Bezug auf ethische Bedenken erinnere ich mich insbesondere an die Jesus-Freaks, denn da fragte ich mich oft, ob mein Handeln in Ordnung ist. Es gab dort zum Beispiel einen Raum, in dem ich aus diesem Grund nie gewesen bin. Ich hatte das Gefühl, dass er als Rückzugsraum für private Gespräche dient. Dadurch, dass die öffentlichen Gottesdienste bereits durch eine hohe Intimität gekennzeichnet waren, hatte ich das Gefühl, dass ich dort nicht hineingehen kann. Bereits in den Gottesdiensten gab es immer wieder Situationen, die für mich schwierig waren. Es gab zum Beispiel ein Ritual, in dem TeilnehmerInnen an bestimmten Stellen des Gottesdienstes quasi gebeichtet haben. Sie sind aufgestanden und haben vor der Gruppe einen privaten Dialog mit Jesus inszeniert. Die Rahmung insgesamt war sehr persönlich und ich konnte auf dieser persönlichen Ebene nicht immer aktiv agieren.

SK: Das ist noch einmal eine andere Ebene von ethischen Bedenken als die, die wir gerade angesprochen haben. Diese Bedenken entstehen auch dadurch, dass man mit den Regeln und Anforderungen des Feldes konfrontiert wird. Zum Beispiel die Frage, was man in der Situation tut, wenn alle beichten und du beichtest nicht. Verstößt man dann nicht gegen die interne ethische Regel zu beichten?

HS: Ja, genau das war ein Problem. Es haben dort zwar nicht alle gebeichtet, eher sogar nur bestimmte Mitglieder der Gruppe. Ich konnte als Feldforscher also zu denen gehören, die nicht gebeichtet haben. Insofern konnte ich mich durchaus regelkonform verhalten, aber es war ein Problem für mich, dass ich im Gegensatz zu allen anderen mit dem Anliegen gekommen bin, etwas über die Gruppe zu erfahren. Ich hatte zu keiner Sekunde die Absicht, dort persönliche Dinge von mir preiszugeben und mich vor der Gruppe oder spirituell zu offenbaren. Dies zeigte sich für mich auch in einer anderen Situation, in der während des Gottesdienstes, der als »Abhängabend mit Jesus« bezeichnet wurde, das Abendmahl abgehalten wurde. Dabei wurde Brot gebrochen und dann zusammen mit Wein von Person zu Person durch den Raum gereicht. Beim Weiterreichen sagte man dann zum nächsten »der Leib Christi«. Für mich war das eine ganz schwierige Situation, da das gemeinsame Abendmahl symbolisch hoch aufgeladen und als Bekenntnis zum gemeinsamen Glauben an Jesus gebunden war. Diesen Glauben teilte ich nicht und zugleich hatte ich das Gefühl, dass ich der internen Regel nachkommen muss, sich gemeinsam zum Glauben zu bekennen.

SK: Ich war neulich zum ersten Mal in einem bestimmten Jugendzentrum und beim Vertrautmachen mit den Räumen habe ich gemerkt, dass der offene Bereich fast ausschließlich von den Jugendlichen besetzt war und die PädagogInnen nur zu bestimmten Anlässen da rein gegangen sind. Ich habe allerdings längere Zeit im offenen Bereich ohne bestimmten Anlass beobachtet und das war für die Jugendlichen komisch und für mich auch. Da waren dann die ethischen Bedenken präsenter als sonst, wenn man seine Position gefunden hat. Das ist vielleicht auch noch mal ein Beispiel wie ethische Bedenken aufgrund der Konfrontation mit den internen Regeln des Feldes entstehen. Aber das ist vielleicht auch ein guter Hinweis darauf, dass man noch so etwas wie Beziehungsarbeit mit den FeldteilnehmerInnen zu leisten hat.

PC: Ja, das ist ein wichtiger Hinweis. Weil man als Forscher neben den Regeln des Feldes noch anderen Regeln folgt, muss man für sich immer wieder austarieren, wie weit man jetzt geht. Auch weil man, so wie Diana das schon gesagt hat, potentiell in Privatsphären eindringt.

Es gab da jetzt zum Beispiel eine Szene in einem Jugendzentrum, wo zwei Mädchen mit der Mitarbeiterin zusammen saßen und ich das gerne mitbekommen hätte, worüber die dort reden. Aber ich hatte sofort das Gefühl, dass ich dort nicht hingehen kann, da es eine intime Situation ist. Später erzählte mir dann die Mitarbeiterin, als wir uns über die Mädchen kurz ausgetauscht haben, dass es irgendwie ganz komisch sei, wenn da plötzlich ein Mann ist. Da die Mädchen in dem Alter mit Männern nichts zu tun haben wollen, wäre es problematisch gewesen, wenn ich in der Situation hinzu gestoßen wäre. Insofern kann man die ethischen Bedenken vielleicht auch als wichtigen Bestandteil eines Forschungsprozesses begreifen, die immer wieder die Auseinandersetzung mit der Frage nach dem angemessenen Verhalten wachrufen.

Auf welcher Seite stehe ich? Ethische Bedenken als Ergebnis unterschiedlicher Loyalitätserwartungen.

DG: Ist es denn angemessen als ForscherIn in der Rolle der PädagogIn zu intervenieren?

PC: Ja das ist ein weiteres Problem, vielleicht gerade in pädagogischen Feldern. Dort gibt es die Interventionsorientierung, die Stefan gerade auch schon mal angesprochen hat. Ich habe eine Szene im Kopf, in der ich an der Baubude stand, die eine kleine Hütte in der Nähe des Jugendzentrums ist und von Jugendlichen relativ eigenständig genutzt wird, und die Jugendlichen Schneebälle auf Autos geworfen haben. Da hatte ich das Gefühl, dass ich irgendwie intervenieren muss, weil ich Bedenken hatte, dass da was passiert. Ich habe dann aber so herumlaviert, da ich meine Rolle nicht kaputtmachen wollte, aber doch das Gefühl hatte, intervenieren zu müssen. Als ich dann im Jugendhaus war, wollte ich dem Sozialpädagogen unbedingt mitteilen, was die Jugendlichen machen – war mir aber nicht sicher, weil ich damit die Beziehung zu den Jugendlichen gefährdet hätte. Zugleich empfand ich aber ziemlichen Handlungsdruck, da es für mich kein Scherz mehr war. Zu diesem Zeitpunkt wusste er das dann aber schon, so dass ich es ihm nicht sagen musste.

HS: Ich erinnere mich an eine ganz ähnliche Situation. Da hatten ein paar Jugendliche ein Mofa geklaut und ich war in der Baubude und habe mitbekommen, wie sie darüber gesprochen haben, wer das Mofa mitgenommen hat, wer damit alles gefahren ist und bei wem es jetzt im Garten steht. Das war schon merkwürdig für mich, weil die Jugendlichen mir in der Situation ja quasi vertraut haben und ich mich auch so verhalten habe, dass mich dies lediglich als Information für mein Forschungsanliegen interessiert, nicht aber um in der Sache zu handeln. Etwas später gab es dann ein Gespräch mit den Jugendlichen und dem Sozialpädagogen, in dem es um das Mofa ging. Da haben die Jugendlichen dann so getan, als wenn sie von nichts wüssten.

SK: Und was hast du gemacht?

HS: Ja, das war ganz schwierig. Der Sozialpädagoge hat mich zum Glück nicht direkt gefragt, so dass ich einfach so getan habe, als wenn ich von nichts wüsste. Im Endeffekt hat sich mein Zwiespalt aufgelöst, da der Sozialpädagoge schnell rausbekommen hat, was Sache ist.

DG: Ich denke, dass das vielleicht sogar ein doppeltes moralisches Problem darstellt. Zum einen hast du ja von einer Straftat erfahren und bist in gewisser Hinsicht vielleicht sogar in der Verantwortung zu handeln. Zum anderen bist du im Forschungsfeld den Jugendlichen und den PädagogInnen verpflichtet und stehst mit diesen doppelten Loyalitätserwartungen gewissermaßen zwischen den Stühlen.

HS: Ja, in der Situation empfand ich besonders meine Verpflichtung gegenüber dem Sozialpädagogen schwierig. Grundsätzlich lag hier aber auch ein ethisches Problem vor, dass ich in der Situation nicht zufriedenstellend lösen konnte. Für mich wurde in der Situation auch noch mal deutlich, dass die Jugendlichen selber sensibel damit umgehen, wem sie welche Informationen und zu welchen Zwecken geben. Es war nämlich so, dass das Gespräch mit den Jugendlichen und dem Pädagogen schon zuvor geplant war und ich abgesprochen hatte, dass ich das Gespräch aufnehme. Als ich den Jugendlichen das dann aber noch einmal gesagt habe, habe ich dann gemerkt, dass sie nicht so genau wussten, wie sie die Lage nun einschätzen sollen. Es war ziemlich offensichtlich, dass sie Bedenken hatten, dass ich die Aufnahme weitergeben könnte. Erst nachdem ich ganz deutlich gemacht habe, dass sie nur für das Forschungsprojekt und nur anonymisiert verwendet werden, war es dann kein Problem mehr.

Literatur

Cloos, P. (2004): Biografie und Habitus. Ethnografie sozialpädagogischer Organisationskulturen. Noch unveröffentlichte Dissertation am Fachbereich Sozialwesen der Universität Kassel.

Emerson, R. M./Fretz, R. I./Shaw, L. L. (1995): Writing Ethnographic Fieldnotes. Chicago und London.

Girtler, R (^{4}2001): Methoden der Feldforschung. Wien u. a.

Honig, M.-S./Neumann, S. (2004): Wie ist »gute Praxis« möglich? Pädagogische Qualität als Gegenstand erziehungswissenschaftlicher Forschung. In: Beckmann, C. u. a. (Hrsg.) (2004): Qualität in der Sozialen Arbeit. Opladen, S. 251-281.

Kalthoff, H. (1997): Fremdenrepräsentation. Über ethnographisches Arbeiten in exklusiven Internatsschulen. In: Hirschauer, St./Amann, K. (Hrsg.) (1997): Die Befremdung der eigenen Kultur. Zur ethnographischen Herausforderung soziologischer Empirie. Frankfurt a. Main, S. 240-266.

Küster, E.-U. (2003): Fremdheit und Anerkennung. Ethnographie eines Jugendhauses. Weinheim, Basel und Berlin.

Müller, B. u. a. (2005): Konstitutionsbedingungen und Dynamik (Performanz) sozialpädagogischen Handelns in der Kinder- und Jugendarbeit. Unveröffentlichter Zwischen- und Arbeitsbericht zum DFG-Forschungsprojekt. Kassel und Hildesheim, http://www.uni-kassel.de/fb4/issl/mitg/thol/projekte/kiju ab.htm.

Schoneville, H. (2005): »… du bist Fan von ner Band – ich bin Fan von Jesus …«. Eine christliche Gruppe Jugendlicher. Unveröffentlichte Studienarbeit am Fachbereich Sozialwesen der Universität Kassel.

Schütz, A. (1972): Wissenschaftliche Interpretation und Alltagsverständnis menschlichen Handelns. In: Schütz, A. (1972): Gesammelte Aufsätze, Band 1. Den Haag.

Wolff, St. (2000): Wege ins Feld und ihre Varianten. In: Flick, U./von Kardorff, E./Steinke, I. (Hrsg.) (2000): Qualitative Forschung. Ein Handbuch. Reinbek b. Hamburg, S. 334-349.

Die AutorInnen

Aner, Kirsten, Dr.: Wissenschaftliche Mitarbeiterin am Fachbereich Sozialwesen der Universität Kassel; Kontakt: aner@uni-kassel.de

Bracker, Maren, Dipl.-Volkswirtin: Wissenschaftliche Mitarbeiterin am Fachbereich Sozialwesen der Universität Kassel; Kontakt: bracker@uni-kassel.de

Cloos, Peter, Dr.: Wissenschaftlicher Mitarbeiter am Fachbereich Sozialwesen der Universität Kassel; Kontakt: pcloos@uni-kassel.de

Fabel-Lamla, Melanie, Dr.: Wissenschaftliche Assistentin am Fachbereich Erziehungswissenschaft, Humanwissenschaften der Universität Kassel; Kontakt: fabel@uni-kassel.de

Fiechtner-Stotz, Irene, Dipl.-Sozialabeiterin/-pädagogin: persönliche Mitarbeiterin der Landtagsabgeordneten Ulrike Gote Bündnis 90/Die Grünen im Bayerischen Landtag in München; Kontakt: i_stotz@gmx.de

Fuest, Sarina Nicole, Dipl.-Sozialarbeiterin/-pädagogin: Studentin im Studiengang Sozialwesen (Diplom II) am Fachbereich Sozialwesen der Universität Kassel; Kontakt: s.fuest@uni-kassel.de

Goblirsch, Martina, Dipl.-Sozialarbeiterin/-pädagogin: Wissenschaftliche Mitarbeiterin am Fachbereich Sozialwesen der Universität Kassel; Kontakt: goblirsch@uni-kassel.de

Gruber, Diana: Studentin im Studiengang Sozialwesen (Diplom I) am Fachbereich Sozialwesen der Universität Kassel; Kontakt: diana.gruber@gmx.net

Heinzel, Friederike, Prof. Dr.: Hochschullehrerin am Fachbereich für Erziehungswissenschaft, Humanwissenschaften der Universität Kassel; Kontakt: Heinzel@uni-kassel.de

Höblich, Davina, Dipl.-Pädagogin: Wissenschaftliche Mitarbeiterin am Fachbereich Sozialwesen der Universität Kassel; Kontakt: hoeblich@uni-kassel.de

Köngeter, Stefan, Dipl.-Pädagoge, Soziologe (M. A.): Wissenschaftlicher Mitarbeiter am Fachbereich Erziehungs- und Sozialwissenschaften der Universität Hildesheim; Kontakt: koengeter@uni-hildesheim.de

Loch, Ulrike, Dr.: Projektmitarbeiterin am Fachbereich Sozialwesen der Universität Kassel; Kontakt: uloch@uni-kassel.de

Schoneville, Holger, Dipl.-Sozialarbeiter/-pädagoge: Student im Studiengang Sozialwesen (Diplom II) am Fachbereich Sozialwesen der Universität Kassel; Kontakt: holgerschoneville@deviation.de

Schulze, Heidrun, Dr.: Psychotherapeutin und Wissenschaftliche Mitarbeiterin am Fachbereich Psychologie der Universität Kassel; Kontakt: HeidSchul@aol.com

Wiesemann, Jutta, Prof. Dr.: Hochschullehrerin am Fachbereich für Erziehungswissenschaft, Humanwissenschaften der Universität Kassel; Kontakt: jutta.wiesemann@uni-kassel.de

Thole, Werner, Prof. Dr.: Hochschullehrer am Fachbereich Sozialwesen der Universität Kassel; Kontakt: wthole@uni-kassel.de

eu im Programm
Hoziale I rbeit

Z ichael aluske Werner Thole (Hrsg.)

Vom Fall zum Management
eue Z ethoden in der Hozialen I rbeit
bPPn. K T H r. E KT mP
IH - K-KTm -T

Htand und age der aktuellen Z ethoden-
enta icklung und -diskussion in der Hozialen I rbeit sind nicht leicht zusammen-
zufassenZviele unterschiedliche Trends
und b ctionen a erden zurzeit in a ieder-
um vielfältigen auch interdisziclinären
Kontexten diskutiert. e ie eiträge des
andes gehen beiscielhaft einzelnen
egriffen a ie Case Z anagement Fallarbeit Hozialraum und Familienarbeit
in ihrem gegena ärtigen Htellena ert und
ihren Enta icklungslinien der laufenden
Ze thodendiskussion nach.

Karin fl lert Peter Hansbauer rigitte
Hasenghrgen Habrina angenohl (Hrsg.)

Die Produktivität des Sozialen –
den sozialen Staat aktivieren
Hechster undeskongress Hoziale I rbeit
bPPn. bm H r. E T mP
IH n- K-K K P-m

nt er der thematischen I usrichtung
e ie Produktivität des Hozialen den
Hozialen Htaat aktivieren dokumentiert
der and eiträge des Kongresses von
bPP und gibt neue Imculse zur theoretischen Kergea isserung und Enta icklung
handlungsorientierter Praxismodelle.

Tarek adaa ia Helga uckas
Heinz Z hller (Hrsg.)

Das Soziale gestalten
k ber Z fg liches und nmf gliches
der Hozialcädagogik
bPPn. TmH r. E bmmP
IH - K-K PWb-P

e ie I utorInnen gehen der Frage nach
a ie eine Htandortbestimmung vorgenommen a erden kann um Z f gliches
und nmf gliches der Hozialcädagogik in
der estaltung des Hozialen konkreter zu
fassen. e ie eiträge richten dabei den
lick auf die e isziclin a ie auf ausgea ähl-
te Handlungsfelder und crofessionelle
estaltungscerscektiven.

Z argeritha Zander uise Harta ig
Irma ansen (Hrsg.)

Geschlecht Nebensache?
Zur I ktualität einer ender-Perscektive
in der Hozialen I rbeit
bPPn. TmH r. E bmmP
IH - K-KTmT -T

ender bisher ein Themenfeld unter vielen in den Htrukturbeschreibungen Hozi-
aler I rbeit a ird in der vorliegenden Publikation arbeitsfeldbezogen ausdifferenziert. e ie I utorinnen und I utoren stellen
thematische rundlagen und craktische
Handlungsanforderungen ins Zentrum
einer geschlechterdifferenzierenden
I nall se der ugendhilfe und der Hozialen
I rbeit mit Era achsenen.

Erhältlich im uchhandel oder beim Kerlag.
nderungen vorbehalten. HtandZ uli bPPn.

www.vs-verlag.de

VS VERLAG FÜR SOZIALWISSENSCHAFTEN

I braham- incoln-HtraHe Tn
n KWmWiesbaden
Tel. PnKK. W W- bb
Fax PnKK. W W- TPP

Handbhcher Hoziale I rbeit und Hozialcädagogik

arbara Kavemann
I rike Krel ssig (Hrsg.)

Handbuch Kinder und häusliche Gewalt

bPPn. T H r. E   m rP
IH   - K-KTTbmT

„Dieses Buch war überfällig, seitdem in breiteren Kreisen bewusst geworden ist, dass Gewalt gegen Frauen auch die Kinder belastet und schädigt. Hier wird der gegenwärtige Erkenntnisstand aus Forschung und Praxis auf international höchstem Niveau verfügbar gemacht. Versammelt in diesem Band sind die herausragenden ExpertInnen aus allen relevanten Fachgebieten. Dies wird ein unentbehrliches Handbuch für Ausbildung, Praxis, Politik und weitere Forschung in den kommenden Jahren."

Prof. er. Carol Hagemann-White
ni ersität b snabrhck

Werner Thole (Hrsg.)

Grundriss Soziale Arbeit

b. hberarb. und akt. I ufl. bPP . mW H
r. E   TT mP
IH   - K-KTW b-m

Il s Einfhhrung und Handbuch erschlieHt das getzt hberarbeitete rundlagena erk r undbegriffe und Htrukturen der Hozialen I beit. Wesentliche I scekte der e schichte der Theorie und Konzectenta icklung die Ir beitsfelder und b rganisationsformen die I dressatInnen und das Personal die rechtlichen Kodifizierungen die I us- Fort- und Weiterbildung die Forschung soa ie die Handlungsformen und Z ethoden der Hozialen I rbeit a erden von hber sechzig I utorInnen vorgestellt und diskutiert. Ein Hachregister und ein in der za eiten I uflage aktualisierter Herviceteil untersthtzen die I rbeit mit dem uch. e er rundriss Hoziale I rbeit ist ein sozialcädagogisches ehrbuch mit der Funktionalität eines achschlagea erks und das sozialcädagogische achschlagea erk mit ausgescrochenem ehrbuchcharakter.

Irich e einet
enedikt Hturzenhecker (Hrsg.)

Handbuch Offene Kinder- und Jugendarbeit

. vf llig hberarb. I ufl. bPP . nnb H
eb. E   mmP
IH   -WKPP-TP -P

e ie dritte vf llig hberarbeitete euauflage zeigt den fachlichen Enta icklungsstand dieses groHen cädagogischen Feldes in der ugendhilfe. Es dokumentiert historische Enta icklungen anall siert die aktuelle Hituation und zeigt Perscektiven fhr einen a eiteren Keränderungs- und n ualifizierungscrozess der b ffenen Kinder- und ugendarbeit auf. Ziel des Handbuches ist die Htärkung der ugendarbeit. e as Handbuch richtet sich vor allen e ingen an die Praktikerinnen und Praktiker der b ffenen Kinder- und ugendarbeit.

Erhältlich im uchhandel oder beim Kerlag.
nderungen vorbehalten. HtandZ uli bPPn.

www.vs-verlag.de

VS VERLAG FÜR SOZIALWISSENSCHAFTEN

I braham- incoln-HtraHe Tn
n KWmWiesbaden
Tel. PnKK. W W- bb
Fax PnKK. W W-TPP